Kerstin Helker | Matthias Rürup | Jörg Siewert |
Michael Zimmer-Müller (Hrsg.)
„Herausforderung" – eine Projektidee macht Schule

Kerstin Helker I Matthias Rürup I Jörg Siewert I
Michael Zimmer-Müller (Hrsg.)

„Herausforderung" – eine Projektidee macht Schule

Dieses Buch ist erhältlich als:
ISBN 978-3-7799-6516-9 Print
ISBN 978-3-7799-5839-0 E-Book (PDF)

1. Auflage 2023

© 2023 Beltz Juventa
in der Verlagsgruppe Beltz · Weinheim Basel
Werderstraße 10, 69469 Weinheim
Alle Rechte vorbehalten

Herstellung: Myriam Frericks
Satz: Datagrafix, Berlin
Druck und Bindung: Beltz Grafische Betriebe, Bad Langensalza
Beltz Grafische Betriebe ist ein klimaneutrales Unternehmen (ID 15985-2104-100)
Printed in Germany

Weitere Informationen zu unseren Autor:innen und Titeln finden Sie unter: www.beltz.de

Inhalt

Grußwort

Margret Rasfeld

Ich freue mich, dass ich für dieses wichtige Buch ein Vorwort schreiben darf. Und ich hoffe, dass dieses Buch viele Schulen zum Lernformat *Herausforderung* ermutigt. Denn *Herausforderung* fördert, was heute angesichts der gesellschaftlichen Entwicklungen und der Mental-Health-Gefährdung der Jugendlichen notwendig ist: jungen Menschen Erfahrungen von Mut, Zuversicht, Selbstwirksamkeit und Sinn zu ermöglichen.

Wir gehen in eine Welt, die sich von allem, was wir bisher kannten, radikal unterscheidet. Wir werden mit Fragen umgehen müssen, auf die es noch keine Antworten gibt, und wir werden Lösungen finden müssen, für die wir unbekannte Wege einschlagen müssen. Mut und Vertrauen in Ungewissheit sind zentrale Zukunftskompetenzen. Wie bereiten wir junge Menschen darauf vor? Wie soll uns das gelingen in einer Schule, die traditionell auf Sicherheit angelegt ist? Eine Schule, in der in einem festgelegten Stunden-Plan Unterricht von Lehrern so geplant ist, dass feststeht, was am Stundenende herauskommen soll, und auch die Lehrerausbildung noch auf diesen Modus ausgerichtet ist. Immer mehr Menschen spüren, dass etwas grundsätzlich nicht stimmt in unserem Schulsystem, doch es fehlt oft die Vorstellungskraft, wie es auch ganz anders sein kann, z. B. durch Lernen im echten Leben. Wir stecken fest in alten Mustern und Annahmen. Musterbrüche helfen, Muster zu überwinden. Das Lernformat *Herausforderung* ist so ein Musterbruch, denn darin stellt das Leben die Fragen und nicht Lehrer:innen oder das Schulbuch. *Herausforderung* ist Lebens-Lern-Erfahrung pur. Es wurde im Jahr 2007 an der Evangelischen Schule Berlin Zentrum, die ich von 2007 bis 2016 Jahre mit aufbauen und leiten durfte, eingeführt. Die Schule blickt inzwischen auf 15 Jahre Erfahrung zurück. Und eines ist klar: Herausforderung hat eine ganz besondere Wirk-Kraft.

Ich habe gemerkt, ich kann Energien verwenden, die ich gar nicht hab. Ich kann über meine Grenzen hinaus und dann noch weiter. Das war unglaublich. – David, 10. Klasse

Wenn unsere Kinder wirklich für das Leben lernen sollen, dann müssen wir das Leben in die Schule holen. Und die Schule muss rausgehen ins echte Leben. Dazu braucht es Mut, vor allem bei den Erwachsenen. Wir müssen Möglichkeiten schaffen, in denen Kinder eigene Erfahrungen machen können, statt ihnen nur im Klassenzimmer Wissen einzutrichtern. Menschen lernen durch Begeisterung und wenn sie in ihrem Handeln einen Sinn erkennen. Wir müssen unseren Kids etwas zutrauen und zumuten. *Herausforderung* schafft Jugendlichen Räume, in denen sie sich ausprobieren und eigene Grenzen austesten können, um Fähigkeiten zu entdecken und vor allem auch Fehler machen zu dürfen.

Das Projekt Herausforderung ist die wohl intensivste Aussage, wofür diese Schule steht und wofür Schule stehen sollte. Das sind Momente, die man bewahrt! Die Momente, die ich mir bewahrt habe, kamen nicht aus der Schule. – Frans Dikmans, Vater

Die Jugendlichen werden als Team im echten Leben herausgefordert, lernen mit Konflikten klarzukommen, sie lernen Frustrationstoleranz, Durchhaltevermögen, an eigene Grenzen zu stoßen, das Ziel nicht aus den Augen zu verlieren, gemeinsam stark zu sein und zusammenzuhalten. Zum Beispiel müssen sie mutig irgendwo anklingeln, um eine Übernachtung zu organisieren, kreativ werden. Alice, eine Begleiterin, hat das wunderbar beschrieben: „Während der Reise gab es tausende von diesen Überraschungsei-Momenten. Die Türen öffnen sich, sobald man auf dem Weg ist." Die Studentin der Sonderpädagogik und Arbeitslehre ist mit fünf 13- und 14-jährigen Mädchen an die Ostsee geradelt. „Wir haben in Pfarrheimen geschlafen und einmal sogar in einer Kirche, direkt unter den Glocken, das war echt schön. Einen Abend hatten wir die Fähre verpasst und wussten nicht wohin. Aber dann haben wir Leute auf einer Yacht kennengelernt, die uns den Schlüssel für ihr Clubhaus gegeben und uns sogar noch einen Topf Kartoffeln gekocht haben. Die leckersten Kartoffeln meines Lebens!" Schöner kann man nicht lernen, dass es sich lohnt, sich auf Neues einzulassen und Unsicherheiten auch mal auszuhalten. Sich mit Fremden und Fremdem anfreunden – das lernen alle auf *Herausforderung*. Eine sehr wichtige Haltung und Kompetenz in unserer polarisierten Welt. Und dabei die Erfahrung machen zu dürfen, wie freundlich die Menschen sind – allein schon dafür lohnt sich *Herausforderung*.

Den Mädels wurde vorher gesagt: Redet mit keinem und passt bloß auf, dass euch keiner wegfängt. Aber es ist nichts vorgefallen. Es war super, was wir für hilfsbereite Menschen kennengelernt haben. – Sarah Klug, Lehramtsstudentin und ehrenamtliche Begleiterin

Besonders berührend war ein Erlebnis mit neun Schüler:innen und zwei Lehrerinnen auf Korsika. Anni hatte sich für die Wanderung extra Wanderschuhe gekauft, aber nach ein paar Tagen klaffte in einer Sohle ein Loch. „Ich bin praktisch auf dem Boden gelaufen, ich hätte genauso gut barfuß gehen können." Das war ein Problem für die Gruppe, deren Route durch die Berge im Inselinneren führte: In den Dörfern, durch die sie alle paar Tage mal kamen, gab es nur winzige Tante-Emma-Lädchen. Während die elf noch überlegten, ob sich die Sohle irgendwie reparieren ließe, passierte etwas Unglaubliches: „Wir sind in ein Dorf gekommen und wollten unseren Müll wegschmeißen, den wir gesammelt hatten. Als einer von uns in die Mülltonne guckte, lag da ein Paar Wanderschuhe drin. Die waren so gut wie neu und haben mir gepasst." Anni muss noch immer lächeln, wenn sie davon erzählt. Und Jasper, der dabei war, sagt: „Wir sind ja hier auf einer evangelischen Schule und in dem Moment dachten wir: Da oben ist jemand, der passt auf uns auf." Auch für Shanas verirrte Radelgruppe nahm der Tag damals ein gutes Ende: Sie hat den Weg aus dem Wald gefunden und ihr Etappenziel erreicht – wenn auch mit ordentlichem Umweg.

Teilweise sind die drei Wochen für die Eltern eine größere Herausforderung als für die Kids selbst. Zumindest beim ersten Mal, wenn sie in der achten Klasse und 13 oder 14 Jahre alt sind. Bei der zweiten Herausforderung ändert sich das bei vielen Eltern. Denn die Kids kommen von der ersten anders zurück: selbstbewusst, gewachsen. So erlebte es auch Lehramtsstudentin Sarah Klug, die mit vier Mädchen entlang der Elbe von Brandenburg nach Hamburg wanderte. Lächelnd erinnert sie sich, wie erleichtert, aber vor allem wie stolz die Eltern waren, als sie ihre Töchter bei ihrer Rückkehr vom Zug abholten. „Mich einfach so loszuschicken, war für meine Mutter nicht leicht", erinnert sich auch Shana, die zum ersten Jahrgang der Schule gehört. „Aber bei der zweiten hat sie gesagt, das schaffst Du locker, mach, was Du willst."

Manche Eltern bestehen darauf, dass ihr Kind sich jeden Abend meldet, und sei es ein per SMS verschickter Smiley, wenn das nächste Etappenziel erreicht und die Unterkunft gefunden ist. Andere akzeptieren, wenn der Nachwuchs auf drei Wochen Funkstille besteht. Annette Geissler musste schon schlucken, als ihr 13-jähriger Sohn diesen Wunsch am Abend vor der Abreise äußerte. „Für ihn war es offenbar auch eine Herausforderung, sich jetzt ein bisschen von seinem Elternhaus abzunabeln", sagt sie. „Aber ich wusste ja: Herr Meyer-Kramer ist dabei, die anderen Jungs sind dabei. Und als er wiederkam, war das einfach toll. Er hat so gestrahlt und war so begeistert!" – „Ich muss nicht ständig nachfragen, wie geht's Dir denn", findet Frans Diekmann, der einen Sohn und eine Tochter in der Mittelstufe hat. „Ich vertraue in das, was sie tun. Und wenn es unterwegs nicht gut geht, melden sie sich schon."

„Wenn man drei Wochen eine schwere Zeit gehabt hat, die richtig anstrengend war, dann ist das ganze Leben danach einfacher", fasst es Nicolas für sich zusammen. Deshalb hatten er und die vier Jungs, mit denen er auf seiner letzten Herausforderung an die Ostsee geradelt ist, vorher auch nur die Route herausgesucht, alles andere, auch die Übernachtungen, organisierten sie spontan. Als zusätzliches Handicap kamen für Nicolas „ein ziemliches Schrottfahrrad und jede Menge Gepäck" dazu – und die meiste Zeit schlechtes Wetter.

Genau so muss Pädagogik funktionieren: dass man mit Ernsthaftigkeit und Begeisterung und viel Zeit an einer Sache arbeitet und dadurch Intensität entsteht und Vertrauen und Beziehung. Ich bin sehr dankbar, dass ich das erleben durfte. – Oliver Meyer-Krahmer, Lehrer

Das, was die Kids in drei Wochen *Herausforderung* erleben und mit Begeisterung lernen, wirkt weit über diese Zeit hinaus. Ein Beispiel: Vier Freundinnen haben sich irgendwo in Brandenburg eine Bleibe gesucht und dort innerhalb von drei Wochen ein Label ausgedacht, eine eigene Kollektion entworfen und genäht und schließlich alle Stücke für einen großartig gestalteten Katalog fotografiert. Die Mutter eines der Mädchen trug auf unserem Schulball ein Kleid aus dieser Kollektion, das aussah, als sei es von einem Designer entworfen. „Luca näht weiter und hat sogar schon einen Auftrag entgegengenommen", erzählt Sabine Maier stolz.

Ein anderes Beispiel: Die Musik-Herausforderung, die Musiklehrer Oliver Meyer-Krahmer in diesem Jahr angeboten hat. Neun Jungs, die schon ein Instrument spielten, meldeten sich dafür an. Die Gruppe zog sich in ein kleines brandenburgisches Dorf zurück und probte jeden Tag acht Stunden. „An manchen Tagen hatte ich einfach keine Lust, Gitarre zu spielen, aber ich hab's trotzdem gemacht, weil meine Band das brauchte, weil ich das brauchte, weil ich da was lerne", erzählt David aus der Zehnten. Dass ihr Sohn Leon in diesen drei Wochen neue Freundschaften geschlossen hat, ist für Anja Niesler beinahe ein Nebeneffekt, so begeistert ist sie davon, dass er plötzlich gerne Klavier spielt. „In der Band sind coole Typen, die kriegen super Feedback und die spielen auch richtig gut – das ist intrinsische Motivation pur." Und Oliver Meyer-Krahmer hat aus diesen drei Wochen eine „ganz große Zufriedenheit" mitgenommen: „Ich konnte endlich mal dem gerecht werden, was jede Pädagogik immer fordert: Nach drei Wochen, acht Stunden jeden Tag, habe ich gemerkt, jetzt kenne ich jeden Einzelnen so gut, dass ich jederzeit mit ihm über seine Stärken und Schwächen sprechen kann", sagt er. „Das war für mich pädagogisch sehr erfüllend."

Vorher war das Instrument immer eine Pflichtübung. Seit der Musik-Herausforderung spielt Leon freiwillig Klavier, geht freiwillig zum Unterricht und gern zu den Bandproben. – Anja Niesler, Mutter

Aus neun Jungs, die sich vorher zum Teil untereinander nicht kannten, ist eine Band erwachsen, die zusammenspielen wie die Profis. Sogar erste eigene Lieder haben sie schon geschrieben. Auf unserem Campus *Herausforderung* sind „Rosehip" aufgetreten und nicht nur die Schüler, auch unsere Lehrer und Eltern haben über eine Stunde gerockt. Ein paar Wochen später hat die Band bei einem Kongress in Bregenz vor 1600 Leuten gespielt, die so begeistert waren, dass sie neun Zugaben geben mussten. Die Bandprobe haben wir jetzt als zweistündige Werkstatt im Stundenplan untergebracht und auch nach der Schule kann sich Rosehip in einem Raum im Keller unserer Schule treffen.

Wir waren neun Jungs und ich, da wurden viele Sprüche geklopft. Aber einen Abend hab ich gesagt: Lasst uns mal ernsthaft reden, welche Stärken seht ihr bei den anderen?

Daraufhin haben sie sich so aufrichtig Dinge gesagt, die es genau getroffen haben, das war wirklich toll. – Oliver Meyer-Krahmer

Auch die Begleiter:innen, meist Lehramtsstudierende, machen wichtige Erfahrungen. „Ich fand es beeindruckend, wie sozial die Mädels miteinander waren. Ich dachte vorher, die sind 15 Jahre alt, die werden sich bestimmt nur anzicken", erzählte eine Begleiterin. Und eine andere, die mit zwei Jungs unterwegs war, berichtet in warmen Worten davon, wie offen, witzig und unkompliziert die Teenager waren. „Wenn ich mit Erwachsenen unterwegs bin, erlebe ich es immer so, dass alles nach Plan gehen muss", reflektiert eine dritte Begleiterin. „Die Mädels haben nie ein Drama draus gemacht, egal ob wir einen Platten hatten oder die Gangschaltung kaputtging." – „An einem Abend saßen wir zusammen, hatten gekocht und gegessen und anschließend ein Team-Meeting", erzählt Mandy Voggenauer von einem Moment, der ihr richtig ans Herz ging. „Und dann hat einer von den größeren Jungs den Kleinsten, den wir dabei hatten, Leon, gelobt und alle haben angefangen zu klatschen."

„Die Begleiter gehören zur Gruppe, aber halten sich raus. Es soll ja unsere Herausforderung sein", so Shana, die in der achten Klasse mit fünf anderen Mädchen mit dem Fahrrad nach Hiddensee fuhr. Dort plaggten sie eine Woche lang Dünen und radelten dann wieder zurück. „Unterwegs haben wir uns auch mal verfahren, ich glaube, weil wir die Karte falsch herum gehalten haben. Unsere Begleiter, zwei Studentinnen, haben aber nichts gesagt. Erst als es dunkel wurde, haben wir es gemerkt, weil wir mitten in der Pampa waren und kein Haus mehr kam." Natürlich ist es Aufgabe der erwachsenen Begleiter, Situationen einzuschätzen und wenn nötig einzugreifen. Aber wir müssen den Kids auch vertrauen und etwas zutrauen. Nur wenn sie wirklich Verantwortung für sich und ihr Handeln übernehmen, können sie Erfahrungen von Selbstwirksamkeit machen.

Projekt Herausforderung macht nicht nur die Kinder mutiger und stärker, sondern auch die studentischen Begleiter:innen, die auf der Herausforderung das lernen, was im Studium meist fehlt: die neue Rolle als Coach, Einblick in Gruppenprozesse, Zutrauen in die Fähigkeiten von jungen Menschen, Loslassen und Vertrauen in ergebnisoffene Prozesse – die Geheimnisse von Potenzialentfaltung. Sie staunen, wie viel Potenzial in den Schülern steckt, und sammeln Erfahrungen, was es heißt, jungen Menschen bei der Lösung und Bewältigung von Problemen und Krisen zur Seite zu stehen, ohne gleich Lösungen für sie zu entwickeln oder gar vorzugeben.

Wer sich drei Wochen bei Wind, Regen, Sonne, Sternenhimmel in der Natur bewegt, geht in eine tiefe Beziehung zur Natur. Wer auf die Allzeit-Verfügbarkeit von Kühlschrank, Toilette, Wasser, Strom und Internet verzichtet, darf zentrale neue Erfahrungen machen: raus aus der Komfortzone! Viele Jugendliche entwickeln so Wertschätzung und Dankbarkeit für das, was sie bisher als selbstverständlich erachteten. Wer die Erfahrung gemacht hat, sich auf Neues und Ungewissheit einzulassen, und erlebt hat, dass bei plötzlichen Veränderungen er oder sie oder auch die Gruppe die Kraft hat, Lösungen zu finden – Scheitern also als positive Erfahrung erlebt –, ist gut gerüstet für die Zukunft. Und wer lernt, dem Ungewissen zu vertrauen, hat eine wesentliche Haltung erworben für den großen Wandel.

Auch für die Zukunft der Arbeit ist Herausforderung eine gute Vorbereitung. Viele Jugendliche werden in Berufen arbeiten, die es noch nicht gibt, und disruptive Veränderungen erleben. Kreativität, Agilität, Teamwork, Problemlösefähigkeit und die Fähigkeit, Unsicherheiten auszuhalten und mit Unvorhersehbarem intelligent umzugehen – all das, was man auf *Herausforderung* lernt, – sind zentral.

Die Idee *Herausforderung* hat sich in den letzten Jahren als graswurzelartiger Innovationsprozess in der Schullandschaft verbreitet. Eine entscheidende Rolle spielen dabei die Jugendlichen selbst. Jeden Monat gibt es an der esbz Lehrer:innenfortbildung durch Schüler:innen. *Herausforderung* ist einer der drei Workshops, die alle durchlaufen. Mit ihrer Leidenschaft, mit ihrer Freude und mit ihren Geschichten berühren die Schüler:innen die Menschen und haben damit Überzeugungskraft. Jamila war auch immer mit Leidenschaft bei Lehrerfortbildungen oder Vorträgen dabei. Nach ihrem Abitur ist sie weiter aktiv, auch für *Herausforderung*:

Das Projekt „HERAUSFORDERUNG" war als Schülerin nicht nur mein Lieblingsfach. Es war für mich auch das wichtigste, lehrreichste und erfahrungsintensivste Schulfach. Ich habe meinen Herausforderungsprojekten viel zu verdanken: Meinen Mut, meine Zuversicht und Hoffnung, mein Selbstvertrauen und mein Vertrauen in mich und andere. Vor allem aber habe ich gelernt, dem Leben zu vertrauen und nicht aufzugeben, wenn etwas Unvorhergesehenes passiert oder eine Situation auf den ersten Blick aussichtslos erscheint. Dass das Leben nicht vorhersehbar und immer so genau planbar ist, war mir stets bewusst. Wirklich gelernt, damit umzugehen und völlig auf meine Fähigkeiten zu vertrauen, habe ich jedoch erstmals so richtig bei „HERAUSFORDERUNG". Geht nicht, gibt es nicht! Das war eine der größten Erkenntnisse, die heute zu einer wichtigen Grundeinstellung zum Leben für mich geworden ist. Auf „HERAUSFORDERUNG" habe ich mich selbst besser kennen und einschätzen gelernt, unvergessliche Begegnungen, Erfahrungen und Erlebnisse gemacht. Heute stelle ich mich gemeinsam mit HERAUSFORDERUNG-begeisterten, engagierten Kolleginnen und Kollegen der Herausforderung, das Projekt an so viele Schulen wie möglich zu bringen. Denn aufgrund meiner persönlichen Erfahrung mit diesem unglaublich bereichernden Format, wünsche ich mir sehr, dass jeder junge Mensch für seine persönliche Entwicklung und Entfaltung die Chance auf ein solches Projekt hat. - Jamila ist Mitgründerin der gemeinnützigen UG „Herausforderung einfach machen", die Schulen bei der Durchführung unterstützt (vgl. https://www. herausforderung.eu).

Ich danke den Kolleginnen und Kollegen vom Forschungsverbund HeRis für ihre Initiative und ihr Engagement, der Projektidee *Herausforderung* ein ganzes Buch zu widmen. Es ist schön, zu sehen, dass darin so viele verschiedene Perspektiven auf *Herausforderung* eine gemeinsame Plattform haben. Und selbstverständlich danke ich allen Autorinnen und Autoren, insbesondere den Schulen aus ganz Deutschland, die hier ihre Umsetzung der Projektidee Herausforderung vorstellen und uns an ihren vielfältigen Überlegungen, Problemen und Lösungen teilhaben lassen.

Margret Rasfeld war von 2007 bis 2016 Schulleiterin der Evangelischen Schule Berlin Zentrum. Sie ist Gründerin der Initiative „Schule im Aufbruch gGmbH", Bildungsinnovatorin und Vernetzerin von Ideen und Menschen.

Einleitung: Überblick über das Projekt und das Buch

Kerstin Helker, Matthias Rürup, Jörg Siewert,
Michael Zimmer-Müller

Das vorliegende Buch widmet sich einer besonderen pädagogischen Idee, die sich seit zirka fünfzehn Jahren – weitgehend unbeeinflusst von Schulpolitik und Schulverwaltung – unter deutschen Schulen der Sekundarstufe I verbreitet. Die Idee ist, Schülerinnen und Schülern der Klassen 8 bis 10 die Gelegenheit zu geben, sich über einen mehrwöchigen Zeitraum eigenverantwortlich (meist) selbstgewählten außerschulischen Herausforderungen zu stellen. Oft handelt es sich um Reisen zu Fuß oder per Rad über große Strecken mit wenig Geld, so dass sich die Schüler:innen in ihren Ansprüchen z. B. bei Übernachtung oder Ernährung einschränken müssen (vgl. auch Rürup 2018).

Die Idee der *Herausforderung/Herausforderungen*[1] ist im Kontext von (reform- bzw. erlebnispädagogischen) Überlegungen zur Veränderung schulischen Lernens zu sehen, wird doch angenommen, dass die Jugendlichen in den ihnen gewährten Freiräumen Impulsen und Erfahrungen begegnen, die ihren persönlichen Interessen und altersgemäßen Entwicklungsaufgaben entsprechen (vgl. Havighurst 1974; von Hentig 2007; Trautmann 2004). Dabei ist/sind *Herausforderung/Herausforderungen* an den durchführenden Schulen fester Bestandteil des Schulprogramms, werden gleichzeitig aber als „von Schule befreites Lernen" beschrieben. Die Schulen schaffen also einen Freiraum von sich selbst und dem Druck, unter professioneller Anleitung durch Lehrkräfte vorgegebene allgemeine Lernziele möglichst gleichzeitig und gleichschrittig zu verfolgen. Zugleich verbinden die Schulen mit *Herausforderung/Herausforderungen* oftmals sehr weitreichende Erwartungen davon, was den Schüler:innen hier als intensive Lerngelegenheit für Selbstwirksamkeit, Beharrungsfähigkeit und Ungewissheitstoleranz begegnen könne, die man ihnen gerade mit dem Verzicht auf „verschultem

---

1   Wir verwenden in unseren Einführungstexten den zugegeben sperrigen Ausdruck Herausforderung/Herausforderungen für die in diesem Buch thematisierte pädagogische Innovation. Signalisieren wollen wir damit, dass es sich um eine variantenreich-komplexe Idee handelt, die verschiedene Namen trägt. Dieser Variantenreichtum zeigt sich nicht nur in den Beiträgen zu den schulischen Umsetzungen (Teil II diesen Bandes), sondern auch darin, dass sich die weiteren Autor:innen dieses Buches jeweils für eine eigene Bezeichnung der Idee entschieden haben. Diese Vielfalt der Konzepte und Bezeichnungen in der Praxis gilt es auszuhalten, übergreifend und analaytisch betrachtet möchten wir dies durch den Oberbegriff Herausforderung/Herausforderungen dokumentieren.

Lernen" ermöglichen möchte: Entschulung wird also durch die Schule organisiert und Freiheit zu einem Auftrag, einer Bewährung gemacht, an der sich die Schüler:innen erproben und beweisen sollen. Distanziert-analytisch könnte man dies z. B. mit Funke (2017) als Verschulung der Entschulung bezeichnen: Durch die Pädagogisierung echter Erfahrungen werde Freiheit funktionalisiert und der ursprünglich gewährte bewertungsfreie Raum des Sich-Ausprobierens an einer Herausforderung wieder verknüpft mit den zentralen Entwicklungszielen in modernen Gesellschaften wie Selbstständigkeit, Teamfähigkeit etc.

Das vorliegende Buch steht sowohl seinem Entstehen, den beteiligten Autor:innen als auch seinem Anliegen nach eher auf der Seite der Schulen (und Schüler:innen), die diese Idee aufgreifen und umsetzen, und weniger auf der Seite der diese Idee analytisch-distanziert betrachtenden und womöglich sogar kritisch zurückweisenden Forschung, obwohl der Kreis der Herausgeber:innen aus den Wissenschaftler:innen des Forschungsverbunds HeRiS („Herausforderungen als eigenständige Reformaktivität innovativer Schulen") besteht, der vor zirka fünf Jahren seine Arbeit aufnahm. Sein ursprüngliches Motiv war, die von den beteiligten Forscher:innen jeweils in Kooperation mit bestimmten Schulen umgesetzte Begleitforschung der Idee der *Herausforderung/Herausforderungen* schul- (und hochschul-)übergreifend zu koordinieren und so nicht nur den einzelnen Schulen evaluative Rückmeldungen zu ihrem jeweiligen Angebot zu bieten, sondern auch Vergleiche unterschiedlicher Ansätze und Varianten zu ermöglichen. Von vornherein verstand sich der HeRiS-Forschungsverbund dabei als ein Partner der Schulen, der mit ihnen zusammen diese begleitende Evaluation der *Herausforderung/Herausforderungen* gestaltet und umsetzt (vgl. Rürup/Hermann 2020, Forschungsverbund HeRiS 2019) – und zwar im Interesse an einem bestmöglichen Gelingen. Dabei kamen (und kommen) zur ursprünglichen und einfachsten Möglichkeit der Kooperation von Wissenschaft und schulischer Praxis – der Begleitforschung – immer weitere Formate hinzu: gemeinsame Tagungsteilnahmen, gemeinsame Workshops (seit 2020 auch online) und schließlich dieses Buch. Die Wissenschaft bzw. der Forschungsverbund HeRiS konnte sich dabei vor allem in ihrer bzw. seiner außenstehenden Rolle als wichtig und hilfreich erweisen: Einen Ort und eine Struktur für Treffen und thematisches Arbeiten bereitzustellen; die wesentlichen Impulse, Fragen, aber auch Antworten hatten aber vor allem die hier aus ganz Deutschland zusammenfindenden und sich austauschenden Schulen und Lehrkräfte.

Einen weiteren, aus Sicht und Logik der Wissenschaft geradezu zwangsläufigen Schritt dieses Prozesses einer zunehmend intensiveren Research-Practice-Partnership halten Sie nun in den Händen: eine handbuchartige Aufbereitung und Systematisierung des inzwischen von zahlreichen Schulen, aber auch verschiedenen Forscher:innen zur Idee der *Herausforderung/Herausforderungen* und ihrer praktischen Umsetzung gesammelten Wissens. Zahlreiche Praktiker:innen einer Vielzahl von Schulen aus ganz Deutschland, die die Idee der Herausforderung auf jeweils ganz eigene Weise aufgreifen, konnte der Forschungsverbund als Beitragende gewinnen, dazu auch Forschende verschiedener Hochschulen, die über das hinausgehend, was die Schulen für sich selbst als relevant hervorheben, die verschiedenen historischen und konzeptionellen Bezüge der Idee der *Herausforderung/Herausforderungen* aufzeigen oder empirische Befunde zur Umsetzung der Herausforderungen einbringen.

Unser (wissenschaftliches) Anliegen, das wir mit diesem Handbuch verfolgen, dokumentiert sich vor allem in dessen Aufbau: Im ersten Teil sollen in einem historisch-systematisierenden Ausgriff den ideengeschichtlichen Vorläufern und Bezügen nachgegangen werden, die bei *Herausforderung/Herausforderungen* konzeptionell und legitimierend eine Rolle spielen, bevor im zweiten Teil beispielhaft schulische Umsetzungen von *Herausforderung/Herausforderungen* dargestellt werden. Im dritten Teil des Buches werden dann besondere Herausforderungen bei der Umsetzung von *Herausforderung/Herausforderungen* vertiefend aufgearbeitet, wiederum vor allem aus Sicht der Schule, aber auch aus der Perspektive des Schulrechts oder der Erlebnispädagogik. Und schließlich – im abschließenden vierten Teil – werden die bisherigen Ergebnisse der wissenschaftlichen Begleitforschung zu *Herausforderung/Herausforderungen* dargestellt.

Unser Wunsch und Anliegen ist es, mit dem vorliegenden Sammelband einen sowohl theoretisch umfassenden als auch praktisch relevanten Einblick in die Umsetzung der Idee von *Herausforderung/Herausforderungen* an deutschen Schulen zu geben und so für unterschiedliche Adressatenkreise neue Einsichten und Inspirationen bereitzuhalten: Lehrkräfte und Schulleitungen, die überlegen, *Herausforderung/Herausforderungen* an ihren Schulen anzubieten und auf der Suche nach Ideen und Unterstützung sind, Forscher:innen, die sich mit schulischen Innovationen bzw. Schulentwicklung befassen, aber auch all diejenigen, die gerne einmal hineinschauen möchten in eine Innovationsidee, die aktuell von immer mehr deutschen Schulen erwogen oder gar umgesetzt wird. Es würde uns freuen, wenn das gelingt.

Literatur

Forschungsverbund HeRiS (2019): „Herausforderungen" als Schulprojekt. Evaluationsbericht zum Projektdurchlauf 2018. https://www.pedocs.de/frontdoor.php?source_opus=17998 (Abfrage: 31.10.2022)

Funke, S. (2017): Das Entschulungsprojekt der Laborschule Bielefeld – eine Rekonstruktion aus Sicht der Lehrer*innen. Dresden: Unv. Masterarbeit TU Dresden.

Havighurst, Robert J. (1974): Developmental tasks and education (3. Auflage). New York: McKay.

von Hentig, Hartmut (2007): Bewährung. Von der nützlichen Erfahrung nützlich zu sein. Weinheim: Beltz.

Rürup, Matthias (2018): Projekt Herausforderung. Eine innovative Idee macht Schule. Gastbeitrag im Deutschen Schulportal, veröffentlicht am 11.12.2018. https://deutsches-schulportal.de/stimmen/projekt-herausforderung-eine-innovative-idee-macht-schule/ (Abfrage: 31.10.2022)

Rürup, Matthias/Herrmann, Carolin (2020): Herausforderungen begleiten – Empirische Bildungsforschung als Dienstleistung. In: Journal für Schulentwicklung 24, H. 3, S. 45-50.

Trautmann, Matthias (2004): Entwicklungsaufgaben im Bildungsgang. Wiesbaden: VS Verl. für Sozialwissenschaften.

I Ursprünge und Bezüge der Idee von *Herausforderung/ Herausforderungen*

Die Idee der *Herausforderung/Herausforderungen* hat – metaphorisch gesprochen – ausgesprochen viele Mütter, Väter, Brüder und Schwestern. Diese vielfältigen Verwandtschaftsbeziehungen nachzuzeichnen, ist das Anliegen des folgenden ersten Teils unseres Buches. Zugleich möchten wir uns vor der Erwartung schützen, dass sich im Folgenden wirklich alle relevanten Bezüge ausführlich dargestellt finden. Zum Beispiel haben wir auf eine generelle reformpädagogische Einordnung oder die eigenständige Darstellung der lerntheoretischen Implikationen der Hirnforschung (vgl. Hüther 2016) verzichtet, die gerne argumentativ herangezogen werden, um eine grundlegend andere Schul- und Unterrichtsgestaltung wie z. B. *Herausforderung/Herausforderungen* zu begründen (vgl. etwa das Grußwort von Margret Rasfeld). Auch auf eine Erörterung des Reisecurriculums in der Waldorfpädagogik, das ebenfalls durch die pädagogische Geste des zunehmenden Freilassens und Hinausschickens der Heranwachsenden geprägt ist, haben wir letztlich verzichtet. Vielmehr konzentrieren wir uns in unserem Buch vor allem auf die direkten Vorfahren der sich seit bald zwanzig Jahren an deutschen Schulen verbreitenden Idee der *Herausforderung/Herausforderungen*.

Als eigentlicher Ursprungsimpuls, egal in welcher Variante, ist Hartmut von Hentig mit seiner 2007 vorgelegten Streitschrift „Bewährung. Von der nützlichen Erfahrung nützlich zu sein" einzuordnen – nicht weil er selbst an den ersten Planungen oder Umsetzungen beteiligt war, sondern weil die Stadtteilschule Winterhude in Hamburg, die ebenfalls im Jahr 2007 mit ihren Herausforderungen startete, in von Hentigs Buch einen wesentlichen argumentativen Anstoß und Rückhalt fand. Insofern startet die folgende Darstellung relevanter Vorbilder und Quellen von Herausforderungen mit einer Erörterung der Perspektive der Entschulung wie sie von Hartmut von Hentig vertreten und insbesondere für die Mittelstufe mit der Forderung eines temporären Verzichts auf ein „normales" Unterrichtsangebot verbunden hat (vgl. Beitrag 1 von Michael Hecht und Annelie Wachendorff, der auch schon eine beispielhafte Umsetzung an der Laborschule Bielefeld vorstellt). Die Idee der *Herausforderung/Herausforderungen* ist nicht zuletzt mit Hartmut von Hentig direkt mit der Diskussion einer spezifischen Schulgestaltung bzw. Pädagogik des Jugendalters verbunden. Jugendliche würden sich in dieser Lebensphase dem normalen schulischen Angebot entfremden, weil es sowohl thematisch als auch strukturell nicht ihren eigenen Fragen und Bedürfnissen entspräche. Die Möglichkeit hingegen, außerhalb von Schule selbstgewählten anspruchsvollen Aufgaben nachzugehen und sich selbsttätig zu bewähren, wäre dementsprechend ein wesentlich besseres Angebot. Wenn Jugendliche in der Lebensphase der Pubertät überhaupt ergiebig und nachhaltig lernen, dann so: selbstbestimmt, praktisch, lebensnah. Inwieweit diese verbreiteten Thesen mit dem entwicklungspsychologischen Forschungsstand zum Jugendalter vereinbar sind, ist dann kontrastierend die Fragestellung des Beitrages von Matthias Huber.

Unabhängig von diesen sich ausdrücklich auf die Klassenstufen 8 bis 10 beziehenden Begründungen eines entschulten bzw. außerschulischen Erprobungsangebots für Jugendliche, ist die Erlebnispädagogik zu den zentralen Vorbildern der *Herausforderung/Herausforderungen* zu zählen.

Von Kurt Hahn entwickelt, zielte das Programm des Outward Bound darauf, negative Effekte der Industrialisierung wie abnehmende körperliche Fitness, Verlust handwerklicher Fähigkeiten, Selbstdisziplin und allgemein weniger draußen verbrachte Zeit abzumildern (vgl. Abbatiello 2014; Deane/Harré 2013; Priest/Gass 2005). Insbesondere indem es sich bei einem Großteil der von den Schüler:innen in Angriff genommenen Herausforderungen um Reisen zu Fuß, per Rad oder Kanu handelt, die oft durch ländliche, wenig besiedelte Gegenden führen, sind ähnliche pädagogische Erwartungen wie in der Erlebnispädagogik nahe gelegt, dass der Aufenthalt in und die Begegnung mit der Natur besonders eindrückliche und nachhaltige Erfahrungen ermöglichen würde. Ansonsten sind Outward Bound-Programme eher als ein Parallelkonzept zu den *Herausforderung/Herausforderungen* einzuordnen: In der Metaphorik der Verwandtschaftsbeziehungen eher Cousinen; schon allein deswegen, weil, bei aller reformpädagogischen Nähe zur Bewegung der Landerziehungsheime, sich erlebnispädagogische Angebote vor allem schulunabhängig und außerschulisch verbreitet haben. Obwohl sich viele dieser Programme an Heranwachsende richten, findet nur ein geringer Teil von ihnen in der Schule statt und die wenigsten sind als regelmäßige Aktivität fest in Schulcurricula verankert. Priest und Gass (2005) unterscheiden zwischen Programmen, deren Fokus eher auf Vergnügen liegt, Bildungsprogrammen mit einem Fokus auf Wissenserwerb, Entwicklungsprogrammen mit einem Fokus auf Verhaltensänderungen und therapeutischen Programmen mit einem Fokus darauf, fehlangepasste Funktionen zu verbessern (vgl. Bowen et al. 2016; Brannan et al. 2000; Dobud 2016; Lariviére et al. 2012). Entsprechend finden sich Expeditionsprogramme für eine Vielzahl verschiedener Zielgruppen wie Straffällige, Drogenabhängige, Veteranen, Kranke aber eben auch Manager:innen und natürlich auch Schüler:innen (vgl. Mutz/Müller 2006). Diesen erlebnispädagogischen Bezügen der *Herausforderung/Herausforderungen* geht im Folgenden zunächst Michael Zimmer-Müller nach, der seinen Fokus vor allem auf die Etablierung der Erlebnispädagogik und ihre Wirksamkeit legt. Hiernach stellt Peter Wastl aktuelle erlebnispädagogische Konzepte im schulischen Kontext vor.

Ein dritter wichtiger konzeptueller Hintergrund auf den schulische Ansätze der *Herausforderung/Herausforderungen* bzw. der Entschulung rekurrieren, ist schließlich die Montessori-Pädagogik, vor allem mit dem sogenannten Erdkinderplan (vgl. Montessori 2015). Insbesondere die Montessori-Oberschule Potsdam, die mit ihrem Angebot der Jugendschule am Schlänitzsee Impulse Maria Montessoris mit Vorschlägen Hartmut von Hentigs verknüpft (vgl. Beitrag 8 von Cäcilie Klappenbach und Martin Pfeiffer im zweiten Teil dieses Buches), ist ein wichtiges

Bindeglied zwischen ansonsten eher parallelen Ansätzen. Die Idee, für Jugendliche besondere Erlebnisräume, Orte oder auch Reisen vorzusehen, in denen sie vor allem mit persönlich, sozial und körperlich-handwerklich herausfordernden Aufgaben der gemeinsamen Lebensführung und Alltagsbewältigung konfrontiert sind, lässt sich nicht nur an Schulen mit Herausforderungen finden, sondern auch an Freien Aktiven Schulen, die von der Rezeption der Ideen Montessoris durch Rebeca und Mauricio Wild inspiriert sind. Wir freuen uns, dass wir mit Gundula Meisterjahn-Knebel eine intime Kennerin der Montessori-Pädagogik für unser Buch gewinnen konnten, die die konzeptuellen Ähnlichkeiten, Verbindungen, aber auch Unterschiede zwischen der Montessori-Pädagogik des Jugendalters und dem Konzept der *Herausforderung/Herausforderungen* aufzeigen kann.

Zum Ende dieses Teils, der die geschichtlichen und konzeptuellen Hintergründe der Idee der *Herausforderung/Herausforderungen* beleuchtet, haben wir noch zwei Beiträge platziert, die argumentativ eher in die Zukunft weisen. Zum einen beschäftigt sich Britta Tillmann in ihrem Beitrag mit der schon existierenden normativen Grundlegung und Orientierung von Schule und Unterricht in den deutschen Schulgesetzen. Insbesondere das im staatlichen Bildungs- und Erziehungsauftrag verankerte Anliegen einer Demokratieerziehung legitimiere, so argumentiert sie, das schulische Engagement für die Idee der *Herausforderung/Herausforderungen*. Zum anderen wird mit dem Beitrag von Lydia Kater-Wettstädt auf die Passung der Idee der *Herausforderung/Herausforderungen* zum Anliegen einer Bildung für nachhaltige Entwicklung eingegangen, durch die junge Menschen in die Lage versetzt werden sollen, in einer zunehmend unsicheren und unübersichtlichen, gefährlichen und gefährdeten Welt dauerhaft konstruktiv handlungsfähig zu sein.

Literatur

Abbatiello, James (2014): Perceived Impact on Student Engagement When Learning Middle School Science in an Outdoor Setting. https://repository.library.northeastern.edu/files/neu:1124/fulltext.pdf (Abfrage: 31.10.2022)

Bowen, Daniel J./Neill, James T./Williams, Ian R./Mak, Anita S./Allen, Nicholas B./Olsson, Craig A. (2016): A Profile of Outdoor Adventure Interventions for Young People in Australia. In: Journal of Outdoor Recreation, Education, and Leadership 8, H.1, S. 26-40.

Brannan, Steve/Arick, Joel/Fullerton, Ann/Harris, Joyce (2000): Inclusive Outdoor Programs Benefit Youth: Recent Research on Practices and Effects. In: Camping Magazine 73, H. 4, S. 26-29.

Dobud, Will (2016): Exploring Adventure Therapy as an Early Intervention for Struggling Adolescents. In: Journal of Outdoor and Environmental Education 19. H. 1, S. 33-41.

Dyment, Jane E./Potter, Tom G. (2015): Is Outdoor Education a Discipline? Provocations and Possibilities. In: Journal of Adventure Education and Outdoor Learning 15, H. 3, S. 193-208.

von Hentig, Hartmut (2007): Bewährung. Von der nützlichen Erfahrung nützlich zu sein. Weinheim: Beltz.

Hüther, Gerald (2016): Mit Freude lernen – ein Leben lang. Weshalb wir ein neues Verständnis vom Lernen brauchen. Sieben Thesen zu einem erweiterten Lernbegriff und eine Auswahl von Beiträgen zur Untermauerung. Paderborn: Vandenhoeck & Ruprecht.

Larivière, Michel/Couture, Roger/Ritchie, Stephen D./Côté, Daniel/Oddson, Bruce/Wright, Jesse (2012): Behavioural Assessment of Wilderness Therapy Participants: Exploring the Consistency of Observational Data. In: Journal of Experiential Education 35, H. 1, S. 290-302.

Montessori, Maria/Ludwig, Harald/Klein-Landeck, Michael (2015): Von der Kindheit zur Jugend: Zum Konzept einer ‚Erfahrungsschule des sozialen Lebens‘. Freiburg im Breisgau: Herder.

Priest, Simon/Gass, Michael A. (2005): Effective leadership in adventure programming (2nd ed.). Champaign, IL: Human Kinetics Publishers.

1 Herausforderungsprojekte und Entschulung – eine Verortung

Michael Hecht & Annelie Wachendorff

„Eigentlich gab es drei Herausforderungen: die Organisation vorher, unser Zusammenwohnen und die Mitarbeit im Aquarium Bremerhaven. Bei der Planung wollten die Erwachsenen, dass wir gleich auch in Jugendherbergen nach Übernachtung fragen. Das hat uns Druck gemacht, aber wir haben abgewartet, weil wir drei in der kleinen Wohnung, zu der wir eine Verbindung hatten, ganz allein klarkommen wollten. Es hat mich dann überrascht, wie leicht es uns gefallen ist, uns selbst zu versorgen. Wir waren ein lustiges Team. Ich schaffe es gut, alleine ohne Eltern zu leben. Im Aquarium haben wir mehrere neue Leute getroffen, z.B. zwei Studenten. Da habe ich nicht erst über Theorie gelernt, sondern über das Zugucken und Machen. Aber dann konnten wir immer fragen. Das ist ein Bereich, in dem ich mir vorstellen könnte zu arbeiten. Ich denke, dass ich während der Entschulung manches an mir geändert habe. Ich bin selbstständiger geworden, ich werde offener auf fremde Leute zugehen und kann erwachsener reagieren. Das hat meine Familie auch gemerkt."
(Schülerin der Laborschule Bielefeld Jahrgang 8/2017)

„Man hat in unserem Entschulungsprojekt etwas fürs Leben gelernt: in einer fremden Gruppe zusammenzuarbeiten, sich mit Leuten zu verständigen, die eine andere Sprache sprechen, Kompromisse zu machen, selbst sehen, was zu tun ist. Ich habe gelernt, Verantwortung zu übernehmen, als ‚Küchenchef‘, und zu improvisieren, wenn etwas schief ging. Das Lernen war lebensnah und individueller als in der Schule, denn jeder hat etwas anderes mitgenommen."
(Schüler der Laborschule Bielefeld Jahrgang 8/2016)

Diese Reflexionen von 14-jährigen Jugendlichen zeigen beispielhaft, mit welcher Offenheit Schüler:innen sich auf mehrwöchige Herausforderungen einlassen und welche Bedeutung sie ihren Erfahrungen für ihre persönliche Entwicklung zusprechen.

Seit etwa 15 Jahren haben in Deutschland zunächst einzelne Gesamtschulen und Reformschulen, dann auch Gymnasien für ihre Mittelstufe so genannte Herausforderungen oder Entschulungsprojekte entwickelt, die die Jugendlichen aus dem Schulalltag des gefächerten Stoff-Lernens hinaus in andere, selbst verantwortete und ganzheitlichere Erfahrungsbereiche führen sollen.

In dieser Einführung soll nachgezeichnet werden, aus welcher bildungspolitischen Situation die Kollegien ihre Modelle entwickelt haben, auf welche pädagogische Vorstellungen sie sich dabei beziehen, welche Ziele sie verfolgen und welche Fragen bei der Auswertung der Modelle entstehen.

1   Innovationsdruck im deutschen Schulsystem

Vor etwa 15 Jahren machten sich bereits früher beobachtete Problembereiche des Schulsystems und der Entwicklungsmöglichkeiten für Jugendliche verstärkt bemerkbar und forderten engagierte Pädagog:innen zum Handeln auf.

Ein immer größerer Teil der Jugendlichen besuchte im gegliederten (stark selektiven) Bildungssystem Deutschlands für 12 bis 13 Jahre Schulen, deren Fächer viel Stoff und theoretisches Wissen bei wenig Handlungsorientierung und Praxiserfahrung vermittelten. Gleichzeitig verzögerte sich das Berufseinstiegsalter, da für viele Ausbildungsberufe höhere fachliche Voraussetzungen erforderlich wurden. Seit Beginn der regelmäßigen PISA-Tests im Jahr 2000 stieg zudem der Leistungsdruck.

Zunehmender Ganztagsunterricht bedeutete darüber hinaus weniger Zeit für außerschulische Aktivitäten, wie Vereinssport, Musikausübung oder die regelmäßige Beteiligung und Verantwortungsübernahme in Jugendorganisationen. Zwar eröffneten die sozialen Medien den Jugendlichen neue Kontakte und Ausdrucksmöglichkeiten – meist aber ohne direkte Begegnung und Auseinandersetzung in der Realität.

Diese Situation erschwerte es zunehmend, die Jugendlichen im Bereich der Sekundarstufe I zu motivieren: Die für sie zu erreichenden beruflichen Ziele und die damit verbundene Unabhängigkeit waren noch Jahre entfernt; bei der ihrer Persönlichkeitsentwicklung entsprechenden Suche nach neuen Erfahrungs- und Verantwortungsräumen blieben sie in bisherigen Strukturen gebunden.

Kollegien, die eine größere Lernbereitschaft und ein intensiveres Engagement vieler Jugendlicher bei Exkursionen, Projekten und Praktika beobachteten, wollten dieses Angebot erweitern und versuchten, das System Schule zunächst für einen bestimmten Zeitraum zu öffnen, um das eigenständige Lernen und die selbstbestimmte Persönlichkeitsentwicklung von Kindern und Jugendlichen außerhalb von Schule zu ermöglichen.

Diese Reaktion von Schulen auf die geschilderte Situation traf dabei auf bereits bestehende Überlegungen der Schulkritik sowie auf Erfahrungen von Reformschulen.

2   Schulkritik und Entschulungsentwürfe

Ursprünglich erfolgte Lernen informell: Ein Kind macht in der Familie und im Wohnumfeld neue Erfahrungen, es schaut sich in Alltagssituationen etwas ab und probiert Neues aus, es fragt, es lernt aus Fehlern und übernimmt Aufgaben. Vor etwa 8000 Jahren werden jedoch mit der Entwicklung großer Gesellschaften und dem Aufkommen der Schrift speziellere Kenntnisse nötig und es entstehen Schulen, die erst bestimmten Gruppen, in Europa seit etwa 200 Jahren allen Kindern die gesellschaftlich für nötig erachteten Kompetenzen gezielt vermitteln und sie auf die vielseitigen Anforderungen der wachsenden technischen, wissenschaftlichen und gesellschaftlichen Anforderungen moderner Staatssysteme vorbereiten sollen.

In Deutschland besteht seit 1919 die Schulpflicht: Für acht, inzwischen neun bzw. zehn Jahre sollen alle Kinder Zugang zu schulischer Bildung erhalten. 1948 erklären die Vereinten Nationen gemäß Artikel 26 der Allgemeinen Erklärung der Menschenrechte Bildung weltweit als Menschenrecht und verknüpfen damit das Versprechen, soziale Ungleichheit zu kompensieren (vgl. Tenorth 2014).

Parallel zur Etablierung der staatlichen Schulpflicht zeigen schulkritische Strömungen in ihren unterschiedlichen Ausprägungen über große Zeiträume eine bemerkenswert hohe Stabilität der Argumentation: Von gesellschaftspolitischen und historischen Umständen gefärbt wird immer wieder die Frage aufgeworfen, ob die Schule der Lern- und Persönlichkeitsentwicklung von Kindern und Jugendlichen überhaupt dient oder ob Schule nicht grundlegend verbessert oder gar abgeschafft werden muss.

In zwei Phasen, zu Beginn des 20. Jahrhunderts und in den 1960er-1980er Jahren, werden gesellschaftliche Gewissheiten in Westeuropa und Nordamerika auf vielen Ebenen hinterfragt und unter dem Begriff Entschulung werden unterschiedliche Vorstellungen entwickelt: die Entschulung der Gesellschaft, die Entschulung der Schülerinnen und Schüler und die Entschulung der Schule – wobei diese Ansätze auch Ideen voneinander aufgreifen (vgl. Oelkers 2005).

Die *Entschulung der Gesellschaft* ist ein gesellschaftstheoretisches Konzept der 1970er Jahre und fordert die Abschaffung aller Schulen, da sie als der Bildung und dem Lernen hinderlich und als unfähig angesehen werden, die gesellschaftliche Ungleichheit aufzuheben. Die Gesellschaft soll stattdessen alle Bereiche als Lernräume zugänglich machen und allen Menschen ein vernetztes System von Lern- und Lehrpartnerschaften anbieten. Dies Konzept wurde im Deutschland der 1970er Jahre durch die Schriften von Ivan Illich bekannt und beeindruckte als Theorie, die von den gesellschaftlich Benachteiligten ausgeht und anregt, kritisch über die Aufgaben des Lehrberufs und der Institution Schule nachzudenken (vgl. Illich 1973).

Die *Entschulung der Schülerinnen und Schüler* beruht auf der Ablehnung der Schulpflicht und des staatlich organisierten Unterrichts und entsteht aus der Kritik von Eltern an der institutionalisierten Form, den didaktisch-methodischen Prinzipien, aber auch an dem vermittelten Weltbild des Schulsystems. Die Vorstellung davon, wie Kinder stattdessen im eigenen Tempo und nach ihren

Bedürfnissen lernen können, variiert zwischen Hausunterricht in der Familie – nach bestimmten Lehrplänen und mit externen Prüfungen – und individueller Aneignung der Welt durch die Kinder als sogenannte Freilernende, gänzlich ohne von Erwachsenen erteilten Unterricht. Die Entschulung der Schüler:innen wird vielfach umgesetzt, jedenfalls in Staaten, in denen keine Schulpflicht, sondern nur Unterrichtspflicht herrscht. In Deutschland verhindert die Schulpflicht solche Lernformen. Der coronabedingte Distanzunterricht fand zwar zu Hause statt, ihm fehlten aber gerade die Möglichkeiten des praxisbezogenen Erfahrungslernens oder der individuellen Wahl der Inhalte (vgl. Fischer 2009; Murphy 2012).

Die *Entschulung der Schule* wendet sich gegen ein verschultes (auf vorgegebenes Fachwissen reduziertes) Lernen ohne situative Erfahrungsmöglichkeiten und entwickelt sich seit den 1920er Jahren in der Praxis einzelner (Reform-)Schulen. Der Begriff Entschulung der Schule bezeichnet eine schulgesteuerte Organisation von informellen Lerngelegenheiten sowohl innerhalb als auch außerhalb des herkömmlichen Schulrahmens. Mit der Gründung von Gesamtschulen in den 1960er Jahren werden verstärkt andere Lernformen, wie fächerübergreifendes Projektlernen oder Praktika entwickelt. Viele Elemente dieser Art reformpädagogischer Entschulung sind inzwischen Teil des Bildungssystems geworden. Die theoretische Diskussion zu dieser Strömung wird z. B. bereits 1971 durch die Texte Hartmut von Hentigs (vgl. von Hentig 1971; von Hentig 2007); angeregt und an der von ihm initiierten Laborschule Bielefeld erprobt und weiterentwickelt. Der Gedanke einer Verbesserung von Schule durch Nachdenken über ihre Alternativen, ohne die Schule als solche ganz aufzugeben, eröffnet vielfältige Handlungsspielräume ohne die bestehende Schulorganisation völlig in Frage zu stellen. Aktuell wird an zunehmend mehr Schulen eine in die Mittelstufe eingebettete Auszeit von Schule geschaffen, die als „Herausforderung" oder „Herausforderungen" bezeichnet wird.

Diese in Deutschland entwickelten Projekte zur Entschulung der Schule basieren auf entwicklungspsychologischen und sozialisationstheoretischen Positionen und beziehen sich vor allem auf Texte von Hartmut von Hentig (vgl. von Hentig 1971; von Hentig 2007) sowie auf den 1928 entwickelten Erdkinderplan von Maria Montessori (vgl. Montessori 2015).

2007 greift von Hentig in seinem Text „Bewährung. Von der nützlichen Erfahrung nützlich zu sein" die kritischen Fragen der Bildungspolitik an das formalisierte Lernen in einer „verschulten Schule" sowie seine früheren Überlegungen zur Entschulung der Schule wieder auf und macht darin konkrete Vorschläge für eine umfassende Entschulung der Mittelstufe. Dafür nennt er als Begründung, dass die Pubertät ein Alter der Orientierung, des Ausprobierens, der Loslösungsprozesse von den Eltern sei. Die zunehmende Bedeutung des Gruppengefühls unter den Jugendlichen finde in der Schule zu wenig Berücksichtigung.

Außerdem gelte es, die Teilhabe an der Gesellschaft als eine Gegenbewegung zu übertriebenen Individualisierungs-Bestrebungen erfahrbar zu machen. Man solle als Teil einer Gemeinschaft, deren Regeln man mitbestimmen und gestalten kann, die Erfahrung machen, gebraucht zu werden und nützlich zu sein. Schule sei zudem nur einer der Orte, an denen Jugendliche sich bilden können. Bildung im eigentlichen Sinne lasse sich gerade nicht auf das in der Schule Vermittelbare reduzieren. Und für manche Erfahrungen sei eine deutliche organisatorische und räumliche Trennung von Schule notwendig.

3 Aufgreifen wissenschaftlicher Erkenntnisse zum Jugendalter

Gestützt werden diese Überlegungen durch die Ergebnisse verschiedener Untersuchungen zu Pubertät, Adoleszenz und Jugend aus Biologie Entwicklungspsychologie und Sozialwissenschaft, die Eingang in die pädagogischen Überlegungen gefunden haben (vgl. Beitrag 2 von Matthias Huber).

Der durch die Pubertät eingeleitete psychosoziale Reifungsprozess führt zu Neuorientierungen in Bezug auf die Elterngeneration und die Gleichaltrigen, zu Auseinandersetzungen mit dem Erwachsenwerden, zur Erprobung von Verantwortung und zu eigenen Entscheidungen bezüglich der individuellen Lebens- und Berufsvorstellungen und kann dabei krisenhaft verlaufen. Die physischen und psychischen Veränderungen in dieser Zeit beeinflussen junge Menschen grundlegend: Während ihre kognitiven Potenziale und ihre Leistungsfähigkeit steigen, sinkt oft ihre Konzentrationsfähigkeit, es tritt körperliche Unruhe auf. Emotional können sie extrem reagieren; auch zwischen Empathie- und Kritikfähigkeit ein Gleichgewicht zu finden, fällt ihnen schwer, und sie sind in ihrer Selbstwahrnehmung verunsichert. Gleichzeitig gibt es anders als früher wenig Möglichkeiten für sie, sich eigenverantwortlich in die Gesellschaft einzubringen und die in diesem Lebensalter anstehenden Aufgaben zu lösen, die Robert J. Havighurst bereits 1948 als Entwicklungsaufgaben der Adoleszenz beschrieben hat, etwa die Akzeptanz der eigenen Körperlichkeit und der Geschlechtsrolle, die emotionale Unabhängigkeit von der Elterngeneration und der Aufbau von Beziehungen zu Gleichaltrigen, der Kompetenzerwerb für eine berufliche Zukunft und ein Leben in Selbstständigkeit, das Streben nach sozial verantwortlichem Verhalten und nach gesellschaftlicher Mitgestaltung (vgl. Havighurst 1974).

Das Konzept der Entwicklungsaufgaben wurde mehrfach den soziohistorischen Bedingungen angepasst, z. B. 2000 von Fend oder von 2016 von Hurrelmann/Quenzel, die auch beschreiben, in welche Risiken Jugendliche geraten, wenn sie bei der Bewältigung dieser Aufgaben nicht erfolgreich sind: Der Entwicklungsdruck kann in Aggressionen umschlagen oder zur Flucht (z. B. in die Sucht) führen, aber auch in sozialen Rückzug und depressive Resignation.

Entschulung bzw. Herausforderungsprojekte sollen nun für Jugendliche besondere Möglichkeiten schaffen, diese Aufgaben zu bewältigen. So wird neben der Veränderung sozialer Beziehungen und der zunehmenden Bedeutung von Gleichaltrigen insbesondere die Identitätsarbeit als Teil der von den Jugendlichen zu bewältigenden Entwicklungsaufgaben betont. Aus einer häufig krisenbehafteten Identitätsbildung wird die Notwendigkeit eines Freiraums, einer Entpflichtung abgeleitet.

Ein weiterer Aspekt tritt zu Tage, wenn Entschulung als ein Raum für Jugendliche konzipiert wird, der die Teilhabe an der Gesellschaft erfahrbar machen kann. Entschulung als Freiraum für Jugendliche soll in diesen Fällen eine Gegenbewegung zu vereinzelnden Individualisierungsbestrebungen darstellen. Jugend wird hier verstanden als eine Vorbereitungszeit auf ein mündiges Erwachsensein und Entschulung als eine Möglichkeit, Gesellschaft mitzubestimmen und mitgestalten zu können. Entschulungsprojekte, die auf Teilhabe und Mitgestaltung setzen, könnten so die Funktion einer abgekühlten, modernen Variante einer Initiation übernehmen.

4 Konzeption verschiedener Entschulungsmodelle

Während von Hentig 2007 in seinem Text von einer zweijährigen Phase mit zeitlich stark reduziertem Unterricht ausgeht, entwickelten sich in den letzten Jahren unterschiedliche Formen der praktischen Umsetzung, die meist auf einige Wochen begrenzt sind. Sie setzen z. B. auf Gemeinschaftserfahrungen in der Natur oder auf für andere nützliche gestalterische Arbeit oder sie geben der individuellen Persönlichkeitsentfaltung Raum. Mitbestimmungsmöglichkeiten liegen oft in der Ideenentwicklung und in der Planung und Organisation.

Bei allen Vorhaben ist die Rahmung pädagogisch und didaktisch organisiert, wie zwei unterschiedliche Beispiele zeigen: So nennt die Laborschule Bielefeld folgende Ziele für ihre dreiwöchigen Herausforderungsprojekte in Jahrgang 8 – ein Mädchen / ein Junge soll

1. selbstbestimmt, selbstorganisiert, selbstverantwortet lernen, etwas sich zu eigen machen, gleichzeitig Partizipation und Demokratie erfahren,
2. dabei Könnenserfahrungen machen, „echte Aufgaben" meistern, Anerkennung bekommen,
3. sich zunehmend mit Gleichaltrigen auseinandersetzen, Verantwortung übernehmen, Konflikte austragen, Gemeinschaft selbst organisieren lernen
4. jugendgemäße Entwicklungsaufgaben bearbeiten können: Ablösung, Identitätsfindung, Sich-Ausprobieren, Unabhängiger-Werden,
5. kognitives Lernen ergänzen und verknüpfen mit „tätigem" Lernen, körperlicher Betätigung, Bewegung,

6. sich für andere einsetzen, anderen in unterschiedlicher Weise nützen,
7. andere Erfahrungen machen, die so selbst im besten Unterricht nicht zu machen sind, zum Beispiel aus Situationen und von Menschen lernen, denen man im Unterricht nicht so leicht begegnet (vgl. Hageresch et al. 2013).

Die staatliche Montessorischule in Potsdam (vgl. Beitrag 8 von Cäcilie Klappenbach und Martin Pfeiffer) definiert dagegen die Entschulungsaufgaben ab 2007 als so genannte Jugendschule (vgl. Kegler 2014). Im Zentrum von Montessoris Überlegungen für Jugendliche steht das Erreichen von Unabhängigkeit, die Entwicklung der eigenen Persönlichkeit im praktischen, selbst verantworteten Tun. Die Jugendschule versucht entsprechend, den besonderen Bedürfnissen von Jugendlichen, gerade in ihrem Übergang vom Kind zum Erwachsenen, gerecht zu werden, indem den Schüler:innen (ab Jahrgang 7) praktische, selbstregulierte und partizipative Lernangebote in und mit der Natur gemacht werden. Auf einem 3,6 Hektar großen Gelände nördlich von Potsdam sollen die vorgeschriebenen Lehrplaninhalte mit praktischen Erfahrungen verbunden werden, z. B. indem mit Hilfe eines Experten ein Brunnen gebaut wird. Derzeit sind die 90 Jugendlichen der 7. und 8. Klasse abwechselnd je eine Woche im Monat auf dem Gelände am Schlänitzsee. Außerdem arbeiten die 9. und 10. Klasse in ausgewählten inhaltlichen Projekten.

Gemeinsam räumen alle Modelle dabei der Planung der Projekte und der Selbstreflexion durch die Jugendlichen besondere Bedeutung ein. So sollen die Vorhaben nicht von außen bewertet werden, sondern die Jugendlichen beschreiben selbst den Sinn ihres Projekts, der auch in der Überwindung von Schwierigkeiten und Schwächen oder in flexibler Reaktion auf das Scheitern der ursprünglichen Idee bestehen kann. Die Gelingensbedingungen sind damit nicht an möglichst spektakuläre Aktionen, sondern an echte Erfahrungen mit Ernstcharakter geknüpft.

5 Typische Schwerpunkte von Herausforderungen

Entschulungsvorhaben schaffen also Lernsituationen zwischen offenen Unterrichtsformen und Projektunterricht auf der einen Seite und freiem Spiel, Urlaubserfahrungen, lebensweltlichen Lern- und Bildungsformen und Angeboten wie in der offenen Kinder- und Jugendarbeit auf der anderen Seite. Dabei sind sie ganzheitlich angelegt und frei von fachlicher Leistungsbewertung.

Bei der praktischen Umsetzung von schulischen Herausforderungen lassen sich typische Schwerpunkte erkennen, die je nach Herausforderung einzeln oder kombiniert angestrebt werden, z. B.:

- situativ-lebenspraktisch: Herausforderungen erschließen andere Bewegungs-, Wahrnehmungs- und Belastungsräume. Sie sind körperlich fordernd, verschieben gewohnte Zeitabläufe und erfordern einen anderen Umgang mit dem eigenen Alltagsleben, z. B. durch sechs Stunden Tanztraining am Tag, beim Wandern von Hütte zu Hütte über die Alpen oder auf einer selbstorganisierten Radtour.

- individualisierend: Herausforderungen greifen selbstdefinierte persönliche Entwicklungsaufgaben auf oder konfrontieren während der Zeit ungeplant mit solchen, z. B. im Versuch für einen Stadtlauf zu trainieren, beim Praktikum in einem Sterbehospiz oder dadurch, das Heimweh überwinden zu wollen um auf Zypern Englisch lernen zu können.
- kooperativ: Herausforderungen werden als gemeinsam in einer Gruppe zu lösende Aufgaben gewählt oder gestellt, z. B. im Entwickeln eines gemeinsamen Tanzstücks, durch die arbeitsteilige Re-Kultivierung eines verwilderten Grundstücks oder bei der gemeinsame Planung und Durchführung einer Etappe auf dem Jakobsweg.
- sozial: Herausforderungen beinhalten die Übernahme von Verantwortung für andere, sie weisen Merkmale von Service Learning auf und führen zu Begegnungen mit fremden Erwachsenen, z. B. bei der Mitarbeit auf einem Tiergnadenhof, in einem kooperativen Kochprojekt mit jungen Geflüchteten oder bei der Einrichtung einer Nähwerkstatt für geflüchtete Frauen.
- selbst- und mitbestimmt: Herausforderungen sind von der Themenwahl, der Organisation und Umsetzung geprägt von den Ideen, den Wünschen und der Verantwortung der Mädchen und Jungen, z. B. entscheiden die Jugendlichen selber über den Inhalt des Theaterstücks, sie bestimmen welche Hütte wo gebaut werden soll, sie stellen sich ihre Wanderroute selbst zusammen – und sie verantworten das Budget und kümmern sich um ihre Versorgung.
- in Auseinandersetzung mit neuen Räumen: Herausforderungen suchen besondere Orte auf, die je nach Ausrichtung Selbstwirksamkeit, Unabhängigkeit, Öffentlichkeit usw. verstärken, z. B. ein öffentliches Theater, beeindruckende Natur in den Bergen oder auf dem Wasser, ein Land mit einer anderen Sprache, eine andere Lebensform.

Eine Schule kann vorab durch die Gewichtung dieser Schwerpunkte auf erkennbar gewordene Bedürfnisse im jeweiligen Jahrgang reagieren – anderseits kann sie an einer freien Schwerpunktsetzung der Jugendlichen ablesen, an welchen Entwicklungsaufgaben und Freiräumen ein besonderes Interesse besteht.

6 Kritische Fragen

Obwohl die jeweiligen Herausforderungsprojekte von Schüler:innen, Eltern und Lehrer:innen überwiegend positiv bewertet werden, gibt es verschiedene kritische Fragen, denen nachgegangen werden muss (vgl. Hecht 2020).

Mit den herausfordernden Projekten einer Entschulung der Schule verein-
nahmt die Schule Lebensbereiche, die bislang frei von ihrem Einfluss waren, wie
z. B. individuelle Wochenend-Touren in der Natur oder Kontakte zu einem Bauernhof in der Umgebung. Dies wird als pädagogische Kolonisation der Freiräume
von Kindern und Jugendlichen kritisiert – allerdings beanspruchen die Projekte
nur einen geringen Zeitanteil und blockieren private Vorhaben nicht; eher können sie neue Freizeitideen anstoßen.

Oft werden Zweifel geäußert, ob in Entschulungsprojekten etwas qualitativ
Anderes oder Neues gelernt wird oder ob sie nur Spielerei, also schulisch orga-
nisiertes Freizeitvergnügen sind, während gleichzeitig der eigentliche Lernstoff
gekürzt werden muss. Zumindest schulisch relevantes Lernen in diesen Projekten
wird infrage gestellt.

Auch die Erreichbarkeit der entwicklungspsychologischen Ziele wird be-
zweifelt. Oft ist die Projektzeit mit 1-3 Wochen sehr kurz; daher müssen sich
die Jugendlichen auf bestimmte Probleme, wie Heimweh, Schwierigkeiten mit
einer Gastfamilie oder Gruppenkonflikte nicht unbedingt einlassen; sie können
die Zeit aussitzen. Die mit dem Vorhaben verknüpften Entwicklungsaufgaben
werden dann nicht bearbeitet und neue Kompetenzen können nicht gefestigt
werden. Anders ist das bei mehrjährigen Projekten, wie beispielsweise an der
Evangelischen Schule Berlin Zentrum oder der Montessorischule Potsdam (vgl.
Kegler 2014; Stockmeier/Hausner 2014).

Insofern Entschulungsprojekte auf Mitbestimmung und Teilhabe setzen, besteht die Gefahr, dass sich genau dies zu einem Zwangsmittel wandelt. Da bei
einer Schulveranstaltung nicht von einer freiwilligen Teilnahme ausgegangen
werden kann, *müssen* die Kinder und Jugendlichen mitbestimmen und machen
gerade nicht die Erfahrung freier Selbstbestimmtheit (vgl. Hecht 2009).

Von Hentigs weitergehender Anspruch, eine entschulte Schule möge als Anregung für die Gesellschaft dienen und ihr helfen, den eigenen Systemzwängen
zu entkommen (vgl. von Hentig 1971), setzt bei einigen Kollegien offenbar großes Engagement frei. Ob die Gesellschaft bereit ist, diese Anregung aufzugreifen,
wird nicht überprüft. Erfahrungsgemäß hat Schule als Institution strukturell eher
eine konservierende Tendenz als eine gesamtgesellschaftlich relevante innovie-
rende Vorreiterfunktion.

Selbst innerhalb der jeweiligen Schulen wird die weiterführende Innovations-
kraft des Konzepts oft nicht genutzt. Zwar wird die Hoffnung formuliert, dass
nicht nur die Jugendlichen mit neuen Erfahrungen in die Schule zurückkehren,
sondern auch die Lehrer:innen ihren Blick auf die Jugendlichen in Frage stellen
und dass dies zu Veränderungen des normalen Unterrichts führt. Dann jedoch
müssten in der Folgezeit die Selbst- und Mitbestimmungsrechte der Jugendlichen deutlich mehr Gewicht bekommen. Dieser Veränderungsimpuls wird bei
den bisherigen Projekten kaum thematisiert. Wenn dies nicht weiter verfolgt

wird, entsteht allerdings der Verdacht, dass die Entschulungsprojekte eher ein Ventil sind, um jugendliche Lern-Unlust abzupuffern. Die Heranwachsenden sollen sich einige Wochen (sinnvoll) austoben und ihre Selbstwirksamkeit steigern, um wieder besser in das dadurch letztlich gefestigte Korsett der Schule zurückzukehren. Damit erhält die Arbeit an Herausforderungs-Projekten im Schulkonzept eine Alibifunktion, zumal Vorbereitung und Mitorganisation viel Engagement und Zeit der Lehrer:innen absorbieren, die dann für weitere strukturelle Veränderungen fehlt.

Eine Klärung dieser kritischen Fragen müsste in der wissenschaftlichen Untersuchung der Entschulungsprojekte zu finden sein oder angestrebt werden.

Exemplarisch wurde die Entschulung der Schule 2012 von Jürgens und Greiling durch eine groß angelegte Evaluation der Jugendschule Schlänitzsee untersucht. Zwar gibt es auch zu den anderen Herausforderungsprojekten Erfahrungsberichte und Dokumentationen, sie sind jedoch meist programmatisch oder konzeptionell ausgerichtet. Empirische Untersuchungen im wissenschaftlichen Sinn stellen sie nicht dar. Der Forschungsverbund HeRiS (Herausforderung als eigenständige Reformaktivität innovativer Schulen) hat sich jedoch zur Aufgabe gestellt, einige der Forschungslücken zu schließen und Ergebnisse anderer Studien zusammenzutragen (siehe Teil IV – Ergebnisse der wissenschaftlichen Forschung, insbesondere mit Blick auf die Laborschule Bielefeld in Beitrag 25 von Sabine Geist und Thomas Makowski).

Anderseits können aus den Kritikansätzen auch Gelingensbedingungen abgeleitet werden. Bei der Entschulung muss es um Herausforderungsprojekte gehen, die von den Schüler:innen weitgehend selbst geplant und verantwortet werden, die ihnen echte Erfahrungen ermöglichen und von ihnen reflektiert werden. Aber auch die Schule darf die Projekte nicht nur ins Laufen bringen; sie muss sie (selbst-)kritisch befragen und die Ergebnisse zu weiteren öffnenden Reformen nutzen.

7 Schluss

Herausforderungen können als eine besondere Form von Entschulung der Schule betrachtet werden. Sie stehen damit in der Tradition eines die Schule reformierenden, zur Lebenswelt der Schüler:innen öffnenden Ansatzes und laufen zugleich Gefahr, diese Lebenswelt der Kinder und Jugendlichen zu verschulen. Aufgabe einer reflektierenden, erziehungswissenschaftlich untermauerten Professionalisierung von Herausforderungen sollte es also sein, die Freiräume in Schule, die durch Herausforderungsprojekte entstehen können, auszubauen und zugleich außerschulische Freiräume jenseits von schulischen Herausforderungen zu bewahren.

„Ich finde, die Kinder sollten jetzt erstmal in ihrer Klasse wieder ankommen und einen Rhythmus finden. Aber dann sollte es die Herausforderungen bald wieder geben, weil wir Jugendlichen nach der langen Homeschooling-Phase viel Draußenzeit und Aktivität brauchen und dass man selber (in der Gruppe) entscheidet, was man am Tag macht."
(Schüler der Laborschule Bielefeld Jahrgang 10/2021)

„Ich empfehle, jetzt viel Zeit draußen zu verbringen und bei den Herausforderungen die Freiheit für die Schüler und die Lehrer wieder zu holen! Und es ist wichtig, mit anderen Menschen wieder in face-to-face-Kontakt und soziale Interaktion zu kommen, also nicht nur mit Jugendlichen."
(Schülerin Jahrgang 10 der Laborschule Bielefeld 2021)

Literatur

Fend, Helmut (2000): Entwicklungspsychologie des Jugendalters: Ein Lehrbuch für pädagogische und psychologische Berufe. Opladen: Leske + Budrich.

Fischer, Ralph (2009): Homeschooling in der Bundesrepublik Deutschland. Eine erziehungswissenschaftliche Annäherung. Bonn: Verlag für Kultur und Wissenschaft.

Hageresch, Annina/Hartmann, Ulrich/Hecht, Michael/Wachendorff, Annelie (2013): Entschulung im Jahrgang 8 der Laborschule. Evaluation der Entschulungsprojekte 2011 und 2012. Weiterführung in zwei folgenden Jahrgängen. Diskussion einer möglichen Implementation mit allen Beteiligten. In: Freke, Nicole/Koch, Barbara/Kümmel, Verena/Kullmann, Harry/Textor, Annette/Zenke, Timo (Hrsg.): Laborschulforschung 2013-2015: Anträge und Berichte zum Forschungs- und Entwicklungsplan. Werkstattheft Nr. 48 Bielefeld. Erfahrungsbericht, S. 67-91.

Havighurst, Robert (1974): Developmental tasks and education. 3. Auflage. New York: McKay.

Hecht, Michael (2009): Selbsttätigkeit im Unterricht. Empirische Untersuchungen in Deutschland und Kanada zur Paradoxie pädagogischen Handelns. Wiesbaden: VS-Verlag.

Hecht, Michael (2020): Entschulung. In: Bollweg, Petra/Buchna, Jenifer., Coelen, Thomas., Otto, Hans-Uwe (Hrsg.): Handbuch Ganztagsbildung. 2. Auflage. Weinheim: Springer VS, S. 1175-1187.

von Hentig, Hartmut (1971): Cuernavaca oder: Alternativen zur Schule? Stuttgart: Klett/Kösel

von Hentig, Hartmut (2007): Bewährung. Von der nützlichen Erfahrung nützlich zu sein. Weinheim: Carl Hanser.

Hurrelmann, Klaus/Quenzel, Gudrun (2016): Lebensphase Jugend. 3. Auflage. Weinheim und Basel: Beltz Juventa.

Illich, Ivan (1973): Die Entschulung der Gesellschaft: Entwurf eines demokratischen Bildungssystems. Reinbek: Rowohlt.

Jürgens, Eiko/Greiling, Antje (2012): Projekt „Jugendschule Schlänitzsee" der Montessori-Gesamtschule Potsdam. Bericht zur wissenschaftlichen Begleitung. 4. Auflage. Bielefeld.

Kegler, Ulrike (2014): Wo sie wirklich lernen wollen. 7 Jahre Jugendschule Schlänitzsee. Weinheim und Basel: Beltz.

Montessori, Maria (2015): Von der Kindheit zur Jugend (hrsg. von Ludwig, Harald/Klein-Landeck, Michael). Freiburg im Breisgau: Verlag Herder.

Murphy, Joseph (2012): Homeschooling in America. Capturing and assessing the movement. Thousand Oaks, Calif.: Corwin Press.

Oelkers, Jürgen (2005): Reformpädagogik. Eine kritische Dogmengeschichte. 4. Auflage Weinheim und München: Juventa.

Stockmeier, Barbara/Hausner, Christian (2014): Herausforderungen, in der Oberstufe: Alle ins Ausland. In: Pädagogik, H. 7/8, S. 30-33.

Tenorth, Heinz-Elmar (2014): Kurze Geschichte der allgemeinen Schulpflicht. www.bpb.de/gesellschaft/bildung/zukunft-bildung/185878/geschichte-der-allgemeinen-schulpflicht. (Abfrage 04.01.2018)

Dr. Michael Hecht ist Schulleiter und Lehrer an der Kulturwerkschule in Dresden. Er hat an der Laborschule Bielefeld und an der Universität Dresden zu Entschulung und „Herausforderungen" gearbeitet. Kontakt: michael.hecht@kulturwerkschule.de

Annelie Wachendorff war bis zu ihrer Pensionierung im Jahr 2014 Lehrerin für Deutsch, Soziale Studien und Musik an der Laborschule Bielefeld und hat dort an verschiedenen Projekten der Handlungsforschung mitgearbeitet. Seit 2012 ist sie an der Entwicklung, Evaluation und Implementierung des Projekts Entschulung/Herausforderung beteiligt. Kontakt: a.wachendorff@t-online.de

2 Pädagogik des Jugendalters

Matthias Huber

1 Einleitung

Das Jugendalter ist geprägt von tiefgreifenden biologischen, psychologischen und sozialen Veränderungsprozessen und wird dementsprechend als ein zentraler Abschnitt der eigenen Lebens- und Lerngeschichte erlebt und erinnert. Als Übergangsperiode zwischen Kindheit und Erwachsenenalter umfasst das Jugendalter die Zeitspanne zwischen dem 11. und 20. Lebensjahr, wobei die tatsächliche zeitliche Eingrenzung stark von sozioökonomischen, kulturellen und gesellschaftlichen Bedingungen abhängt und somit variiert. Mit Blick auf das immer später einsetzende, junge Erwachsenenalter wird das Jugendalter, das synonym auch als Adoleszenz bezeichnet wird, aktuell zwischen dem 10. und 25. Lebensjahr verortet. Der Begriff der Adoleszenz [adolescere (lat.) = heranwachsen, heranreifen, vorrücken] verweist auf die Natürlichkeit, Zielgerichtetheit und Notwendigkeit der Entwicklung vom Kind zum Erwachsenen. Demgegenüber bezeichnet die Pubertät [pubertas (lat.) = Mannbarkeit, Geschlechtsreife] die rein biologische Entwicklung, die mit dem Erlangen der vollständigen Geschlechtsreife endet. Während also die Pubertät als zentraler Bestandteil und wesentliche Voraussetzung des Jugendalters gilt und dieses einleitet, beschreibt die Adoleszenz neben der biologischen Reifung einen vielschichtigen, psychosozialen Entwicklungsprozess mit dem Ziel einer selbstständigen Lebensweise, einer eigenständigen Identitätsentwicklung und der Integration in die jeweilige Gesellschaftsordnung. Dieser Logik folgend unterscheidet man entwicklungstheoretisch eine frühe Adoleszenz (ca. 10.-13. Lebensjahr) als einsetzende Pubertät, eine mittlere Adoleszenz (zwischen dem 14.-16./17. Lebensjahr) und eine späte Adoleszenz (ca. 16.-20. Lebensjahr bzw. bis zum Eintritt ins junge Erwachsenenalter). Die immer vielfältiger werdenden, gesellschaftlichen Anforderungen und Einflüsse gepaart mit einer immer früher einsetzenden körperlichen Reifung und Sexualität begünstigen zudem eine kulturinvariante, zeitliche Ausdehnung des Jugendalters.

Der vorliegende Beitrag widmet sich aus entwicklungstheoretischer und pädagogischer Perspektive dem Jugendalter und seinen zentralen Herausforderungen. Zu Beginn werden hierfür die körperlichen Veränderungen im Kontext der biologischen Reifung kurz skizziert. Daran anschließend wird ein Blick auf die neuronale Entwicklung und das daraus resultierende Verhalten geworfen, bevor im Anschluss die zentralen Entwicklungsaufgaben und psycho-sozialen Herausforderungen des Jugendalters kritisch diskutiert werden. Darauf aufbauend werden ausgewählte kognitive Fähigkeiten vorgestellt und die zentrale Bedeutung der emotionalen Kompetenzen im Jugendalter hervorgehoben. Gegen Ende werden unterschiedliche Möglichkeiten der jugendpädagogischen Bezugnahme problematisiert sowie daran anschließende pädagogische Forderungen für die Begleitung und Unterstützung von Jugendlichen postuliert, bevor abschließend ein kurzes Fazit die Perspektive auf die Pädagogik des Jugendalters abrundet.

2   Körperlichkeit und biologische Reifung

Als bio-psycho-soziales Wesen ist die Entwicklung des Menschen vom Kind zum Erwachsenen geprägt vom kontingenten Zusammenspiel unterschiedlicher Reifungsprozesse. Die biologische Reifung nimmt im Kontext der Adoleszenz eine besondere Stellung ein, da sie einerseits den tatsächlichen Übergang von der Kindheit ins Jugendalter unabhängig des biologischen Alters markiert und da sie andererseits die wesentliche Voraussetzung für die psychosoziale Entwicklung in der mittleren und späten Adoleszenz darstellt. Auch im Kontext der Körperlichkeit lässt sich, wie einführend erwähnt, eine Ausdehnung des Jugendalters in den letzten 150 Jahren beobachten. So hat sich bspw. in europäischen Ländern der Zeitpunkt der Menarche (also der ersten Regelblutung bei Mädchen) von durchschnittlich 17 Jahren in den 1850ern auf das 13. Lebensjahr in den 1970ern nach vorne verschoben (vgl. Konrad/König 2018). Dies ist in erster Linie auf bessere Ernährung und die Verfügbarkeit medizinischer Versorgung zurückzuführen. Auch wenn sich bei Jungen eine immer früher einsetzende sexuelle Reifung beobachten lässt, setzt bei Mädchen, die bereits vor der Geburt körperlich weiterentwickelt sind, die Pubertät kulturübergreifend im Durchschnitt zwei Jahre früher ein.

In der Regel werden im Alter von 8-9 Jahren vermehrt Wachstumshormone (Somatotropin und Thyroxin) ausgeschüttet, die zu einem starken körperlichen Wachstum führen. In Deutschland setzt der Höhepunkt der körperlichen Entwicklung, der sogenannte Wachstumsschub, bei Mädchen mit dem 10. Lebensjahr und bei Jungen mit dem 12. Lebensjahr ein (vgl. Solzenberg/Kahl/Bergmann 2007). Besonders auffällig ist dabei das beschleunigte Wachstum von Händen, Beinen und Füßen, das die ungelenke und unproportionierte Erscheinung von Pubertierenden erklärt und starken Einfluss auf deren Selbstwahrnehmung und Selbstwert nimmt. Während bei Jungen eine gesteigerte Muskelkraft und verbesserte Motorik in der mittleren Adoleszenz zu verbesserten sportlichen Leistungen führt, flacht diese Entwicklung bei den Mädchen mit etwa 14 Jahren ab (vgl. Haywood/Getchell 2005). Eine Folge daraus ist eine grundlegend verminderte Motivation gegenüber Sport bei weiblichen Jugendlichen. Studien zeigen allerdings, dass regelmäßige sportliche Betätigung im Jugendalter für beide Geschlechter mit positiven Langzeiteffekten einhergehen. Dies betrifft nicht nur die motorischen Fähigkeiten und die Verbesserung kognitiver und sozialer Kompetenzen, sondern auch die Entwicklung des Selbstbildes, der eignen Identität und der körperlichen Selbstwirksamkeit für das spätere Erwachsenenalter (vgl. bspw. Motl et al. 2002).

Begleitet wird die körperliche Reifung von der sexuellen Entwicklung und der Ausformung primärer und sekundärer Geschlechtsmerkmale, ein Prozess, der bei Mädchen wie bereits erwähnt früher zu beobachten ist. Der vermehrte Ausschuss von Geschlechtshormonen (in erster Linie Testosteron und Östrogen) führt am Beginn der Adoleszenz zur Reifung der geschlechtsspezifischen Merkmale. Hierzu zählen bei Mädchen das Wachstum der Brüste, die Menarche sowie (etwas später einsetzend) das Wachstum von Scham- und Achselbehaarung. Bei Jungen lässt sich zu Beginn eine Vergrößerung der Hoden, begleitet von Veränderungen in der Hautstruktur und -farbe des Hodensacks gefolgt von Schamhaar- und Peniswachstum beobachten. Erst später zeigen sich Bartwachstum und eine tiefer werdende Stimmlage (der sogenannte Stimmbruch). Die Spermarche (also die erste Ejakulation) tritt in Deutschland bei Jungen mit ca. 13,5 Lebensjahren auf (vgl. Rogol/Roemmich/Clark 2002). Wichtig ist es an dieser Stelle kritisch festzuhalten, dass alle Menschen beide Geschlechtshormone produzieren, dass sie diese, insbesondere im Kontext des körperlichen Wachstums und der sexuellen Entwicklung, auch benötigen und dass es hierbei große individuelle Unterschiede gibt. Dies betrifft nicht nur den Zeitpunkt, sondern auch die Qualität des Wachstums, in einer Entwicklungsphase, in der sich die eigene Sexualität erst ausformen muss; so erleben bspw. viele (aber eben nicht alle) Jungen am Beginn der Pubertät aufgrund vermehrter Östrogenausschüttung ein vorübergehendes Brustwachstum. Besonders im Kontext der Auseinandersetzung mit der eigenen Geschlechtlichkeit (bspw. sich als Mann oder Frau zu fühlen), der sexuellen Orientierung (im Besonderen abseits heteronormativer Vorstellungen) und der Zuschreibung des sozialen Geschlechts durch andere, braucht es im Jugendalter einen besonders sensiblen und aufgeklärten Umgang; Jugendliche erfahren hier nach wie vor wenig Unterstützung, da diese Themen auch heute noch in Familie und Schule strak tabuisiert werden (vgl. Rendtorff 2016).

Abschließend gilt es festzuhalten, dass sowohl das körperliche Wachstum als auch die sexuelle Reifung abhängig sind von genetischen Dispositionen, von ethnischer Herkunft, vom sozioökonomischen Status, von Umwelteinflüssen sowie von familiären Vorerfahrungen (vgl. Chumlea et al. 2006). Dieser Umstand ist aus entwicklungstheoretischer Perspektive so entscheidend, da viele Jugendliche, und im besonderen Mädchen, ihren Selbstwert über ihr Körperbild definieren. Während bspw. für Jungen eine frühe sexuelle und körperliche Entwicklung positiv konnotiert erlebt wird, gilt für Mädchen genau gegenteiliges: für Mädchen, die geprägt von gesellschaftlichen Idealvorstellungen mit ihrem Körper generell viel unzufriedener sind und ihn im Allgemeinen als weniger attraktiv einschätzen als ihre männlichen Altersgenossen, gilt Frühreife als entwicklungspsychologischer Risikofaktor (vgl. Boeger 2010).

3 Neuronale Entwicklung und ihre Folgen

Ein weiterer Bereich, der neben der sexuellen und körperlichen Reifung, in der Adoleszenz besondere Beachtung verdient, betrifft die Entwicklung des Gehirns. Wurde im Anschluss an Rousseau das Jugendalter über lange Zeit als die „Zweite Geburt" des Menschen bezeichnet, bedient man sich heute gerne der Metapher der jugendlichen „Gehirnbaustelle", um diese Zeit des Umbruchs und der Restrukturierung zu beschreiben. Tatsächlich sind die neuronalen Entwicklungsprozesse im Jugendalter vielfältig und komplex und ergänzen eine ganzheitliche Perspektive auf die Lebensspanne der Adoleszenz.

Während der Embryonalzeit und den ersten 18. Lebensmonaten findet eine Überproduktion von Nervenzellen im gesamten Gehirn statt, welche in den nachfolgenden Jahren nach dem *use it or lose it*-Prinzip eine deutliche Ausdünnung und Strukturierung (*pruning*) erfahren (vgl. Singer 2002). Zu Beginn der Pubertät kommt es nochmals zu einer Zunahme der Synapsendichte im Frontalhirn, bevor in den folgenden Jahren ein allmählicher Rückgang bzw. eine Beschränkung auf eine geringere Anzahl von dafür leistungsfähigeren Verbindungen, zu beobachten ist, die sich bis in das dritte Lebensjahrzehnt fortsetzt. Durch vermehrtes Wachstum und Myelinisierung von Nervenfasern werden verschiedene Bereiche des Gehirns stärker miteinander verbunden. Im Besonderen die Verbindung zwischen den beiden Gehirnhälften (durch das *corpus callosum*) und zwischen den Frontallappen entwickelt sich schneller als zuvor und ermöglicht eine verbesserte Kommunikation der Areale untereinander (vgl. Blakemoore/Choundhury 2006). Diese verbesserte Konnektivität und Synchronizität, im Sinne einer höchst präzisen zeitlichen Abstimmung zwischen einer Vielzahl unterschiedlicher Signale, geht mit verbesserten kognitiven Leistungen in den Bereichen der Aufmerksamkeit, des Gedächtnisses, des Planungsvermögens und der Problemlösekompetenz einher. Ebenso verändert sich die Sensibilität von Neuronen für bestimmte, chemische Botenstoffe bzw. Neurotransmitter. Dies erklärt auch den Umstand, dass Jugendliche heftiger auf Belastungen reagieren und angenehme Reize intensiver erleben, ohne aber in der Lage zu sein, solche Impulse adäquat kontrollieren zu können (vgl. Casey/Getz/Galvan 2008). Möglicherweise ist dies auch eine Erklärung für die erhöhte Anfälligkeit von spezifischen Störungen des Jugendalters, wie bspw. Essstörungen und Depressionen.

Ein besonders spannendes Phänomen, das aus pädagogischer Perspektive kaum thematisiert wird, betrifft ein in der Adoleszenz entstehendes Ungleichgewicht in der Reifung zentraler, neuronaler Teilsysteme, die für Verhalten und Handeln verantwortlich sind. Zum einen kommt es zu spontan auftretenden, starken Reifungsprozessen im sozio-emotionalen Teilsystem des Gehirns. Dieser Bereich ist mitunter für Lustempfinden und Belohnungserleben zuständig und steuert die emotionalen Bewertungen und die motivationalen Grundhaltungen. Zum anderen verlaufen die adoleszenten Reifungsprozesse des kognitiven Kontrollsystems im Frontalhirn bzw. präfrontalen Kortex, das für Impulskontrolle, kognitive Flexibilität, Voraussicht, Planungsfähigkeit und Emotionsregulation verantwortlich ist, weitaus langsamer (vgl. Steinberg 2008). Dieser sogenannte *maturity gap* erklärt den erhöhten Grad an Aufmerksamkeit für potenziell lustvolle Reize, um subjektiv wieder ein adäquates Belohnungserleben zu verspüren und führt in weiterer Folge zu einer erhöhten emotionalen Erregbarkeit und einem intensiveren emotionalen Erleben im Jugendalter (vgl. Göppel 2014). Diese Ungleichzeitigkeit der neuronalen Entwicklungstendenzen (zwischen Mittel- und Frontalhirn) wird mitunter als Erklärung für dissoziales Verhalten und die erhöhte Risikobereitschaft im Jugendalter herangezogen, da sie die Lust auf Neues und Aufregendes bei gleichzeitiger Reduktion von Sicherheit und Verlässlichkeit biologisch legitimiert. Laurence Steinberg (2008), auf den diese These zurückgeht, betont allerdings, dass dieses Ungleichgewicht sowohl eine evolutionäre als auch eine entwicklungstheoretische Funktion erfüllt, da die Ablösung von den Eltern, die Gestaltung stabiler außerfamiliärer Beziehungen sowie die Vorbereitung auf ein selbstbestimmtes Leben grundsätzlich ein Wagnis darstellen und von Jugendlichen dementsprechend Mut zum Risiko abverlangt (vgl. hierzu Steinberg 2008, S. 99).

Abschließend muss auch noch die neuronale Veränderung des Schlaf-Wach-Rhythmus erwähnt werden, da diese oft zu familiären und/oder schulischen Konflikten führt. Das Problem hierbei ist, dass in der Adoleszenz aufgrund der erhöhten neuronalen Empfindlichkeit Jugendliche später schlafen gehen als im Kindesalter, sie aber entwicklungstheoretisch so viel Schlaf wie in der mittleren Kindheit (ca. 8-9 Stunden) benötigen. Die Phasenverschiebung des Schlafs wird zudem durch das pubertäre Wachstum ausgedehnt und durch Medienkonsum (bspw. via Smartphone) und soziale Aktivitäten am Abend noch verstärkt, wodurch die heutige Jugend tatsächlich weniger Schlaf bekommt als die Generationen zuvor (vgl. Clarlskadon/Acebo/Jenni 2004). Ergänzend muss erwähnt werden, dass der Schlaf-Wach-Rhythmus individuell zudem sehr unterschiedlich ist und Müdigkeit oder Konzentrationsschwäche dementsprechend oft nicht selbstverschuldet sind. Auch diesem Phänomen wird aus pädagogischer Perspektive zu wenig Aufmerksamkeit geschenkt, sei es hinsichtlich der Überlegung eines späteren Unterrichtsbeginns oder aber in der Kommunikation mit und der Aufklärung von Jugendlichen und ihren Erziehungsberechtigten.

4 Entwicklungsaufgaben und ihre Herausforderungen

Jugendliche werden aufgrund gesellschaftlicher Erwartungen und Anforderungen mit gänzlich neuen Aufgaben und zu bewältigenden Entwicklungsschritten konfrontiert, die ihr zukünftiges Ich und die Entwicklung der eigenen Identität prägen. Entwicklungsaufgaben sind dabei an das jeweilige Lebensalter gebundene

Anforderungen, die durch das Zusammenspiel biologischer Veränderungen, gesellschaftlicher Erwartungen und individueller Wertvorstellungen entstehen. Im Jugendalter nehmen diese Aufgaben eine besondere Stellung ein, da die Adoleszenz von Jugendlichen „als ganzheitlicher, wenn auch nicht synchron verlaufender, Entwicklungsprozess erstmals in ihrer Lebens- und Lerngeschichte bewusst wahrgenommen wird" (Huber 2020, S. 128). Diese psychischen und physischen Veränderungen führen dazu, dass sich nicht nur das äußere Erscheinungsbild ändert, sondern auch die Wahrnehmung des eigenen Körpers und das eigene Selbstbild sich fortlaufend adaptieren. All diese Veränderungen werden wiederum von starken Emotionen und einer Kaskade emotionaler Bewertungen begleitet (vgl. Zimmermann et al. 2018), die die Bewältigung der phasenspezifischen Entwicklungsaufgaben erschweren.

Zu den klassischen Entwicklungsaufgaben der Adoleszenz zählen nach Robert J. Havighurst (1972 [1984]), auf den dieses zeitlose Entwicklungskonzept zurückgeht, die folgenden acht Bereiche: 1) der Aufbau neuer und reifer Beziehungen zu Gleichaltrigen, 2) das Akzeptieren des eigenen körperlichen Erscheinungsbildes, 3) die An- bzw. Übernahme geschlechterspezifischer Rollen, 4) die emotionale und ökonomische Ablösung von den Eltern, 5) die Vorbereitung auf die Berufswelt, 6) die Vorbereitung auf Partnerschaft und Familie, 7) die Aneignung eines Wertesystems und ethischen Bewusstseins sowie 8) die Entwicklung eines sozial verantwortungsvollen Verhaltens (vgl. hierzu Havighurst 1972 [1948], S. 111-158). Die ursprüngliche Intention Havighursts war es, mit der Beschreibung von Aufgaben, die Personen zu einem bestimmten Zeitpunkt in ihrem Leben beschäftigen, Pädagog:innen und Lehrpersonen pädagogisch-praktisches Wissen zur Verfügung zu stellen. Die Aktualität dieses Konzepts spiegelt die Tragweite der klassischen Entwicklungsaufgaben wider. Für Deutschland lassen sich dennoch im Anschluss an die Shell Jugendstudie vier weitere, aktuelle Aufgabenbereiche skizzieren, die auf einem höheren Abstraktionsniveau angesiedelt sind bzw. den klassischen Entwicklungsaufgaben quer liegen und wie folgt zusammengefasst werden können: 1) Qualifizieren (Entwicklung der intellektuellen und sozialen Kompetenzen), 2) Binden (erfüllende Kontakte zu anderen Menschen pflegen und enge Bindung zu besonders geliebten Menschen eingehen), 3) Konsumieren (Entwicklung adäquater Strategien zur Entspannung und Regeneration), 4) Partizipieren (Fähigkeit zur aktiven Mitgestaltung von sozialen Lebensbedingungen) (vgl. hierzu Hurrelmann/Quenzel 2013, S. 25).

In dem Versuch der Bewältigung vieler dieser Aufgaben erleben Jugendliche oft einschneidende und besonders bedrohliche Ereignisse und Situationen. Man denke bspw. an die erste große unerfüllte Liebe, an die Bürde schwerer Gesichtsakne, an das Fremdfühlen im eigenen Körper, an eskalierende Auseinandersetzungen mit Eltern und Familie, an negative Schulnoten oder das Wiederholen einer Klasse, an falsche Freude, an exzessiven Drogen- und Alkoholkonsum, an Schulabsentismus, an Mobbing und Gewalt oder aber an das Gefühl, sich permanent als Außenseiter wahrzunehmen und von keinem verstanden zu werden. Aus diesem Grund beschreibt Erik H. Erikson (1950) das Durchleben von Entwicklungsphasen als Krisen, deren Überwindung und Bewältigung konstitutiv für die eigene Identitätsentwicklung ist (vgl. Erikson 1950). Für Erikson stehen sich dabei im Jugendalter die beiden Spannungspole der „Identitätsfindung und Identitätsdiffusion" gegenüber; er betrachtet dementsprechend die Konstitution und Findung der eigenen Identität als die wichtigste Aufgabe und Leistung der Persönlichkeitsentwicklung in der Adoleszenz (vgl. hierzu Erikson 1950, S. 261 f.). Dies erklärt auch, warum Jugendliche fortlaufend auf der Suche nach identitätsstiftenden Konzepten für die eigene Lebensgestaltung und Selbstdefinition sind. Geleitet werden sie dabei von dem Wunsch nach einem sicheren Gefühl einer stabilen, inneren Kontinuität und Gleichheit mit sich selbst (vgl. Eschenbeck/Knauf 2018).

In einem engen Zusammenhang mit der Entwicklung der eigenen Identität im Jugendalter und dem Ausprobieren von Lebensalternativen, die unterschiedliche Erkenntnisse über sich selbst und sein soziales Umfeld mit sich bringen, entwickelt sich auch das eigene Selbstverständnis. D. h. im Laufe der Adoleszenz wird die Selbstsicht komplexer, kritischer und konsistenter (vgl. Harter 2006). Dabei ist besonders die Veränderung des Selbstkonzepts und des Selbstwertgefühls eine zentrale Voraussetzung für die prinzipielle Entwicklung einer stabilen Identität im Jugendalter. Im Gegensatz zur Kindheit sind Jugendliche in der Lage, ihr Selbstkonzept (bspw. „Ich bin nicht absolut ehrlich.") reflektiert zu artikulieren und auch entsprechend zu hinterfragen, was zur Bewusstwerdung unterschiedlicher Selbstkonzepte für unterschiedliche soziale Kontexte (bspw. Familie, Peer, Schule) führt (vgl. hierzu Harter 2006, S. 523). In der mittleren bis späten Adoleszenz gelingt es Jugendlichen ihre Eigenschaften zu einem organisierten System zusammenzuführen und ihr Selbstkonzept (durch kritische Reflexion) zu erweitern und zu modifizieren. Begleitet wird die Reifung des Selbstkonzepts durch ein verändertes Selbstwertgefühl, dass sich im Jugendalter ebenso ausdifferenziert. Besonders positiv ist dabei, dass die meisten Jugendlichen im Laufe der Adoleszenz eine Verbesserung des Selbstwertgefühls erleben (vgl. Cole et al. 2001). So berichten Jugendliche in der späten Adoleszenz sehr oft davon, dass sie reifer, sympathischer oder attraktiver geworden sind, als sie es früher waren. Dementsprechend verbessert sich auch das Körperbild und wird bei den meisten Jugendlichen bis zum 18. Lebensjahr in das Selbstkonzept integriert (vgl. Boeger 2010). Zentrale Prädikatoren für das Selbstkonzept und Selbstwertgefühl sind neben wichtigen Bezugspersonen (und hier in erster Linie die Eltern und ihr Erziehungsstil) im Besonderen sogenannte Schlüsselerlebnisse bzw. prägende Erfahrungen, die mit Erfolg oder Misserfolg einhergehen. Dies verdeutlicht abermals die zentrale Bedeutung der Bewältigung von altersspezifischen Entwicklungsaufgaben und Herausforderungen.

5 Kognitive Entwicklung und emotionale Kompetenzen

Mit der Ausdifferenzierung des eigenen Selbstverständnisses entwickelt sich auch das moralische Denken von Jugendlichen. Jugendliche sind im Vergleich zu Kindern in der Lage in ihrer Argumentation über moralische Urteile konkurrierende moralische Aspekte, soziale Konventionen und persönliche Interessen gleichermaßen zu berücksichtigen. Gleichzeitig werden die Bedürfnisse anderer in das eigene Wertesystem integriert. Dementsprechend können Jugendliche im Vergleich zu Kindern bei Konflikten zwischen persönlicher Entscheidungsfreiheit und sozialer Verpflichtung differenzierter argumentieren und lernen moralische Implikationen in der Befolgung sozialer Konventionen zu reflektieren (vgl. hierzu Berk, S. 582 f.). Voraussetzung für die Entwicklung des moralischen Urteilsvermögens sind unterschiedliche kognitive Kompetenzen, die sich in der Adoleszenz weiterentwickeln.

Die Intelligenz scheint sich im Jugendalter unterschiedlich zu entwickeln, mit einer Abweichung von +/-20 IQ-Punkten zur Kindheit; lediglich das Faktenwissen bzw. die kristalline Intelligenz verzeichnet in der Adoleszenz einen allgemeinen Zuwachs (vgl. Riedermann 2011). Weitaus beträchtlicher ist der Zuwachs der Gedächtnisleistung und im Besondern die Kapazitätssteigerung im Arbeitsgedächtnis. Auch wenn der Höhepunkt des Arbeitsgedächtnisses, das für die Verarbeitung und Speicherung von Information während lernbezogenen Leistungen verantwortlich ist, um das 30. Lebensjahr erreicht wird, besitzen Jugendliche eine mehr als doppelt so große Kapazität im Vergleich zu Kindern im Vorschulalter (vgl. Gathercole et al. 2004). Auch die soziale Kognition und dabei besonders die Fähigkeit zur Perspektivenübernahme sowie der Umgang mit Erfolg und Misserfolg verbessern sich im Laufe der Adoleszenz, auch wenn hier die individuellen Unterschiede recht groß bleiben. Eine besondere Bedeutung im Kontext der kognitiven Entwicklung im Jugendalter nimmt die sogenannte Selbstregulation ein. Darunter wird die Fähigkeit verstanden, die eigenen Gedanken, Emotionen und Handlungen wahrzunehmen, zu reflektieren und zielgerichtet steuern zu können (vgl. Zimmermann 2000). Selbstregulative Denkprozesse, wie Zukunftsdenken, Zielvorstellungen und Durchführungsvorsätze, haben einen positiven Einfluss auf die schulische Leistungsentwicklung und sind Kennzeichen einer reifen Persönlichkeitsstruktur (vgl. Oetting/Kluge 2009).

Die zentrale Herausforderung der Selbstregulation im Jugendalter betrifft jedoch die Regulation der eigenen Emotionen. Dies ist in der Adoleszenz deshalb eine so zentrale Fertigkeit, da die massiven Umstrukturierungsprozesse des Jugendalters von vermehrt auftretenden, subjektiv empfundenen Stimmungsschwankungen begleitet werden (vgl. Konrad/König 2018) – besonders in den ersten Jahren der Adoleszenz. Gleichzeitig verändert sich in dieser Entwicklungsphase, wie bereits erwähnt, die subjektiv bedeutsamen Auslöser von Emotionen;

zum einen kommt es zur Veränderung persönlicher Wert- und Zielvorstellungen und zum anderen verändert sich die subjektive Wahrnehmung der sozialen Wirklichkeit. Insgesamt ist die gesamte Jugendphase charakterisiert durch eine erhöhte emotionale Erregbarkeit und durch ein intensiveres emotionales Erleben. Dadurch sind Jugendliche permanent gefordert, die eigenen Emotionen, die Wahrnehmung und den Ausdruck derselben sowie im Besonderen die eigenen Emotionsregulationsmechanismen durch neue Herausforderungen stetig zu erproben und weiterzuentwickeln (vgl. hierzu Huber 2020). Dementsprechend ist das Repertoire an Regulationsstrategien in der frühen und mittleren Adoleszenz noch relativ gering, wohingegen im späteren Jugendalter die Nutzung von adaptiven (aber auch von unangemessenen, maladaptiven) Emotionsregulationsmechanismen kontinuierlich ansteigt. Neben der Regulation von Emotionen verbessert sich im Jugendalter auch die Fähigkeit zur Emotionserkennung (vgl. Tonks et al. 2007), also die Fähigkeit Emotionen bei anderen Personen wahrzunehmen und korrekt zu interpretieren, die eine unumgängliche Voraussetzung für die Gestaltung adäquater sozialer Interaktionen und Beziehungen darstellt. Mit Blick auf die klassischen und aktuellen Entwicklungsaufgaben und Herausforderungen der Adoleszenz, wie bspw. Beziehungsgestaltung, Akzeptanz des eigenen Körpers und Geschlechts, Ablösung vom Elternhaus, die Vorbereitung auf Partner und Familie, soziale Verantwortung und Partizipation etc., scheint der Schluss naheliegend, dass die Entwicklung der sozial-emotionalen Kompetenzbereiche im Jugendalter eine Schlüsselrolle für eine erfolgreiche Lebensbewältigung und Identitätsfindung darstellt. Besonders die Fähigkeit zur Emotionsregulation ermöglicht es dabei Krisen als Chancen zu begreifen.

6   Pädagogische Bezugnahmen und Konsequenzen

Die Herausforderungen der Adoleszenz als Zeit des großen Umbruchs, als die zweite Geburt des Menschen, als die Sturm- und Drang-Phase des Lebens, als eine unstillbare Sehnsucht und konstitutive Differenzerfahrung führt auch die Pädagogik seit jeher an ihre Grenzen. Besonders Eltern und Lehrpersonen fühlen sich in der Auseinandersetzung mit pubertierenden Jugendlichen oft überfordert und ohnmächtig. Plötzliche Stimmungsschwankungen, übermäßige Streitsucht, provokante Disziplinverletzungen sowie die emotionale Überbewertung von alltäglichen Kleinigkeiten – Phänomene, die sich bei Jugendlichen aller Kulturen gleichermaßen wiederfinden (vgl. Gure/Ucanok/Sayl 2006) – scheinen gegenüber pädagogischen Interventionen resistent zu sein und lassen die gutgemeinte Bezugnahme von Eltern oder Lehrer:innen oft ins Leere laufen. Es scheint, als kann die Jugend nicht erzogen werden. Und tatsächlich zeigen Studien, dass im Besonderen die eigenen Eltern und zentrale Lehrpersonen zwar den stärksten Einfluss auf die Lebens- und Lerngeschichte von Jugendlichen haben, gleichzeitig aber

Jugendliche deren Wertvorstellungen und Ideale im Rahmen der Entwicklung eines eigenständigen Selbstkonzepts oft ablehnen müssen, unabhängig davon, ob sie mit dem idiosynkratrischen Weltbild vereinbar sind (vgl. Huber 2020). Demgegenüber ist die Peergruppe und der eigene Freundeskreis, als dritter signifikanter personaler Einflussfaktor der Adoleszenz, ein Ort der Geborgenheit und Zuwendung, indem neue Identifikationsmöglichkeiten und Lebensstile kennengelernt und erprobt werden können und in der die Perspektivenübernahme und Konfliktlösungsstrategien weitaus besser funktionieren (vgl. Krappmann/Oswald 1995). Dementsprechend bieten die sozialen Normen der Peer einen Rahmen für die eigene Lebensplanung und biografische Orientierung.

Auch wenn die pädagogische Bezugnahme in dieser Lebensphase oft schwierig ist und kausale Handlungsanleitungen aufgrund des Technologiedefizits der Pädagogik schlichtweg nicht existieren, ist es dennoch unumgänglich, Jugendliche auf ihrem Weg bestmöglich zu unterstützen und zu begleiten. Helmut Fend (2005) arbeitet hierfür im Anschluss an die klassischen Konzepte der Jugendpädagogik ausgewählte pädagogische Maximen heraus, die eine zeitlose und kulturübergreifende Charakteristik aufweisen und somit in der erzieherischen Arbeit mit Jugendlichen, trotz ihrer Normativität, Orientierung bieten: 1) Es braucht ein ausreichendes Maß an Taktgefühl, das im Besondern zynisches, sarkastisches und abwertendes Verhalten vermeidet und sensibel mit der Geschlechtsidentität und der sexuellen Entwicklung umgeht. 2) Es braucht ein Verständnis dafür, dass jugendliche Verhalten als phasenspezifisches Experimentierverhalten mit vielen defensiven Anteilen zu verstehen. 3) Es braucht das Bewusstsein (und die Reflexion) der eigenen Vorbildfunktion, da Jugendliche fortlaufend auf der Suche nach attraktivem Verhalten und einer möglichen Lebensorganisation sind. 4) Es braucht ein hohes Maß an Souveränität, das durch Sicherheit in den eigenen Anforderungen und eben nicht durch Machtausübung entsteht. 5) Es braucht im Umgang Humor und Gelassenheit, die Jugendlichen Sicherheit und Akzeptanz vermitteln. Und 6) braucht es die klare Festlegung von Rahmenbedingungen und Strukturen in einer potenziell chaotischen Lebenswirklichkeit (vgl. hierzu Fend 2005, S. 462 f.). Die Paradoxie der Jugendpädagogik besteht laut Fend darin, dass „Erwachsene in einer Lebensphase für Jugendliche Verantwortung tragen, in der diese sich von kindlichen Autoritätsbindungen lösen müssen und deshalb häufig auch besonders wenig von Erwachsenen wissen wollen" (Fend 2005, S. 463). Somit erzielen autoritäre Intervention häufig das Gegenteil, wohingegen eine indirekte Begleitung mit viel Fantasie, Zurückhaltung und dem Bereitstellen von Erfahrungsräumen weitaus wirkmächtiger und zielführender ist, auch wenn dies aus der Perspektive des „wissenden Erwachsenen" schwer auszuhalten ist.

In diesem Sinne gilt es gegenüber Jugendlichen weniger Erziehungsziele und spezifische Normvorstellungen durchzusetzen, als vielmehr ihre Entwicklungsbedürfnisse zu erkennen und zu fördern. Hierzu zählen mitunter: 1) die Förderung des Kompetenzerlebens, 2) die Gelegenheit zur Selbstdefinition, 3) das

Bereitstellen kreativer Ausdrucksmöglichkeiten, 4) ausreichende sportliche Aktivität und Bewegung, 5) die Gewährleistung (und Unterstützung) von positiver Sozialbeziehungen, 6) das Bereitstellen entwicklungsangemessener Strukturen und Grenzen, sowie 7) die Gelegenheit zur aktiven Teilhabe und Mitgestaltung sozialer Lebenswelten (vgl. hierzu Wormeli 2006 zit. n. Sliwka 2018, S. 10). Sowohl die Befolgung der Maximen der klassischen Jugendpädagogik als auch die Berücksichtigung der adoleszenten Entwicklungsbedürfnisse zielt in erster Linie darauf ab, Jugendliche auf ihrem herausfordernden Weg zur Identitätsfindung zu unterstützen.

Laura Berk (2011) hat in ihrem umfassenden Lehrbuch der Entwicklungspsychologie den Versuch unternommen im Anschluss an die Analyse von Prädikatoren der jugendlichen Identitätsentwicklung praxisorientierte Strategien zu beschreiben, die eine gesunde Identitätsfindung im Sinne Eriksons fördern: 1) Eine warmherzige und offene Kommunikation bietet emotionalen Rückhalt und ermöglich Explorationsverhalten. 2) Das Initiieren von Gesprächen, die zum eigenständigen Denken ermutigt, ermöglicht eigenständige Entscheidungen unter Berücksichtigung unterschiedlicher Bedingungen. 3) Die Beteiligung an außerschulischen Aktivitäten und berufsorientierten Bildungsangeboten, ermöglicht die wirkliche Welt der Erwachsenen kennenzulernen. 4) Gespräche mit anderen Erwachsenen und Jugendlichen, die bereits eine stabile Identität entwickelt haben, bietet weitere Vorbilder und Anleitungen zur eigene Identitätsentwicklung. 5) Gelegenheiten das eigene kulturelle Erbe und die eigene ethische Herkunft zu erkunden sowie andere Kulturen kennenzulernen, fördert die ethnische Toleranz und eine positive Identitätsfindung (vgl. hierzu Berk 2011, S. 553). Diese Strategien gewährleisten zwar keine absolute Sicherheit, skizzieren aber einen prospektiven Weg in der Begleitung und Unterstützung von Menschen am Weg ins Erwachsenenalter.

7 Zusammenfassende Forderungen

Die Entwicklungsphase der Adoleszenz ist geprägt von umfassenden sozialen, psychischen und physischen Veränderungen, die mit einer Reihe von spezifischen Entwicklungsaufgaben einhergehen und für alle Beteiligten vielfältige Herausforderungen mit sich bringen. Besonders das emotionale Erleben nimmt in der Jugendphase eine zentrale Rolle ein. Einerseits kommt es zu umfassenden emotionalen Entwicklungsprozessen – verstanden als eine „Bildung von Emotionen" – und andererseits nehmen Emotionen einen zentralen Einfluss auf die eigene Identitätsentwicklung – verstanden als eine „Bildung durch Emotionen" (vgl. hierzu Huber 2020, S. 132). Ebenso wie eine (Entwicklungs-)Krise immer auch eine Chance darstellt, muss auch die Adoleszenz in ihrer Widersprüchlichkeit, Schwerheit und Komplexität als eine Möglichkeit zur Entfaltung verstanden

werden. Auf der einen Seite ist das Durchleben der Jugend eine emotionale Grat-
wanderung voller Höhen und Tiefen, voller Sensationen und Katastrophen, in
der das eigene Denken und Fühlen die Welt bedeutet. Auf der anderen Seite wird
sie in der Erinnerung bereits recht früh zur idealtypischen Utopie hochstilisiert
und spätestens im Alter aufgrund ihrer Schönheit, Ungestümheit und Zuversicht
herbeigesehnt und sehnsüchtig vermisst. Daher ist es auch so wichtig die ambivalente Grundstruktur dieser Entwicklungsphase zu verstehen und auszuhalten.
Gleichzeitig gibt es mit Blick auf die körperliche Reifung, die phasenspezifischen
Aufgaben und die Veränderung der sozialen Rahmenbedingungen auch Hinweise darauf, wo eine sogenannte Pädagogik des Jugendalters in ihrem Vermittlungs-
verständnis noch Nachholbedarf hat:

- *Die Jugend braucht ihre Zeit.* Dies betrifft nicht nur das Wissen um die individuelle sexuelle Entwicklung und Geschlechtsidentifikation, sondern im
  Besonderen braucht es mehr Raum und Zeit für das kritische Nachdenken
  über sich selbst, seine Vergangenheit, Gegenwart und Zukunft sowie seine
  Stellung in der Welt.
- *Die Jugend braucht ihren Konflikt.* Wie bereits Schleiermacher verdeutlichte,
  ist der Generationenkonflikt eine unumgängliche, immer wiederkehrende
  Notwendigkeit, nicht nur für die Identitätsentwicklung des Jugendlichen in
  der Abgrenzung zur älteren Generation, sondern im Allgemeinen für den Er-
  halt einer gesellschaftlichen Ordnung sowie für Fortschritt und Innovation.
- *Die Jugend braucht ihre Fehler(kultur).* Durch ihre erhöhte Risikobereitschaft
  und das Ausprobieren von Neuem und Unbekannten können Jugendliche
  die so wichtigen Fehler des Lebens selbst machen und daraus wiederum ihre
  Erfahrungen zu einem eigenständigen Selbstkonzept verdichten, das ihnen
  ermöglicht nachhaltige Entscheidungen zu treffen. Kurzum: Nicht nur das
  Lernen, sondern auch das Leben ist schmerzhaft.
- *Die Jugend braucht ihr Kompetenzerleben.* Dabei geht es in erster Linie um
  die Möglichkeit Jugendlichen Erfahrungsräume zur Verfügung zu stellen,
  in denen sie sich als wertvoll, wirkmächtig und kompetent erleben können.
  Selbstwirksamkeitserfahrungen sind vermutlich das Schlüsselelement zur
  Ausformung einer stabilen Identität mit positivem Selbstkonzept.
- *Die Jugend braucht ihre Struktur.* In einer sich stetig verändernden Lebens-
  wirklichkeit ist das kommunikative Aushandeln von Grenzen ein identitäts-
  stiftender Moment. Kontinuitäten und Strukturen ermöglichen zudem ein
  Gefühl der Geborgenheit, der Sicherheit und des Vertrauens und helfen somit
  nicht nur die Herausforderungen dieser Entwicklungsphase zu bewältigen,
  sondern sich dabei auch nicht so einsam und alleine zu fühlen.
- *Die Jugend braucht ihre Jugend.* Über lange Zeit wurde die Bedeutung der
  Peergruppe und des Freundeskreises im Kontext entwicklungstheoretischer
  Überlegungen vernachlässigt oder lediglich als Risikofaktor diskutiert. Der

Austausch zwischen Gleichaltrigen und Freunden über die eigenen Wünsche, Hoffnungen und Sorgen, außerhalb von Leistungskontexten bzw. in einem geschützten und vertraulichen Rahmen, muss hingegen als wirkmächtiges Element und Stütze in der Entwicklung zum Erwachsenalter verstanden werden.

- *Die Jugend braucht emotionale Unterstützung.* Dies betrifft einerseits die gezielte Förderung sozialer und emotionaler Kompetenzen gegenüber kognitiven Fähigkeiten in einer, nach wie vor an Leistung orientierten und kompetitiven Wissensgesellschaft. Andererseits bedeutet dies aber auch das explizite Ansprechen der eigenen Emotionalität und das Bereitstellen diesbezüglicher Kommunikationsräume, um so auch den negativ verstärkenden Effekt, der durch die entwicklungsbedingte Ablehnung autoritärer Strukturen hervorgerufen wird, ein Stück weit zu reduzieren.

8   Fazit

Das Jugendalter ist eine Lebensphase, die mit vielfältigen Herausforderungen einhergeht. Dies betrifft nicht nur die Heranwachsenden in der Bewältigung ihrer Lebenswirklichkeit, sondern ebenso alle Unterstützungssysteme und dabei beteiligten Personengruppen. Besonders für die Pädagogik in ihrer zentralen Aufgabe der Vermittlung ist das Jugendalter schlichtweg ein herausforderndes Aufgabenfeld. Dies betrifft die Vermittlung von Wissen und Kompetenzen, die Vermittlung sozialer und generationaler Differenzen, die Vermittlung zwischen Individuum und Gesellschaft sowie zwischen gesellschaftlichen Teilbereichen gleichermaßen. Ebenso wie Jugendliche sind auch Pädagog:innen gefordert, sich diesen Herausforderungen zu stellen und sie zu bewältigen, immer in dem Wissen, eben nicht auf vorgefertigte Lösungen zurückgreifen zu können. Und genau darin zeigt sich das (pädagogische und entwicklungstheoretische) Potenzial von Herausforderungen in der subjektiven Lebens- und Lerngeschichte von Menschen, sei es in der Bewältigung einer schwierigen Lebensphase oder aber in der Begleitung und Unterstützung von Personen, die diese durchleben: Erst in der Auseinandersetzung mit Herausforderungen entwickeln Menschen die Fähigkeit, Probleme eigenständig zu lösen, sie lernen Entscheidungen autonom zu treffen und beginnen zu erkennen, welche Werte richtig und subjektiv wichtig sind respektive welche moralischen Vorstellungen und welches damit einhegende Menschenbild das eigene Handeln leiten sollen. Unabhängig davon also, wie Herausforderungen bewältigt werden, sie konstituieren Identität und stärken das eigene Selbstkonzept. Besonders jene Herausforderungen, die es Heranwachsenden erlauben, Lebensalternativen auszuprobieren und die mit unterschiedlichen Erkenntnissen über sich selbst und das eigene soziale Umfeld einhergehen, stellen einen Meilenstein in der Entwicklung von Jugendlichen dar.

Durch den zwar nicht absichtsvollen aber durchaus in der pädagogischen Idee der Herausforderung mitgedachten Konflikt zwischen persönlicher Entscheidungsfreiheit und sozialer Verpflichtung werden die klassischen Entwicklungsaufgaben der Adoleszenz adressiert, insbesondere die Entwicklung eines sozial verantwortungsvollen Verhaltens in einer sich stetig verändernden – und somit herausfordernden – Lebensumwelt.

Literatur

Berk, Laura E. (2011): Entwicklungspsychologie. Pearson Deutschland.

Boeger, Annette (2010): Entwicklungspsychologie. In: Steins, Gisela (Hrsg.): Handbuch Psychologie und Geschlechterforschung. Wiesbaden: Springer VS, S. 133-151.

Blakemore, Sarah-Jayne/Choudhury, Suparna (2006): Development of the adolescent brain: Implications for executive function and social cognition. In: Journal of Child Psychology and Psychiatry 47, S. 296-312.

Casey, B. J./Getz, Sarah/Galvan, Adriana (2008): The adolescent brain. In: Developmental Review 28, S. 62-77.

Carskadon, Mary A./Acebo, Christine/Jenni, Oskar G. (2004): Regulation of adolescent sleep: Implications for behavior. In: Dahl, Ronald E./Spear, Linda Patia (Hrsg.): Adolescent brain development: Vulnerabilities and opportunities. New York: New York Academy of Sciences, S. 276-291.

Chumlea, William Cameron/Schubert, Christine M./Roche, Alex F./Kulin, Howard E./Lee, Peter A./Himes, John H./Sun, Shumei S. (2003): Age at menarche and racial comparisons in U. S. girls. In: Pediatrics 111, S. 110-113.

Cole, David A./Maxwell, Scott E./Martin, Joan Morgan/Peeke, Lachlan G./Seroczynski, Alesha D./Tram, Jane M. (2001): The development of multiple domains of child and adolescent self-concept: A cohort sequential longitudinal design. In: Child Development 72, S. 1723-1746.

Erikson, Erik H. (1950): Childhood and society. New York: Norton.

Erikson, Erik H. (1973): Identität und Lebenszyklus. Drei Aufsätze. Berlin: Suhrkamp Taschenbuch Wissenschaft.

Eschenberg, Heike/Knauf, Rhea-Katharina (2018): Entwicklungsaufgaben und ihre Bewältigung. In: Lohaus, Arnold (Hrsg.): Entwicklungspsychologie des Jugendalters (S. 23-50). Berlin: Springer.

Fend, Helmut (2005): Entwicklungspsychologie des Jugendalters. Wiesbaden: Springer VS.

Gathercole, Susan E./Pickering, Susan J./Ambridge, Benjamin/Wearing, Hannah (2004): The structure of working memory from 4 to 15 years of age. In: Developmental Psychology 40, S. 177-190.

Göppel, Rolf (2014): Gehirn, Psyche, Bildung. Chancen und Grenzen einer Neuropädagogik. Stuttgart: Kohlhammer.

Güre, Aysen/Ucanok, Zehra/Sayil, Melike (2006): The associations among perceived pubertal timing, parental relations and self-perception in Turkish adolescents. In: Journal of Youth and Adolescence 35, S. 541-550.

Harter, Susan (2006): The self. In: Eisenberg, Nancy (Hrsg.): Handbook of child psychology: Vol. 3. Social, emotional, and personality development. 6. Auflage. Hoboken, NJ: Wiley, S. 505-570

Havighurst, Robert J. (1972): Developmental tasks and education. New York: McKay.

Haywood, Kathleen M./Getchell, Nancy (2005): Life span motor development. 4. Auflage. Champaign, IL: Human Kinetics.

Hurrelmann, Klaus/Quenzel, Gudrun (2013): Lebensphase Jugend. Eine Einführung in die sozialwissenschaftliche Jugendforschung. Weinheim und Basel: Beltz Juventa.

Huber, Matthias (2020): Emotionen im Bildungsverlauf. Entstehung, Wirkung und Interpretation. Wiesbaden: Springer VS.

Konrad, Kerstin/König, Johanna (2018): Biopsychologische Veränderungen. In: Lohaus, Arnold (Hrsg.): Entwicklungspsychologie des Jugendalters. Berlin: Springer, S. 1-22

Krappmann, Lothar/Oswald, Hans (1995): Sozialisation in Familie und Gleichaltrigenwelt. In: Zeitschrift für Sozialisationsforschung und Erziehungssoziologie 10, S. 147-162.

Motl, Robert W./Dishman, Rod K./Saunders, Ruth P./Dowda, Marsha/Felton, Gwen/Ward, Dianne-S./Pate, Russell R. (2002): Examining social – cognitive determinants of intention and physical activity among black and white adolescent girls using structural equation modeling. In: Health Psychology 21, S. 459-467.

Oettingen, Gabriele/Kluge, Lena (2009): Kluges Zielsetzen durch mentales Kontrastieren von Zukunft und Realität. In: Iwers-Stelljes, Telse (Hrsg.): Prävention – Intervention – Konfliktlösung. Wiesbaden: Springer VS, S. 215-227

Rendtorff, Barbara (2016): Bildung – Geschlecht – Gesellschaft. Eine Einführung. Weinheim und Basel: Beltz.

Rindermann, Heiner (2011): Intelligenzwachstum in Kindheit und Jugend. In: Psychologie in Erziehung und Unterricht 58, S. 210-224.

Rogoff, Barbara/Waddell, Kathryn J. (1982): Memory for information organized in a scene by children from two cultures. In: Child Development,53, S. 1224-1228.

Singer, Wolf (2002): Was kann ein Mensch wann lernen? In: Kilius, Nelson/Kluge, Jürgen/Reisch, Linsa (Hrsg.): Die Zukunft der Bildung. Frankfurt am Main: Suhrkamp, S. 78-99

Sliwka, Anne (2018): Pädagogik der Jugendphase. Wie Jugendliche engagiert lernen. Weinheim: Beltz.

Steinberg, Laurence (2008): A social neuroscience perspective on adolescent risk-talking. In: Developmental Review 28, H.1, S. 78-106.

Stolzenberg, Heribert/Kahl, Heidrun/Bergmann, Karl E. (2007): Körpermaße bei Kindern und Jugendlichen in Deutschland. Ergebnisse des Kinderund Jugendgesundheitssurveys (KiGGS). In: Bundesgesundheitsblatt 50, S. 659-669.

Tonks, James/Williams, W. Huw/Frampton, Ian/Yates, Phil/Slater, Alan (2007): Assessing emotion recognition in 9-15-years olds: Preliminary analysis of abilities in reading emotion from faces, voices and eyes. In: Brain Injury 21, S. 623-629.

Zimmerman, Barry J. (2000): Attaining Self-Regulation: A social cognitive perspective. In M. Boekaerts, Monique/Pintrich, Paul R./Zeidner, Moshe (Hrsg.): Handbook of Self-Regulation. San Diego, CA: Academic Press, S. 13-39.

Zimmermann, Peter/Podewski, Fritz/Çelik, Fatma/Iwanski, Alexandra (2018): Emotionale Entwicklung. In: Lohaus, Arnold (Hrsg.): Entwicklungspsychologie des Jugendalters. Berlin: Springer, S. 75-90.

Prof. Mag. Dr. Matthias Huber ist Hochschulprofessor für Erziehungswissenschaft und Bildungsforschung an der Pädagogischen Hochschule Kärnten, Österreich. Seine Arbeits- und Forschungsschwerpunkte sind Pädagogische Epistemologie und Anthropologie, Bildung und Emotion, Pädagogische Emotionsforschung, Lehrer:innenbildung, und Mixed-Methods-Research. Kontakt: matthias.huber@ph-kaernten.ac.at

3   Erlebnispädagogik und Herausforderungen

Michael Zimmer-Müller

Dieser Beitrag widmet sich dem Platz der Erlebnispädagogik in Bildung und Gesellschaft in Deutschland und zeigt dabei auf, dass sie auf der einen Seite fest verankert ist, gleichzeitig aber auf der anderen Seite nicht die generelle Anerkennung
findet, die bei dem bestehenden Ausmaß an Nutzung erlebnispädagogischer
Methoden und der Durchführung erlebnispädagogischer Angebote zu erwarten
wäre. Dies hängt zum einen damit zusammen, dass der Erlebnispädagogik immer noch eine geringere Ernsthaftigkeit als anderen pädagogischen Bereichen
zugeschrieben wird. So gilt Erlebnispädagogik immer als vermeintlich weiche
pädagogische Strömung, die während der Ferien und bei Freizeiten ihre Exis-
tenzberechtigung hat, aber nichts leistet, wenn es um ernsthafte pädagogische
Angelegenheiten geht. Zum anderen spielen Meldungen in den Medien eine
negative Rolle, wenn es etwa um die Darstellungen der erlebnispädagogischen
Arbeit mit deutschen jugendlichen Delinquenten im Ausland geht, wie in der
FAZ (2004) und im Spiegel (vgl. Orth 2008). Auch damit zusammenhängend
wird nach wie vor die Wirksamkeit der Erlebnispädagogik in Frage gestellt, vor
allem in Bezug auf Schule. Dieser Beitrag setzt sich deshalb im Folgenden damit
auseinander, wo Erlebnispädagogik überall vorkommt, streift dabei ihre Wurzeln
bzw. die Geschichte, geht auf die Frage der Wirkungsweise und der Wirksamkeit
ein und skizziert schließlich die Beziehung zwischen Erlebnispädagogik und den
schulischen Herausforderungsprojekten.

1   Wann ist es Erlebnispädagogik?

Wahl schreibt in der Einleitung seines Buches zur Erlebnispädagogik in der Sozialpädagogik, dass kaum „eine Klassenfahrt, ein Wandertag oder ein offenes
Ganztagesangebot [stattfände], bei dem nicht auch Erlebnispädagogik auf der
Tagesordnung stünde" (Wahl 2021, S. 10). Auch wenn sich diese Aussage nicht
unmittelbar empirisch überprüfen lässt, scheint die Etablierung der Erlebnispädagogik (selbst in der Schule) gelungen zu sein. Dieser Eindruck entsteht auch,
wenn man die Anzahl der Publikationen zum Thema Erlebnispädagogik betrachtet. Umfangreiche und systematische Darstellungen der Erlebnispädagogik
gibt es mittlerweile in großer Zahl (vgl. alleine die Handbücher zur Erlebnispädagogik von Michl/Seidel 2021; Heckmaier/Michl 2018; Paffrath 2013; Fischer/
Lehmann 2009), in denen sich auch detailliert nachlesen lässt, wo Erlebnispädagogik anzutreffen ist, und wann es Erlebnispädagogik ist und wann nicht. So

zeigen Michl und Seidel (2021) verschiedene Handlungsfelder auf, die in der Öffentlichkeit unmittelbar mit der Erlebnispädagogik assoziiert sein dürften, vor allem wenn junge Menschen beteiligt sind. Dazu gehört generell die alpine Erlebnispädagogik mit verschiedenen Varianten der Bewegung im Gebirge, wie Klettern, Bergwandern, Hoch- und Skitouren oder die damit verwandten Höhlenbegehungen, sowie das Mountainbiken. Ebenfalls dazu zählen Flussbefahrungen (Rafting) oder Bachbegehungen bis hin zum Canyoning, das allgemeine Unterwegssein zu Fuß, mit dem Fahrrad oder mit anderen nicht motorisierten Fortbewegungsmitteln. Hinzuzuzählen sind aber auch mehrwöchige Segeltörns und Outdooraktivitäten im Winter (vgl. dazu die einzelnen Beiträge in Michl/ Seidel 2021, S. 191 ff.).

Neben diesen schon als „klassisch erlebnispädagogisch" zu bezeichnenden Bereichen stehen aber seit einigen Jahren weitere Formen der Erlebnispädagogik, die nicht mehr den unmittelbaren Naturbezug aufweisen, der in Definitionen der Erlebnispädagogik enthalten ist, wie zum Beispiel bei Heckmair und Michl: „Das Konzept der Erlebnispädagogik will als Teildisziplin der Pädagogik junge Menschen durch exemplarische Lernprozesse und durch bewegtes Lernen vor physische, psychische und soziale Herausforderungen – vornehmlich in der Natur – stellen, um sie in ihrer Persönlichkeitsentwicklung zu fördern und sie zu befähigen, ihre Lebenswelt verantwortlich zu gestalten" (Heckmair/Michl 2018, S. 108). Hier stehen Naturbezug und Bewegung in zentraler Funktion. Anders sieht das Rutkowski, für den Erlebnispädagogik „eine auf Ziele hin ausgerichtete, aber prozessorientierte, ganzheitliche pädagogische Intervention mit Medien, welche Ereignisse ermöglichen, die sich stark vom Alltag der Adressaten unterscheiden" (Rutkowski 2015, S. 17) ist. Dabei betont er die Bedeutung von Zielen, ohne die pädagogischen Bemühungen keine Richtung haben (ebd.). Die Prozessorientierung bedeutet zum einen, dass die Leitung ihre Planungen an den Gruppenprozess anpassen muss und damit Reflexionen nötig werden, zum anderen aber auch, dass Ergebnisse nicht vorab eindeutig definiert werden können. Die Ganzheitlichkeit soll vor dem Hintergrund „neurophysiologische[r] Erkenntnisse des Lernens" (ebd.) eine zentrale Rolle spielen. Durch die Nutzung unterschiedlicher Medien, etwa dem Mountainbike im Gebirge oder dem Kanu auf Flüssen und dem Meer lassen sich Ereignisse ermöglichen, die sich vom Alltag stark unterscheiden. Dieser Unterschied zum Alltäglichen ist zwingend, der bspw. für das städtisch aufwachsende Kind bei einer Kajaktour erreicht wird, für ein Inuitkind aber eben nicht (ebd.). Damit lassen sich viele weitere pädagogische Vorgehensweisen ebenfalls der Erlebnispädagogik zuordnen, wenn es beispielsweise in Hochseilgärten geht oder niedere Seilaufbauten genutzt werden (vgl. Böhmer 2021, S. 231 ff.), die eine Herausforderung für die Teilnehmer:innen hinsichtlich Vertrauen und Schwindelfreiheit bedeuten und generell die Überwindung von Angst fordern. Dies gilt auch für Übungen oder Projekte des sogenannten City Bounds, bei denen soziale Kompetenzen gefordert und gefördert werden (vgl. Crowther 2005; Deubzer/Feige 2004). Daneben ist es aber auch Erlebnispädagogik, wenn die Natur als Werkstatt bei sogenannten Landart-Projekten genutzt wird, Teilnehmer:innen zu einem sogenannten Solo in den Wald oder eine andere natürliche, aber auch eine menschengeschaffene Umgebung geschickt werden, bei der sie zwischen einer viertel Stunde und mehreren Tagen alleine bleiben und auf sich selbst gestellt sind. Selbes gilt aber auch, wenn alleine die Methoden bei sogenannten Lernprojekten im Mittelpunkt stehen (Heckmair/ Michl 2018, S. 224 ff.).

Aktivitäten und Vorhaben der oben skizzierten Art sind in vielen Bereichen anzutreffen. So ist das, was der Deutsche Alpenverein mit seiner Jugendarbeit betreibt, letztlich den erlebnispädagogischen Vorhaben sehr ähnlich, wenngleich diese Arbeit zumindest ursprünglich dazu diente, jungen Menschen die Bergwelt und den Alpinismus nahezubringen und sie in den Verein einzuführen. Auch die verschiedenen Pfadfinderbünde arbeiten mit der Natur und dem Draußensein, genauso wie zum Teil die Jugendfeuerwehren, die Deutsche Lebensrettungsgesellschaft (DLRG) oder das Rote Kreuz. Überall dort werden zum Teil erlebnispädagogische Methoden eingesetzt, ohne dass es immer „Erlebnispädagogik" genannt wird. Wie schwierig aber eine exakte Abgrenzung von Erlebnispädagogik und sportlichen Angeboten bleibt, zeigt das Projekt des Deutschen Alpenvereins „Klettern macht Schule!" (Winter 2020). Bei diesem Projekt werden Sinnperspektiven genannt, die mit dem Klettern in Beziehung gebracht werden können und die generell auch in der Erlebnispädagogik anzutreffen sind. Aber die beispielhaft genannten Sinnperspektiven, die besondere Körper- und Umwelterfahrungen ermöglichen oder verantwortungsbewusstes Handeln entwickeln (vgl. Winter 2020, S. 44), werden hier nicht als primäre Ziele definiert, sondern es geht zentral um eine schulsportliche Ausbildung zum Klettern, also letztlich um eine Ausweitung des Schulsports.

Sind Definitionen für eine disziplinäre Abgrenzung notwendig, bleibt die Frage offen, wie wichtig sie sind, wenn mit den entsprechenden (erlebnis-)pädagogischen Vorgehensweisen Erfolge auf Seiten der Teilnehmenden erzielt werden.

Dass aber Sport und Bewegung, verantwortungsvolle Aktivitäten draußen (auch in der Natur) und Projekte sowie handlungsorientierte Vorgehensweisen eine bedeutungsvolle Rolle in der Erlebnispädagogik nach dem Vorbilde Kurt Hahns spielen, wird bei seinen ursprünglich definierten Anforderungen an eine Erlebnistherapie deutlich, die den von ihm beschriebenen gesellschaftlichen Verfallserscheinungen etwas entgegensetzen soll. Mit körperlichem Training solle dem körperlichen Verfall, mit Expeditionen ins Gebirge oder auf See dem Mangel an Initiative und Spontaneität entgegengewirkt werden. Projekte dienen dazu, einen Mangel an Sorgsamkeit zu überwinden, der Dienst bei Seenotrettung oder Bergwacht hilft, die fehlende menschliche Anteilnahme zu bewältigen (vgl. Michl 2020, S. 32 f.)

Wie auch immer nun die Erlebnispädagogik definiert oder eingegrenzt wird, erscheint deutlich, dass sie heute in vielen Bereichen eine Rolle spielt. Das zeigt sich auch am Stand der Institutionalisierung der Ausbildung.

2 Etablierung der Erlebnispädagogik

Der Stand der Etablierung der Erlebnispädagogik lässt sich bereits an der Vielzahl der Ausbildungsmöglichkeiten zur/zum Erlebnispädagogin/en ablesen. Dabei ist es nicht verwunderlich, dass Ausbildungen von privatwirtschaftlichen Einrichtungen angeboten werden. Alleine auf den Internetseiten des Bundesverbands Individual- und Erlebnispädagogik werden im Oktober 2022 insgesamt 38 Kurse von unterschiedlichen Institutionen angeboten, wovon nur acht nicht zertifiziert sind. Überraschend ist aber, dass Hochschulen Erlebnispädagogik zum Teil in pädagogischen Studiengängen integrieren (etwa Hochschule Kempten und Evangelische Hochschule Nürnberg), was gleichwohl als Beleg für die Etablierung gelten kann. An den Hochschulen werden Weiterbildungen angeboten (etwa an der Hochschule Landshut, der Ostfalia Hochschule Wolfenbüttel oder der Technischen Universität Braunschweig, vgl. Speiser 2021) oder es können Zusatzangebote zur Erlebnispädagogik im Studium aufgegriffen werden (etwa an der Katholischen Stiftungshochschule München (KSH), der Universität Augsburg und der Technischen Hochschule Nürnberg). Seit 2006 gibt es sogar einen eigenständigen Masterstudiengang zur Abenteuer- und Erlebnispädagogik an der Universität Marburg, den Hochschulabsolvent:innen mit einem Abschluss in Sozialarbeit, (Sozial-)Pädagogik oder Lehramt absolvieren können (vgl. Paffrath 2013, S. 225). Daneben bieten Hochschulen im Rahmen des Sportstudiums erlebnispädagogische Elemente und Kurse an wie an der „Sporthochschule Köln, den Technischen Universitäten Darmstadt und München, den Pädagogischen Hochschulen Heidelberg und Ludwigsburg, den Universitäten Augsburg, Dortmund, Erlangen-Nürnberg, Freiburg, Göttingen, Hamburg, Kassel, Koblenz, Konstanz, Landau, Leipzig, Magdeburg, Münster, Saarland, Tübingen" (Paffrath 2013, S. 225) oder es werden von einzelnen Dozent:innen Veranstaltungen zur Erlebnispädagogik im Rahmen der erziehungswissenschaftlichen oder Lehramtsstudiengänge angeboten (so auch vom Autor am Campus Landau der Rheinland-Pfälzischen Technischen Universität Kaiserslautern-Landau).

Somit könnte davon ausgegangen werden, dass die Erlebnispädagogik auch in den deutschen Schulen etabliert ist. Aber davon kann letztlich keine Rede sein: Erlebnispädagogik an Schulen ist in vielen Fällen noch auf schulische Freizeitangebote während Wandertagen oder Landheimaufenthalten begrenzt (vgl. auch den folgenden Beitrag 4 von Peter Wastl) und eher als zusätzliche Angebote zu verstehen. Dabei sind die Ursprünge der Erlebnispädagogik, wenn sie auf Kurt Hahn aber auch andere Pädagogen der Zeit der Reformpädagogik zurückgeführt werden, auch als Kritik an der Schule zu Beginn des 20. Jahrhunderts zu sehen und haben damit einen schulpädagogischen Bezug. „Die Wurzeln der modernen Erlebnispädagogik sind also in der Schule zu finden", schreiben Heckmeier und Michl (2018, S. 166, vgl. auch Paffrath 2021, S. 110). In der damaligen reformpädagogischen Ära, in der unterschiedliche Akteure – allen voran Georg Kerschensteiner und John Dewey – das handlungsorientierte Lernen in den Fokus rückten (vgl. van Ackeren 2005), waren die Überlegungen und Umsetzungen von Kurt Hahn auch nur eine von vielen pädagogischen Reaktionen auf die damalige Arbeitsweise in den Schulen und die gesellschaftliche Situation. Dabei scheint doch die Erlebnispädagogik über ein Potenzial zu verfügen, das auch heute noch nicht ausgeschöpft sein dürfte. Vor diesem Hintergrund werden im nächsten Absatz die Wirkungsweise und die Wirksamkeit der Erlebnispädagogik thematisiert.

3 Wirkung und Wirksamkeit der Erlebnispädagogik

„Wirkungen von Erlebnispädagogik und Outdoor-Training lassen sich nicht einfach ,erzeugen', sondern müssen vor dem Hintergrund selbstorganisierter Lernprozesse von Personen und sozialen Systemen gesehen werden" (Lakemann 2005, S. 11). Diese Aussage Lakemanns drückt das grundlegende Dilemma der Erlebnispädagogik aus, dass nämlich Wirkungen der Erlebnispädagogik vorhanden sind, diese aber nicht immer garantiert werden können. Dies führt auch dazu, dass Erlebnispädagogik als Freizeitpädagogik wahrgenommen wird mit einer geringen Bedeutung für die Bewältigung ernsthafter Aufgaben oder gesellschaftlicher Fragestellungen. Dabei wird ihr nur geringe Relevanz im Hinblick auf die Anforderungen zugeschrieben, die an Kinder und Jugendliche durch die Schule als größtem pädagogischen Handlungsfeld gestellt werden. Gleichwohl bemüht sich die Forschung darum, die Wirksamkeit erlebnispädagogischer Maßnahmen zu untersuchen. Fengler kommt zu dem Schluss, dass Erlebnispädagogik international, aber auch in Deutschland „evidenzbasiert erfolgreich ausgewiesen" ist und dass der Forschungsstand und die „Qualität zahlreicher Arbeiten [...] als passabel zu bezeichnen" (Fengler 2017, S. 325) ist. In diesem Zusammenhang stellen Hovelynck und Gilsdorf fest, dass „bereits eine hinreichend große Anzahl an konventionellen Forschungsergebnissen auf die Wirksamkeit der Erlebnispädagogik hinweist" (Hovelynck/Gilsdorf 2016, S. 8). Sie beziehen sich dabei auf eine Anzahl von Meta-Analysen und fassen die Ergebnisse in vier Bereichen zusammen: persönliche Lerngewinne, interpersonelle Kompetenzen, Auswirkungen auf Gruppenprozesse und sonstige Ergebnisse (vgl. ebd., S. 4). Interessanterweise verweisen sie unter dem letztgenannten Punkt auf eine Verbesserung schulischer Leistungen, die bereits 1997 von Hattie, Marsh, Neill und Richards in ihrer Meta-Analyse benannt wurden. Auch Heekerens schreibt, dass Erlebnispädagogik mithilfe verschiedener Meta-Analysen „positive Wirkung gezeigt [hat] bei so unterschiedlichen Dingen wie Abenteuerlust, sozialer Devianz, schulischem Erfolg, Beziehungsfähigkeit oder psychischen und Verhaltensstörungen" (Heekerens 2021, S. 318). Woher rührt dann das Misstrauen oder die „Verniedlichung" als Freizeitpädagogik?

Ein Grund mag darin liegen, dass Erlebnispädagogik offenbar wirkt, aber dabei ungeklärt bleibt, wie sie wirkt, und bei wem sie wann wirkt. Denn die oben genannten Befunde sind wenig geeignet, „Einsichten in den Lernprozess zu gewinnen, der Erlebnispädagogik wirksam macht." (Hovelynck/Gilsdorf 2016, S. 8). So sieht das auch Wahl, für den gut belegt ist, „dass Erlebnispädagogik wirkt, worauf aber ihre Wirkung beruht, lässt sich nur schwer festmachen und ist bis dato nur selten Gegenstand der empirischen Forschung" (Wahl 2021, S. 12). Auch Heekerens betont, dass sicher sei, „dass Erlebnispädagogik ‚im Prinzip' eine Methode, Arbeits- oder Vorgehensweise ist, die positive Wirkungen zeigt; aber wir wissen das nicht mit notwendiger Sicherheit bei dieser oder jener Einzelmaßnahme" (Heekerens 2021, S. 320). Einzelne Aspekte können aber zuweilen doch identifiziert werden. So hängt etwa die Wirksamkeit von erlebnispädagogischen Programmen mit der Dauer der Maßnahmen zusammen und davon, dass Ziele der Programme klar formuliert sind. Darüber hinaus ist das Ausbildungsniveau der Trainer ein entscheidender Faktor (vgl. Hovelynck/Gilsdorf 2016, S. 5). Heekerens kommt zu dem Schluss, dass Erlebnispädagogik nicht in erster Linie wegen der Technik wirkt, sondern wegen der Beziehungen, die darin eine Rolle spielen (vgl. Heekerens 2021, S. 316), die er nach Schumann/Paisley/Sibthorp/Gookin (2009) folgendermaßen zusammenfasst: Die Kursleitungen beeinflussen die Wahrnehmung der Teilnehmenden durch persönliche Eigenschaften und Verhaltensweisen. Zu den Eigenschaften gehören dann: „geduldig, klug, empathisch, inspirierend und unterhaltsam zu sein". Auf Seiten der Verhaltensweisen zählen: „Rollenmodell sein, Feedback geben, einen Lehrplan aufstellen, eine unterstützende Lernumgebung bereit-/herstellen, ein angemessenes Gefahrenmanagement betreiben sowie direkte Instruktion zu geben und Coaching gewähren" (Heekerens 2021, S. 317).

4   Implikationen für die Herausforderungen

Lassen sich aus den obigen Ausführungen nun Schlussfolgerungen für die Herausforderungen als Projekt an Schulen ziehen? Offenbar sind zahlreiche Elemente der Erlebnispädagogik und der Herausforderungen gleich oder ähnlich: Exkursionen, selbstorganisiertes und -geleitetes Handeln, soziale, physische und/oder psychische Herausforderungen sind zu bewältigen. Wer nach Argumenten für Herausforderungen sucht, kann sich bei der Erlebnispädagogik bedienen, wer sich gegen Vorwürfe wehren muss, dass Herausforderungen keine Wirkung haben, kann dies ebenfalls tun. Sind Herausforderungen so angelegt, dass sie sich an den Vorgehensweisen und Methoden der Erlebnispädagogik orientieren, dürfte ihnen eine Wirksamkeit bei unterschiedlichen Faktoren zugeschrieben werden können.

Darüber hinaus gibt es einen weiteren Aspekt, der die Stellung der Herausforderungen im Sinne einer Modernisierung und Transformation von Schule zeigt. Bereits 2016 spricht Werner Michl über die Beziehung von Bildung für nachhaltige Entwicklung und Erlebnispädagogik[1]. Die Bürgerstiftung Pfalz verweist 2021 im Zusammenhang mit einer Implementation von Bildung für nachhaltige Entwicklung in ihrer Lehre an Hochschulen: „Hochschulen, die eine transformative BNE verwirklichen, schaffen demnach durch entsprechende Lehr-/Lernkontexte ‚Raum für erlebnispädagogisches Eintauchen (experimental exposure)' und beziehen auf dem Weg zu einer neuen Hochschulkultur ‚ein gewisses Maß an Umbrüchen' ein" (Bürgerstiftung Pfalz 2021). „Bildung für nachhaltige Entwicklung geht weit über die reine Wissensvermittlung hinaus: sie vermittelt aufbauend Wissen, entwickelt Fähigkeiten und transportiert Werte und ermöglicht so" vorausschauendes Denken, interdisziplinäres Wissen, autonomes Handeln, Partizipation an gesellschaftlichen Entscheidungsprozessen (Kamer 2021, S. 81). Kamer stellt einen Vergleich von Teilkompetenzen der Gestaltungskompetenz nach de Haan und passenden Lernsettings und Lernergebnisse in der Erlebnispädagogik auf (vgl. Kamer 2021, S. 82). Vor diesem Hintergrund können Herausforderungen als ein wichtiger Meilenstein bei der Umsetzung der Bildung für nachhaltige Entwicklung angesehen werden, die sich dazu erlebnispädagogischer Methoden und Möglichkeiten bedient.

Literatur

van Ackeren, Isabell (2005): Handlungsorientierung und Erlebnispädagogik in der Schule aus erziehungswissenschaftlicher Sicht. In: Annette Boeger und Thomas Schut (Hrsg.): Erlebnispädagogik in der Schule – Wirkungen und Methoden. Berlin: Logos Verlag, S. 9-22.

Bundesverband Individual- und Erlebnispädagogik e. V. (o. J.): Aus- und Fortbildungen. https://www.bundesverband-erlebnispaedagogik.de/service/aus-und-fortbildungen.html

Böhmer, Henning (2021): Temporäre Seilgärten In: In: Michl, Werner/Seidel, Holger (Hrsg.): Handbuch Erlebnispädagogik. 2. Auflage. München: Reinhardt, S. 235-238.

Bürgerstiftung Pfalz (2021): Transformative Hochschulbildung Erfahrungen, Visionen und Empfehlungen aus dem Projekt: ESD for 2030: Transformation zu einer zukunftsfähigen Bildung in Schule und Hochschule.

Crowther, Christina (2005): City Bound. Erlebnispädagogische Aktivitäten in der Stadt. München: Reinhardt.

---

1   Bei der Jahrestagung der Arbeitsgemeinschaft Natur- und Umweltpädagogik Rheinland-Pfalz e. V. im September 2016 sprach Werner Michl, Herausgeber und (Mit-)Autor vieler Bücher zur Erlebnispädagogik darüber, ob Erlebnispädagogik ein Beitrag zur Bildung für nachhaltige Entwicklung sei. Dem frei verfügbaren Foliensatz ist nicht eindeutig zu entnehmen, welcher Einschätzung er letztlich dazu abgegeben hat. Aber die Folien lassen sich zumindest dahingehend interpretieren, dass es seiner Meinung nach eine Beziehung geben dürfte.

Deubzer, Barbara/Feige, Karin (Hrsg.) (2004): Praxishandbuch City-Bound. Erlebnisorientiertes soziales Lernen in der Stadt. Hergensweiler: Ziel-Verlag.

FAZ, Frankfurter Allgemeine Zeitung (2004): „Erlebnispädagogik" – Streit um Betreuung von kriminellen Jugendlichen im Ausland. https://www.faz.net/aktuell/gesellschaft/erlebnispaedagogik-streit-um-betreuung-von-kriminellen-jugendlichen-im-ausland-1143061.html.

Fischer, Tosten/Lehmann, Jens (2009): Studienbuch Erlebnispädagogik: Einführung in Theorie und Praxis. Bad Heilbrunn: Klinkhardt.

Fengler, Janne (2017): Zur Frage des Forschungsstandes in der Erlebnispädagogik. In: Bildung und Erziehung 70 (3), S. 319-334.

Hattie, John/Marsh, Herbert W./Neill, James T./Richards, Garry E. (1997): Adventure Education and Outward Bound Out-of-Class Experiences That Make a Lasting Difference. Review of Educational Research, 67, 43-87.

Heckmair, Bernd/Michl, Werner (2018): Erleben und Lernen: Einführung in die Erlebnispädagogik (8. Auflage). München: Reinhardt.

Heekerens, Hans-Peter (2021): Ergebnis- und Prozessforschung in der Erlebnispädagogik. In: Michl, Werner/Seidel, Holger (Hrsg.): Handbuch Erlebnispädagogik. 2. Auflage, München: Reinhardt, S. 314-321.

Hovelynck, Johan; Gilsdorf, Rüdiger (2016): Erlebnis und Erfolg. Eine Einladung zum Querdenken. In: Erleben und lernen (5), S. 4-9.

Kamer, Tobias (2021): Bildung für nachhaltige Entwicklung und Erlebnispädagogik. In: Michl, Werner/Seidel, Holger (Hrsg.): Handbuch Erlebnispädagogik. 2. Auflage, München: Reinhardt, S. 81-84.

Michl, Werner (2020): Erlebnispädagogik. 4. Auflage, München: Reinhardt.

Michl, Werner/Seidel, Holger (Hrsg.). (2021): Handbuch Erlebnispädagogik. 2. Auflage, München: Reinhardt.

Orth, Stefan (2008): Erlebnispädagogik im Ausland: Der Problemfall-Export. SPIEGEL-Online https://www.spiegel.de/politik/deutschland/erlebnispaedagogik-im-ausland-der-problemfall-export-a-529475.html.

Paffrath, Fritz Hartmut (2021): Erlebnispädagogische Ansätze und Initiativen in der Reformpädagogik (1890-1933). In: Werner Michl und Holger Seidel (Hrsg.): Handbuch Erlebnispädagogik. 2. Auflage, München: Reinhardt, S. 110-112.

Paffrath, Fritz Helmut (2013): Einführung in die Erlebnispädagogik. Augsburg: ZIEL.

Rutkowski, Mart (2015): Der Blick in den See. Reflexion in Theorie und Praxis. Augsburg: ZIEL.

Schumann, Scott A./Paisley, Karen/Sibthorp, Jim/Gookin, John (2009): Instructor Influences on Student Learning at NOLS. Journal of Outdoor Recreation and Education Leadership 1 (1), 15-37.

Speiser, Marie (2021): Analyse der Erlebnispädagogik an deutschen Hochschulen und Universitäten. Unveröffentlichte Bachelorarbeit, Universität Koblenz-Landau, Campus Landau.

Universität Marburg (o. J.): M. A. Abenteuer- und Erlebnispädagogik. https://www.uni-marburg.de/de/fb21/studium/studiengaenge/ma-aep zuletzt aufgerufen am 28.02.2022.

Wahl, Wolfgang (2021): Erlebnispädagogik. Praxis und Theorie einer Sozialpädagogik des Außeralltäglichen. Weinheim: Beltz.

Winter, Stefan (2020): Klettern macht Schule! In: Panorama – Magazin des Deutschen Alpenvereins 72 (2), S. 40-45.

Dr. Michael Zimmer-Müller ist Geschäftsführer und wissenschaftlicher Mitarbeiter am Zentrum für Empirische Pädagogische Forschung (zepf) der Rheinland-Pfälzischen Technischen Universität Kaiserslautern-Landau. Nach Landau kam er im Jahr 2007 über das Projekt VERA – Vergleichsarbeiten in Grund- und Sekundarschulen. Zum Forschungsverbund HeRis ist er 2020 gestoßen, da seine aktuellen Hauptinteressen in Lehre und Forschung bei der Erlebnispädagogik und der Bildung für nachhaltige Entwicklung liegen. Kontakt: michael.zimmermueller@rptu.de.

4 Erlebnispädagogik an Schulen

Peter Wastl

1 Einleitung

Stellt man die Frage, was mit dem Begriff Erlebnispädagogik in Verbindung zu bringen ist, denken viele an natursportliche Aktivitäten, an Abenteuer oder auch an spannende Unternehmungen. Das Betreiben von Erlebnis- und Natursportarten ist allerdings noch lange keine Erlebnispädagogik. Michl (2020, S. 13) weist darauf hin, dass nur dann von Erlebnispädagogik gesprochen wird, „wenn nachhaltig versucht wird, die Erlebnisse durch Reflexion und Transfer pädagogisch nutzbar zu machen". So können natursportliche und abenteuerliche Aktivitäten durchaus zu Begeisterung beitragen und auch Sinn vermitteln, „sie bleiben aber lediglich eine Freizeitbeschäftigung, wenn sie um ihrer selbst willen durchgeführt werden".

Im erlebnispädagogischen Sinne werden die besonderen Erlebnisse, welche bei natursportlichen und abenteuerlichen Unternehmungen gemacht werden, letztendlich pädagogisch nutzbar gemacht. Die Erlebnispädagogik als Methode wird mit Abenteuer und tiefen, prägenden Eindrücken verbunden. Michl (2020, S. 8) stellt dies anhand einer erlebnispädagogischen Kette dar. Ereignisse hinterlassen besondere Eindrücke und führen zu Erlebnissen, welche reflektiert und als Erfahrungen verarbeitet werden und letztendlich als Erkenntnisse in den Alltag transferiert werden können (vgl. Abb. 1).

Abb. 1: Erlebnispädagogische Kette (nach Michl 2020, S. 8)

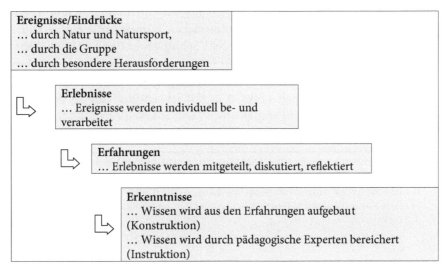

Dass solche Prozesse auch den Weg in die Schule finden und erlebnispädagogische Aktivitäten bereits an Schulen durchgeführt werden, lässt sich einerseits
zunehmend beobachten. Andererseits findet sich jedoch eine Skepsis hinsichtlich der Durchführung und Wirkung solcher Maßnahmen. Was versteht man
überhaupt unter Erlebnispädagogik? Lassen sich erlebnispädagogische Arbeitsweisen mit dem pädagogischen Konzept der Schulen vereinbaren? Ist eine Umsetzung in dem organisatorischen Rahmen der Schulen überhaupt möglich? Wo
sind Grenzen gesetzt? Welche konkreten Umsetzungsmöglichkeiten sind für
Schulen geeignet? Inwieweit ergeben sich Zusammenhänge mit dem schulischen
Angebot der „Herausforderung"? Auf diese Fragen wird im vorliegenden Beitrag
eingegangen.

2 Einordnung der Erlebnispädagogik

2.1 Gemeinsamkeiten erlebnispädagogischer Ansätze

Am Anfang steht zunächst die Frage, was überhaupt unter Erlebnispädagogik
zu verstehen ist. Diese Frage lässt sich nicht allgemeingültig beantworten. Nach
wie vor existiert keine einheitliche konzeptionelle oder theoretische Vorstellung
zur Erlebnispädagogik. Aufgrund der Vielfalt der unterschiedlichen Angebote ist eine genaue definitorische Abgrenzung schwer möglich. Die am meisten
zitierte Definition stammt von Heckmair und Michl (2018, S. 108): „Erlebnispädagogik ist eine handlungsorientierte Methode und will durch exemplarische
Lernprozesse, in denen junge Menschen vor physische, psychische und soziale
Herausforderungen gestellt werden, diese jungen Menschen in ihrer Persönlichkeitsentwicklung fördern und sie dazu befähigen, ihre Lebenswelt verantwortlich
zu gestalten." Andere Autoren verzichten eher auf eine Definition und tragen
stattdessen im Sinne von Abgrenzungsversuchen Gemeinsamkeiten verschiedener Ansätze zusammen, indem einerseits Schlagwörter und Durchführungs-
kriterien und andererseits spezifische Erlebensdimensionen hervorgehoben
werden, die als charakteristisch für erlebnispädagogische Angebote angesehen
werden. So führt u.a. Reiners (1995, S. 17ff.)[1] Schlagwörter, mittels derer sich
die Erlebnispädagogik häufig umschreiben lässt, auf. Reuker (2017, S. 3) trägt

---

1   Reiners erläutert im Sinne eines Abgrenzungsversuchs zunächst einmal, was Erlebnis-
    pädagogik nicht ist und versucht sich in der Folge mittels folgender Schlagwörter dem
    Erlebnisbegriff zu nähern: Learning bei doing, Erleben und Lernen, Gemeinschafts-
    erlebnis, Grenzsituationen, Ganzheitlichkeit, Aktion und Reflexion u.a. (Reiners 1995,
    S. 17-18).

Erlebensdimensionen erlebnispädagogischer Ansätze zusammen, welche sich in der erlebnispädagogischen Praxis kaum voneinander trennen lassen, sondern mit unterschiedlicher Schwerpunktsetzung meistens parallel stattfinden:

Erlebensdimensionen erlebnispädagogischer Ansätze
(nach Reuker 2017, S. 11)

- *Ganzheitliches Erleben:* Ein Erleben, das die gesamte Persönlichkeit des Menschen anspricht und neben kognitiv-intellektuellem Erleben auch körperliches sowie affektiv-emotionales Erleben umfasst.
- *Unmittelbares Erleben:* Ein Erleben in konkreten Lebenssituationen, die sich durch Authentizität, Ernsthaftigkeit und Unausweichlichkeit charakterisieren und bestimmtes Handeln erforderlich machen. Die Situation, zum Beispiel Naturbedingungen, wirkt dabei selbstregulierend.
- *Selbstbestimmtes Erleben:* Ein Erleben aktiver und eigenständiger Auseinandersetzung mit Aufgabenstellungen. Dies umfasst das Suchen und Finden von eigenen Lösungswegen und das Erfahren von Erfolgs- sowohl auch Misserfolgserlebnissen.
- *Gemeinschaftliches Erleben:* Ein Erleben von zwischenmenschlichen Prozessen, die sowohl während der eigentlichen Aktivitäten, aber auch in den Zeiten dazwischen ablaufen.
- *Herausforderndes Erleben:* Ein Erleben von Verunsicherung, das zur aktiven Auseinandersetzung anregt, um in den häufig neuen oder ungewohnten Situationen ein Gefühl der Sicherheit wiederzugewinnen und damit das Gleichgewicht auf einer höheren Ebene wiederherzustellen.

2.2 Was? – Erscheinungsformen erlebnispädagogischen Arbeitens

Um Herausforderungen oder auch Grenzerfahrungen zu erleben, eignen sich weniger alltägliche Aktivitäten, sondern eher über den normierten Rahmen hinausgehende Unternehmungen, welche möglichst neu und spannungsreich sind, einen offenen Ausgang sicherstellen und ein Verlassen der „Komfortzone" beinhalten. Spektakuläre Outdooraktivitäten in der freien Natur wie Klettern, Kanufahren, Floßbau u. a., bei denen es um die Bewältigung unstrukturierter, von der Natur vorgegebener Situationen geht, sind hierzu die gängigen Erscheinungsformen. Diese, durch Auseinandersetzung mit im Alltag unbekannten, überraschenden und vermeintlich gefährlichen Anforderungen gekennzeichneten Aktivitäten sind aber nicht die einzigen Inhalte. Wichtige Erscheinungsformen sind auch sogenannte handlungs- und erfahrungsorientierte Aktivitäten im engeren

Wohn- und Lebensumfeld. Gemeint sind damit Lernarrangements, in welchen in einer spielerischen Auseinandersetzung mit einer Aufgabe alle Sinne angesprochen und eigene Stärken und Schwächen vielfältig bewusst gemacht werden. Zum Einsatz kommen „Kooperative Abenteuerspiele" (Gilsdorf 2000, S. 13), „Interaktionsspiele" (Reiners 2000, S. 13) bzw. „erlebnispädagogische Lernarrangements in Gruppen" (Wastl 2000, S. 142), in deren Zentrum sogenannte Initiativ- und Problemlösungsaufgaben stehen. Als wesentliche Merkmale dieser Aufgaben lassen sich nach Gilsdorf und Kistner (2000, S. 15) folgende herausstellen:

- die Gruppe erhält eine klar umrissene Aufgabenstellung
- die Herausforderung richtet sich an die Gruppe bzw. Teilgruppe als Ganzes (es gibt weder Sieger noch Verlierer; zentralen Stellenwert hat die Kooperation)
- die Aufgabenstellung wirkt subjektiv anspruchsvoll
- die Herausforderung ist eine spielerische (nicht real, sondern „als ob"-Charakter).
- die Bewältigung der Aufgabe erfordert von allen Teilnehmern den Einsatz und das Engagement auf physischer, kognitiver und emotionaler Ebene.

2.3   Wie? – Strukturelemente erlebnispädagogischen Arbeitens

Nicht nur die typischen Erscheinungsformen sind die alleinigen Bestimmungsmerkmale der Erlebnispädagogik. So weist Gilsdorf darauf hin, dass sich erlebnispädagogisches Arbeiten eher durch das „Wie", also deren Strukturelemente, als durch das „Was", deren Erscheinungsformen, auszeichnet, und führt die drei zentralen Strukturelemente „Problemlösung", „Herausforderung" und „Grenzerfahrung" auf, welche neben der inhaltlichen die methodische Ausrichtung der Erlebnispädagogik besonders herausstellen (Gilsdorf 1995, S. 104):

- *Problemlösung:* In den Aktivitäten werden Anforderungen an die Teilnehmenden gestellt, indem Aktionen geplant werden, dabei Entscheidungen getroffen und umgesetzt werden müssen und letztlich auch Konflikte ausgetragen werden.
- *Herausforderung:* Die gestellten Aufgaben haben einen besonderen Aufforderungscharakter und stellen sich als Bewährungsproben dar, welche keiner weiteren Verstärkungen mehr bedürfen.
- *Grenzerfahrung:* Die Aufgabenschwierigkeit geht bis an die Grenze der Fähigkeiten der Teilnehmenden heran und kann diese zeitweise sogar überschreiten, so dass die Herausforderungen jederzeit einen offenen Ausgang haben.

Alle erlebnispädagogischen Aktionen haben gemeinsam, dass die gestellten Herausforderungen gelingen, aber auch scheitern können. Wurde eine Aufgabe von der Gruppe erfolgreich gelöst, geht dies mit Kompetenzerleben und positiven Empfindungen einher. Ein besonderes pädagogisches Potenzial kann aber auch das Scheitern haben. Gerade solche Situationen sind ein willkommener Anlass, Prozesse zu hinterfragen und Veränderungen anzuregen. Hierzu bedarf es einer in die Zukunft gerichteten, reflexiven Aufarbeitung oder zumindest positiven Umdeutung der Situation (Reuker 2017, S. 4). Gerade das Misslingen vermag wichtige Erfahrungen und Lernprozesse bei den Teilnehmenden in Gang zu setzen, wie z. B. über die eigene Leistungsfähigkeit zu reflektieren, eigenes Können und eigene Grenzen zu erfahren, persönliche (physische und psychische) Kräfte zu mobilisieren, Angstgefühle zuzulassen und zu ertragen und die Kompetenzen zu einer realistischen Situationsabschätzung zu entwickeln. Sichtbares Element ist die Reflexion, indem in einem begleitenden oder sich anschließenden Reflexionsprozess das Erlebnis kognitiv und emotional zu einer Erfahrung verarbeitet wird.

2.4 Weshalb? – Zielsetzungen erlebnispädagogischen Arbeitens

In erster Linie geht es um den Erwerb personaler und sozialer Kompetenzen. Über die Stärkung der Persönlichkeit sollen die Teilnehmenden optimal auf eine selbstbestimmte Lebensgestaltung vorbereitet werden. In Anlehnung an Gilsdorf (1995, S. 105) werden im Folgenden zwei zentrale Lernziele herausgestellt, denen auch im schulischen Kontext eine große Relevanz zugesprochen werden kann:

- *Selbstverantwortung:* Hier geht es um die Fähigkeit, „sich persönlich sinnvolle Ziele zu setzen, eigenverantwortlich am Erreichen dieser Ziele zu arbeiten und das Ergebnis dieser Bemühungen selbständig und realistisch zu beurteilen. Damit soll die Fähigkeit zum selbständigen Lernen entwickelt werden" (Gilsdorf 1995, S. 104).
- *Kooperations- und Teamfähigkeit:* Hier geht es um die Fähigkeit, „eine eigene Meinung zu vertreten, anderen zuzuhören, gemeinsam einen Plan zu machen und Entscheidungen zu treffen, anderen zu helfen und sich selbst helfen zu lassen, eigene Positionen zugunsten des Allgemeininteresses aufgeben zu können" (Gilsdorf 1995, S. 105).

Werden die Herausforderungen auf die spezifischen Voraussetzungen der Teilnehmenden adressatenorientiert abgestimmt, kann ein Kompetenzerleben in diesem Sinne ermöglicht werden. In Interaktionsprozessen, die gemeinsames Planen, Entscheiden und Handeln erfordern, können eigene Sichtweisen mit denen der anderen in Einklang gebracht werden und die erreichten Veränderungen in den Alltag übertragen werden.

2.5 Besondere Bedeutung der Reflexionen als unterstützende Prozessbegleitung

Damit ein Transfer des Erlebten in den Alltag besser gelingen kann, sind letzten Endes die Reflexionen von besonderer Bedeutung. Auch wenn der Stand empirischer Erkenntnisse hierzu noch nicht ausreichend ist, kann davon ausgegangen werden, dass bedeutsame Erlebnisse bereits allein für sich, ohne weitergehende Reflexionen, Veränderungsprozesse initiieren können. Erfolgt nach einem herausfordernden Erlebnis kein Eingreifen von Seiten der Leitung oder der Teilnehmenden, wird die Transferwirkung dadurch erwartet, dass die Erlebnissituation alleine für sich wirkt (das Modell „the mountains speak for themselves").

Ungeachtet dessen ist heute als wichtige Voraussetzung zu sehen, dass neben der selbständigen Verarbeitung den Teilnehmenden im Sinne einer Reflexion ein Angebot zur gedanklichen Verarbeitung oder zum gemeinsamen Austausch gemacht wird. Dabei lassen sich grundlegend zwei Vorgehensweisen voneinander unterscheiden. Zum Einen beruft man sich auf die Annahme, dass der Transfer über einer der Aktion vorausgehenden oder sich anschließenden kognitiven Aufarbeitung der Erlebnisse („Outward Bound plus-Modell") gesichert werden kann, indem entweder zu Beginn oder im Anschluss an ein herausforderndes Erlebnis eine kognitive Verarbeitung mittels eines Reflexionsgesprächs bzw. anderer Reflexionsmethoden stattfindet. Das zweite Verfahren beruht auf der Annahme, dass der Transfer über die Gestaltung erlebnispädagogischer Situationen, die denen im Alltag ähnlich (isomorph) sind, gesichert werden kann („Metaphorisches Modell"). Durch gezielt eingesetzte Metaphern, die eine Strukturgleichheit zum Alltag haben, werden Lernprozesse initiiert. Alle drei Verfahren weisen typische zentrale Merkmale und unterschiedliche Vor- und Nachteile auf (vgl. Abb. 2).

Abb. 2: Reflexionsverfahren und unterstützende Prozessbegleitung in der Erlebnispädagogik (vgl. Bartmann 2010, S. 22; Schad 1993, S. 49 ff., Reiners 1995, S. 60 ff., Heckmair/Michl 2018, S. 59 ff.)

The Mountains Speak For Themselves	Outward Bound Plus	Metaphorisches Lernen
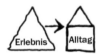	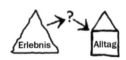	
Transfer:	*Transfer:*	*Transfer:*
… entsteht ohne weitere pädagogische Intervention allein durch das herausfordernde Erlebnis.	… entsteht durch die kognitive Verarbeitung von Erlebnissen durch bewusste Reflexion.	… entsteht durch den gezielten Einsatz von Metaphern, die eine Strukturgleichheit zum Alltag haben.
Zentrale Merkmale:	*Zentrale Merkmale:*	*Zentrale Merkmale:*
• „Erleben statt reden" • Betreuer (Teamer, Lehrperson) sorgen für Sicherheit und herausforderndes Erlebnis	• betont die reflektierte Aufarbeitung der Aktion • die gedankliche Verarbeitung und Einsicht in das eigene Handeln werden gefördert	• vorherige genaue Ziel- und Erwartungsabsprache • zwei Realitäten stehen nebeneinander, wobei das alte Verhalten durch das neue ersetzt werden soll • der Prozess wird unterstützt durch Archetypen* (unbewusste Vorstellungs- und Handlungsmuster) und isomorphe Metaphern
Kritik:	*Kritik:*	*Kritik:*
• der Lernerfolg basiert mehr auf Zufall • kaum Orientierung an Zielgruppen oder Lernzielen	• Erfahrungslernen wird außerhalb der Aktion angesiedelt • Gefahr einer fehlgeleiteten Reflexion • das Erlebnis wird technisiert und verliert die Einzigartigkeit	• es findet keine explizite Reflexion statt • passende Metaphern können nur eingesetzt werden, wenn ausreichend Kenntnis über die Gruppe vorliegt • verlangt eine aufwändige Vorbereitung

* *Archetypen:* die vermuteten Grundstrukturen menschlicher Vorstellungs- und Handlungsmuster, welche in der Regel unbewusst in symbolischen Bildern, Visionen oder Träumen erfahrbar werden.

Priest und Gass (1999, S. 218 ff.) haben die verschiedenen Reflexionsverfahren in ihrer Entwicklung aufgezeigt und im Sinne einer unterstützenden Prozessbegleitung in weitere Kategorien unterteilt. Neben der Nachbesprechung der Erfahrung („Lernen durch Reflexion") haben sie weitere Verfahren wie z. B. ein vorwegnehmendes Deuten der Erfahrung durch direkte Methoden („Lenken durch Reflexion") und durch indirekte Methoden („Rückwendung vor der Reflexion") sowie die Einrahmung der Erfahrung („Verstärkung der Reflexion mittels isomorpher Methoden") herausgestellt. Auch wenn der Schwerpunkt in der erlebnispädagogischen Arbeit auf der Aktion liegt, gehen all diese Verfahren davon aus, dass Reflexionen den Lernprozess gut unterstützen können. Welche Verfahren im Sinne einer unterstützenden Prozessbegleitung zum Einsatz kommen, liegt im Ermessen der Gruppenleitung und wird vorwiegend von den gerade vorhandenen Rahmenbedingungen und den Voraussetzungen der Teilnehmenden bestimmt.

3 Einbindung der Erlebnispädagogik in die Schule

3.1 Zur Notwendigkeit erlebnispädagogischer Ansätze in der Schule

Wenn man bedenkt, dass durch die gesamtgesellschaftlichen Veränderungen viele Kinder und Jugendliche immer weniger sichere und ausreichende Lebensorientierung im sozialen Umfeld und innerhalb ihrer Familie mehr erhalten, kommt der Schule in der Vermittlung grundlegender Lebenskompetenzen ein bedeutenderer Stellenwert zu (vgl. Volkert 1999, S. 436). Letztlich ist die Schule die einzige gesellschaftliche Einrichtung, die alle Kinder und Jugendlichen in einem Alter und in einer Entwicklungsphase erreicht, in der junge Menschen noch die entscheidenden Lebensstrategien erlernen können. Diesem gesellschaftlichen Anspruch muss eine Schule von heute gerecht werden. Traditionelle, auf reine Wissensvermittlung angelegte Vermittlungsprozesse können diesen Ansprüchen kaum noch gerecht werden. So werden Lernformen gesucht, welche die Schülerinnen und Schüler stärker eigenverantwortlich einbinden. Lernende sollen in neuartige, herausfordernde Situationen, in denen eigenverantwortliches Handeln erforderlich ist, gebracht werden. Hier gewinnt auch für Schulen die erlebnispädagogische Arbeit mit ihrem zentralen Anliegen der Persönlichkeitsförderung und des sozialen Lernens an Bedeutung, denn diese Anliegen sind unbestritten auch deren Aufgaben (vgl. Volkert 1999, S. 436).

Andererseits stellen sich aber auch sowohl an die Schulen als auch an die Erlebnispädagogik kritische Fragen, wenn man erlebnispädagogisches Arbeiten in die Schulstrukturen übertragen möchte. So weist Gilsdorf (1995, S. 112) mit

Recht darauf hin, dass eine Einbindung in die Schulen nicht nur in der bloßen Übernahme einer Sammlung von Outdoor-Aktivitäten in das schulische Angebot sein sollte, sondern sich die Schulen mit dem Ziel „einer Bereicherung und Vertiefung der Erfahrungsebene schulischen Lernens" auch aktiv an der Suche nach neuen kooperativen und einfallsreichen Arbeitsformen und Herausforderungen beteiligen. So können zwar reine freizeitorientierte, erlebnispädagogische Zusatzangebote in Ergänzung zum routinemäßigen Schulalltag als erster Einstig durchaus befürwortet werden, dies aber nur dann, wenn sich die Schulen gleichzeitig um weitergehende schulische Innovationen und Entwicklungen bemühen.

3.2   Unterrichtliche wie außerunterrichtliche Angebote

Neue Lernformen können mittels erlebnispädagogischer Angebote sowohl im Unterricht als auch außerunterrichtlich umgesetzt werden. Auch wenn die organisatorischen Rahmenbedingungen von Schule (45-Minuten-Takt, Fachunterricht, Klassengrößen u. a.) der erlebnispädagogischen Arbeit nicht besonders entgegenkommen, finden sich Möglichkeiten, welche sich dadurch kennzeichnen, dass mehr Zeit und Raum als in der normalen Unterrichtsstunde gegeben sein muss. In der Regel werden die außerunterrichtlichen Angebote des schulischen Systems genutzt, da diese mehr pädagogischen Freiraum gewähren. In diesem Sinne bieten viele Schulen Klassenfahrten, Wandertage, Exkursionen, Projekttage und -wochen, Arbeitsgemeinschaften und anderes mehr an und begeben sich damit auf einen ersten Schritt hin zu einem erlebnispädagogischen Arbeiten.

Insbesondere Klassenfahrten bieten hierzu einen guten Rahmen. Fernab vom Schulalltag sind sie losgelöst von schulorganisatorischen Zwängen und Notendruck und haben eine entsprechende zeitliche wie räumliche Intensität (vgl. Gilsdorf 1995, S. 109; Reuker 2017, S. 5). Außerhalb des Unterrichts bieten sich auch Projekttage an, bei denen nach einer ersten Phase in der gewohnten Umgebung des Schulalltags noch eine Phase in ungewohnter Umgebung angeschlossen werden kann. Der Vorteil solcher kompakter Veranstaltungen liegt darin, dass die Gruppen aus dem Alltag und den damit verbundenen Rollenstrukturen herausgelöst werden. Als Nachteil kann jedoch die Gefahr der Einmaligkeit und des baldigen Vergessens im Schulalltag aufgeführt werden, so dass die auf einer Klassenfahrt in fremder Umgebung erzielten Veränderungen den Schulalltag nicht überdauern. Kritiker fordern deswegen, erlebnispädagogische Maßnahmen im Sinne einer Nachhaltigkeit in gewohnter Umgebung durchzuführen (vgl. Reuker 2017, S. 5).

Da zur inhaltlichen Ausgestaltung der Maßnahmen überwiegend sportliche, vor allem auch natursportliche Aktivitäten angeboten werden, bietet gerade der Schulsport einen guten Rahmen für die Umsetzung erlebnispädagogischen Arbeitens (vgl. Wastl 2000, S. 148; Reuker 2017, S. 4). Der Sportunterricht kann Forum für eine Arbeit mit kooperativen Spielen, Vertrauensübungen und Initiativ- und Problemlösespielen sein. Über diese Möglichkeiten hinaus erscheint es angebracht, dass auch in anderen Schulfächern eigene Konzepte entworfen und diese erprobt und kritisch geprüft werden. So können z. B im Deutschunterricht Erfahrungen reflektiert und ausgewertet und im Biologie- und Erdkundeunterricht naturbezogene Themen vor- und nachbereitet werden Als ideale Form erweist sich der Projektunterricht, welcher ein fächerübergreifendes Arbeiten, ein Lernen an außerschulischen Lernorten und eine ganzheitliche Arbeit mit kognitiven, sozialen und emotionalen Herausforderungen ermöglicht. Aus dieser Entwicklung heraus ist das Angebot bzw. die Projektidee „Herausforderung" entstanden, welche, wie sich noch zeigen wird, viele Berührungspunkte zur Erlebnispädagogik hat.

All diesen Umsetzungsmöglichkeiten ist gemeinsam, dass Erlebnisse nicht im Sinne einer deterministischen Einflussnahme planbar sind, sondern lediglich über die Gestaltung von Rahmenbedingungen angestoßen werden können. Der Ausgang von erlebnispädagogischen Angeboten bleibt somit offen und pädagogische Ansprüche werden möglicherweise auch nicht erreicht. Eine solche Unsicherheit ist aber nicht neu, mit dieser müssen Lehrpersonen generell umgehen lernen, da Erziehungsprozesse grundsätzlich nicht vollständig planbar sind (Reuker 2017, S. 4). Ebenso sollte die Problematik der Dauer erlebnispädagogischer Angebote angesprochen werden. Kurzzeitige Maßnahmen haben neben ihrer Besonderheit und Einmaligkeit kaum eine Wirkung, sondern können lediglich Entwicklungsanstöße geben. Viel eher werden Langzeitmaßnahmen favorisiert, damit auch bleibende Veränderungen erreicht werden können. So können beispielsweise im Sinne einer langfristig angelegten erlebnispädagogischen Arbeit Klassenfahrten als Einstieg oder auch als Höhepunkt und Abschluss einer Lernphase dienen.

3.3 Organisatorische Rahmenbedingungen

Wenn in Schulen erlebnispädagogisches Arbeiten bislang eher nur am Rande umgesetzt wird, liegt dies möglicherweise an den klassischen schulischen Strukturen. Gilsdorf (1995, S. 110) weist darauf hin, dass sich erlebnispädagogische Arbeitsformen nur schwer in den Schulalltag integrieren lassen, da diese zu sehr im Kontrast zu vielen klassischen schulischen Strukturen stehen. Oft erweist sich der Pflichtcharakter schulischer Veranstaltungen als hinderlich, da die Anforderungen zu sehr fremdbestimmt sind und real erlebte Entscheidungs-spielräume im Sinne von spannenden Herausforderungen kaum zu Geltung kommen. Die Möglichkeit der Schülerinnen und Schüler zu selbständigem und eigenverantwortlichem Handeln ist nur innerhalb enger inhaltlicher und orga-nisatorischer Vorgaben gegeben. Es mangelt an inhaltlicher Freiheit, einer grö-ßeren zeitlichen Flexibilität und an zu wenig Möglichkeit zum Lernen auch an außerschulischen Lernorten.

Auch wenn inzwischen vermehrt Formen des kooperativen Lernens in der Schule zum Einsatz kommen, so ist das schulische Bild vom Lernen nach wie vor durch die Konzepte Pflicht und Kontrolle geprägt. Zunehmend zum Ein-satz kommende kooperative Lernarrangements[2] sind zwar zu begrüßen, spielen aber oft noch eine randständige Rolle. Hier scheint es weiterhin notwendig, die Vorstellungen vom Lernen insgesamt zu verändern und zu erweitern. Zumin-dest bedarf es aber der Unterstützung und Ermutigung einzelner Lehrpersonen, wenn diese unter den gegebenen schulischen Bedingungen vorhandene Frei-räume nutzen und erweitern, um erlebnispädagogisch zu arbeiten. Längerfristig anzustreben ist, dass personelle wie organisatorische Rahmenbedingungen so gestaltet werden, dass ein erlebnispädagogisches Arbeiten an Schulen auch ziel-bringend ermöglicht wird. Volkert (1999, S. 438) fordert in diesem Zusammen-hang eine „Neu- und Umorientierung" der Schule durch ein Loslösen von den bisher üblichen starren Strukturen und Rahmenbedingungen. Notwendig er-scheinen eine flexiblere Unterrichtsgestaltung (Lösung vom 45-Minuten-Takt), ein fächerübergreifendes, projektorientiertes Arbeiten und ein offenes Unter-richten im Team. Ebenso sind kleinere Klassenstärken und geeignete Räumlich-keiten sowie eine Öffnung und Vernetzung der Schulen mit externen Partnern des außerschulischen Bereichs (Hochschule, Jugendarbeit, kommerzielle Anbie-ter) anzustreben.

Insbesondere für den Einstieg in erlebnispädagogische Arbeitsweisen an der Schule hat sich die Zusammenarbeit mit Fachkräften und Institutionen aus der außerschulischen Jugendarbeit als hilfreich erwiesen. Dort hat die Erlebnispäd-agogik schon längere Zeit Verbreitung gefunden, so dass sich kompetente Ko-operationspartner finden lassen, die die Schule bei der Konzeptionierung eige-ner Programme beraten können. Dies kann auch in der Unterstützung in der praktischen Durchführung von erlebnispädagogischen Projekten münden und die Arbeit im Team bereichern. Ebenso können diverse Materialien, die für die Erlebnispädagogik benötigt werden, zur Verfügung gestellt werden.

---

2 Vgl. hierzu Brüning, Ludger/Saum, Tobias (2009), welche sich im besonderen Maße mit neuen Strategien zur Schülerinnen- und Schüleraktivierung auseinandersetzen und aus einem konstruktivistischen Verständnis heraus Möglichkeiten des Einsatzes kooperativen Lernens im Unterricht vorstellen.

3.4 Personelle Rahmenbedingungen

Von besonderer Bedeutung sind die personellen Rahmenbedingungen, denn eine spezielle Rolle kommt in der Umsetzung erlebnispädagogischer Lernprozesse den Lehrpersonen zu. Die Lehrpersonen bzw. die Betreuerinnen und Betreuer müssen, wenn sie erlebnispädagogisch arbeiten, wiederholt über ihr Verhalten entscheiden. Wie direktiv sollen sie sein? Was ist mit den Schülerinnen und Schülern verhandelbar? Wann sollte eingegriffen werden? Der Leitungsstil ist zuweilen sehr strukturiert und lenkend, an anderen Stellen extrem offen und zurückhaltend. Übergreifend lässt sich nach Reiners (1995, S. 24-25) feststellen, dass die Lehrperson für die Strukturierung des Prozesses verantwortlich ist (Prozessdirektivität), während sie nicht für die Inhalte und Ergebnisse, welche so weit wie möglich in die Hände der Teilnehmerinnen und Teilnehmer gelegt werden sollten, die Verantwortung trägt (inhaltliche Non-Direktivität). Reiners (1995, S. 25) spricht in diesem Zusammenhang von behutsamer Partizipation der Teilnehmerinnen und Teilnehmer und einem regressiv-komplementären Agieren der Betreuerinnen und Betreuer. Dies bedeutet, dass sich die Lehrpersonen mit wachsenden Entscheidungsfreiräumen und zunehmender Entscheidungsteilhabe der Lerngruppe mehr und mehr zurückziehen und die Gruppe mit Geduld und Verständnis unterstützen und zunehmend selbst Verantwortung tragen lassen.

In dieser geschilderten Prozessbegleitung wird deutlich, dass den Lehrpersonen eine neue Rolle zu kommt. Sie agieren mehr und mehr in der Funktion als Lernbegleitung. Eine solche neue Rolle muss von allen Beteiligten am schulischen Lernprozess, den Schülerinnen und Schülern, aber auch den Eltern, den Lehrpersonen und nicht zuletzt den Schulaufsichtsbehörden wahrgenommen und akzeptiert werden. Für viele Lehrpersonen sind die Aufgaben des Beobachtens, Begleitens und Beratens in Teilen noch ungewohnt. Zudem verlangt es Überwindung, sich auf die Ungewissheit der ablaufenden Prozesse einzulassen, denn die Initiierung von Erlebnissen ist nicht vollständig planbar und deren pädagogische Wirksamkeit bleibt grundsätzlich offen.

Eine kritische Auseinandersetzung mit einer solchen Rolle als Lehrperson und eine Vermittlung interaktioneller Kompetenzen sollte integrierter Teil der Aus- und Weiterbildung von Lehrerinnen und Lehrern sein, über die technischen Aspekte klassischer erlebnispädagogischer Methoden hinausgehen und auf die Besonderheiten und Möglichkeiten von Schule zugeschnitten sein. Denn die Lehrpersonen müssen veränderten Anforderungen gerecht werden und gruppenpädagogische Qualifikationen erwerben, die neben der fachwissenschaftlichen Kompetenz stärker in den Fokus rücken (vgl. Tab. 1).

Tab. 1: Gruppenpädagogische Qualifikationen von Lehrpersonen in erlebnispädagogischen Lernprozessen (vgl. u. a. Gilsdorf 1995, S. 111; Volkert 1999, S. 437; Reuker 2017, S. 7)

Gruppenpädagogische Qualifikationen – Erlebnispädagogische Kompetenzen	
• Fähigkeit zu moderieren • Fähigkeit zu motivieren • Flexibilität im eigenen Handeln • Umgang mit Konflikten	*Gespräche sind so zu moderieren, dass möglichst viele Schülerinnen und Schüler involviert sind und ermutigt werden, eigene Standpunkte zu äußern und untereinander zu diskutieren. Die Lehrperson* • *hat mehr die Rolle eines gelegentlichen Impulsgebers* • *hat sehr geringe Gesprächsanteile* • *sollte ein Klima sowohl gegenseitiger Akzeptanz als auch Konfliktbereitschaft schaffen*
• Fähigkeit, offene Prozesse auszuhalten und begleiten zu können • Gelassenheit und Zurückhaltung, wenn manches nicht so läuft wie geplant • Aufmerksamkeit für ablaufende Prozesse • Einlassen auf Grenzerfahrungen und das rechtzeitige Erkennen von Grenzen	*Den Schülerinnen und Schülern soll ein wirklicher Freiraum gewährt werden. Zu viel Instruktion oder Intervention von Seiten der Lehrperson können sich auf einen selbstverantwortlichen Gruppenprozess schnell störend auswirken. Die Lehrperson* • *soll sich zurückhalten, Fehler zulassen und Fehlerhaftes aushalten können* • *soll den Prozess aufmerksam verfolgen und beobachten, um Auswertungen und Reflexionen erfolgreich zu strukturieren*
• die Bereitschaft zur Selbstreflexion und Selbstverantwortung • die Fähigkeit, im Team zu arbeiten	*Die Fähigkeit, sich selbst zu hinterfragen und realistisch-kritisch zu betrachten, sorgt für ein authentisches Verhalten gegenüber den Schülerinnen und Schülern.* *Damit sowohl ein fächerübergreifendes Lernen als auch Lernen an außerschulischen Lernorten angestrebt werden kann, erscheint es notwendig, dass die Lehrpersonen bei der Planung und z. T. auch bei der Durchführung im Team arbeiten.*

4 Erlebnispädagogische Projekte in Hochschule und Schule

Im Folgenden werden exemplarisch zwei erlebnispädagogische Projekte vorgestellt.

Studienprojekt „Erlebnispädagogik im Schulsport" an der Universität Wuppertal
In einem seit bereits 15 Jahren durchgeführten Studienprojekt am Institut für Sportwissenshaft der Bergischen Universität Wuppertal werden Studierenden Einblicke in erlebnispädagogische Konzepte und Arbeitsweisen gegeben, indem sie Grundlagen zur Begleitung von erlebnispädagogischen Aktivitäten erwerben und diese dann in Kooperation mit Partnerschulen in Projekttagen mit Schülerinnen und Schülern der 6. Klassenstufe in der Praxis erproben, umsetzen und reflektieren. In dem Studienprojekt wird ausdrücklich über das Erlernen technische Aspekte klassischer erlebnispädagogischer Methoden hinausgegangen und

im besonderen Maße auf die Besonderheiten und Möglichkeiten von Schule Bezug genommen. Das Studienprojekt verfolgt zwei Ziele:

- Die Studierenden sollen typische Merkmale erlebnispädagogischen Arbeitens nicht nur in der Theorie lernen, sondern auch im Rahmen schulpraktischer Angebote (Gestaltung von Projekttagen) umsetzen und sowohl aus der Sicht der Teilnehmenden als auch der Anleitenden Erfahrungen sammeln. Dabei werden die Studierenden für kommunikative Prozesse in Gruppen sensibilisiert, erweitern ihre Reflexionskompetenzen und gewinnen Erfahrungen in einer vielseitigen und variablen Klassenraum-, Schulhof- Sporthallen- und Outdoor-Nutzung.
- Bei den Schülerinnen und Schülern sollen Fähigkeiten im Bereich der Kommunikation und Kooperation entwickelt und damit ihre Persönlichkeitsentwicklung und ein gemeinschaftliches, eigenverantwortliches Handeln gefördert werden. Unter Einbindung der Klassenlehrerinnen und Klassenlehrer in begleitender Funktion verlassen die Schülerinnen und Schüler im Klassenverband den Lernort Klassenraum und bekommen von den Studierenden Möglichkeiten aufgezeigt, innerhalb von verschieden gestalteten Tagesprogrammen in der Umgebung Wuppertals neue Erfahrungen im Umgang mit sich selbst, mit Mitschülerinnen und Mitschülern und mit der Natur zu machen.

Die in diesem Projekt praktizierte Kooperation zwischen Schule und Hochschule, hat sich über die Jahre hinaus als nutzbringendes und fruchtbares Erfahrungs- und Anwendungsfeld sowohl für die Schülerinnen und Schüler als auch für die Studierenden bewährt (vgl. Bartmann 2010; Fritschen et al. 2018).

Das schulische Angebot der „Herausforderung"
Seit knapp 15 Jahren gibt es an deutschen Schulen die Idee „Herausforderung". Die beteiligten Schulen bieten ihren Schülerinnen und Schülern der Klassenstufe sieben bis zehn die Möglichkeit, sich für ein bis drei Wochen einer eigenständig gewählten außerschulischen Herausforderung zu stellen. Dabei handelt es sich vorwiegend um sportliche Aktivitäten (Mehrtageswanderung, Radtour u. a.), die in der Gruppe selbst gestaltet und verantwortet werden müssen und von erwachsenen Betreuerinnen und Betreuern in zurückhaltender Rolle begleitet werden (vgl. Rürup 2018).

Wie bereits angedeutet, hat diese Projektidee viele Berührungspunkte zur Erlebnispädagogik. Schülerinnen und Schüler sollen lernen, selbst Verantwortung zu übernehmen, indem sie in Kleingruppen einmal im Jahr auf große Reise gehen und diese eigenständig planen und durchführen. Die selbst gewählte Reise stellt eine Herausforderung mit reellen Erfahrungen mit Ernstcharakter dar und kann Rückschläge bis zum Scheitern beinhalten. Wenn z. B. auf der Fahrradtour von Solingen nach Amsterdam die vorgesehene Unterkunft plötzlich geschlossen hat, wenn auf der Wanderung entlang des Rheinsteigs die Blasen an den Füssen schmerzen und man sich über den richtigen Weg nicht einig wird, dann sind Durchhaltewillen und Frustrationstoleranz gefragt (vgl. Ropertz 2019; Kugel 2020).

Die Teilnehmenden müssen sich auf ein Programm einigen (Perspektivübernahme), nicht plötzlich etwas anderes machen (Beharrlichkeit) und dürfen sich nicht ärgern, wenn jemand anderes schneller oder vorher eine Idee hatte (Frustrationstoleranz). Diese Erlebnisse und Erfahrungen verlangen Fähigkeiten wie Selbstkontrolle und Gewissenhaftigkeit, aber auch Empathie und Kommunikationskompetenz und decken sich mit der Vielzahl an Fähigkeiten, welche den Schülerinnen und Schülern bei erlebnispädagogischen Lernarrangements abverlangt werden.

Motivation und Selbstdisziplin haben einen großen Einfluss auf das Gelingen oder Misslingen des Unternehmens und damit auch auf den Lernerfolg. Letzten Endes geht es auch hier darum, die Fähigkeit zum selbständigen Lernen zu entwickeln. Unter Bezugnahme auf den Bildungsforscher Ulrich Trautwein geht Spiewak (2021) auf die Unterscheidung zwischen äußerer und innerer Ordnung ein und erläutert damit das Besondere an dem Herausforderungs-Projekt. Die äußere Ordnung – gekennzeichnet durch Stundenpläne, Sitzordnungen, Anweisungen, Korrekturen, Kontrolle und Aufsicht der Lehrpersonen – gibt einen gewissen Halt, gibt Sicherheit, verlangt aber weder Eigenverantwortung noch Selbständigkeit. Wenn diese äußere Ordnung fehlt, bedarf es mehr einer inneren Ordnung – gekennzeichnet durch Persönlichkeitseigenschaften wie z. B. Selbstregulation, Gewissenhaftigkeit, Beharrlichkeit, Willensstärke, Durchhaltevermögen und Anstrengungsbereitschaft. Die innere Ordnung erfordert somit mehr Eigenverantwortung und Eigenständigkeit. Gefragt wird die Fähigkeit, vorausschauend zu planen und die Entschlossenheit und Tatkraft, den Plan auch durchzuziehen. Je weniger die äußere Ordnung ausgeprägt ist, desto mehr kommt es auf die innere Ordnung an, und genau dies passiert bei der Idee „Herausforderung" an Schulen. Vergleichbar mit den erlebnispädagogischen Lernarrangements wird den Schülerinnen und Schülern Raum gegeben für eigene Erfahrungen, für Erfolge, Fehlschläge und Konflikte mit anderen. Man traut ihnen zu, eigene Lösungen zu finden und dabei untereinander über Wut, Enttäuschung oder auch Freude und Erfolg zu sprechen, also selbständig zu reflektieren. Vergleichbar mit erlebnispädagogischen Aktivitäten benötigt dieser Prozess Zeit, Präsenz und Geduld.

Ganz ohne eine Betreuung von außen geht das allerdings nicht. Allein aus Sicherheitsgründen begleiten Lehrkräfte der Schule oder von der Schule ausgewählte und qualifizierte erwachsene Betreuerinnen und Betreuer die „Herausforderungs-Reise". Auch für diese gilt die Weisung, sich zurückzuhalten, Fehler zuzulassen und Fehlerhaftes aushalten zu können. Sie haben die Aufgabe, den Prozess aufmerksam zu verfolgen und zu beobachten, um bei Bedarf Reflexionen erfolgreich strukturieren zu können. Ebenso wie bei der Begleitung erlebnispädagogischer Problemlösungs- und Initiativaufgaben ist es nicht immer leicht, der Selbstverantwortung und Eigentätigkeit der Teilnehmenden ausreichend Platz zu geben, und ggf. begleitende Reflexionsphasen anzubieten. Dies zeigen folgende, aus dem Feldtagebuch entnommenen Kommentare zweier studentischer Begleiter einer „Herausforderungs-Reise" (Kugel 2020, S. 161 bzw. 181): *„Wir haben uns vorgenommen, ab jetzt in solchen Situationen nicht mehr einzugreifen"* ... *„Gerade in solchen Situationen ist es eine große Herausforderung für uns, den Heranwachsenden die Entscheidungen zu überlassen und nicht einzugreifen".*

5 Fazit

Zusammenfassend lässt sich festhalten, dass die Erlebnispädagogik ein nützlicher Baustein in einer modernen pädagogischen Konzeption von Schulen sein kann und es sich lohnt, erlebnispädagogische Programme für die Schule zu entwickeln und zu erproben. Erlebnispädagogische Konzepte und Aktivitäten können ein pädagogisches Potenzial entfalten, das sowohl außerunterrichtlich als auch im Unterricht der Schule genutzt werden kann, wenn

- in den Schulen personelle wie organisatorische Rahmenbedingungen so gestaltet werden, dass ein erlebnispädagogisches Arbeiten auch zielbringend ermöglicht werden kann und Lehrpersonen unterstützt werden, wenn diese unter den gegebenen schulischen Bedingungen vorhandene Freiräume nutzen und erweitern wollen.
- es den Schulen gelingt, sich auf mehr inhaltliche Freiheit und eine größere zeitliche Flexibilität einzulassen und sie bereit sind, sich aktiv an der Suche nach neuen kooperativen und ideenreichen Arbeitsformen und Herausforderungen zu beteiligen, indem sie sich um weitergehende schulische Innovationen und Entwicklungen bemühen.
- es den Lehrenden gelingt, sich mit wachsenden Entscheidungsfreiräumen und zunehmender Entscheidungsteilhabe der Lerngruppen mehr und mehr zurückzuziehen und die Lerngruppen mit Geduld und Verständnis zu unterstützen.
- es den Schülerinnen und Schülern gelingt, die Möglichkeiten zur Selbstverantwortung und Eigentätigkeit auch wirklich zu nutzen.
- sowohl die Schülerinnen und Schüler als auch die Lehrenden bereit sind, sich auf die Ungewissheit der ablaufenden Prozesse einzulassen und die Instrumente der unterstützenden Prozessbegleitung anzuwenden.

Eigene Erfahrungen zeigen auf, dass die Erfahrungsebene schulischen Lernens damit bereichert und vertieft werden kann und treiben dazu an, diese pädagogische Chance weiter zu nutzen und auszubauen. Wichtig dabei erscheint immer, dass erlebnispädagogische Aufgaben gezielt ausgewählt und vorbereitet werden und die notwendige Zeit für unterschiedliche Lösungswege und deren Aufarbeitung zur Verfügung stehen muss.

Literatur

Au, Jakob von/Gade, Uta (2016): „Raus aus dem Klassenzimmer": Outdoor Education als Unterrichtskonzept. Weinheim und Basel: Beltz Juventa.

Bartmann, J. (2010): Auswirkungen und Nachhaltigkeit einer erlebnispädagogischen Woche an einer Gesamtschule. Unveröffentlichte Staatsexamensarbeit. Wuppertal: Bergische Universität.

Brüning, Ludger/Saum, Tobias (2009): Erfolgreich Unterrichten durch Kooperatives Lernen 1. Strategien zur Schülerinnen- und Schüleraktivierung. Erfolgreich Unterrichten durch Kooperatives Lernen 2. Neue Strategien zur Schülerinnen- und Schüleraktivierung. Individualisierung – Leistungsbeurteilung – Schulentwicklung. Essen: NDS.

Fritschen, Michael/Kleine, Torsten/Wastl, Peter (2018): Kohärenz in Studienprojekten sportwissenschaftlicher Teildisziplinen? In: Balz, Eckart/Kuhlmann, Detlef (Hrsg.): Sportwissenschaft in pädagogischem Interesse. Hamburg: Czwalina, S. 131-133.

Gilsdorf, Rüdiger (1995): Erlebnispädagogik auf dem Weg zurück in die Schule. In Homfeldt, Hans G. (Hrsg.): Erlebnispädagogik – Geschichtliches, Räume und Adressat(inn)en, erziehungswissenschaftliche Facetten, Kritisches. 2. Auflage. Baltmannsweiler: Schneider Hohengehren, S. 101-113.

Gilsdorf, Rüdiger/Kistner, Günter (2000), (2001), (2013): Kooperative Abenteuerspiele 1, 2 u. 3 – Praxishilfe für Schule, Jugendarbeit und Erwachsenenbildung. Seelze-Velber: Kallmeyersche Verlagsbuchhandlung.

Gilsdorf, Rüdiger/Volkert, Kathi (Hrsg.) (1999): Abenteuer Schule. Augsburg: ZIEL.

Heckmair, Bernd/Michl, Werner (2018): Erleben und Lernen – Einführung in die Erlebnispädagogik. 8. Auflage. München: Reinhard.

Kugel, S. (2020): Projektidee „Herausforderungen an deutschen Schulen" – Analyse von zwei Projektdurchläufen an einer Gesamtschule. Abschlussarbeit Master of Education. Wuppertal: Bergische Universität.

Laux, Hermann/Maier, M. (Hrsg.) (1999): Erlebnispädagogik in der Grundschule: Mit praktischen Beispielen. Landau: Knecht.

Michl, Werner (2020): Erlebnispädagogik. 4. Auflage. München: Reinhardt.

Minkner, Klaus (2014): Erlebnispädagogik im Klassenzimmer: Praktische Übungen zur Wissensvermittlung. Augsburg: ZIEL.

Priest, Simon/Gass, Michael (1999): Techniken der unterstützenden Prozessbegleitung. In Schödlbauer, C./Paffrath, f. H./Michl, Werner (Hrsg.): Metaphern – Schnellstraßen, Saumpfade und Sackgassen des Lernens. Augsburg: ZIEL, S. 218-231.

Reiners, Annette (1995): Erlebnis und Pädagogik – Praktische Erlebnispädagogik (Ziele, Didaktik, Methodik, Wirkungen). München: Sandmann.

Reiners, Annette (2000): Praktische Erlebnispädagogik – Neue Sammlung motivierender Interaktionsspiele. 5. Auflage. Augsburg: ZIEL.

Reuker, Sabine (2017): Erlebnispädagogik – Möglichkeiten erlebnispädagogischer Bewegungsaktivitäten im Schulsport. In: Sportpädagogik, H. 1, S. 2-7.

Ropertz, J. (2019): Evaluation der innovativen Projektidee „Herausforderungen" an deutschen Schulen am Beispiel der Gesamtschule Solingen Höhscheid. Abschlussarbeit Master of Education. Wuppertal: Bergische Universität.

Rürup, Matthias (2018): Projekt Herausforderung – Eine innovative Idee macht Schule. Das Deutsche Schulportal. https://deutsches-schulportal.de/stimmen/projekt-herausforderung-eine-innovative-idee-macht-schule. Zugriff am 17.05.2021.

Schad, Niko (1993): Erleben und miteinander lernen – Reflexionsmodelle in der Erlebnispädagogik. In: Erleben & Lernen, H. 2 u. 3, S. 49-53.

Spiewak, Martin (2021): Haltet durch! In: Die Zeit, H. 11 (11. März 2021), S. 27-28.

Volkert, Kathi (1999): Die Schule neu denken – ein perspektivisches Nachwort. In Gilsdorf, Rüdiger/ Volkert, Kathi (Hrsg.): Abenteuer Schule. Augsburg: ZIEL.

Wastl, Peter (2000): Erlebnispädagogik im Sport. Grundsätzliche Anmerkungen zur Stellung der Erlebnispädagogik im Sport. In Rösch, Heinz-Egon/Yaldai, Sarkhadun (Hrsg.), Akzente des Sports. 20 Jahre Institut für Sportwissenschaft (Düsseldorfer Sportwissenschaftliche Studien Heft 13). Düsseldorf: Heinrich-Heine-Universität. S. 128-154.

Dr. Peter Wastl war bis zum Jahr 2020 Dozent und wiss. Mitarbeiter am Institut für Sportwissenschaft der Bergischen Universität Wuppertal. Seine Arbeits- und Forschungsschwerpunkte liegen in der Trainings- und Bewegungswissenschaft sowie in der Erlebnispädagogik und in ausgewählten Sportarten und Bewegungsbereichen (Leichtathletik, Fitnesssport, Schneesport). Darüber hinaus ist er seit vielen Jahren in unterschiedlichsten Fachverbänden und -vereinigungen (u. a. Deutsche Vereinigung für Sportwissenschaft, Deutscher Leichtathletik-Verband, Landessportbund NRW) tätig und Autor zahlreicher Publikationen. Kontakt: wastl@uni-wuppertal.de

5 Immer noch auf der Suche nach der zeitgemäßen Jugendschule?

Montessoris Erdkinderplan – ein Arbeits- und Studienplan

Gudula Meisterjahn-Knebel

1 Einleitung

Der Erziehungs- und Bildungsansatz der Montessori-Pädagogik wird weltweit oft mit Enthusiasmus aufgegriffen, zu oft jedoch auf die frühe Kindheit beschränkt. Vielen ist unbekannt, dass Maria Montessori eine entwicklungspädagogische Konzeption entwickelte, die alle Lebensalter umfasst und die sich konsequent an den anthropologischen Bedürfnissen dieser Lebensalter orientiert. So auch ihr Ansatz einer Jugendschule, über den sie seit 1919 nachdachte.

Vielfältig ist mittlerweile das, was sich seit 1930 unter dem Namen „Montessori-Pädagogik in der Sekundarstufe" oder auch „Maria Montessoris Erdkinderplan und die Erziehung der 12-18-Jährigen" weltweit entwickelte. Damals wurde in Amsterdam das erste Montessori-Lyceum mit „voortgezet montessori oderwijs" (Calff 1980, S. 9) gegründet. Meine Recherche ergab bereits für 2012 rund 100 Schulen im Sekundarbereich in Deutschland, die (unterschiedlich stringent) nach dem Montessori-Konzept arbeiten (vgl. Meisterjahn-Knebel/Eck 2012, S. 83, vgl. auch Meisterjahn-Knebel 2018, S. 280 ff.).

2 Die Schule für Jugendliche

Montessori hat ihr Konzept einer Jugendschule „Das Erdkind" (auch „Piano Erdkinder") genannt (französisch „l'enfant à la terre", zum Ursprung des Begriffs vgl. Montessori 2015, GW Bd. 14, S. 91, Anm. 39, S. 98 ff.; Montessori 2013, GW Bd. 15, S. 199 ff.). Die umfassendste Darstellung liegt in der französischen Übersetzung englischer Vorträge Montessoris von G. J.-J. Bernard mit dem Titel „De l'Enfant à l'Adolescence" (1948) vor.

Unbestritten und direkt herleitbar ist die nahe Verbindung zu den Landerziehungsheimen, die zu ihrer Zeit bereits existieren – hier vor allem Hermann Lietz und Paul Geheeb, dem Gründer der Odenwaldschule und der École d'Humanité in der Schweiz (vgl. Meisterjahn-Knebel 1995, S. 90-95 und 2003, S. 60 ff.).

Bereits 1889 wird mit der Gründung der New School of Abbotsholme durch Cecil Reddie 1889 die neue Schule für Jugendliche als ein familienähnliches Internat auf dem Lande gesehen. Im Mittelpunkt der intellektuellen Erziehung stand die eigene Erfahrung des Heranwachsenden mit Hilfe von Werksarbeiten. Diese wurden ergänzt durch eine Schülerselbstverwaltung als Basis der moralischen Erziehung. All das sind Forderungen, die auch im Erdkinderplan zu finden sind (vgl. Lischewski/Fengler 2018, S. 229 ff.), Montessori entwickelt die Ideen aber weiter.

Dieser Erdkinderplan ist kein fertiges Konzept, er bietet vielmehr zahlreiche Anregungen für die Organisation einer Jugendschule. Montessori legt diesen Plan in zwei Teilen vor (vgl. Montessori 1966, S. 91-121): Im ersten Teil erfolgen zunächst eher allgemeine Überlegungen hinsichtlich des Zustands der Gesellschaft und ihrem Umgang mit Jugendlichen im Regelschulsystem. Im zweiten Teil folgt ein ausführlicher Studien- und Arbeitsplan. Ausgehend von anthropologischen Überlegungen zu den *Sensibilitäten des Jugendalters* und der kritischen Auseinandersetzung mit dem herkömmlichen Schul- und Erziehungssystem leitet Montessori ihre Forderung nach einer Schulreform aus der Tatsache einer gesellschaftlichen Krise ab. Diese Krise sieht sie im Bezug zum unaufhaltbaren technischen Fortschritt, realisiert durch die Wissenschaft und ihre oft fehlenden praktischen Folgen. Montessori betont an dieser Stelle die Diskrepanz, die zwischen der Entwicklung des Menschen und der äußeren Welt besteht, deren Gang bzw. Geschwindigkeit er nicht folgen kann, vor allem nicht im Hinblick auf die Entwicklung der Schulen. Konkret formuliert sie das 1949 so: „Die Schulen, so wie sie heute sind, sind weder den Bedürfnissen des jungen Menschen noch denen unserer jetzigen Epoche angepasst" (ebd., S. 91). Für Montessori ist dabei klar, dass eine Schulreform allein nicht alle gesellschaftlichen Probleme lösen kann. Dennoch liefert sie einen praktischen Beitrag zur Schulreform, insbesondere für die Schule des Jugendlichen, der diese schließlich als Erwachsener verlässt.

Konsequent fordert sie dabei auch Reformen bezüglich eines angemesseneren Umgangs mit den Heranwachsenden. Ihr Denken in Entwicklungsphasen lässt sie eine ganz andere Schule für den Jugendlichen konzipieren. Die ersten zwölf Lebensjahre stellen in der Bewertung Montessoris einen geschlossenen Zyklus dar, zusammenfassend als „Bildung der Individualität" charakterisiert. Es folgt mit dem Jugendalter ein qualitativ anderer Entwicklungs- und Bildungsprozess, an dessen Ende sie eine radikale Umwandlung der Person sowohl auf physischer als auch psychischer Ebene sieht. Sie beschreibt diese Zeit als eine der generellen Verunsicherung, vor allem in der ersten Hälfte dieser Entwicklungsphase. Daher auch die Unterteilung dieser Phase in zwei Teile:

- 11 bis 14/15 Jahre: Dominanz biologischer Prozesse,
- 15 bis 18 Jahre: psychosoziale Pubertät.

Die schulischen Angebote für die Jugendlichen unterscheiden sich je nach Entwicklungsabschnitt, im ersten ein Aufenthalt außerhalb der Schule auf dem Land, danach die Rückkehr zu formalen Studien (vgl. Montessori 2015, GW 14, S. 87 ff. – Entsprechung von Entwicklungsbedürfnis und Bildungsangebot).

Ihrer Lehre der sensiblen Phasen folgend fordert Montessori für den Jugendlichen Schutz und Orientierung, aber auch den Perspektivwechsel hin zu Arbeit und Leben des Menschen. Sein Bedürfnis, in sozialen Beziehungen zu leben, sozial verantwortlich zu handeln und als unabhängiges Wesen zusammen mit anderen zu leben, müsse unterstützt werden. Nur auf diese Weise entwickelt sich Selbstvertrauen als Erfahrung durch Selbsttätigkeit.

Es geht um nichts weniger, als dass der Adoleszent ein soziales Wesen wird, der das Gefühl für Gerechtigkeit und persönliche Würde entwickelt. Diese gravierenden Veränderungen bezeichnet Montessori als Geburt zu einem anderen Leben, zu einem sozial Neugeborenen (vgl. Montessori 1979, S. 98; vgl. auch Rousseau 1965 im 4. Buch des Émile, S. 438). Die logische Konsequenz für sie ist: Die radikale Wandlung der Person bedarf einer radikalen Wandlung seiner Erziehung. Und da für sie der Erwachsene das größte Hindernis für die Entwicklung des Kindes darstellt (vgl. Montessori 1985, S. 7 ff.), ist für sie auch nur konsequent, für den Heranwachsenden eine Erziehung fern von den Eltern zu fordern.

3   Der Erdkinderplan – eine Erfahrungsschule des sozialen Lebens

Montessori konzipiert *ein Studien- und Arbeitszentrum* und denkt bei der Institutionalisierung einer solchen Erziehungsvorstellung an ein *individuell unabhängiges Leben des Jugendlichen auf dem Land* in einer *von der Gesellschaft geschaffenen Umgebung* (vorbereitete Umgebung), die ihnen grundlegende Situationen sozialer Erfahrungen bietet. In diesem Kontext spricht sie also von den Erdkindern, den „Enfants Champêtres", die von den Ursprüngen her in die Kultur eindringen. Dazu gehören drei von den Jugendlichen eigenverantwortlich geführte Einrichtungen: Bauernhof, Gasthaus, Geschäft. Diese drei Einrichtungen haben jeweils unterschiedliche Erfahrungsschwerpunkte:

- der Bauernhof mit Produktion und Austausch,
- das Gasthaus als familiäres Haus und gleichzeitig mit unternehmerischen Strukturen, in dem sie selber leben und andere beherbergen, Wohn-Hotel (l'habitation-hotel) genannt, und
- das Geschäft als soziales Haus mit der Möglichkeit Handel zu treiben.

Montessori sieht einen sehr hohen Wert darin, dass sich der Jugendliche Teile seines *Lebensunterhaltes verdienen* kann. Es ist die Rede von der Arbeit auf dem Land mit der Möglichkeit, Geld einzunehmen, um eine erste Vorstellung von wirtschaftlicher Unabhängigkeit zu gewinnen und damit das Ermöglichen des besonderen sozialen Empfindens, die Produktion und der Gewinn mit sich bringen. In diesem Kontext stellt sie den Bezug zu den Übungen des praktischen Lebens im Kinderhaus her, die auch dort schon den Kindern die Erfahrung „einer wahrhaften Explosion von Unabhängigkeit betreffs jeder unnützen Hilfe" (Montessori 1966, S. 102) seitens des Erwachsenen und als Folge die so wichtige Erfahrung des Selbstwertgefühls beschert. Nicht zuletzt findet sich auch im Erdkinderplan (!) genau an dieser Stelle ebenfalls ihr berühmt gewordenes Zitat: „Hilf mir, es ganz allein zu machen!" (ebd.)

Konsequenterweise fordert sie in ihren Überlegungen zur praktischen Umsetzung eines solchen Schulmodells, den Jugendlichen eine Erfahrungsschule des sozialen Lebens (École experimentale de vie sociale – Montessori 1966, S. 99) anzubieten. Damit hofft sie, dem Anspruch zu genügen, das Besondere des Lebensalters Jugend in den Blick zu nehmen, das, was sie mit dem Bereich des Sozialbezugs und der Sozialverpflichtung des Jugendlichen charakterisiert: die Anwendung individueller Aktivität auf das soziale Leben. Darin besteht für Montessori das Erziehungsziel der weiterführenden Schule, ist doch der Jugendliche auf der Suche nach seiner Position in der menschlichen Gesellschaft. Es geht um die Vermittlung der Realität des Lebens, um die Ermöglichung der Persönlichkeitsentwicklung und um Gelegenheiten sozialer Erfahrungen – ein umfassender ganzheitlicher Bildungsansatz: „Jetzt beginnt der Moment der gesellschaftlichen Bildung […]" (Montessori 1973, S. 62). Die Bedingungen der Welt, in der die Jugendlichen leben, müssen offengelegt werden, so die Forderung Montessoris, und: „Man muss ihnen also die Möglichkeit zu einem praktischen Leben geben, zum Studium und zu intellektuellen und handwerklichen Übungen" (ebd., S. 63). Damit sind die Elemente des sog. Erdkinderplans beschrieben. Drei große Bereiche kennzeichnen das Curriculum der Sekundarstufe:

- Sozialverhalten im Hinblick auf eine funktionierende Gemeinschaft,
- handwerkliche praktische Erfahrungen und
- der klassische Bereich der Bildung durch intellektuelle Studien.

Für Montessori sind die drei Einrichtungen Bauernhof, Geschäft und Gasthaus typisierte soziale Erfahrungsfelder, die in Entsprechung zu den von ihr herausgearbeiteten Bedürfnissen des Jugendlichen (Sensibilitäten) einen wesentlichen Teil der vorbereiteten Umgebung einer Erfahrungsschule des sozialen Lebens ausmachen. Es ist der eher praktische Teil ihres Erziehungsplans, die physische Realität, die körperliche und handwerkliche Ziele verfolgt.

4 Studien- und Arbeitsplan

Ergänzung findet dieser Bereich durch den von ihr im Detail entwickelten Studien- und Arbeitsplan (vgl. Montessori 1966, S. 107-118) – unter Betonung ihrer beiden Prinzipien „Arbeit" und „Studien", die die Willenskraft von Kindern und Jugendlichen ohne Unterlass stärken. Innerhalb ihres sehr weit gefassten Rahmenplans folgen Erläuterungen zur moralischen Pflege, Leibespflege und ihrem „Programm".

1. *Moralische Pflege*: Gemeint ist damit die *Ausbildung der Beziehungen* zwischen den Jugendlichen, ihren Lehrern und der Umgebung, die Gesamtheit der Grundsätze und Werte des täglichen Miteinanders betreffend. Besondere Anforderungen stellt Montessori vor allem an den Lehrer, den sie auffordert, Achtung vor dem Jugendlichen zu haben, ihm Handlungsspielraum und Freiheit zur Eigeninitiative zu gewähren, damit dessen Würde unangetastet bleibt.
2. *Die Leibespflege*: Als Medizinerin schenkt Montessori der Leibespflege besondere Aufmerksamkeit, macht doch der jugendliche Körper während der Pubertät enorme Reifungs- und Entwicklungsprozesse durch. Wegen der starken körperlichen Wachstumsvorgänge fordert sie eine medizinische Überwachung des Jugendlichen. Besondere Aufmerksamkeit, so denkt sie, verdiene seine Ernährung. Des Weiteren fordert sie ein Leben in freier Luft, damit meint sie Wanderungen am Meer oder im Wald und sportliche Betätigungen. Ein umfangreiches Sportangebot ist für Jugendliche essentiell.
3. *Programm und Methoden*: Hierin zeigt sich der Kern dessen, was man landläufig unter den Inhalten schulischer Erziehung und Bildung versteht, der „Lehrplan" der Erfahrungsschule des sozialen Lebens. Dieser enthält Möglichkeiten großer Flexibilisierung. Dabei beeinflussen die Standorte der einzelnen Jugendschulen eben auch das Rahmenprogramm. Sie spricht von Ausweitung der Wissensgebiete und negiert jede Form von Spezialisierung. Stattdessen fordert sie die Fähigkeit zur Anpassung angesichts des Tempos gesellschaftlicher Entwicklung. Die Art und Weise des Umgangs mit Wissensgebieten ist für sie entscheidend. Darüber hinaus weist sie auf die Abwechslung der Beschäftigungen hin.

Montessori verfolgt mit den Studien drei Ziele:

„*1. Den Weg zu den Möglichkeiten eines persönlichen Ausdruckes des Jugendlichen* öffnen, [...] *die Entwicklung seiner inneren Personalität erleichtern*" (ebd., S. 112). Angesprochen wird hier die Rolle des kreativen Selbstausdrucks in der Adoleszenz, einer Zeit der Selbstzweifel und fehlenden Entschlussfreudigkeit.

Dem dienen Übungen künstlerischer Natur in freier Wahl, sowohl was die Art der Übung betrifft als auch den Zeitpunkt ihrer Vollendung. Möglich sind Gruppenarbeiten und Einzelarbeiten aus dem Bereich der *Musik* (Aufführung von Werken, Komponistenstudium, Chorgesang, Instrumentenkunde, Musical), der *Sprache* (hier auch Theaterspielen, Rhetorik, Lyrik, lautes Lesen, Vortrag) und *bildnerische Arbeiten* mit unterschiedlichsten Materialien (Kunst als Selbstausdruck). Es ist ein echter Selbst-Aufbauprozess, der gleichzeitig in seiner Wirkung nach außen gerichtet ist, indem man lernt, sich dem anderen mitzuteilen.

„2. *Auf das antworten, was wir als die schöpferischen Elemente des psychischen Seins beim Menschen allgemein betrachten.*" (ebd., S. 113) Montessori meint damit die psychische Entwicklung und will mit Hilfe der *moralischen Erziehung*, der *Mathematik* und der *Sprachen* den Aufbau der Personalität durch Bildung erleichtern. Auch hier dominiert ein Entwicklungsmoment, Psyche verstanden als Geist, als Lebensgeist, eine intrinsische Kraft, die formt.

- *Moralische Erziehung* kann mit Hilfe einer Religion geschehen, aber auch einfach nur den Aufbau einer moralischen Struktur meinen, die Orientierung in der Welt gibt.
- *Mathematik* hält sie für bedingungslos notwendig, den menschlichen Geist für einen mathematischen Geist, um den Fortschritt unserer Epoche zu begreifen und um daran teilzunehmen.
- Die *Sprachen* bzw. die Sprachentwicklung sind für sie Teil der Persönlichkeit selbst als Mittel der Verständigung. Unabdingbar ist für sie, mehrere (lebende) Sprachen zu beherrschen.

Montessoris feste Überzeugung ist: Weil Menschen soziale Wesen sind, brauchen sie (lebende) Sprachen um zu kommunizieren, die Mathematik, um zu denken und eine moralische Struktur, damit zwischenmenschliches Zusammenleben interkulturell funktioniert.

„3. *Den Jugendlichen mit der augenblicklichen Kultur in Beziehung setzen, indem man ihm eine umfassende Bildung vermittelt, und ebenfalls mit dem Mittel der Erfahrung*" (ebd., S. 114). Dazu macht Montessori umfassende Ausführungen. Darunter fallen:

a) das *Studium der Erde und der lebendigen Natur* mit Hilfe der Geologie, Biologie, Kosmographie, Botanik, Zoologie, Physiologie, Astronomie, vergleichende Anatomie;

b) *Studien, die sich auf den menschlichen Fortschritt und auf den Aufbau menschlicher Gesellschaften durch die Physik und Chemie* etc. beziehen, sowie das Verhältnis des Menschen zur Umwelt. In diesem Bereich müssen die Heranwachsenden die Möglichkeit zu praktischen Experimenten sowie die Handhabung von Maschinen (Technik) erhalten, die das tägliche Leben bestimmen und die wiederum zu eigener Forschung veranlassen.

c) das Studium der *Geschichte der Menschheit*, deren Kenntnis so umfassend wie möglich sein soll: Wissen von den natürlichen Grundlagen des Lebens auf der Erde als auch von menschlichem Fortschritt. Basis der Arbeit ist eine spezialisierte Bibliothek. Für den Jugendlichen hält Montessori für besonders wertvoll die Behandlung der Entdeckungen und Erfindungen, die Geschichte der gesamten Menschheit sowie der drängenden zentralen Fragen unserer Zeit, ergänzt von speziellen Themen wie einer bestimmten Epoche oder Persönlichkeit.

Montessoris Studienplan orientiert sich immer am Leben: Ein Fach wird nicht wegen des Faches oder des Inhaltes an sich unterrichtet, sondern muss zum Schüler passen, ihm zur Vorbereitung auf sein Leben in der Gesellschaft dienen. In diesem Prinzip der konsequenten Individualisierung liegt sicherlich der größte Unterschied zu den herkömmlichen, staatlich vorgegebenen Kernlehrplänen, die in den Schulen durch übergeordnete Gremien ausdifferenziert werden, stets für größere Gruppen von Jugendlichen geltend, für die die Lehrperson etwas veranstaltet.

Deshalb führt Montessori zu den Arbeitsweisen (Methoden) aus: „Die besten Methoden sind diejenigen, die beim Schüler ein Maximum an Interesse hervorrufen" (Montessori 1966, S. 118). Die Betonung liegt auf der individuellen *freien* Wahl der Arbeit, der Selbsttätigkeit sowie der Abwechslung zwischen praktischen Erfahrungen (Experimenten, Exkursionen etc.) und Studien. Die erforderlichen Inhalte sollen den Jugendlichen in Form eines Plans überblickartig jederzeit vor Augen sein; der Plan (heute würde man wohl Advance Organizer sagen) ist eine strukturierte Orientierungshilfe, keine Verpflichtung in der Vorgehensweise.

An dieser Stelle gibt es auch einen Hinweis auf die Dauer der Schule der Landkinder, sie erstreckt sich auf die gesamte Periode der Pubertät bis zum Alter von 18 Jahren, wobei Montessori den Hinweis gibt, in der Zeit von 16 bis 18 Jahren die Unterstützung zu geben, damit Abschlüsse sowie der Zugang zur Universität erreichbar werden. Die Zeit der praktischen Tätigkeiten liegt davor – schwerpunktmäßig im Alter von 12 bis 14/15 Jahre. Für Montessori ist klar, dass eine solche Jugendschule *allen* Kindern, die die Grundschule besucht haben, offensteht – ein klarer Hinweis auf Inklusion oder eine Schule für alle Kinder (ebd., S. 119).

An gleicher Stelle finden sich Hinweise auf die Pflichten der Erwachsenen, die mit den Jugendlichen auf dem Land arbeiten. Sie wohnen dort, nehmen Teile der Aufgaben wahr, verfügen über die erforderlichen Lehrerexamina bzw. decken mit ihren Berufsausbildungen die notwendigen Qualifikationen für die praktischen Arbeiten ab. Darüber hinaus wünscht sich Montessori von den Lehrern einen offenen Geist und meint damit, grundsätzlich bereit zu sein, selbst Neues dazu zu lernen. Eine Verpflichtung der Mitarbeiter auf die Methoden des Hauses ist Bedingung, damit diese Schule für Jugendliche wirksam werden kann. Die Anzahl Erwachsener soll überschaubar bleiben.

Im Hinblick auf die Umsetzung der von ihr genannten Einrichtungen Bauernhof, Gasthaus und Geschäft geht sie davon aus, dass sowohl Erwachsene als auch Jugendliche diese nach und nach entwickeln, u. a. durch die Beteiligung an einem bereits bestehenden Bauernhof: „So kann z. B. ein moderner Bauernhof, der dort bereits besteht, oder ein Garten, in dem man Blumen züchtet, die Schüler nach und nach anwerben. Es genügt ein Übereinkommen zwischen der Schule und den benachbarten Einrichtungen" (ebd., S. 120 ff.). Am Ende dieser Periode sieht sie eine Art Examen, das sie allerdings hinsichtlich der Inhalte und Methoden wenig konkretisiert.

5 Weiterführende Überlegungen – Montessoris Jugendschule und ihr Beitrag zur Entwicklung unseres Schulsystems

In den 1960er Jahren gab es in Deutschland eine große Aufbruchsstimmung hinsichtlich einer grundsätzlichen Veränderung des Schulsystems (als Teil einer allgemein angestrebten gesellschaftlichen Veränderung). Das Versagen des öffentlichen Bildungssystems wurde gnadenlos seziert (vgl. z. B. Roth 1961; Jencks 1973; Rumpf 1986; Sochatzy 1988). Entschulungsdebatten nach Ivan Illich machten die Runde, die Befreiungspädagogik von P. Freire, die Diskussion um antiautoritäre Erziehung nach A. S. Neill (Summerhill) und die Ideen von C. Freinet, M. Montessori, R. Steiner (Waldorf) u. v. m wurden wieder aufgegriffen – und die Gesamtschulen entwickelt. Viele Menschen glaubten an die gesellschaftsverändernde Kraft der Erziehung und daran, dass soziale Bildungsungerechtigkeiten überwunden werden können. Vor allem wurden das Kind und seine Rechte wieder in den Mittelpunkt der Betrachtung gerückt. Die Berufsgruppe der Lehrer war ein wichtiger Teil dieser Bewegung.

Diese Aufbruchsstimmung ist heute weitestgehend – das heißt mit Ausnahme einzelner besonderer Schulen, Projekte und Initiativen – abhandengekommen. Stattdessen ist der Versuch, Bildung zu standardisieren und messbar werden zu lassen, Bestandteil des schulischen Alltags, er steht der Vorstellung eines auf das Individuum bezogenen Bildungs*prozesses*, der sorgsam vom Erwachsenen begleitet wird, im Wege. Schon seit rund 25 Jahren machen diverse empirische (auch internationale) Studien auf die Begrenztheit unseres derzeitigen Bildungssystems aufmerksam; je nach Bundesland wird die Überwindung dieser Grenzen gesellschaftlich und politisch durchaus angemahnt. Dabei fällt allerdings auf, dass sich viele Äußerungen im Abstand von 10 bis 15 Jahren z. T. wörtlich wiederholen, aber auf der politischen Seite noch niemand den Mut gefunden hat, unser System konsequent neu zu denken.

Ganz ohne Zweifel gibt Montessoris Entwurf einer Schule der Landkinder eine Vielfalt an Hinweisen für die Umsetzung einer an den Entwicklungsbedürfnissen Jugendlicher orientierten Schule, vor allem, wenn sie der Kernforderung

Montessoris folgen: Die Bedingungen der Welt, in der die Jugendlichen leben, müssen offengelegt werden. Die Forderung Montessoris nach einer Erfahrungsschule des sozialen Lebens für Jugendliche wird durch die Ergebnisse der modernen Jugendforschung hinreichend belegt. In einer solchen Institution bleibt die Schule als zentraler Ort des Lernens bestehen. Sie bietet die Grundqualifikationen für eine berufliche Ausbildung mit wirtschaftlichen Erfahrungen ebenso wie eine Orientierung in der Gesellschaft und entsprechende Studien. Sie steckt einen Rahmen für verantwortlich handelnde Bürger in einer Gemeinschaft, indem sie Jugendlichen Erfahrungsfelder unabhängig vom Erwachsenen möglich macht. Damit können sich Jugendliche in ihren Fähigkeiten beweisen, erhalten gesellschaftliche Anerkennung mit direkten Auswirkungen auf ihr Selbstwertgefühl.

6 Herausforderungen

Dem Heranwachsenden begegnen in einer solchen Schule unzählige Herausforderungen, denen er sich stellen muss. Sie sind zeitlich nicht begrenzt oder gar nur punktuell in eine ansonsten „normale" Schule eingebaut, sondern ergeben sich aus den zentralen didaktischen Prinzipien der Individualisierung und der Entsprechung von Entwicklungsalter (vgl. sensible Phasen) und didaktischem Angebot in der vorbereiteten Umgebung. Bestätigung erfahren die Jugendlichen aus der Bewältigung der Sachanforderung. Noten, Standardisierung des Lernens, zentrale Prüfungen haben in der echten Jugendschule keinen Platz. Stattdessen sind individuelle Prüfungsleistungen in Form von Examina (z. B. mündliche Prüfungen, aber auch Ausstellungen, besondere rhetorische Leistungen, Pressebeiträge), Jahresarbeiten und deren Präsentation in der Öffentlichkeit usw. Teil dieser Schule.

Maria Montessori gibt Jugendlichen in ihrem Piano Erdkinder sechs Jahre lang echte Verantwortung. Die Angebote dafür sind vielfältig und kontinuierlich, die Herausforderungen für Jugendliche und ihre erwachsenen Begleiter (Lehrer, Erzieher; Handwerker, Künstler, Eltern usf.) ebenfalls. Die Kernforderung Montessoris, den Jugendlichen eine Umgebung anzubieten, die sie als Leben auf dem Land, auf einem Bauernhof, einer Farm, in einer Jugendgesellschaft, in der Abwechslung von Studien und praktischer Tätigkeit sowie soziale Arbeiten altersadäquat herausfordert, wird im heutigen schulischen Alltag der weiterführenden Montessori-Schulen unterschiedlich umgesetzt. Das hängt z. T. mit einseitigen Auslegungen des Erdkinderplans zusammen. Zum Beispiel gibt es weiterführende Montessori-Schulen, die Versuche mit einem Hof, einem Stück Land, Hühner-, Enten-, Bienenhaltung usf. gemacht haben. Fehlt dabei die ergänzende sorgsame Arbeit von Erwachsenen, haben eigenständige „Farm Schools" kaum eine Chance, den Ansprüchen Montessoris an eine Jugendschule zu genügen. Die Haltung, den Verpflichtungen, die man gegenüber den Tieren und Pflanzen übernommen hat, beständig und verantwortungsvoll gerecht zu werden, sind dabei eine wahre

Herausforderung für die beteiligten Jugendlichen (vgl. z.B. die Interviews zur Montessori-Farmklasse Aulendiebach, in Eckert 2020, S. 191-201). Die direkte Verbindung zu der von Montessori geforderten längerfristigen (zwei bis drei Jahre) Unterbringung des Jugendlichen fern von den Eltern auf dem Land ist eine Notwendigkeit, die im 21. Jahrhundert selten stattfindet. So bleibt es national und international in der Regel bei den zeitlich befristeten „Projekten" auf dem Land mit zahlenmäßig begrenzten Schülergruppen, manchmal auch mit Übernachtung.

Ich halte es für einen Fehler, den Farm-School-Gedanken in Europa weiterzuverfolgen, denn damit wird nicht der Erdkinderplan insgesamt abgedeckt. Stattdessen stellt die Farm School eine bestimmte Interpretation und Umsetzung dieses Erdkinderplans vor allem in den USA dar (in Anlehnung an Kahn 2001), der die historische Anbindung Montessoris in der europäischen Landerziehungsheimbewegung gar nicht erwähnt, möglicherweise gar nicht kennt, stattdessen eine amerikanische Variante entwickelt hat und sie als die wahre erklärt. Montessori selbst spricht immer wieder von der „Erfahrungsschule des sozialen Lebens". Darunter subsummiert sie alle anderen Ideen (vgl. dazu Meisterjahn-Knebel 2015).

Gleichwohl sind Landwirtschaft, Ernährung, Umweltschutz heute im Rahmen einer „Bildung für Nachhaltige Entwicklung (BNE)" wieder Kernthemen unserer Gesellschaft. Die landes- und weltweiten Schülerproteste (Fridays for Future – FFF) zeigen deutlich die Bereitschaft der jungen Generation zur Verantwortungsübernahme. Jugendschulen müssen das ernst nehmen und sie deswegen idealerweise an der Entwicklung ihrer Schule beteiligen. Das ist der andere Teil des Erdkinderplans: die Erfahrungsschule des sozialen Lebens in der Lebensgemeinschaft der Jugendgesellschaft in gemeinsamen Wohneinheiten. Montessori spricht von Heim, Gasthaus und auch Internat, Landschule. Diese Einrichtungen unterliegen der Selbstorganisation. Auf diese Weise ergeben sich Herausforderungen, die Teil der Schule selbst sind. Eine Jugendschule nach diesem Vorbild *ist* selbst das Projekt. Jugendliche werden nicht weggeschickt, um einige Tage oder Wochen an anderen Lernorten zu lernen. Vielmehr geht es um die grundlegend neue Erfahrung eines eigenverantworteten Jugendlebens- und Lernraums über mehrere Jahre – in jedem Fall den ersten Teil der Pubertät. Das meint dieser seit langen Jahren vorliegende Erdkinderplan als Erfahrungsschule des sozialen Lebens.

Es ist unruhig geworden auf diesem Planeten. Unter anderem erscheinen unsere westlichen Demokratien in Gefahr. Ganz offensichtlich stellen sich Frieden, Wohlstand und Demokratie nicht automatisch ein, im Gegenteil: Die Bürger müssen dieses Leben aktiv erhalten und gestalten. Die Schule kann einen wichtigen Beitrag leisten, sie dazu zu befähigen. Dazu sollte bloßes Wissen im Sinne von Pauken für das Abitur und Punktesammelei Platz machen für Weisheit, Interesse und Neugier. Selbstdenken, Selbsttätigkeit und Freiheit sind Kernelemente eines reformpädagogischen Konzeptes, denn Wissen alleine löst keine Probleme. Auf die bildende Kraft in jedem Menschen zu bauen, bedeutete schon für Humboldt vor nun gut 200 Jahren, ihm die Freiheit zuzugestehen und auch zuzumuten, er selbst zu werden. Dafür sei eine institutionelle Atmosphäre zu schaffen. Bildung heißt dann vor allem eine Biografie zu haben und zu sein und keine Kopie oder gar ein „Pinsel", wie Kant diejenigen nannte, die sich von fremder Hand führen lassen (vgl. Ritzel 1985, S. 695).

„Kein Pinsel sein!", darum geht es also. Selbstverständlich können dabei digitale Lernplattformen genutzt werden, sie haben das Potenzial, die Individualisierung zu verbessern (vgl. Siewert 2022) und Montessoris Anspruch an die Lehrerrolle als helfendem Diener gerecht(er) zu werden – vgl. dazu bspw. die Khan Academy oder die von den Eliteuniversitäten Harvard und MTT (Massachusetts Institute of Technology) entwickelten Onlineplattformen (vgl. Yogeshwar 9/2018, S. 256).

Und noch etwas wird deutlich: die Gültigkeit des Montessori-Prinzips „Hilf mir, es selbst zu tun!". Denn ohne Eigenaktivität funktioniert Lernen nicht, erst recht kein Lernen in diesem Sinne. Unser aller Zukunft wird wie nie zuvor von der Lernfähigkeit jedes einzelnen und unserer Gesellschaft als Ganzer geprägt. Zusätzlich verfügen wir über neue Zugänge zur Erweiterung unseres Wissenshorizontes, mit denen wir aber noch umgehen lernen müssen. Für die Schule ist das ein ziemlich neuer Arbeitsbereich.

Lernen bleibt also ein dauerhafter Auftrag und auch die ständige persönliche Entwicklung kann und darf niemals aufhören, denn wir wissen ziemlich wenig. Gleichzeitig bleibt die Aufforderung zum permanenten Handeln, Bewältigen von Schwierigkeiten. Stephen Hawkings (2018) formulierte das in seiner letzten Filmbotschaft so (vgl. https://science.orf.at/v2/stories/2901072/): „Erinnert euch, zu den Sternen zu schauen und nicht runter zu euren Füßen. Versucht, den Sinn zu verstehen von dem, was ihr seht, und fragt euch, wie das Universum existieren kann. Seid neugierig – und egal wie schwierig das Leben aussehen mag: Es gibt immer etwas, das ihr tun und wobei ihr erfolgreich sein könnt. Wichtig ist, dass ihr einfach nicht aufgebt."

In diesem Sinne: Es wird Zeit, dass wir in Deutschland eine Schule in Angriff nehmen, in der Selbsttätigkeit, Tatkraft, Neugier und Verantwortungsbereitschaft tragende Säulen sind.

Literatur

Calff, Josje (1980): Van pionier tot mammoet. Het Amsterdams Montessori Lyceum 1930-1980. Amsterdam: Stichting Montessori 50.
Eckert, Ela (2020): Erdkinderplan. Freiburg: Herder.
Jencks, Christopher (1973): Chancengleichheit. Hamburg: Rowohlt.
Kahn, David (2001): The Montessori Farm School: Erdkinder Beginnings. In: NAMTA Journal 26, H. 1, S. 94-122.
Lischewski, Andreas/Fengler, Janne (2018): New Schools – Écoles Nouvelles – Landerziehungsheime. In: Barz, Heiner (Hrsg.): Handbuch Bildungsreform und Reformpädagogik. Wiesbaden: Springer, S. 229-241.

Meisterjahn-Knebel, Gudula (1995): Montessori-Pädagogik und Bildungsreform im Schulwesen der Sekundarstufe. Frankfurt am Main: Lang.

Meisterjahn-Knebel, Gudula (2003): Montessori-Pädagogik in der weiterführenden Schule. Freiburg: Herder.

Meisterjahn-Knebel, Gudula/Eck, Patricia (2012): Montessori-Schulen. In: Ullrich, Heiner/Strunck, Susanne (Hrsg.): Private Schulen in Deutschland. Entwicklungen – Profile – Kontroversen. Wiesbaden: Springer, S. 79-96.

Meisterjahn-Knebel, Gudula (2013): Montessori-Pädagogik in der Sekundarstufe. In: Barz, Heiner/ Liebenwein, Sylva/Randoll, Dirk (Hrsg.): Bildungserfahrungen an Montessori-Schulen. Wiesbaden: Springer, S. 21-38.

Meisterjahn-Knebel, Gudula (2015): Montessoris Erdkinderplan – pädagogische Utopie oder zeitgemäßes Konzept? In: Klein-Landeck, Michael (Hrsg.): Fragen an Maria Montessori – Immer noch ihrer Zeit voraus? Freiburg: Herder, S. 121-137.

Meisterjahn-Knebel, Gudula (2018): Das System der Montessori-Institutionen – nationale und internationale Verbreitung. In: Barz, Heiner (Hrsg.): Handbuch Bildungsreform und Reformpädagogik. Wiesbaden: Springer, S. 229-241.

Meisterjahn-Knebel, Gudula (2020): I had a dream. In: Arends, Isabel/Blankerts, Hagen/Rohfleisch, Martina (Hrsg.): Schloss Hagerhof. Ein Streifzug durch Geschichte und Architektur, S. 186-221.

Montessori, Maria (1966): Von der Kindheit zur Jugend. Freiburg: Herder.

Montessori, Maria (1973): Frieden und Erziehung. Freiburg: Herder.

Montessori, Maria (1985): Grundlagen meiner Pädagogik. Heidelberg.

Montessori, Maria (2013): Durch das Kind zu einer neuen Welt. Gesammelte Werke (GW) Band 15. Hg. Ludwig, H., Freiburg: Herder.

Montessori, Maria (2015): Von der Kindheit zur Jugend. Gesammelte Werke (GW) Band 14. Hg. Ludwig, H., Freiburg: Herder.

Oswald, Paul (1966): Einführung. In: Montessori, Maria (1966): Von der Kindheit zur Jugend. Freiburg: Herder, S. 7-20.

Ritzel, Wolfgang (1985): Immanuel Kant. Berlin.

Roth, Heinrich (1961): Jugend und Schule zwischen Reform und Restauration. Hannover: Hermann Schroedel.

Rousseau, Jean-Jacques (1965): Émile oder Über die Erziehung. Stuttgart: Reclam.

Rumpf, Horst (1968): Die künstliche Schule und das wirkliche Lernen. München: grin Verlag.

Sochatzy, Klaus (1988): „Wenn ich zu bestimmen hätte…" Die Erwachsenenwelt im Meinungsspiegel von Kindern und Jugendlichen – Eine empirische Bestandsaufnahme. Weinheim: Beltz.

Yogeshwar, Ranga (2018): Nächste Ausfahrt Zukunft. Köln: Kiwi.

Dr. (phil) Gudula Meisterjahn-Knebel war von 1996 bis zu ihrer Pensionierung im Jahr 2018 Oberstudiendirektorin an der Montessori-Schule „Schloss Hagerhof" in Bad Honnef (Gymnasium und Realschule mit Internat) sowie von 2003 bis 2014 Gründungspräsidentin und Präsidentin von „Montessori Europe". Ihr Forschungsschwerpunkt ist seit 1986 die Montessori-Pädagogik in der weiterführenden Schule, sie hat dazu zahlreich veröffentlicht. Kontakt: gudulameisterjahnknebel@gmail.com

6 Ein Plädoyer für die Projektidee *Herausforderung* als Beispiel für die Verwirklichung gesetzgeberischer und höchstrichterlicher Erziehungsintentionen

Britta Tillmann

1 Einleitung

Neben der Vermittlung fachwissenschaftlicher Kenntnisse und Kompetenzen – dem Unterrichtsauftrag – hat die Schule auch einen Erziehungsauftrag (vgl. exemplarisch § 2 SchulG NRW). Dazu können alle Maßnahmen gezählt werden, die der Persönlichkeitsentwicklung von Kindern und Jugendlichen dienen. Diese sollten sich dabei nicht nur am Individuum orientieren (selbständiges und eigenverantwortliches Handeln), sondern insbesondere gesamtgesellschaftliche Aufgaben berücksichtigen. Die Liste dieser Aufgaben, welche eine intensive schulische (Gegen-)Arbeit benötigen, ist lang, dazu gehören u. a. Klimawandel und Umweltzerstörung, Krieg, Hunger, Fluchtbewegungen, Populismus und Extremismus.[1]

Die Kultusministerkonferenz hat daher in ihren Beschlüssen zur „Menschenrechtsbildung in der Schule"[2] und über „Demokratie als Ziel, Gegenstand und Praxis historisch-politischer Bildung und Erziehung in der Schule"[3] die gesellschaftliche Relevanz der Politischen Bildung[4] und damit des Erziehungsauftrages hervorgehoben.

---

1 Weitere Beispiele sind Wissenschaftskritik, Fake News, das Gefälle zwischen Arm und Reich, Neoimperialismus, steigende nationalistische „Abschottungsbestrebungen" einzelner Länder, Ethnopluralismus sowie menschenverachtende Einstellungen wie beispielsweise Rassismus, Misogynie, Verachtung gegenüber LGBTIQ+, Ableismus, Antiziganismus oder Antisemitismus.
2 Beschluss der KMK vom 4. Dezember 1980 in der Fassung vom 11.10.2018.
3 Beschluss der KMK vom 6. März 2009 in der Fassung vom 11.10.2018.
4 Die Termini „Politische Bildung" sowie „Demokratiepädagogik" werden oft synonym verwendet. Der Diskurs über Inhalte und Abgrenzungskriterien wird zunehmend unter Politikwissenschaftler:innen und -didaktiker:innen geführt.

2 Die rechtliche (Nicht-)Konkretisierung des Erziehungsauftrages

Aufgrund der skizzierten gesellschaftlichen Aufgaben haben die fachwissenschaftlichen Auseinandersetzungen mit Demokratieerziehung[5], der Erziehung zu Toleranz und der Achtung vor der Würde des Menschen sowie gleichstellungsorientierten und inklusiven Handelns z. B. in der Pädagogik, der Politikwissenschaft/-didaktik oder der Geschichtswissenschaft daher stets zugenommen. Auch Juristinnen und Juristen sind sich der Bedeutung von Individuen mit demokratischem Habitus (definiert als Individuum mit demokratischer Grundhaltung) und der Fähigkeit zum kritischen Denken bewusst. Nach Ernst-Wolfgang Böckenförde lebt „der freiheitliche, säkularisierte [...] Staat von Voraussetzungen, die er selbst nicht garantieren kann" (2006, S. 112). Ein demokratisch verfasster Staat kann demnach sein eigenes Fundament, nämlich den Willen zu demokratischem und menschenrechtsorientiertem Handeln nicht erzwingen. Würde er dies tun, verließe er demokratischen Boden und würde den der Demokratie innewohnenden Werten zuwiderhandeln. Demokratie und die mit ihr einhergehenden Werte müssen vielmehr laufend erklärt und eingeübt werden, um insbesondere vor Extrempositionen und antidemokratischem Handeln zu schützen. Der Schule kommt hierbei eine zentrale Rolle zu, weil sie aufgrund der bestehenden Schulpflicht alle Kinder und Jugendlichen erreicht und eine der wichtigsten Institutionen der Sozialisation darstellt. Dabei ist weder das elterliche Erziehungsrecht nach Art. 6 Abs. 2 Grundgesetz (GG) noch der staatliche Erziehungsauftrag nach Art. 7 Abs. 1 GG vorrangig. Vielmehr müssen die Lehrer:innen, die diesen staatlichen Auftrag in der Schule übernehmen, für die Verantwortung und Wertevermittlung des Elternhauses insoweit offen sein, wie es sich mit einem geordneten staatlichen Erziehungssystem verträgt. Der Staat darf aber auch von den Sorgeberechtigten unabhängige Erziehungsziele verfolgen, zu der laut höchstrichterlicher Rechtsprechung auch der demokratische Habitus gehört. Dabei beinhaltet der Auftrag des Staates, den Art. 7 Abs. 1 GG voraussetzt, das einzelne Kind zu einem selbstverantwortlichen Mitglied der Gesellschaft heranzubilden.[6] Die gesetzliche Schulpflicht dient dem legitimen Ziel der Durchsetzung dieses staatlichen Erziehungsauftrags, der Parallelgesellschaften entgegenwirken soll.[7]

---

5   Die Begriffe „Demokratiepädagogik" und „Demokratie-Erziehung" werden in diesem Artikel synonym verwendet.

6   Siehe exemplarisch Bundesverfassungsgericht, Urteil vom 6. Dezember 1972, Az.: 1 BvR 230/70 und 1 BvR 95/71; Beschluss vom 21. Dezember 1977, Az.: 1 BvL 1/75; Urteil vom 21.12.1977, Az.: 1 BvL 1/75, und 1 BvR 147/75; Urteile vom 16. Mai 1995, Az.: 1 BvR 1087/91 sowie Bundesverwaltungsgericht, Beschluss vom 08.05.2008, Az.: 6 B 65.07.

7   Bundesverfassungsgericht, Kammerbeschluss vom 29. April 2003, Az.: 1 BvR 436/03.

Daher haben 12 von 16 Bundesländern in ihren Schulgesetzen[8] und zumeist in den Landesverfassungen[9] klare Erziehungsziele in diese Richtung formuliert. Die Realisierung erfolgt dabei zum einen über Inhalte in den Lehrplänen einzelner Fächer (Wissensvermittlung), zum anderen über eine landesrechtlich vorgeschriebene, institutionalisierte Partizipation im Rahmen von Gremien (z. B. Schulkonferenz), Schülergruppen, Schülerzeitung (als schulischer Erfahrungsraum) oder der Gewährung eines Rahmens zur individuellen Umsetzung, z. B. durch die Möglichkeit zur Beurlaubung zwecks Teilnahme an Demonstrationen (außerschulischer Erfahrungsraum, der von der Schule gewährt wird). Darüber hinausgehende Festlegungen macht der Gesetzgeber aber nicht, um den Lehrkräften notwendige Ermessensspielräume bei der konkreten pädagogischen Umsetzung von Demokratie-Erziehung zu bieten. Jede Schule, jede Schulform, jede Lehrkraft und insbesondere die Zusammensetzung der Schülerschaft erfordern eine individuelle Gestaltung von Maßnahmen/Projekten, die ohne einen entsprechenden pädagogischen Spielraum nicht effektiv und effizient wirken würden.

Die Gesetzgeber legen somit konkret fest, dass Demokratieerziehung in der Schule über eine fachwissenschaftliche Wissens- und Inhaltsvermittlung über Demokratie als Regierungsform (Kernlehrpläne) sowie die demokratische Ausgestaltung der Strukturen des Bildungswesens im Sinne einer „Demokratie als Lebensform" nach John Dewey (vgl. 1899, 1915) umgesetzt werden soll. Darüber hinaus lassen die Gesetzgeber den Lehrkräften pädagogischen Freiraum, um eine zielgruppengerechte Schaffung von Erfahrungsräumen zwecks Erlebens der Vorteile einer Demokratie zu ermöglichen. Und in diesem pädagogischen Freiraum sind Projektideen wie die der *Herausforderung/Herausforderungen* zu verorten.

---

8   § 1 SchulG Baden-Württemberg, Art. 1 und 2 SchulG Bayern, §§ 1 und 3 SchulG Berlin, § 4 SchulG Brandenburg, § 5 SchulG Hamburg, § 2 SchulG Hessen, §§ 2 und 3 SchulG Mecklenburg-Vorpommern, § 2 SchulG Niedersachsen, § 2 SchulG NRW, § 1 SchulG Rheinland-Pfalz, § 1 SchulG Saarland, § 1 SchulG Sachsen, § 1 SchulG Sachsen-Anhalt, § 4 SchulG Schleswig-Holstein sowie § 2 Thüringen (Stand: August 2021).

9   Keinen Artikel zum Bildungs- und Erziehungsauftrag, sondern lediglich zum Recht auf Bildung haben die Landesverfassungen der Länder Berlin, Hamburg, Niedersachsen sowie Schleswig-Holstein. Die anderen Landesverfassungen haben Regelungen zu einer Erziehung im Sinne der freiheitlich-demokratischen Grundordnung, vgl. Art. 12 LV Baden-Württemberg, Art. 131 LV Bayern, Art. 28 LV Brandenburg, Art. 26 LV Bremen, Art. 56 LV Hessen, Art. 15 LV Mecklenburg-Vorpommern, Art. 7 LV Nordrhein-Westfalen, Art. 33 LV Rheinland-Pfalz, Art. 30 LV Saarland, Art. 101 LV Sachsen, Art. 27 LV Sachsen-Anhalt, Art. 22 LV Thüringen (Stand: August 2021).

3   Die gesetzgeberische Forderung nach Demokratiepädagogik und die mangelhafte Implementierung in der universitären Lehrer:innenbildung

Grundsätzlich hervorzuheben ist, dass die vom Gesetzgeber geforderten Erziehungsziele als fächerübergreifendes und fächerverbindendes Prinzip definiert werden und somit jeder Lehrkraft als Aufgabe obliegen – und zwar unabhängig vom Fach. Dies ergibt sich sowohl aus den entsprechenden KMK-Empfehlungen als auch aus der Verortung in den jeweiligen Schulgesetzen, die – wie oben dargestellt – die Demokratie-Erziehung somit zum Telos der schulischen Bildung deklariert.

Kritisch ist jedoch die untergeordnete Rolle der Demokratie-Erziehung in der ersten Ausbildungsphase angehender Lehrkräfte. Exemplifizieren lässt sich dies an NRW, das in seiner Lehramtszugangsverordnung (LZV) alle Leistungspunkte schulformspezifisch auf Fachwissenschaften, Fachdidaktik sowie Bildungswissenschaften verteilt und explizit nur die Abhandlung inklusionsorientierter Inhalte berücksichtigt (vgl. §§ 2-6 LVZ). Hierzu sind alle Bundesländer durch die völkerrechtliche Bindung an die UN-Charta zum Schutze von Menschen mit Behinderungen verpflichtet. Alle anderen in § 2 SchulG NRW geforderten Erziehungsziele werden jedoch in der LZV nicht genannt und erhalten daher auch keine Leistungspunkte-Zuweisung, so dass es keine Pflicht einzelner Fachwissenschaften/-didaktiken oder der Bildungswissenschaften gibt, die Thematik Demokratiepädagogik in den Curricula der Studiengänge zu implementieren. Demokratie-pädagogische Inhalte werden in den Lehrveranstaltungen außerhalb der Sozialwissenschaften und der Geschichte daher in geringem Umfang oder gar nicht abgehandelt. Ob überhaupt und wenn inwieweit die Thematik sich in der Lehre widerspiegelt, hängt somit vom Interesse einzelner Lehrender ab. Der Aufbau der staatlich reglementierten Lehrerausbildung in NRW darf mit Blick auf die vom Gesetzgeber im Schulgesetz gemachten Forderungen somit als Wertungswiderspruch bezeichnet werden: Die Verantwortung zur praktischen Umsetzung in der Schule wird somit Lehrkräften aufgegeben, die für diese Aufgabe nicht ausgebildet wurden. Demokratiepädagogik reduziert sich daher zumeist auf untergeordnete Punkte der Unterrichtsgestaltung (z. B. die Frage, welches Buch im Rahmen des Lehrplanes von den Schüler:innen gelesen werden möchte).

Zudem kann die These aufgestellt werden, dass die institutionalisierten Formen demokratischer Erfahrungsräume in der Schule vornehmlich von denjenigen Schüler:innen genutzt werden, die aufgrund ihrer familiären und kulturellen Sozialisation Teilhabe kennen und wertschätzen. Die Schüler:innen aus Familien mit autokratischem Erziehungsstil oder strikt hierarchisch bis hegemonial geprägten Kulturkreisen, die am meisten demokratische Erfahrungsräume als Gegenpol benötigen, werden sich eher nicht an der Schülerzeitung beteiligen oder sich für etwaige Gremienarbeit begeistern lassen.

4 Die Projektidee *Herausforderung* als Umsetzung des legislativ geforderten Erziehungsauftrages

Eine Möglichkeit zur Forderung und Förderung der Demokratiepädagogik durch Lehrkräfte an den Schulen bieten Projekte wie die Projektidee *Herausforderung/Herausforderungen*, die in diesem Sammelband thematisiert wird. Es beinhaltet auf allen Ebenen der Projektplanung und -umsetzung ein hohes Maß an Partizipation der Schüler:innen, wobei insbesondere die notwendigen (Gruppen-)Abstimmungsprozesse und die Eigenverantwortung hervorzuheben sind. Beginnend bei der Informationsbeschaffung, der Wahl der Projektdauer und des Ausflugsziels bis über die Planung der Durchführung müssen die Schüler:innen sich gemeinschaftlich einigen. Hierbei ist insbesondere herausfordernd, dass Argumente für oder wider einen Entschluss gefunden, ausgetauscht und gewichtet werden müssen. Konkretisieren lässt sich dies beispielsweise an Fragen des Fortbewegungsmittels (Skateboard, Fahrrad oder Wandern) oder der Frage, ob Mobiltelefone mitgenommen werden dürfen oder, wenn ja, wie oft und lange sie genutzt werden dürfen. Hier geht das Projekt sogar über die eigentliche Pädagogik Deweys hinaus.[10] Erst nach diesem dialektisch aufgebauten Diskurs ist eine konsensual oder mehrheitlich zu fassende Entscheidung möglich. Es zählt eben nicht nur die eigene Meinung, sondern auch die anderer. Was Jugendliche hier erleben ist, dass Meinungsfreiheit nicht gleichzusetzen ist mit Widerspruchsfreiheit. Es muss vielmehr ein argumentativer Abwägungs- und Entscheidungsprozess stattfinden. Auch dies ist ein großer Vorteil, verlaufen doch „Diskussionen" in der Lebenswelt Jugendlicher – den sozialen Medien – häufig verkürzt und geben lediglich Meinungen wieder, ohne die zur Meinung führenden Argumente darzustellen.

Während der Durchführung des Projekts kommen weitere, positiv zu bewertende Erfahrungen hinzu. Weil es sich stets um eine Umsetzung mit niedrigem Budget handelt, lernen die Teilnehmer:innen das ihnen zur Verfügung stehende Geld einzuteilen und nicht grenzenlosen oder (hinsichtlich Fortbewegung und Übernachtung) bequemen Konsum in den Vordergrund zu stellen. Beschädigte Ausrüstung kann nicht sofort neu gekauft werden, sondern muss Instand gesetzt werden. Dies verlangt zum einen handwerkliches Geschick, zum anderen werden Möglichkeiten zur Verlängerung der Produktlebensdauer eröffnet. Die Natur wird Lernort und nicht-urbane Lebensräume werden erkundet. Dies sensibilisiert für das Thema Nachhaltigkeit und regt zur Reflexion über eigenes Konsumverhalten an.

---

10   Zur Reichweite von Schüler:innen-Partizipation in Deweys Pädagogik siehe Knoll, Michael: Anders als gedacht. John Deweys Erziehung zur Demokratie, in: Zeitschrift für Pädagogik, September/Oktober 2018, 700-718.

Außerdem ist auch hier die soziale Eingebundenheit des Individuums von herausragender Bedeutung, denn nur gemeinsames Arbeiten als Gruppe führt zum Ziel. So wird beispielsweise abwechselnd die Verantwortung für das Equipment (Zelte, Lebensmittel usw.) übernommen mit der Erfahrung, als Individuum verantwortlich für die gesamte Gruppe zu sein sowie auch von der Verantwortungsübernahme Einzelner innerhalb der Gruppe als Mitglied ebendieser zu profitieren.

Des Weiteren können auch bei der Umsetzung des Projekts neue Abstimmungsprozesse notwendig werden, denn nicht alles funktioniert wie geplant. Welche Alternativroute soll zum Beispiel gewählt werden, wenn der ursprünglich geplante Weg von Baustellen oder Sperrungen betroffen ist? Was soll gemacht werden, wenn der ursprünglich angedachte Campingplatz gesperrt ist – weiterfahren oder Privatpersonen um Erlaubnis fragen, ob man im Garten zelten darf? Bei diesem Beispiel kommt dann nicht nur ein gruppeninterner Abstimmungsprozess zum Tragen. Es kann durchaus vorkommen, dass Fremde ins Geschehen eingebunden werden müssen, um das Projekt durchführen zu können. Auch dies ist eine wichtige Lektion: Wer Hilfe braucht, sollte danach fragen und wird sie in den meisten Fällen auch erhalten.

Die Möglichkeit eines Ausstiegs aus der Schule führt zu einer intensiven individuellen Bewährungsphase an nicht alltäglichen, außerschulischen Herausforderungen, bei denen sich die Schüler:innen als autonom, handlungs-, konflikt- und entscheidungsfähig erleben können.

5   Fazit

Projekte wie das der *Herausforderung/Herausforderungen* sind als Paradebeispiel für Demokratieerziehung und andere gesetzgeberische Erziehungsziele wie der „Bildung zur nachhaltigen Entwicklung" zu bewerten. Sie schaffen einen nichtinstitutionalisierten Rahmen für demokratische Erfahrungsräume sowie Gelegenheitsstrukturen und bieten insbesondere Kindern und Jugendlichen eine Chance, die gesellschaftliche Partizipation dringend als Gegenpol zum Elternhaus und/oder Kulturkreis benötigen. Sie offerieren zudem die Möglichkeit, sich in einem Gruppengefüge sowie als alleinreisendes Individuum als selbstwirksam zu erleben. Des Weiteren wird die ebenfalls vom Gesetzgeber geforderte „Bildung zur nachhaltigen Entwicklung" gefördert, die mit Blick auf wissenschaftliche Erkenntnisse zu Klimawandel und Auswirkungen von Umweltzerstörung in Zukunft an Bedeutung gewinnen wird.

Die geförderten Reflexionsprozesse orientieren sich dabei an realen Herausforderungen des Lebens von Menschen in einer jeweiligen Gemeinschaft (sog. „occupations"), was Dewey als Einheit von Bildung und Handlung und damit einem lebenspraktischen Erfahrungsprozess definiert, der Demokratie zu einer

Lern- und Lebensform erhebt (1899, S. 62). Die Projektidee *Herausforderung/Herausforderungen* kann somit als zeitgemäße Fortführung und Weiterentwicklung Dewey'scher Pädagogik verstanden werden.

Bei der Einbindung von Studierenden etwa in Praxisphasen oder im Vorbereitungsdienst/Referendariat kann „Herausforderungen" einen wertvollen Beitrag zur Ausbildung angehender Lehrkräfte leisten. Diese sammeln neben praktischen pädagogischen Erfahrungen bei der Projektplanung und der Aufsichtsführung Kompetenzen für die demokratiepädagogische Arbeit in der Schule (vgl. Beitrag 19 von Jörg Siewert mit Matthias Rürup, Markus Teibrich, Uli Roos und Dirk Sponholz).

Schulen und insbesondere den Bezirksregierungen sowie Ministerien sei empfohlen, schulische Projektarbeit wie die der „Herausforderungen" nicht als Verpassen von Lernstoff zu werten, sondern als Umsetzung gesetzgeberischer, mit Blick auf gesamtgesellschaftliche Entwicklungen dringend notwendiger Erziehungsziele zu verstehen und zu fördern.

Literatur

Böckenförde, Ernst-Wolfgang (2006): Die Entstehung des Staates als Vorgang der Säkularisation. In: Recht, Staat, Freiheit. Studien zur Rechtsphilosophie, Staatstheorie und Verfassungsgeschichte. Berlin: Suhrkamp (erw. Ausgabe), S. 92-114.

Dewey, John (1899): The School and Society. In: Boydston, Jo Ann (Hrsg. – 1983): John Dewey. The middle works, 1899-1924. Volume 1: 1899-1901 (1-109). Illinois: Southern Illinois University Press.

Dewey, John (1915): Demokratie und Erziehung – Eine Einleitung in die philosophische Pädagogik. Weinheim: Beltz (1993 herausgegeben von Jürgen Oelkers).

Knoll, Michael (2018): Anders als gedacht. John Deweys Erziehung zur Demokratie. In: Zeitschrift für Pädagogik, H. 8/9, S. 700-718.

Britta Tillmann ist Wirtschaftsjuristin und Mitarbeiterin am Zentrum für Lehrerbildung und Bildungsforschung der Universität Siegen; seit 2012 ist sie zudem Lehrbeauftragte für Schulrecht an der Universität Siegen. Kontakt: tillmann@zlb. uni-siegen.de

7 Bildung für nachhaltige Entwicklung – Leitidee für Herausforderungen?

Lydia Kater-Wettstädt

1 Einleitung: Bildung für nachhaltige Entwicklung im Überblick

Herausforderungen folgen unter anderem der Idee, sich vom unterrichtlichen, vielleicht sogar schulischen Alltag zu lösen und echte Handlungskontexte für Kinder und Jugendliche zu schaffen, in denen sie Verantwortung übernehmen, Gestaltungsspielraum erhalten und Erlebnisse in einer Gruppe planen und umsetzen, an denen sie in unterschiedlicher Hinsicht wachsen können.

Herausforderungen gibt es genug auf dieser Welt. Auf gesellschaftlicher Ebene sind die Herausforderungen der Zukunft – der Klimawandel, Ressourcenverteilung, Artensterben, Migration oder Beteiligung, Demokratie und Digitalisierung – nicht minder fordernd und verlangen nach gesellschaftlichen Veränderungsprozessen, die ein gutes und die natürlichen Ressourcen berücksichtigendes Zusammenleben ermöglichen. Wie dies im Hinblick auf eine gerechte, nachhaltige Entwicklung, die zum einen die Bedürfnisse der jetzigen wie auch der zukünftigen Generationen auf den verschiedenen Erdteilen berücksichtigt und zum anderen das ökologische Gleichgewicht bewahrt, gelingen kann (vgl. WCED 1987; Michelsen/Adomßent 2014), ist eine der drängendsten Fragen unserer Zeit.

Die Aufgabe eine nachhaltige Entwicklung auszugestalten und welche Aspekte dabei Berücksichtigung finden müssen, wurde schon mit dem Brundtland-Bericht (WCED 1987) konzeptualisiert. In jedem Fall war von Anfang klar, dass dabei unterschiedliche Entwicklungsbereiche in den Blick genommen werden und bei Strategien des Umgangs mit aktuellen Problemlagen Berücksichtigung erfahren müssen. Kate Raworth hat dazu das Konzept des Doughnuts (vgl. Raworth 2012, 2017) aufbauend auf der Idee der planetaren Belastungsgrenzen[1] (vgl. Steffen et al. 2009) entwickelt (vgl. Abb. 1). Die planetaren Grenzbereiche sind im äußeren Kreis abgebildet und die sozialen Grenzbereiche im inneren Bereich. Der dunkle Kreis dazwischen ist der „sichere und gerechte Raum für die Menschheit", den es in einer Balancierung dieser Grenzbereiche auszugestalten gilt.

---

1   Die Erde stellt uns alle lebensnotwendigen Ressourcen und ist auch in der Lage sich trotz Nutzung zu regenerieren. Die intensive Nutzung durch den Menschen derzeit übersteigt aber das Maß, in dem die Erde sich regenerieren kann; diese Grenze der Regenerierbarkeit in unterschiedlichen Bereichen wurden als planetare Belastungsgrenzen bestimmt.

Abb. 1: Die Doughnut Ökonomie nach Kate Raworth

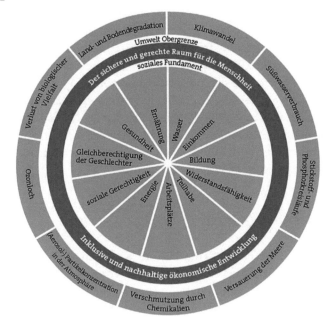

Kate Raworth, „A safe and just space for humanity: Can we live within the doughnut?" discussion paper, Oxfam, Oxford, auf Grundlage von Rockström et al. (2009), „A safe operating space for humanity", Nature, No. 461, 2012, S. 472–475

Einfach ausgedrückt ist die Botschaft von Raworth, dass das Hinarbeiten auf eine Entwicklung im Rahmen der planetaren Belastungsgrenzen nur unter Berücksichtigung der sozialen Bedürfnisse gelingen kann und der Ökonomie dabei eine zentrale Rolle in der Gestaltung dieser Prozesse zukommt. Zugleich ist deutlich, dass nachhaltige Entwicklung abhängig ist von den jeweils vorherrschenden Bedingungen, während Bildung und ausreichende Versorgung die brennendsten Herausforderungen in der einen Region sein können, sind es in anderen die Chancengleichheit oder persönliche und politische Freiheit.

In den 2015 weltgemeinschaftlich verabschiedeten 17 Nachhaltigkeitszielen werden die global drängenden Entwicklungsaufgaben herausgestellt und als politische Agenda festgelegt. Bildung als viertes Ziel wird dabei als Schlüsselelement für eine nachhaltige Entwicklung herausgestellt. „By 2030, ensure that all learners acquire the knowledge and skills needed to promote sustainable development, including, among others, through education for sustainable development (…)

ergänzen, um anzuzeigen, dass das Zitat kein abgeschlossener Satz ist" (Ziel 4.7, UN 2015). Bildung für eine nachhaltige Entwicklung (BNE) wird hier entsprechend als qualitätsvolle Bildung für alle definiert und als globaler Bildungsauftrag anerkannt.

Die Nachhaltigkeitsziele wurden in Deutschland in einen nationalen Aktionsplan überführt und so das Streben nach einem global-gesellschaftlich notwendigen Handeln anerkannt. Die Kultusministerkonferenz der Länder (KMK) bestätigt 2017, dass auf der Ebene der Länder unterschiedliche Anstrengungen unternommen werden, um die Implementation von BNE voranzubringen (vgl. KMK 2017). Sie stellen sogar fest: „BNE hat zwischenzeitlich in allen Ländern Eingang in die Lehr- bzw. Bildungspläne der allgemeinbildenden Schulen gefunden bzw. soll bei anstehenden Überarbeitungen berücksichtigt werden" (ebd., S. 4). Die Umsetzung von BNE hat damit auch eine klare und zunehmend verbindliche bildungspolitische Legitimation.

2 Zentrale Kompetenzziele

Vorliegende Konzepte einer BNE zielen im Kern immer darauf, Teilhabe an nachhaltigen, gesellschaftlichen Veränderungsprozessen zu ermöglichen und Lernenden Entwicklungsraum für Kompetenzen zur Gestaltung dieser Prozesse anzubieten (vgl. de Haan/Bormann 1999; de Haan 2008; BMZ/KMK 2015; Künzli/Bertschy 2008; di Guilio/Künzli David/Defila 2008). Dabei geht es um die dezidierte Verbindung von Wissen und Handeln, da Lernende befähigt werden sollen, flexibel mit unterschiedlichen Situationen, beteiligten Akteur:innen, relevanten Wissensbereichen umzugehen und Lösungen zu entwickeln, die das Wohlergehen aller Beteiligten und den schonenden Umgang mit natürlichen Ressourcen sichern. Das Bildungskonzept BNE versucht eine Antwort auf damit verbundene Fragen zu geben und kann damit eine mögliche Rahmung der Umsetzung von *Herausforderungen* im schulischen Alltag bereitstellen: Ein verbindendes Anliegen zwischen der Umsetzung von *Herausforderungen* und BNE im schulischen Alltag ist die Veränderung von Lerngelegenheiten und schulischen Angeboten als Möglichkeiten für das Leben zu lernen, persönlich zu wachsen und aktiv zu gestalten. In beiden Kontexten steht die Frage im Mittelpunkt, welche Kompetenzen und damit verbundene Wissensbestände Lernende wirklich im Umgang mit unseren global gesellschaftlichen Herausforderungen brauchen und wie entsprechende Lerngelegenheiten gestaltet werden können.

Es liegen unterschiedliche Ansätze für Zielformulierungen einer BNE vor. Das zentralste, bis heute wirksame Konzept für den deutschsprachigen Raum haben de Haan und Bormann (1999) vorgelegt. Dieses Konzept der Gestaltungskompetenz (s. Tabelle 1) zeichnet sich durch drei übergeordnete Bereiche aus, die in 12 Unterkompetenzen ausdifferenziert werden.

Tab. 1: Gestaltungskompetenz nach de Haan (2008)

Sach- und Methodenkompetenz:	
1.	Weltoffen und neue Perspektiven integrierend Wissen aufbauen.
2.	Vorausschauend denken und handeln.
3.	interdisziplinär Erkenntnisse gewinnen.
4.	Risiken, Gefahren und Unsicherheiten erkennen und abwägen können.
Sozialkompetenz:	
5.	Gemeinsam mit anderen planen und handeln können.
6.	An Entscheidungsprozessen partizipieren können.
7.	Sich und andere motivieren können, aktiv zu werden.
8.	Zielkonflikte bei der Reflexion über Handlungsstrategien berücksichtigen können.
Selbstkompetenz:	
9.	Die eigenen Leitbilder und die anderer reflektieren können.
10.	Selbstständig planen und handeln können.
11.	Empathie und Solidarität für Benachteiligte zeigen können.
12.	Vorstellungen von Gerechtigkeit als Entscheidungs- und Handlungsgrundlagen nutzen können.

In der nachfolgenden Entwicklung haben das Bundesministerium für wirtschaftliche Zusammenarbeit und Entwicklung (BMZ) und die KMK einen Orientierungsrahmen für den Lernbereich Globale Entwicklung (2007/2015) veröffentlicht, der versucht, BNE noch einmal stärker im globalen Kontext zu verorten. Bildungspolitisch ist dieser in der Umsetzung von BNE vermehrt als Grundlage und Orientierungspunkt anerkannt und wird auch als Referenz in Kerncurricula genutzt (z. B. in Hamburg, Niedersachsen, Baden-Württemberg, Berlin). Der Orientierungsrahmen unterscheidet ebenfalls drei übergeordnete Kompetenzbereiche (s. Tabelle 2), ausgehend von der Wissensvermittlung über die kritische Auseinandersetzung hin zu einer Handlungsorientierung, ohne dabei aber eine bestimmte Abfolge festlegen zu wollen, da auch das Handeln selbst zum Gegenstand kritischer Reflexion werden kann oder muss.

Tab. 2: Kompetenzen des Orientierungsrahmens zum Lernbereich Globale Entwicklung (BMZ/KMK 2015)

Erkennen
1. Informationsbeschaffung und -verarbeitung
2. Erkennen von Vielfalt
3. Analyse des Globalen Wandels
4. Unterscheidung von Handlungsebenen
Bewerten
5. Perspektivenwechsel und Empathie
6. Kritische Reflexion und Stellungnahme
7. Beurteilen von Entwicklungsmaßnahmen
Handeln
8. Solidarität und Mitverantwortung
9. Verständigung und Konfliktlösung
10. Handlungsfähigkeit im globalen Wandel
11. Partizipation und Mitgestaltung

In beiden Konzepten werden zentrale und gemeinsame Elemente erkennbar. Wissen soll vernetzt und systemisch, Vielfalt wahrnehmend und anerkennend erworben werden. Dabei geht es nicht nur um disziplinär verortetes Wissen, sondern um übergreifende Wissensbestände und, auf deren Basis, um kritisches Urteilen und sich Positionieren. Darüber hinaus geht es um Perspektivenübernahme und Empathie, um Motivation, Reflexion und Partizipation, das damit notwendig verbundene Lösen von Konflikten, und immer auch das eigene Aktiv-Werden und Handeln. Es wird in den Kompetenzformulierungen bereits deutlich, dass es auch um bestimmte Werte geht, die dabei in den Blick genommen werden sollen, wie Solidarität, Wertschätzung von Vielfalt, die Anerkennung ökologischer Grenzen, gleichberechtigte Mitbestimmung als demokratischer Grundwert, Weltoffenheit und vor allem auch Gerechtigkeit in globalen Entwicklungszusammenhängen (vgl. Stoltenberg/Burandt 2014). Damit spannt BNE ein weites und anspruchsvolles Feld für pädagogisches Handeln auf.

Die in BNE enthaltene Dialektik zwischen der Befähigung zum selbstständigen Urteilen auf der einen und der Werteorientierung auf der anderen Seite (vgl. Vare/Scott 2007), die in der Verantwortung freier Meinungsbildung auch kritisch gesehen werden kann, lässt sich jedoch nicht auflösen und soll es auch gar nicht. Denn nur die bewusste Auseinandersetzung, das Sichtbar-Machen und Diskutieren von Wertvorstellungen, erlaubt einen konstruktiven Umgang mit Widersprüchlichkeit. Dafür ist es vor allem wichtig, Transparenz zu schaffen und einer konstruktiven diskursiven Bearbeitung in pädagogischen Settings Raum zu geben, indem z. B. Fragen danach thematisiert werden, warum bestimmte Werte individuell und gesellschaftlich wichtig sind und welche ggf. als global notwendig gelten können oder müssen oder vielleicht gar nicht global denkbar sind. Die Werteorientierung bedeutet nämlich nicht, dass eine unkritische Übernahme angestrebt wird, vielmehr sollten Bildungsprozesse im Sinne einer BNE so angelegt werden, „dass dieser Werterahmen erfahren werden kann, die Lernenden sich eine eigene Position dazu bilden und sich an der aktiven Auslegung und Diskussion der Wertvorstellungen im Kontext einer nachhaltigen Entwicklung beteiligen können" (Stoltenberg/Burandt 2014, S. 574). Innerhalb dieser Auseinandersetzung geht es dann darum auch der Komplexität der Nachhaltigkeitsthemen Rechnung zu tragen, die sich meist in einander gegenüberstehenden Interessenlagen und gegenseitigen Abhängigkeiten aufspannen. Diese sollen in der Folge entsprechend in der Diskussion und Abwägung von Lösungsmöglichkeiten berücksichtigt werden können. Ein Beispiel dafür kann bereits der Planungsprozess von Projekten als Herausforderungen sein, während die einen vor allem Spaß haben möchten, steht bei anderen vielleicht vor allem das Helfen und Unterstützen Anderer oder der Schutz der Natur im Fokus, während die einen vor allem Strecke machen wollen, wollen die anderen lieber verweilen etc. Nur, wenn diese unterschiedlichen Interessen gehört, diskutiert und in der Folge auf einen gemeinsamen Nenner gebracht werden, können gemeinsam getragene Lösungen entstehen.

Um Kompetenzerwerb im Sinne einer BNE initiieren, unterstützen und begleiten zu können, werden Lerngelegenheiten benötigt, wie die Herausforderungen, die es ermöglichen und ggf. auch notwendig machen, Wissen in kritisch-konstruktivem Austausch zu entwickeln und in reflektiertes Handeln zu überführen. Handeln ist im Kontext der BNE vor dem Hintergrund der Werteorientierung gedacht als Beitrag für eine nachhaltige Entwicklung.

3   Didaktische Prinzipien

Übergeordnete didaktische Gestaltungsprinzipien für die Anlage von Lehr-Lernarrangements, die diesen Kompetenzerwerb ermöglichen, wurden beispielsweise von Muheim und anderen (vgl. Muheim et al. 2014) vorgelegt. Dabei unterscheiden sie zum einen allgemeine didaktische Prinzipien, die eine hohe Deckung mit der Ausrichtung auf kompetenzorientierten Unterricht aufweisen und Chancen und Potenziale für die Umsetzung einer BNE bergen und zum anderen BNE-spezifische Prinzipien, also solche, die mit der Umsetzung einer BNE besonders in den Fokus rücken sollten.

Allgemeine didaktische Prinzipien sind dabei… (s. Tabelle 3)

Tab. 3: Allgemeine didaktische Prinzipien für BNE (orientiert an Muheim et al. 2014, S. 44 ff.)

…die Zugänglichkeit oder auch Lebensweltorientierung	Leitfragen: Wie kann ich ein Thema verständlich, greifbar, fragwürdig machen? Welche Bezüge zur Lebenswelt der Kinder gibt es?
…die Handlungs- und Reflexionsorientierung	Leitfrage: Welche Handlungen und welche Impulse über das Handeln nachzudenken, kann ich geben?
…das entdeckende Lernen verbunden mit einer Problem- bzw. Phänomenorientierung	Leitfrage: Welche Frage-/Problemstellung sollen die Lernenden wie selbstständig erschließen?
…die Verbindung von formalem und materialem Lernen	Leitfrage: Welche Inhalte/Sachverhalte/Gegenstände erlauben welchen Kompetenzerwerb? (vgl. Muheim et al. 2014, S. 44 ff.)
…die Vielperspektivität bzw. Interdisziplinarität	Leitfrage: Welche Perspektiven auf den Gegenstand sind möglich und welche für das Verständnis nötig? (vgl. auch Wulfmeyer 2020, 22 f.).

Werden diese allgemeinen didaktischen Prinzipien, die in der Debatte um guten Unterricht immer in unterschiedlicher Gewichtung eine Rolle spielen, weitgehend eingelöst, ergibt sich noch nicht automatisch eine Thematisierung von Zukunftsfragen und die Entwicklung von Fähigkeiten zur Mitgestaltung einer nachhaltigen Entwicklung. Sie sind also notwendige, aber noch nicht hinreichende Gestaltungsprinzipien für die Umsetzung von BNE. Die didaktischen Prinzipien, die BNE im Besonderen kennzeichnen, geben eine erweiternde Perspektive für neue Schwerpunktsetzungen in Unterrichts- und Schulentwicklungsprozessen und sind aus diesem Grund etwas ausführlicher dargestellt (s. Tabelle 4).

Tab. 4: BNE spezifische didaktische Prinzipien (nach Muheim et al. 2014, S. 39 ff.)

BNE-spezifische Prinzipien sind	Orientierende Leitfragen
das vernetzende, systemische Lernen	Leitfrage: Wie hängt alles zusammen, jetzt und in Zukunft, hier und dort, in Bezug auf die Nachhaltigkeitsdimensionen (Ökonomie, Ökologie, Soziales)? Der Fokus liegt hier mit der Idee der Verbundenheit und Vernetztheit auf der Förderung systemischen und vernetzenden Denkens. Für Lernende muss danach erfahrbar und verstehbar werden, was die großen Zusammenhänge sind und, dass der Mensch Teil des Ökosystems Erde ist.

BNE-spezifische Prinzipien sind	Orientierende Leitfragen
die Partizipationsorientierung	Leitfrage: Welche Beteiligungs- und Entscheidungsmöglichkeiten gibt es schulisch und gesellschaftlich? Nachhaltige Entwicklung lebt von der Idee, dass Menschen sich in gesellschaftliche Entwicklungsprozesse einbringen wollen und können. Lösungsansätze sind meist nur dann hilfreich, wenn sie von allen Beteiligten getragen sind. Lernende sollten demnach Räume für Beteiligung und Verantwortungsübernahme bereitgestellt bekommen.
die Visionsorientierung, damit verbunden die Lösungsorientierung	Leitfrage: Wie sollte/wird oder kann dieser Sachverhalt / dieses Phänomen etc. in Zukunft beschaffen sein, um ein gutes Leben für alle zu ermöglichen? Hier geht es darum, den zu oft problemorientierten Zugang zu Themen einer nachhaltigen Entwicklung in einen optimistischen und positiven zu überführen, zu ergänzen oder zu ersetzen. Die Entwicklung von Visionen geschieht in der Auseinandersetzung mit gesellschaftlichen Problemen und legt den Fokus aber auf die Chancen in der Gegenwart für die Zukunft. Lernende sind dann eingeladen sich mit eigenen (themenspezifischen)Zukunftsentwürfen und denjenigen anderer auseinanderzusetzen, sie zu hinterfragen und vor dem Hintergrund gesamtgesellschaftlicher Ziele zu reflektieren (vgl. auch Künzli/Bertschy 2008).

Die Frage nach guter, kompetenzorientierter und inklusiver Lernkultur ist damit sehr eng mit der Umsetzung einer BNE verknüpft. Überlegungen zur Umsetzung und Orientierung an diesem Bildungskonzept können so immer auch als Beitrag zu einer Qualitätsentwicklung verstanden werden, weil zum einen qualitätsvolles Lernen eingefordert und dies zum anderen aber auch weitergeführt wird durch die Aspekte der Beteiligung, der Vernetzung und der Zukunftsbedeutung. Dass sich die Lernkultur und die Schule in einer konsequenten Umsetzungsstrategie sehr schnell auch als Ganzes verändern muss, wird offensichtlich: es braucht dann z. B. Mitbestimmungsmöglichkeiten für alle Akteur:innen der Schulgemeinschaft oder Vernetzungsansätze auf fachlicher Ebene, aber auch phänomenbasiertes, projektbezogenes oder weitgehend selbstbestimmtes Arbeiten, wie auch in der Planung und Umsetzung von *Herausforderungen*.

Die Integration des Angebotes von *Herausforderungen* im schulischen Ablauf bietet hier vielfältigste Anknüpfungspunkte. Durch eine meist sehr starke Schüler- und Partizipationsorientierung und eine Planungs- und Umsetzungsstruktur haben Herausforderungen großes Potenzial zur Implementation von BNE in der Schule beizutragen. Gleichzeitig kann BNE als Orientierungsrahmen in diesen Prozessen genutzt werden. So können zum Beispiel die Projektziele und Planung der Umsetzung in Bezug auf ihre Nachhaltigkeit befragt werden, so dass sich die Ideen zwischen den ökologischen, sozialen und ökonomischen Bedingungen aufspannen und im Hinblick auf wichtige Kriterien, z. B. ihren ökologischen

Fußabdruck oder ihren Beitrag zu sozialen Herausforderungen im Umfeld prüfen lassen.

Als Perspektive für die Entwicklung von Herausforderungsvorhaben kann BNE demnach Anstöße zur begründeten Auswahl von Bildungszielen, -themen und -methoden aber auch Reflexionsfolie für die Umsetzungsstrategie sein. BNE liefert darüber hinaus mit Blick auf die Schulentwicklung insbesondere durch den Whole-School-Ansatz (ganzheitliche Schulentwicklung) wichtige Impulse auch zur Organisationsentwicklung und zu gemeinsamen Lernprozessen aller an Schule Beteiligten.

4 BNE als Aufgabe der ganzen Schule

Schule als Institution mit ihrem gesellschaftlichen Bildungsauftrag hat den Auftrag, komplexen globalen Zusammenhängen auch im Schulumfeld so gerecht zu werden, dass diese ganzheitlich und auf unterschiedlichen Schulebenen erfahrbar sind (vgl. Böhme 2019). Das bedeutet auch, dass die Implementation von BNE nicht bei einer einmaligen Thematisierung im Unterricht endet, sondern dass sowohl von Unterricht bzw. Lernen als Mikroebene aus als auch von Schulprojekten und Schulorganisation, der Makroebene, aus Impulse ansetzen können und auf die jeweils andere Ebene Auswirkungen entfalten.

Schulentwicklung zielt auf eine „bewusste und systematische Weiterentwicklung von Einzelschulen" (Rolff 2016, S. 37), in denen „das pädagogische Handeln und die organisatorischen Strukturen weiterentwickelt werden" (Grundmann 2017, S. 47). Sie bezieht sich auf die ganze Schule als eine öffentliche Institution und ein Ort des Lehrens und Lernens. Ziel ist „die Einführung einer neuen Praxis durch Erfinden, Erproben und Erneuern" (ebd., S. 36). Neben der Kernaufgabe Lernen zu organisieren und zu begleiten, rücken so auch weitere Bereiche von Schule, wie Beschaffung, Versorgung oder Personal, in den Blick und können zur Verwirklichung des Leitbilds einer nachhaltigen Entwicklung in der Schule beitragen. Besonders vielversprechend ist es (vgl. Barth 2013; Grundmann 2017), wenn

1) im formalen (unterrichtlichen) Lernen ein Grundstein zur Auseinandersetzung mit Fragen einer nachhaltigen Entwicklung gelegt wird, der die Lernenden ermutigt, darüber hinaus aktiv zu werden,

2) informelle Lernräume, wie die *Herausforderungen*, diese Bemühungen aufgreifen und den Schüler:innen vertiefende, authentische Erfahrungen ermöglichen,

3) diese beiden Formen des Lernens miteinander verknüpft werden, um den Schüler:innen vielfältige Ansätze und Veränderungen zugänglich zu machen und so Schule als geschützten Experimentierraum aufzustellen. Einen nach-

haltigen Lebensstil entwickeln zu können, setzt voraus, dass Veränderungen, Gestaltungsmöglichkeiten selbst erprobt oder Vorbilder erlebt werden können, und

4) Aktivitäten nach außen hin sichtbar werden, z. B. durch öffentlichkeitswirksame Einzelaktionen oder Veranstaltungen, die über die Schulöffentlichkeit hinausgehen; dies bringt meist auch viel Motivation und Bedeutsamkeit mit sich.

Zugleich verlangen solche Vorhaben auch bestimmte Bedingungen, wie Kooperationen, klare Verantwortlichkeiten für die Umsetzung (z. B. eine Steuergruppe), abgestimmte Fortbildungsmaßnahmen, flexiblere Strukturen, z. B. in Bezug auf Fachunterricht und fächerübergreifendes oder projektorientiertes Arbeiten. Ist eine Flexibilität gegeben, bringt dies auch eine große Offenheit und Anschlussfähigkeit für außerschulische Akteure mit sich, die dann ihre Expertise einbringen können.

Ein mögliches Szenario
Die Schüler:innen setzen im Rahmen ihrer/einer *Herausforderung* eine Wandertour mit vielen Kletterpassagen in einer Bergregion um. Dafür können z. B. bereits im Vorfeld im Rahmen von Fachunterricht Aspekte von nachhaltigem Tourismus oder die Besonderheiten der jeweiligen Region aufgegriffen werden. Es können nachhaltige Varianten für die An- und Abreise, wichtige Dinge, die es beim Wandern zu beachten gilt, die Unterkunft und die Versorgung mit Essen und Trinken und vor allem auch Regeln für das Miteinander abgeklärt und vereinbart werden. So könnte bereits zu Beginn eine Konsolidierungsphase für das Miteinander in Form einer Vision entwickelt werden, „was wollen und wünschen wir uns, wie sehen die Schritte dahin aus und wie kann jeder eingebunden werden". In einem nächsten Schritt kann ein Treffen mit einer/einem Ranger:in verabredet werden, der/die auf durch Schüler:innen vorbereitete Fragen antworten oder Problemlagen im Ökosystem aufgreifen kann, wie Wasserknappheit, Müllvorkommen, Artensterben oder auch Errungenschaften, wie der erfolgreiche Schutz von Tierarten oder die Renaturierung von Gebieten. Im Vorfeld können Schüler:innen so vielleicht auch schon Interessengebiete oder Fragen entwickeln und mitnehmen, die sie dann in der Umsetzung begleiten und zu denen sie dokumentieren oder Aktionen planen. Kehren die Lernenden in die Schule zurück, sind sie sicherlich reich an Ideen, was ihnen wichtig ist oder beim Lernen helfen kann. Vielleicht haben sie die Idee einen (Alpen-)Steingarten anzulegen, um zu testen, welche Pflanzen wie und wo wachsen können oder sie wollen eine Kletterwand auf dem Schulgelände installieren. Diese Ideen können in weitere Vorhaben überführt, unterstützt und reflektiert werden, z. B. können andere Steingärten besucht oder über Bilder verglichen werden, die Beschaffung der Steine und Pflanzen müsste überlegt werden. Möglich ist auch, dass die Gemeinde noch Orte zur Gestaltung

brachliegen hat und dankbar für die Initiative wäre. Denkbar ist auch, dass am Ende ein Nachhaltigkeitsbericht, auch im Sinne der Reflexion der eigenen Lernprozesse steht, der es anderen Klassen erlauben würde, auf Erfahrungen zuzugreifen, der aber auch Grundlage für ein Konzept für nachhaltige Klassenfahrten an der Schule sein kann.

5   Fazit

Insgesamt lassen sich viele Anknüpfungspunkte zwischen der Umsetzung einer BNE und der Umsetzung des schulischen Angebots von *Herausforderungen* erkennen. Zum einen können Themen einer BNE zum Gegenstand werden und sich daraus Ziele und Herangehensweisen für die Planung und Durchführung von *Herausforderungen* ergeben. Der Prozess der Planung, Umsetzung und Reflexion kann ebenso unter BNE-Perspektive durchleuchtet werden, um so zum Beispiel das eigene Wirken in einem Ökosystem oder die Partizipation aller Beteiligten kritisch zu betrachten.

Auf der Ebene der Entwicklung von Lernaktivitäten und schulstrukturellen Aufgaben kann BNE ebenfalls vielfältige Impulse liefern, wie formale und informelle Lernräume miteinander vernetzt werden können, um die Lernerfahrungen der Schüler:innen zu vertiefen und Experimentierräume anzubieten. Ein verbindendes Anliegen und gemeinsames Ziel zwischen der Umsetzung von *Herausforderungen* und BNE im schulischen Alltag kann dann die (grundlegende) Veränderung von Lerngelegenheiten und schulischen Angeboten als Möglichkeiten für das Leben zu lernen, persönlich zu wachsen und aktiv zu gestalten, sein.

Literatur

Barth, Matthias (2013): Nachhaltigkeit in die Schule gebracht: Befunde aus einer empirischen Studie. In: Fischer, Daniel/Michelsen, Gerd (Hrsg.): Nachhaltig konsumieren lernen. Ergebnisse aus dem Projekt BINK („Bildungsinstitutionen und nachhaltiger Konsum"). Bad Homburg: VAS – Verlag, S. 105-129.

BMZ/KMK Bundesministerium für wirtschaftliche Zusammenarbeit und Entwicklung/Kultusministerkonferenz (2015): Orientierungsrahmen für den Lernbereich Globale Entwicklung im Rahmen einer Bildung für nachhaltige Entwicklung. Bonn, Berlin.

Böhme, Lars (2019): Politische Bildung für Schülerinnen und Schüler mit sonderpädagogischem Förderbedarf. Perspektiven Globalen Lernens an Förderzentren. Frankfurt am Main: Wochenschau-Verlag.

Grundmann, Diana (2017): Bildung für nachhaltige Entwicklung in Schulen verankern. Handlungsfelder, Strategien und Rahmenbedingungen der Schulentwicklung. Wiesbaden: Springer VS.

Di Guilio, Antonietta/Künzli David, Christine/Defila, Rico (2008): Bildung für nachhaltige Entwicklung und interdisziplinäre Kompetenzen – Zum Profil von Lehrkräften. In: Bormann, Inka/De, Gerhard (Hrsg.): Kompetenzen der Bildung für nachhaltige Entwicklung. Operationalisierung, Messung, Rahmenbedingungen, Befunde. Wiesbaden: Springer VS, S. 179-197.

De Haan, Gerhard (2008): Gestaltungskompetenz als Kompetenzkonzept einer Bildung für nachhaltige Entwicklung. In: Bormann, Inka/De Haan, Gerhard (Hrsg.): Kompetenzen der Bildung für nachhaltige Entwicklung. Operationalisierung, Messung, Rahmenbedingungen, Befunde. Wiesbaden: Springer VS, S. 23-43.

De Haan, Gerhard/Harenberg, Dorothee (1999): Bildung für nachhaltige Entwicklung. Gutachten zum Programm. Materialien zur Bildungsplanung und zur Forschungsförderung. Bonn.

KMK – Kultusministerkonferenz (2017): Zur Situation und zu Perspektiven der Bildung für nachhaltige Entwicklung. Bericht der Kultusministerkonferenz vom 17.03.2017. www.kmk.org/fileadmin/Dateien/veroeffentlichungen_beschluesse/2017/2017_03_17-Bericht-BNE-2017.pdf (Abfrage: 15.05.2021).

Künzli, Christine/Bertschy, Franziska (2008): Didaktisches Konzept. Bildung für eine nachhaltige Entwicklung. www.ikaoe.unibe.ch/forschung/bineu/BNE_Didaktisches_Konzept_Feb08.pdf (Abfrage: 02.03.2021).

Michelsen, Gerd/Adomßent, Maik (2014): Nachhaltige Entwicklung: Hintergründe und Zusammenhänge. In: Heinrichs, Harald/Michelsen, Gerd (Hrsg.), Nachhaltigkeitswissenschaften. Berlin, Heidelberg: Springer Spektrum, S. 3-60.

Muheim, Verena/Künzli David, Christine/Bertschy, Franziska/Wüst, Letizia (2014): Grundlagenband. Bildung für eine nachhaltige Entwicklung vertiefen. Herzogenbuchsee: INGOLDVerlag.

Raworth, Kate (2012): A safe and just space for humanity. Can we live within the doughnut? Oxfam discussion papers.

Raworth, Kate (2017): A Doughnut for the Anthropocene: humanity's compass in the 21st century. In: The Lancet Planetary Health 1, H. 2, S. 48-49.

Rolff, Hans-Günter (2016): Schulentwicklung kompakt. Modelle, Instrumente, Perspektiven. 3., vollständig überarbeitete und ergänzte Auflage. Weinheim, Basel: Beltz.

Steffen, Will/Richardson, Katherine/Rockström, Johan/Cornell, Sarah E./Fetzer, Ingo/Bennett, Elena M./Biggs, Reinette/Carpenter, Stephen R./Vries, Wim de/Wit, Cynthia A. de/Folke, Carl/Gerten, Dieter/Heinke, Jens/Mace, Georgina M./Persson, Linn M./Ramanathan, Veerabhadran/Reyers, Belinda/Sörlin, Sverker (2015): Planetary boundaries. Guiding human development on a changing planet. In: Science 347, H. 6223, S. 736-746.

United Nations (o. J.): „General Assembly. Resolution adopted by the General Assembly on 25 September 2015. Transforming our world: the 2030 Agenda for Sustainable Development". www.un.org/ga/search/view_doc.asp?symbol=A/RES/70/1&Lang=E (Abfrage 05.05.2021).

Vare, Paul/Scott, William (2007): Learning for a Change. In: Journal of Education for Sustainable Development 1, H. 2, S. 191-198.

Weinlich, Silke/Michels, Dennis (o. J.): „Entwicklungspolitik als Antwort auf Sicherheitsprobleme?". m.bpb.de/izpb/209707/entwicklungspolitik-als-antwort-auf-sicherheitsprobleme (Abfrage 06.05.2021).

World Commission for Environment, Development/auch „Brundtland-Kommission" (1987): Our Common Future. Oxford.

Wulfmeyer, Meike (2020): Bildung für nachhaltige Entwicklung im Sachunterricht: Entwicklungen, Eckpfeiler, (Hinter-)Gründe und Ansprüche. In: Wulfmeyer, Meike (Hrsg.): Bildung für nachhaltige Entwicklung im Sachunterricht: Grundlagen und Praxisbeispiele. Baltmannsweiler: Schneider Verlag Hohengehren. S. 5-32.

Lydia Kater-Wettstädt arbeitet derzeit als Verwaltungsprofessorin für Bildung für nachhaltige Entwicklung und Sachunterricht an der Leuphana Universität Lüneburg. Ihr Lehr- und Forschungsinteresse liegt vor allem in der Umsetzung einer Bildung für nachhaltige Entwicklung in der Lehrkräftebildung. Kontakt: katerwet@leuphana.de

II Schulische Umsetzungen von *Herausforderung/Herausforderungen*

Der vorhergehende Teil hat eine Vielzahl von konzeptionellen und argumentativen Bezügen und Hintergründen der Idee der *Herausforderung/Herausforderungen* aufgezeigt. Über die konkrete schulische Praxis bzw. die konkrete Ausgestaltung wurde dabei hinweggesehen. Es wurde so getan, als wäre mit der eingangs durch uns bzw. im Grußwort von Margret Rasfeld ausgeführten Skizze alles Relevante gesagt: Jugendliche erhalten durch ihre Schule die Möglichkeit, sich in einem begrenzten Zeitraum eigenen bzw. persönlich relevanten und motivierenden Aufgaben zu stellen, die in der Regel außerschulisch umgesetzt werden und keinen ausdrücklichen oder eindeutigen fachlichen Bezug haben. Es geht um eine Zeit persönlicher Anstrengungen oder auch Entbehrungen, die zum einen den altersspezifischen Entwicklungsthemen und zum anderen gesellschaftlich drängenden Zukunftsaufgaben entsprechen, in einer zunehmend unübersichtlich-ungewissen Welt als eine selbstbewusst-starke, mündige Person allein und kooperativ entscheidungs- und handlungsfähig zu sein. Und selbstverständlich, das legen die vorherigen Formulierungen ja auch schon nahe, ist mit der Skizze sicher Grundlegendes hervorgehoben – allerdings zu Lasten der womöglich ebenfalls relevanten Details der schulpraktischen Umsetzung.

Im folgenden Buchteil sollen deshalb nun schulische Umsetzungsbeispiele vorgestellt werden. Grundlegend für die Auswahl und Anordnung der einzelnen Beiträge ist dabei allerdings ein besonders hervorzuhebender Umstand: Im Vergleich zu vielen anderen Innovationsideen im Schulwesen ist für die Idee der *Herausforderung/Herausforderungen* kennzeichnend, dass sie sich nicht, zumindest nicht vorrangig, top-down vermittelt über eine überregional wirksame Werbekampagne einflussreicher Ideen- oder Geldgeber:innen oder gar als Vorgabe bzw. Empfehlung der Schulpolitik oder staatlicher Unterstützungseinrichtungen verbreitet hat (vgl. Rürup 2012). Zwar gibt es wichtige konzeptuelle Hintergründe und Bezüge wie die Streitschrift Hartmut von Hentigs, die Erlebnis- oder Montessori-Pädagogik (s. Kapitel II), aber ausgestaltet und umgesetzt (zur Produktreife gebracht) wurde die Idee der Entschulung, Bewährung oder Herausforderung jedoch durch konkrete Einzelschulen bzw. Schulleitungen und Lehrkräfte. Auch die weitere Verbreitung der Idee der *Herausforderung/Herausforderungen* erfolgte im Wesentlichen über den direkten Kontakt zwischen engagierten, reformorientierten Schulen – selbst wenn bei der gegenseitigen Information schon länger bestehende oder auch neu gegründete Schulnetzwerke dann sicherlich wichtige Plattformen dargestellt haben und einzelne Personen, wie eben Margret Rasfeld mit ihrem persönlichen Wirken und Engagement, eine besondere Zugkraft und Vorbildwirkung hatten (vgl. Beitrag 17 von Matthias Rürup zu Netzwerken und Kooperationen). Wichtig bei diesem Prozess der Verbreitung der Idee der *Herausforderung/Herausforderungen* in der deutschen Schullandschaft von anfänglich ein bis drei zu heute weit über 100 Schulen (das genaue Zählen fällt schwer) ist, dass es zwar, sichtbare Beispiele und Vorbilder einer gelungenen Umsetzung der Idee der *Herausforderung/Herausforderungen* gab, aber kein Copyright oder eine zwingend zu übernehmende Blaupause – im Gegenteil: jede Schule, die sich inspiriert durch Vorbildschulen dazu entschloss, selbst die Idee der *Herausforderung/Herausforderungen* aufzugreifen und umzusetzen, konnte dies auf eigene Weise tun – eng angelehnt an das Vorbild oder auch mit selbstbestimmten umfangreichen Abweichungen. Das fängt bei dem Namen an, den diese Idee in den einzelnen Schulen trägt, bei dem nicht nur uneinheitlich die Ein- oder Mehrzahl verwendet wird, sondern einzelne Schulen eigenständige spielerische Kreativität zeigen (Herausspaziert, Heraus aus dem Nest, Herauszeit, Stadt-Land-Fluss u. ä.). Das hört aber auch nicht bei notwendigen Entscheidungen über die konkrete Dauer, den Jahrgang oder der Frage auf, ob alle Schüler:innen des Jahrgangs pflichtmäßig eine Herausforderung angehen sollen oder nicht die Freiwilligkeit besser wäre. Wir kennen bisher keine zwei Schulen, die *Herausforderung/Herausforderungen* auf exakt die gleiche Weise umsetzen.

Es gibt demnach nicht das eine Konzept der *Herausforderung/Herausforderungen*, sondern letztlich eine übergreifende, konkretisierungsbedürftige Idee oder einen Pool an Vorbildern und Erfahrungen, der sich mit jeder neu hinzukommenden Schule noch erweitert – deswegen verwenden wir in diesem Buch wiederkehrend den Terminus „die Projektidee" (und beispielsweise nicht „das Projekt" oder gar „die Herausforderung"). Allerdings ist diese Vielfalt der Umsetzung nicht völlig beliebig: In den letzten zwanzig Jahren haben sich letztlich drei grundlegende Varianten herausgebildet. Diese sollen in den folgenden Berichten aus der Praxis vor allem vorgestellt werden.[1] Wir, die Herausgeber:innen, haben jeweils zwei Schulen, die prototypisch für eine dieser drei Varianten stehen können, angefragt, ob sie sich zusammenfinden und ein Schreibteam bilden könnten. Die Grundidee hierbei war, in den folgenden Praxisberichten jeweils zugleich die schulübergreifenden Gemeinsamkeiten der jeweiligen Umsetzungsvariante und weiter bestehende schulspezifische Unterschiede hervorzuheben.

Den Anfang machen Cäcilie Klappenbach und Martin Pfeiffer mit dem Ansatz einer Jugendschule, also eines besonderen – naturnah-unberührten – Schulgeländes, auf dem die Schüler:innen bestimmter Klassenstufen dann wiederkehrend, langfristig gemeinsam eigenverantwortlich leben und arbeiten. Diese Umsetzungsvariante knüpft vom Anspruch her an Montessoris Erdkinderplan an und steht dem ursprünglichen Vorschlag Hartmut von Hentigs nahe, generell auf eine Beschulung der Jugendlichen zu verzichten und sie stattdessen in einen Kotten (einen Bauernhof oder eine Werkstatt) umzusiedeln, auf dem sie sich lebenspraktisch, handwerklich, aber auch persönlich und sozial bewähren müssen. Anders als in den Umsetzungsvarianten der Idee der *Herausforderung/*

---

1   Auf eine eigenständige Darstellung der Umsetzungsvariante der Laborschule Bielefeld, bei der die Schüler:innen die Gelegenheit erhalten, sich über ein Schulhalbjahr für ein eigenes Herausforderungsprojekt zu entscheiden und dafür zeitliche und örtliche Freiräume erhalten, wird in diesem Kapitel verzichtet, siehe aber den Beitrag 1 von Michael Hecht und Annelie Wachendorff sowie Beitrag 25 von Sabine Geist und Thomas Makowski.

Herausforderungen, die danach beschrieben werden, bleiben die Schüler:innen hierbei auf dem Schulgelände, auch wenn sich dieses nun woanders befindet.

In den zwei anderen Varianten der Idee der *Herausforderung/Herausforderungen* werden die Jugendlichen stattdessen aufgefordert, sich einzeln oder in Kleingruppen eigene Aufgaben zu suchen, die dann in der Regel mit längeren Aufenthalten an Orten außerhalb der Schule oder auch fern des Wohnortes verbunden sind. Das schulische Angebot, sich einer Herausforderung zu stellen, ist dann zwar für Schüler:innen gleich (auch wenn nicht immer alle Schüler:innen dieses Angebot auch zwingend aufgreifen müssen), aber was die konkrete eigene Herausforderung ist, wo und mit wem sie stattfindet, ist unterschiedlich. Die Schüler:innen brechen, vereinfacht gesprochen, zwar zum selben Zeitpunkt auf, gehen aber auf verschiedene Weise in verschiedene Richtungen. Unterhalb dieser gemeinsamen Vorgabe, dass die Schüler:innen sich einer selbst gewählten, persönlichen Herausforderung stellen sollen, gibt es dann zwei grundlegende Umsetzungsvarianten: Zum einen eine stärker schulisch angeleitete und begleitete – wir bezeichnen sie als gebundene Herausforderungen – bei der die Schüler:innen aus einem Angebot von konkreten Herausforderungen, das ihnen die Schule unterbreitet, das persönlich passende auswählen und dann i. d. R. zusammen mit Lehrkräften umsetzen (vgl. Beitrag 10 von Stefan Grzesikowski, Sascha Scherrer und Uli Roos). Zum anderen gibt es eine Umsetzungsvariante, bei der die Schule sich weitgehend mit Vorschlägen und einer eigenen – vor allem auch personellen – Beteiligung an der Ideenfindung, Planung und Umsetzung der Herausforderungen zurückhält; wir bezeichnen diese Variante als offene Herausforderungen (vgl. Beitrag 9 von Elias Hoffmann und Maria Schmidt). Was die Herausforderung ist, die die Schüler:innen hier erleben, ist noch weitgehender als in der gebundenen Variante oder im Ansatz der Jugendschule, ihrer eigenen Entscheidung und auch Verantwortung überlassen.

Quer zu diesen drei Grundformen von Umsetzungen liegen dann die Varianten, die ab Beitrag 11 dargestellt werden. Sowohl unter den Schulen, die sich für den gebundenen Ansatz entschieden haben als auch unter jenen mit offenen Herausforderungen (der Ansatz der Jugendschule wird hier nicht weiter aufgegriffen) gibt es welche, die die Herausforderungen nicht nur einmal, für die Schüler:innen eines einzelnen Jahrgangs, sondern mehrfach für verschiedene Jahrgänge anbieten (vgl. Beitrag 11 von Arne Sorgenfrei und Antje Pochte). Mit den Beiträgen von Christin Tellisch, Jelena Scharnowski und Stefan Grade gehen wir schließlich auf Umsetzungsvarianten ein, die den besonderen Ansprüchen der Inklusion bzw. der Anpassung der Idee der *Herausforderung/Herausforderungen* an Schüler:innen mit besonderem Förderbedarf gerecht zu werden beanspruchen. Am Ende des dritten Buchteils stehen schließlich drei Beiträge, die weitere bemerkenswerte Varianten bzw. Entscheidungsfragen der Idee der *Herausforderung/Herausforderungen* vorstellen. Steffi Grossert und Uli Roos schildern Umsetzungsvarianten für jüngere oder ältere Schüler:innen als die mehrheitlich angesprochenen Jahrgänge 8 bis 10. Und Matthias Rürup präsentiert in seinem Beitrag die Befunde einer Delphi-Befragung des HeRiS-Projekts zu den Entscheidungen, Begründungen und Erfahrungen von Schulen dazu, ob Herausforderungen eher freiwillig oder verpflichtend, wie lang, wann im Schuljahr platziert oder durch wie viele schulische Vorgaben und Kontrollen beeinflusst sein sollten.

8   Die Jugendschulen in Potsdam – nach dem Vorbild Montessoris

Vielen Menschen ist die Montessori-Pädagogik mit ihren Materialien und der freien Arbeitsweise im Zusammenhang mit Kindergärten, Grund- und zum Teil auch weiterführenden Schulen vertraut. Weltweit folgen immer mehr Schulen den Ideen von Klassenräumen ohne feste Tischordnung, ohne Frontalunterricht und ohne hierarchisches Gefälle zwischen der Lehrkraft und den Lernenden. Weniger bekannt ist dagegen Maria Montessoris Konzept für das frühe Jugendalter, das sie „Erdkinderplan" nannte (vgl. Beitrag 5 von Gudula Meisterjahn-Knebel). Schon 1948 plädierte sie dafür, dass Jugendliche zwischen 12 und 15 Jahren nicht die herkömmliche Schule besuchen, sondern auf einem Schul-Bauernhof leben, Tiere versorgen, landwirtschaftlich tätig sind und eine Gastwirtschaft betreiben. Die Umsetzung dieser radikalen Idee der Entschulung und Trennung vom Elternhaus ist anspruchsvoll, insbesondere im städtischen Raum. Dennoch haben sich einige Schulen auf den Weg gemacht, auch diesen Teil einer Montessori-Schule umzusetzen und dazu einen sog. „Urban Compromise" entwickelt. Nachfolgend wird an zwei Beispielen aus Potsdam beschrieben, wie der „schulische" (besser: der entschulte) Alltag dort gestaltet ist.

8.1   Die Jugendschule an der Nuthe in Potsdam

Cäcilie Klappenbach

Die „Jugendschule an der Nuthe" der Reformpädagogischen Gesamtschule „Schulzentrum am Stern" in Potsdam befindet sich noch im Aufbau. Insofern kann sie eine Inspiration dafür sein, eine Jugendschule mit kleinen Schritten zu beginnen, anstatt sie von vornherein in seiner vollen Komplexität umzusetzen. Nachdem wir uns in einem Team aus experimentierfreudigen Lehrkräften in Kooperation mit einigen motivierten Expert:innen verschiedener Professionen zusammengefunden hatten, bestand unser erster Schritt darin, die Anschubfinanzierung zu sichern. Dabei half uns die Aussicht auf ein konkretes Naturgelände, so dass wir viele Eltern im Schulförderverein, Stiftungen und die „Initiative Sekundarstufe" (Gelder des Europäischen Sozialfonds und des Landes Brandenburgs) animieren konnten, uns mit einem finanziellen Startbudget auszustatten. Das und die Vernetzung mit Vereinen aus der Umgebung bildete die Basis, unsere Vision sukzessive konzeptionell auszubauen.

Der aktuelle Stand unseres Konzepts wird nachfolgend anhand eines typischen Tages an der Jugendschule beschrieben.

Grundlegendes

Über einen huckeligen Feldweg vorbei an Pferdeweiden und Feldern gelangt man zur Nuthe, einem Nebenfluss der Havel im Süden Potsdams. Schon von Weitem hört man eine Gruppe aus Siebt- und Achtklässlern lachen. Andere schließen gerade ihre Räder ab, mit denen sie gekommen sind. Die Stimmung ist locker und fröhlich. Ein paar Mädchen versuchen, die Eisschicht auf den Pfützen zu zersplittern. Andere machen Fotos von den Nebelschwaden über dem Fluss.

Am gegenüberliegenden Ufer befindet sich das Gelände unserer Jugendschule. Dort wird in der kommenden Woche der Unterricht stattfinden – wie mindestens in noch zwei weiteren Wochen des Schuljahres zu anderen Jahreszeiten. Jetzt ist Winter und es ist ziemlich kalt. Ein Teil der 15 Jugendlichen hat sich Skihosen angezogen, denn sie werden den ganzen Tag ausschließlich draußen verbringen, dort Essen kochen, naturwissenschaftliche Experimente durchführen oder handwerkliche Projekte entwickeln und umsetzen. Im Frühjahr kommt noch Landwirtschaft dazu.

Einige Jugendliche rufen laut nach ihrer Lehrerin, die inzwischen angekommen ist. Auf der anderen Flussseite setzt sich eine kleine Floß-Fähre in Gang. Ein zweiter Erwachsener – in dieser Woche ein Biologe – setzt über, um die Gruppe abzuholen. Er und die Lehrerin werden die Jugendgruppe in dieser Woche begleiten. – Abwechselnd unterstützen unterschiedlichste Expert:innen das Lernen und Arbeiten der Schüler:innen: Handwerker, Erlebnispädagog:innen oder eine Gärtnerin.

In kleinen Gruppen setzen sie nun über. Es ist der einzige Weg, um das einen Hektar große Naturgelände zu erreichen. Man hört Gesprächsfetzen: „Weißt du noch, als XY den Knoten nicht richtig fest gemacht hat und das Floß abgetrieben ist?", „Das war krass!" Die Freude über die abenteuerliche Rettungsaktion ist deutlich herauszuhören.

Das Floß war selbst ein handwerkliches Projekt von Schüler:innen. Anfangs wurde mit einem Kanu übergesetzt. Als dann aber eine Person im Rollstuhl dazukam, wurde eine bessere Lösung gebraucht. Gemeinsam mit einem Tischler entwickelten einige Schüler:innen die Idee für eine Floß-Fähre. Eine weitere Gruppe setzte den Plan um; in unregelmäßigen Abständen wird sie umkonstruiert und verbessert.

An diesem Beispiel wird deutlich, dass unterschiedliche Schüler:innengruppen abwechselnd auf dem Gelände arbeiten. Insgesamt sind es zweihundert Jugendliche, die in Gruppen à 20 Personen mit ihren beiden jeweiligen Klassenlehrer:innen ihren Unterricht auf das Gelände am Fluss verlagern. In einem kontinuierlichen Reflexions- und Entwicklungsprozess wird die bestehende Infrastruktur an die aktuellen Bedürfnisse angepasst und weiterentwickelt. Absprachen unter den Gruppen erfolgen derzeit per Brief über einen selbstgebauten Postkasten und mit einem Tagebuch. Damit die Übergaben der Projekte von Woche zu Woche gut gelingen, wird seit der Gründung mit unterschiedlichen Formaten experimentiert.

Nach dem Anlegen fällt als erstes eine Ruine ins Auge. Die Reste einer Ausflugsgaststätte, von der ein Brand nach der Wende nur noch Mauerreste übrig ließ. Damals war das Gelände noch über eine Brücke erreichbar, die wegen Baufälligkeit entfernt wurde. In den ersten drei Jahren waren die Projekte unserer Schüler:innen dadurch geprägt, das Gelände aufzuräumen und als Jugendschule herzurichten; einige kleine Müll- und Schutthaufen zeugen noch heute davon, denn: Immer wieder wird etwas aus dem Wasser gezogen oder aus der Erde geholt.

Jetzt ist es trotz der Kälte ein einladender Ort. Ein Lagerfeuer prasselt und wärmt einen Topf mit heißem Tee. Rund um das Feuer stehen selbstgebaute Palettenmöbel und Wikingerstühle. Hier trifft man sich, redet, isst, spielt zusammen und bespricht, was im Laufe der Woche ansteht: Was muss notwendigerweise erledigt werden? Welche Projekte wollen die Schüler:innen darüber hinaus umsetzen? Welche Aktivitäten bieten die Lehrerin und der Experte an?

Das Kochteam von fünf Schüler:innen kommt etwas später dazu. Sie waren noch einkaufen: Es gibt zum Mittag selbst angebaute Kartoffeln (ein kleiner Restbestand war frostsicher in einem Bauwagen gelagert) mit einer Spinatsoße und Rührei von den Hühnern des benachbarten Bauern; ihm gehört auch das Gelände der Jugendschule, das er uns für die pädagogische Arbeit verpachtet. Irgendwann könnte auf dem Acker des Geländes ein Großteil des Mittagessens angebaut werden. Die Schüler:innen bereiten es auf einem mobilen Kochwagen zu.

Authentische Probleme als Lernanlässe

Im Winter ist das Wasser abgestellt. Deswegen sammelt das Kochteam zuerst die Flaschen mit dem Trinkwasser ein, das alle für die Zubereitung des Essens mitbringen sollten. Mangel macht kreativ. Bei Schwierigkeiten nicht aufzugeben, sondern Improvisation als Option zu erkennen, ist eines unserer wichtigsten Lernziele. Das wird möglich, weil die Jugendlichen hier Lösungen für echte, also authentische Probleme entwickeln müssen und nicht für ausgedachte, eher theoretische und didaktisch aufbereitete, wie es sonst oft im Klassenraum geschieht. Wenn klar ist, dass die Lehrkraft auch noch keine Idee und oder gar ein vorbereitetes Lösungsblatt in der Tasche hat, entsteht die Motivation, ernsthaft nachzudenken. Dabei können sich die Jugendlichen als selbstwirksam und kompetent erleben, was einerseits die Motivation stärkt und andererseits wichtig ist, damit sie sich zu unabhängigen und selbstbewussten Persönlichkeiten entwickeln können.

Später wird Holz gehackt und in einem Unterstand gestapelt, der parallel dazu gebaut wird. Nach gründlicher Unterweisung zum Arbeitsschutz durch den

Experten und die Lehrerin arbeitet eine kleine Gruppe selbstständig mit dem Akkuschrauber und der Stichsäge. Für mehrere ist es das erste Mal, dass sie solches Werkzeug in den Händen halten. Mit Stolz in den Augen berichten sie am Ende des Tages, was sie geschafft haben.

Eine Gruppe hat sich vorgenommen, im Laufe der Woche Pizza zu backen. Dazu recherchieren sie im Internet, wie man mit den vorhandenen Materialien einen Backofen bauen könnte. Eine verrostete Eisenplatte und ein verbogenes Verkehrsschild von einem der Schutthaufen sowie diverse Backsteine werden als nützlich befunden. Am Ende der Woche wird zwar ein Prototyp entstanden sein, aber die kleine Probepizza wird nicht gar. Es ist schwierig, beim Scheitern eines Experimentes nicht den Mut zu verlieren. In solchen Fällen sollte die Lehrkraft dazu beitragen, dass die Schüler:innen die Haltung entwickeln, das Scheitern als Anreiz zu verstehen und es in der nächsten Jugendschulphase an der Nuthe zu einer anderen Jahreszeit noch einmal anders zu probieren. Bis dahin werden sie in der Schule genug Zeit haben, tiefergehend zu recherchieren. Falls nötig, können sie für den nächsten Versuch Geld bekommen: Der Förderverein hat ein Materialbudget, das für solche Projektideen verwendet wird.

Kooperation auf Augenhöhe und fächerübergreifend

Ein Achtklässler tröstet einen enttäuschten Siebtklässler der „Pizzagruppe" mit seiner Geschichte aus dem vergangenen Jahr: Fast eine ganze Woche hatte seine Gruppe an einem Leonardobogen (vgl. Abb. 1) gearbeitet, der dann kurz vor der Vollendung zusammenbrach.

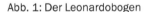

Abb. 1: Der Leonardobogen

Nach einem frustrierten Nachmittag gelang es dem inzwischen eingespielten Team seinerzeit, das Ganze in wenigen Stunden wieder aufzubauen. Unter dem Bogen kann jetzt auch bei Regen handwerklich gearbeitet werden, denn die Jugendschule findet bei jedem Wetter und zu allen Jahreszeiten statt.

Eine Gruppe will im Laufe der Woche eine neue Plane aufziehen, denn durch die UV-Strahlung der Sonne hat sich die Plastikfolie teilweise aufgelöst. Ein interessanter Gesprächsanlass: Der Biologe bietet an, sich die halb zersetzte Folie unter dem Mikroskop anzuschauen. In einem anschließenden Gespräch thematisiert er Mikroplastik und wie es sich im Boden anreichert. Für den nächsten Tag wird er Experimente zur Bodenuntersuchung vorbereiten. Gemeinsam recherchieren sie, welche Folie lichtbeständig ist und was sie kostet. In diesem Zuge muss die Fläche ausgemessen und berechnet werden. Beim gemeinsamen Auslösen des Bestellvorgangs via Smartphone werden im informellen Gespräch über Cookies geredet und Vor- und Nachteile verschiedener Bezahlarten erörtert.

In der Jugendschule ist der übliche Stundentakt aufgehoben. Sinnvolle Pausenzeiten werden gemeinsam vereinbart, angepasst an das Wetter und die Art der Aufgaben. Die meisten der sehr unterschiedlichen Lernanlässe ergeben sich aus Einzelsituationen. Und aus der Praxis ergibt sich die theoretische Unterfütterung. Die kann sowohl von den Lehrkräften als auch von den Expert:innen oder aber von den Jugendlichen selbst ausgehen. Durch Hobbys oder familiäre Erfahrungen bringen einige Jugendliche ein großes Spezialwissen mit, das sie vor Ort gern teilen. Zum Beispiel wird der Spinat von einer Schülerin im Kochteam mit ein paar gefundenen Brennnesselblättern verfeinert; ein anderer Schüler bietet an, eine eigene Homepage für die Jugendschule zu programmieren; eine weitere Schülerin schlägt vor, effektive Mikroorganismen für das Kompostklo mitzubringen, da diese den Geruch mindern.

Beim Besuch der Jugendschule stehen besonders die Gruppenprozesse, Beziehungsarbeit und Konfliktmanagement im Fokus: sich selbst als wichtigen Teil der Gruppe zu betrachten und Verantwortung für die Gruppe zu übernehmen, zu verstehen, dass jeder ein wichtiger Teil und es nie egal ist, was der Einzelne tut, weil es immer Auswirkungen auf das große Ganze hat.

Die Lehrkräfte und ihre Schüler:innen erleben sich wechselseitig in einem ganzheitlichen Kontext und treten miteinander in Beziehung. Die Lehrkraft wird als nahbar, als Partner oder Partnerin auf Augenhöhe erlebt, allein schon dadurch, dass sie viele Fragen, die sich im Alltag draußen ergeben, nicht sofort beantworten kann.

Und plötzlich rettet ein Schüler, der sonst vor allem durch Unterrichtsstörungen auffiel, selbstlos das abgetriebene Floß, indem er sich trotz klirrender Kälte barfuß in den Fluss stellt und es mit einem selbstgebauten Wurfhaken aus einer Hacke mit angebundenem Seil zurück an Land holt.

Es ist nicht nur schön – aber lohnenswert

Mit Darstellungen von Jugendschulen wie dieser könnte ein romantisches Bild von allseitiger Harmonie entstehen, als handele es sich um Orte, an denen die Welt noch in Ordnung ist. Ist man mittendrin, klärt sich dieser Blick durch Alltagsrealitäten. Dieser Alltag ist vor Ort oft zäh und nervenaufreibend:

- Im Winter sind einzelne Jugendliche zu dünn angezogen oder haben keine Regenkleidung dabei,
- das Essen reicht nicht oder ist angebrannt,
- Lustlosigkeit und Desinteresse von einzelnen Jugendlichen überträgt sich auf die ganze Gruppe,
- Spuren von Bonbonpapieren ziehen sich durch das Gelände,
- teure Werkzeuge landen mehr oder weniger versehentlich im Fluss oder gehen verloren,
- Eltern fahren ihre Kinder mit dem Auto vor, anstatt ihnen den Weg mit dem Fahrrad zuzumuten,
- Lehrkräfte arbeiten in den Wochen an der Jugendschule oft über ihr Stundendeputat hinaus,
- Projekte, die man sich überlegt hat, scheitern, die Zeit reicht nicht aus oder fallen dem Widerwillen einzelner Schüler:innen zum Opfer,
- es gibt Streit untereinander,
- Angst vor Spinnen oder davor, sich schmutzig zu machen,
- schwelende Konflikte treten zutage und erfordern es, gemeinsam die Gruppendynamik zu analysieren, Kompromisse auszuhandeln und über sich selbst hinauszuwachsen; das braucht Mut und Konsequenz.
- Auch innerhalb des Erwachsenenteams stehen regelmäßig Rollenunklarheiten und Verantwortungsdiffusion zur Debatte und müssen ausgetragen werden.

Doch trotz allerlei Schwierigkeiten und durchaus auch frustrierenden Erlebnissen lohnt sich der Aufwand, weil …

- … gerade das Bewältigen dieser schwierigen Situationen so wertvoll ist für die Persönlichkeitsentwicklung der Jugendlichen und für die Professionalisierung der Lehrkräfte.
- … im Rückblick am Ende der Schulzeit die Erfahrungen in der Jugendschule von den Jugendlichen als sehr wertvoll angesehen werden: „Da habe ich Kochen gelernt", „Druck rausgenommen", „Abwechslung", „Endlich mal was Sinnvolles gemacht" oder „Die Lehrer haben ein anderes Bild von einem bekommen", sind Aussagen, die dann zu hören sind.

- … das Lernen im Klassenraum nach den Wochen draußen oft deutlich ruhiger und entspannter ist. Mit neuer Konzentration kann frisch ans Werk gegangen werden.

Gerade für Jugendliche des siebten und achten Jahrgangs ist das gemeinsame Erfahren, Probieren, Scheitern und Gelingen, Kreativsein und sich selbst in der Gruppendynamik an der frischen Luft Erleben durch keinen Klassenraumunterricht zu ersetzen.

Cäcilie Klappenbach ist Montessori-Lehrerin, Erlebnispädagogin und Dozentin an der Akademie Biberkor. Im Vereinsvorstand des „Jugendschulen einer Stadt e. V."
zur Verbreitung und Förderung von Erdkinderplanprojekten im städtischen Umfeld ist sie in beiden Potsdamer Montessorischulen tätig.
Kontakt: caecilie.klappenbach@lk.brandenburg.de

8.2 Die Jugendschule am Schlänitzsee

Martin Pfeiffer

Es ist kurz nach halb neun auf dem Gelände der Jugendschule am Schlänitzsee, sieben Kilometer außerhalb von Potsdam. Freie Flächen wechseln sich mit Schatten spendenden Baumgruppen und dichten Hecken ab. Rechts steht ein gemauertes Gebäude mit großen Toren hinter einem Vordach. Davor auf einer parkähnlichen Grünfläche ein Lehmbackofen und Gruppentische, weiter links ein Leonardobogen als Unterstand und zwei Bauwagen.

Die ersten Jugendlichen im Alter von 12 bis 14 Jahren treffen auf ihren Fahrrädern ein. Sie setzen sich auf die Holzbänke unter dem Leonardobogen und ruhen sich dort von der 40-minütigen Anfahrt per Fahrrad aus, checken nochmal ihr Handy, bevor sie es lautlos machen und wegstecken müssen, beißen in die Frühstücksstulle und trinken einen großen Schluck.

Die vier Gruppen der Jahrgänge 7 und 8 der Montessori-Oberschule Potsdam verbringen jeweils eine ganze Woche auf dem über drei Hektar großen Freigelände. Dort befinden sich folgende Lernbereiche: Außenküche, Schafweide, Kräutergarten, Hügel- und Hochbeete, Gewächshaus, Forscherwagen, Biomeiler, Bereich zur Herstellung von Pflanzenkohle, Bogenschießplatz, Freiflächen und Werkstätten mit Außenbereich. Nach und nach treffen alle ein. Zwei Lehrkräfte und zwei Expertenpersonen aus dem sog. „See-Team" setzen sich dazu. Eine Lehrerin berichtet, eine Fahrradgruppe sei verspätet, weil sie einen Jungvogel auf der Straße fand, den sie noch retten wollte.

Notwendige Arbeiten und freiwillige Vorhaben

Nach der Begrüßung stellen die Expertin und der Experte (siehe Kasten) die Arbeiten vor, die heute anstehen, visualisiert durch zwei Aufgabenschilder auf dem Whiteboard: Schafe versorgen und Kochen. Die Gruppenleiterin hängt vier Namen dazu, die Zuteilung wurde bereits am Freitag in der Schule vorgeplant. Außerdem haben die Gartenbereiche Hochsaison. Dort werden viele gebraucht, es melden sich sieben Schülerinnen und Schüler. Nachdem sich die Erwachsenen noch einer Aufgabe zugeordnet haben, machen sich die Schülerinnen und Schüler gruppenweise auf den Weg, Werkzeuge aus der Werkstatt oder aus dem Geräteschuppen zu holen, sich mit Gießkannen auszurüsten oder die gekauften Lebensmittel in die Außenküche zu tragen.

Die Schülergruppen entwickeln und betreuen bestimmte Bereiche auf dem Gelände. Eine kümmert sich um den terrassenförmig angelegten Kräutergarten sowie den Eingangs- und Willkommensbereich. Dazu malen zwei Mädchen neben dem Eingangstor die Umrisse des Geländes auf eine große Platte. Anschließend wandern sie über das Gelände und machen von den Orten, die ihnen wichtig erscheinen, Fotos, die sie später in der Schule auf das Schild kleben werden.

Einen anstrengenden Tag hat heute die Schafgruppe. Die vier Rauhwolligen Pommerschen Landschafe brauchen eine neue Weide. Aber erst einmal die Grundversorgung: Gierig drängen sich die mittelgroßen Schafe um den Leckerli-Eimer, den die Jugendlichen mitbringen. „Nein, Alph, du hattest schon zwei!" sagt Juri bestimmt zum vordringlichsten – dem Alphatier – und streckt der scheuen Meryl Sheep eine Möhre hin. Die Jugendlichen gehen unterschiedlich auf die Schafe zu. Manche fürchten die Nähe der Tiere oder den ungewohnten Blick durch die senkrecht stehenden Pupillen, andere bauen in den fünf Tagen, an denen sie jeweils am Stück auf dem Jugendschulgelände sind, ein Vertrauensverhältnis auf, indem sie die Schafe beobachten, mit ihnen sprechen und versuchen, mit Hilfe der Leckerli „Kunststücke" zu trainieren. Zur Belohnung lassen sich dann ein oder zwei Schafe kraulen. Für die neue Weide legt der Erwachsene, der die Schafe auch in der Zeit versorgt, wenn keine Jugendlichen da sind, den Verlauf der Schafnetze fest. Zwei Schüler gehen mit einer Astschere voran und schneiden Zweige und Schösslinge zurück, dahinter mähen zwei andere Schülerinnen mit Forstsensen einen Streifen Gras, damit es nicht mit dem Elektrozaun in Berührung kommt.

Die Kochgruppe setzt einen großen Topf Wasser für den Frühstückstee auf den Gaskocher. Schon bald ist die Kuhglocke zu hören, die seit 2008 auf dem Jugendschulgelände die Essenszeit – jetzt den Frühstückstee – ankündigt.

Kaum ist das Pausenbrot gegessen, nähern sich geheimnisvoll flüsternd zwei Mädchen. Sie brauchen Rat, wie sie eine Schaukel über dem Wasser bauen könnten. Das haben sie sich als Geschenk der Achter für den Jahrgang sieben zum Schuljahresabschluss ausgedacht. Ich unterstütze sie bei der Auswahl von Material wie Holz und Schrauben, Seilen und Bohrern. In den kommenden Tagen werden sie jede Gelegenheit dafür nutzen, die Schaukel stabil und schön zu gestalten und zwischen den zwei bestimmten Bäumen sicher zu befestigen.

Auf dem Handwerksplatz neben dem Werkstattgebäude befindet sich ein Gestell, mit dem Langbögen zum Bogenschießen hergestellt werden können. Dort schleifen ein Mädchen und ein Junge ihre selbst gebauten Bögen aus Rattan und behandeln die Oberfläche mit Leinöl. Nun werden die Enden mit Hilfe eines Bunsenbrenners und einer Biegelehre wie eine lange Skispitze rückwärts gebogen und abgekühlt.

„Können Sie bitte einmal beim Baumhaus schauen?", fragt Jakob. Am Rand des Vogelschutzgebietes haben die beiden letzten Stürme große Äste von einer Trauerweide so heruntergerissen, dass auf einer Seite des Baumes nur noch zwei Aststümpfe auf dem Stamm stehen. Darauf sollte der Wunsch einer Gruppe ein Baumhaus zu bauen verwirklicht werden. Durch die Experten begleitet zeichneten sie nach vielen Entwürfen einen Plan, bestellten das Material und begannen, eine stabile Plattform zu bauen, indem sie zwei Eichenstämme als zusätzliche Stützen eingruben. Jakob ist hier der Bauleiter. Er hat eine genaue Vorstellung der Vorgehensweise und bringt die Arbeiten gemeinsam mit seinen Mitarbeitern konzentriert und unermüdlich voran.

Abb. 2: Wie anspruchsvoll das Projekt Baumhaus ist, zeigt sich bereits beim Bau der Plattform

Natürliche Kreisläufe nutzen und erfahrbar machen

Angesichts der anhaltenden Nachrichten über die Auswirkung der Klimakrise, sind wir im Sinne einer „Bildung für nachhaltige Entwicklung" (vgl. Beitrag 7 von Lydia Kater-Wettstädt) bestrebt, gemeinsam mit den Jugendlichen konkrete Wege zu suchen und aufzuzeigen, die Lösungsansätze für die aktuellen Probleme darstellen und damit Hoffnung machen. Dabei greifen wir vor allem auf die

Natur zurück, die eine große Quelle der Erfindungen und Antworten auf die aktuellen Herausforderungen ist, denn sie arbeitet seit Jahrmillionen in Kreisläufen und kennt dabei keine Abfälle, sondern ausschließlich Wertstoffe, die wiederverwendet werden. Einige Kreisläufe konnten wir bereits schließen.

Ein Beispiel: Am anderen Ende des Sandplatzes hantieren zwei Mädchen an einer alten Kornmühle. Außen an der waagerecht herausragenden Achse der Mahlsteine ist ein großes metallenes Schwungrad angebracht, an dem Luisa langsam dreht. Emma steht auf der Trittleiter und sorgt dafür, dass Kohlenstücke im Trichter weiterrutschen, wo sie zu Pulver gemahlen werden. Es ist – nach der Verkohlung von gesammeltem Totholz in einem Erdmeiler zu Pflanzenkohle nebenan – der zweite Schritt auf dem Weg zur Herstellung von „Terra preta", einem fruchtbaren Boden u. a. aus Kohle, Küchenabfällen und Exkrementen. Zu Beginn des Schuljahres erfuhren die Jugendlichen, dass die südamerikanischen Indios im Amazonasgebiet diese Erde „schwarze Erde" bereits vor tausenden von Jahren herstellten. Dieses Verfahren samt Rezept für die Herstellung von Pflanzenkohlenstreu mit Steinmehl und Effektiven Mikroorganismen (EM) als weiteren Zutaten notierten sich die Schülerinnen und Schüler in ihre Kladde (siehe Kasten Zu viele „Kladden"!).

Die Kladde

Die Kladde ist ein persönlich und individuell geführtes Blankobuch im DIN A4-Format. Da in der Montessori-Pädagogik weitgehend auf Schulbücher und Arbeitsblätter verzichtet wird, dient sie in allen Lernbereichen – also auch in der Jugendschule am Schlänitzsee – sowohl zum Eintragen wichtiger Lerninhalte als auch als Notizbuch.

Die Streu geben wir schichtweise in den sog. „Bokashi", einem Sammeleimer für Koch- und Essensreste. Unter Luftausschluss wird der nach und nach gefüllte und verdichtete Biomüll ähnlich wie Sauerkraut einige Wochen fermentiert, bevor er als nahrhafter Dünger zur Vererdung in den Kompost eingearbeitet wird. Nach einem halben Jahr schließlich werden die Jugendlichen mit dem gesiebten Kompost die Gartenbeete düngen.

Durch das Einbringen der Pflanzenkohle und den Aufbau des Bodens durch die Terra Preta-Herstellung erreichen wir, dass Kohlendioxid aus der Luft mit Hilfe der Fotosynthese stabil in den Humus eingebunden wird.

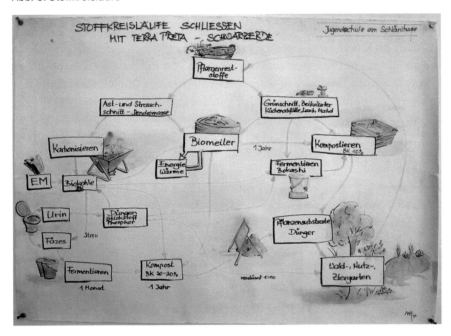

Die Pflanzenkohlenstreu ist auch ein wesentlicher Bestandteil der Trockentrenn-toiletten. Hinter einem mit Naturmaterialien geflochtenen Paravent befinden sich zwei helle, solide Holzkabinen mit lichtdurchlässigem Dach, die ganz ohne Wasserspülung funktionieren und dennoch hygienisch sind. Wie der Name schon sagt, werden die Hinterlassenschaften getrennt und mit Hilfe von Effekti-ven Mikroorganismen bzw. Pflanzenkohlenstreu in Gefäßen aufgefangen und so aufbereitet, dass sie als Düngestoffe – vorwiegend Phosphor, Stickstoff und Ka-lium – zum Aufbau des Humus auf dem Gelände einen wertvollen Beitrag leisten. (Im konventionellen Gartenbau und der Landwirtschaft werden diese Nährstoffe teuer als Kunstdünger dazugekauft.)

Wärmeenergie aus Biomasse

Hinter der Pflanzenkohlenmühle gießen zwei Schüler Zucchini- und Kürbis-pflanzen, die auf einem runden, brusthohen, durch ein Metallgitter eingefassten Kompost wachsen. Es ist ein Biomeiler, der eineinhalb Meter tief in den Boden eingegraben wurde und 50 Kubikmeter Schreddermaterial mit Pferdemist enthält. Zirkulierendes Wasser in den Rohrspiralen von jeweils einhundert Meter Länge in drei unterschiedlichen Höhen transportieren Wärme ins Werkstattgebäude, indem es über Kupferrohre auf Sockelhöhe an den Wänden entlang geführt wird und dabei die Mauern und in der Folge den Raum erwärmt.

Im Herbst werden die biochemischen Prozesse und damit die Wärmeentwicklung im Biomeiler erschöpft sein. Er muss dann durch viele helfende Hände wieder ausgeräumt und neu befüllt werden. Die 50 Kubikmeter halbverrotteter Kompost werden dann als ein weiterer nährstoffreicher Dünger dienen, der den sandigen Boden in Humus verwandelt und damit fruchtbar macht.

Für den Aufbau des Biomeilers reicht die anfallende Menge an gehäckselten Zweigen und Ästen nicht aus. Der Großteil des Schreddermaterials liefert uns die drei Kilometer entfernte städtische Kompostierungsanlage, die wir als Spende erhalten. Abgesehen von diesem Bezug von außen lässt sich die regenerierbare Low-Cost-Wärmenutzung des Biomeilers dennoch als ein Element erfahren, das einen weiteren Kreislauf innerhalb des Geländes schließt.

Der Schultag endet

Gegen halb Drei wird der Arbeitsplatz aufgeräumt. Anschließend suchen sich die Schülerinnen und Schüler eine Sitzgelegenheit und tragen die Tätigkeiten und wichtige Erkenntnisse in ihre Kladde ein. So unterschiedlich, wie die Arbeitsfreude tagsüber war, so individuell und motiviert fällt diese Pflichtarbeit aus. Bei manchen ist es notwendig, dass die Gruppenleiterin oder der Gruppenleiter die Eintragungen unterstützt. Nach letzten Absprachen für den nächsten Tag fahren die Jugendlichen gruppenweise wieder nach Hause. Am Freitag gestalten einige Schülerinnen und Schüler ein Plakat, auf dem sie alle Tätigkeiten der Woche mit den dazugehörigen Bereichen auf dem Gelände stichwortartig und zeichnerisch festhalten. Es wird am nächsten Montagmorgen als Übergabe-Information für die nächste Schülergruppe am Whiteboard hängen.

Martin Pfeiffer ist Lehrer für die Fächer Naturwissenschaften und Wirtschaft-Arbeit-Technik an der Montessori Oberschule Potsdam. Er gehört seit 2018 dem Entwicklungs- und Koordinations-Team der Jugendschule am Schlänitzsee an und ist vor allem für die Projektentwicklung, Beratung und Begleitung der Lernenden und Lehrenden auf dem Gelände verantwortlich.
Kontakt: martinpfeiffer@t-online.de

9 Offene Herausforderungen am Evangelischen Gymnasium Nordhorn und an der Integrierten Gesamtschule Oyten

Elias Hoffmann & Maria Schmidt

1 Das offene Modell als Herausforderungsformat

Dieses Modell des Projekts „Herausforderung" geht auf die Evangelische Schule Berlin-Zentrum (ESBZ) zurück, an der Margret Rasfeld als Schulleiterin 2012 diesen Ansatz initiierte (vgl. Rasfeld/Spiegel 2012). Das Konzept „Herausforderung" ist auch Teil der Initiative „Schule im Aufbruch", die Margret Rasfeld ebenfalls 2012 gründete (vgl. https://schule-im-aufbruch.de/). Alsbald sollte es auch in den öffentlichen Fokus rücken (z. B. Wulf 2016), so dass weitere bildungsinnovative Schulen bundesweit das Grundkonzept in den Folgejahren übernahmen (Stand 2021 weist die Website von Schule im Aufbruch 61 Netzwerkschulen aus) und an die eigene Situation – Standort, Schulform etc. – anpassten, weshalb heute zahlreiche Varianten existieren, die in der Folge Berücksichtigung finden sollen. Grundsätzlich zu unterscheiden ist das hier vorgestellte offene von dem gebundenen Herausforderungsformat, welches bereits 2006 an der Winterhuder Reformschule in Hamburg konzipiert wurde (vgl. Beitrag 10 von Stefan Grzesikowski, Sascha Scherrer und Uli Roos).

Die Benennung des Modells hat programmatischen Charakter: Die Schüler:innen sollen im Rahmen ihrer „Herausforderung" größtmögliche Eigenständigkeit erleben. Sie suchen sich unter wenigen Vorgaben und ohne Vorlagen nach persönlicher Präferenz ein selbst gewähltes Ziel für ihr Projekt. Die Schüler:innen sollten dabei allein beachten, dass sich ihre „Herausforderung" ideell begründet – sei es bspw. sportlich, ökologisch, kulturell oder sozial – und den Namen „Herausforderung" verdient, ohne dass das gesteckte Ziel offensichtlich eine Überforderung für sie darstellt. Des Weiteren sollen sie sich ein örtliches Ziel setzen, das sich fern ihrer alltäglichen Lebenswelt befindet und ihnen bestmöglich unbekannt ist, damit sie Entdeckungsfreude und Wagemut erfahren können.

Bei der praktischen Umsetzung ihrer „Herausforderung" werden die Schüler:innen dann nicht von Lehrer:innen ihrer Schule, sondern von Externen – zumeist Studierenden – begleitet. So können die Schüler:innen frei von Schule ihre „Herausforderung" erleben und Verantwortung für sich und andere übernehmen. Daran sollen sie wachsen, Mut fassen, Anstrengungsbereitschaft ausbilden und Selbstgewissheit ausschärfen.

Die beiden genannten Komponenten sind basal für das offene Modell: Die Schüler:innen sollen gerade wegen der vorherrschenden Dominanz klassischer Unterrichtsstrukturen und -vorgaben den Freiraum bekommen, auf Grundlage ihrer Interessen – also intrinsisch motiviert – zu entdecken und zu experimentieren. Zudem sollen sich die Schüler:innen ohne Beisein von Eltern oder Lehrer:innen ihrer selbst gewählten „Herausforderung" stellen, damit sie in der Planung wie auch in der praktischen Umsetzung in gleicher Weise Momente des Gelingens, aber auch Misslingens erfahren können. Dass Schüler:innen also im Projektprozess des offenen Modells vor dem erfolgreichen Abschließen der eigenen „Herausforderung" Formen von Misserfolg erfahren werden, ist mehr als wahrscheinlich und auch im Sinne der Persönlichkeitsentwicklung und -ausprägung der Schüler:innen gewünscht. Sie lernen, Enttäuschung auszuhalten, Misslingen nicht als Scheitern zu verstehen und an diesen Erfahrungen zu wachsen. So sollen sie aufgrund ihrer gesteigerten Selbstwirksamkeit nach der Schulzeit den Mut haben, aufbauend auf ihren Erfahrungen weitere Herausforderungen im Leben zu suchen.

2 Die verschiedenen Parameter des offenen Modells

2.1 Dauer und Zeitraum der „Herausforderung"

Ob Schüler:innen ihre selbstgewählte „Herausforderung" schaffen, ist auch an die Frage der Dauer geknüpft. Das Konzept der ESBZ sieht ursprünglich drei Wochen im September vor, in denen die Schüler:innen ihre Idee praktisch umsetzen. Erst mit diesem Zeitrahmen, so ein zentrales Argument, lernen die Schüler:innen an Grenzen zu gehen und durchzuhalten. Sie verlassen langfristig ihre gewohnte Komfort- und Schutzzone. Abweichend davon haben sich ebenfalls Konzeptansätze mit einer Dauer von zwei oder auch einer Woche etabliert.

Am Evangelischen Gymnasium Nordhorn

Die praktische Umsetzung ist an der Schule auf eine Woche angelegt, kann aber von den Schüler:innen im Sinne ihrer Herausforderung und nach Interesse um zwei Wochen ausgedehnt werden, da die Woche der Umsetzung die letzte Schulwoche vor den Osterferien ist. Mit dem Märztermin weicht die Schule von dem gängigen Septembertermin ab, welcher bessere Wetterbedingungen erwarten lässt. Dennoch hat sich die Schule aus organisatorischen Gründen für den Zeitraum vor den Osterferien entschieden. Da dadurch das Herausforderungsjahr mit dem Schuljahr korreliert, konkurriert die „Herausforderung" nicht mit anderen Projekten an der Schule, es gibt keine Ab- oder Zugänge von Schüler:innen und es kommt nicht durch die Sommerferien zu einer Unterbrechung zwischen der Planung und praktischen Umsetzung.

Fern dieser beiden genannten kurzen Zeitfenster erscheint die praktische Umsetzung der Herausforderungen kaum möglich, da nur an diesen Punkten die semesterfreie Zeit der Studierenden mit der Schulzeit einhergeht.

Die grundsätzlich kurze Variante des Evangelischen Gymnasiums Nordhorn begründet sich – wie auch der Zeitraum – u. a. durch die Begleitpersonen, die nahezu ausschließlich Studierende des Lehramts sind. Diese haben seltener die Möglichkeit oder das Interesse, bei einer Dauer von drei Wochen die Begleitung einer Gruppe zu übernehmen, weil sie ihre Teilnahme nicht durch die Kooperation mit einer nahen Universität als Studienleistung angerechnet bekommen. Pro Durchgang werden an der Schule bis zu 25 Begleitpersonen benötigt, weshalb die Begleitung als ehrenamtliches Engagement möglichst realisierbar und attraktiv für die Studierenden sein muss, die im Sinne des offenen Modells unverzichtbar für die praktische Umsetzung sind. Weiter zeigen Erfahrungen, dass die kurze Dauer bisweilen die Aufnahme der Herausforderungsgruppen durch Institutionen, Gemeinden, Vereinen etc. vereinfacht, zugleich schließen sich natürlich bei einer Woche zeitlich umfangreichere Projektansätze aus. Bisher vermitteln die Reflexionsgespräche mit den Schüler:innen, dass die kurze Dauer nicht als Einschränkung an Erfahrungsmöglichkeiten wahrgenommen wird. Die geführten Erstgespräche mit den einzelnen Gruppen zu Beginn eines jeden Herausforderungsdurchgangs (wie auch die Reflexionsgespräche) lassen mutmaßen, dass die kurze Dauer den Einstieg in das Projekt für die Schüler:innen erleichtert und verhindert, dass das Projekt mit seinem offenen Charakter als Überforderung gesehen wird.

An der IGS Oyten

Für die Durchführung der Herausforderung an der IGS Oyten sind die ersten drei Schulwochen nach den Sommerferien vorgesehen, beginnend an einem Samstag, endend an einem Freitag, so dass an den ersten beiden Schultagen nach den Sommerferien letzte Absprachen in der Schule erfolgen können und nach Ende der Herausforderung ein Wochenende zur Erholung bleibt, bevor die Nachbereitungen in der Schule dann am Montag starten. Schüler:innen, die mit dem Beginn des neuen Schuljahres neu an die IGS Oyten kommen, werden vor Beginn der Sommerferien kontaktiert und in die Planung der Herausforderungen einbezogen, häufig durch Einbeziehung in bestehende Gruppen, manchmal in Form von Einzelherausforderungen. Die Dauer von drei Wochen ermöglicht umfangreichere Herausforderungen wie Wander-Touren durch Skandinavien oder Touren zu einem Zielort, z. B. zu einem Bauernhof, mit Aufenthalt von ca. einer Woche an diesem Ort und anschließender Rückreise.

2.2 Die Begleitpersonen

Die Begleitung durch Studierende hat sich trotz genannter Einschränkungen (siehe Abschnitt 2.1) an den meisten Schulen sukzessiv etabliert, da diese in besonderer Weise für die Begleitung der Gruppen geeignet sind. Aufgrund ihres Alters und ihrer Lebenssituation sind sie als Begleitpersonen für die Schüler:innen spannende Bezugs- und Ansprechpersonen. Sie betten sich nicht in den Kontext von Schule und Elternhaus, wodurch sich das praktische Erleben der Herausforderung noch deutlicher von Schule lösen kann. Meist haben sie bereits Erfahrung in der Arbeit mit Jugendlichen und eine pädagogische Grundausbildung. Zudem haben sie selbst ein großes Interesse daran, an dem Projekt teilzunehmen, sich praktisch in der Interaktion mit den Jugendlichen auszuprobieren und das Konzept darin zu unterstützen, die Schüler:innen beim Erleben ihrer „Herausforderung" im besten Fall nur zu begleiten und nicht Einfluss zu nehmen.

Die Akquise der Studierenden als Begleitpersonen gelingt entweder durch die Kooperation mit einer oder mehreren Universitäten bzw. Hochschulen, welche die Teilnahme als Praxisleistung im Rahmen eines Seminars oder Moduls anerkennen, oder durch den Aufbau eines eigenen Netzwerks durch die Einzelschule. Beide Wege können natürlich auch kombiniert werden, sofern eine größere Zahl an Begleitpersonen benötigt wird. Die Vernetzung mit Universitäten und Hochschulen bietet gewisse Vorteile für die Schule: Zuvorderst erleichtert die Anbindung die Akquise, welche andernfalls mit einem hohen organisatorischen Aufwand verbunden ist. Des Weiteren wird die „Herausforderung" wiederholt zum Forschungsfeld der Studierenden im Rahmen von Seminar-, Bachelor- oder Masterarbeiten, woraus sich spannende und innovative Impulse zur weiteren Entwicklung für die Schule ergeben. Bei von Universitäten und Hochschulen bereitgestellten Studierenden gilt es zu bedenken, dass natürlich das Teilnahmeinteresse auch auf dem Erwerb von Credit Points oder einer Semesterbescheinigung basieren kann.

Für ein eigenes Netzwerk spricht neben der Unabhängigkeit vor allem die persönliche Beziehung der Studierenden zu der Schule. Da ihr Engagement keine Anerkennung als Studienleistung an einer Universität findet, haben sie ein ausgeprägtes intrinsisches Interesse an der Herausforderung und teilen die Begeisterung für diese, sonst würden sie schließlich nicht an dieser teilnehmen. Die Schule weiß zudem ganz genau, wer mit den Gruppen unterwegs ist. Studierende aus dem eigenen Netzwerk nehmen auch zumeist aufgrund der genannten Aspekte mehrmals an Herausforderungen teil, so zeigen die Erfahrungen.

Will eine Schule ein eigenes Netzwerk etablieren, sollten zunächst Studierende angeschrieben werden, die durch klassische Schulpraktika an der Schule waren und für die Herausforderung geeignet erscheinen. Des Weiteren sollten auch ehemalige Schüler:innen angeschrieben werden, die inzwischen mit einem Studium begonnen haben. Ab dem zweiten Durchgang werben all diese dann unter ihren Kommiliton:innen durch ihre Erzählungen an den verschiedenen Universitäten und Hochschulen für das Projekt und Studierende aus ihrem Umfeld interessieren sich für eine Teilnahme, der Kontakt wird hergestellt und es folgt ein Erstgespräch zum Kennenlernen mit einer Führung durch die Schule. Im Bedarfsfall können auch BFDler:innen und FSJler:innen der eigenen Schule kurzfristig eine Begleitung übernehmen.

Als neue Entwicklung ist hervorzuheben, dass verschiedene Schulen mit Herausforderungen engere Kooperationen prüfen, um Lehrer:innen für die Begleitung untereinander zu tauschen. Dies könnte die Akquise an Begleitpersonen für den Gesamtverbund vereinfachen und die Idee der Herausforderung auch innerhalb der Kollegien durch die Praxisnähe stärken.

Am Evangelischen Gymnasium Nordhorn

Die Schule setzt ausschließlich Studierende des Lehramts für die Begleitung ein, hat jedoch aufgrund des Standortes keine laufende Kooperation mit einer Universität oder Hochschule, so dass sie hierfür ausschließlich ein schuleigenes Netzwerk angelegt hat. Damit die Begleitpersonen die passenden Projektgruppen für sich finden, erhalten die Studierenden nach den ersten Schulwochen eine Übersicht über die Projektansätze der Schüler:innen, um eine inhaltsbezogene Prioritätenliste angeben zu können, auf Grundlage derer die Zuordnung erfolgt.

Mit der Herausforderung 2022 werden an der Schule erstmals auch Lehramtsstudierende mitwirken, die bereits als Schüler:innen an dem Herausforderungsprojekt teilgenommen haben. Folgende Voraussetzungen müssen an der Schule für eine Begleitung erfüllt sein:
- Vorbereitungsgespräch mit dem Organisationsteam
- Unterschriebener Begleitvertrag
- Treffen mit der zugeteilten Projektgruppe
- Erweitertes Führungszeugnis (nicht älter als ein Jahr)
- Erste-Hilfe-Bescheinigung (nicht älter als zwei Jahre)

An der IGS Oyten

Für die Akquise von Begleitpersonen kooperiert die IGS Oyten mit den Universitäten Vechta und Göttingen. Die Vorbereitung im Rahmen einer Jugendleiter:innen-Ausbildung (Juleica), die Begleitung einer Herausforderungsgruppe, die Teilnahme an einem Reflexionstag inklusive der Abschlusspräsentation sowie eine schriftliche Ausarbeitung sind Gegenstand eines Moduls, das an der Universität Vechta Studierenden aller Studiengänge und an der Universität Göttingen Lehramtsstudierenden angeboten wird. Auch werden Freiwilligendienstler:innen (BFDler:innen und FSJler:innen) sowie Schulsozialpädagog:innen der IGS Oyten als Begleitpersonen eingesetzt, ebenso der Schule bekannte geeignete ehrenamtliche Personen und seit dem ersten Abiturjahrgang 2021 auch Abiturient:innen der Schule. In seltenen begründeten Ausnahmefällen begleiten auch Lehrkräfte Herausforderungsgruppen. Folgende Voraussetzungen müssen für eine Begleitung erfüllt sein:
- Vorbereitungsgespräche mit der Schulleitung und Jahrgangsleitung
- Juleica-Ausbildung (kann organisiert durch die IGS Oyten erworben werden) oder andere pädagogische Ausbildung
- Erweitertes Führungszeugnis (aktuell)
- Erste-Hilfe-Bescheinigung (nicht älter als zwei Jahre)

- Unterschriebener Begleiter:innen-Vertrag
- Treffen mit der zugeteilten Herausforderungsgruppe (inklusive den Erziehungsberechtigten)

2.3 Finanzielle Rahmenbedingungen für die Schüler:innen

Dass das verfügbare Budget für die Planung und Durchführung der „Herausforderung" bewusst nicht zu groß sein sollte, hat mehrere Gründe: Zunächst sollten die Elternhäuser durch das Herausforderungsprojekt finanziell nicht zu stark belastet werden, des Weiteren sollen die Schüler:innen erkennen, dass Geld nicht unbegrenzt bzw. durch das Elternhaus frei verfügbar ist. Sie lernen – gerade beim offenen Herausforderungsformat – mit wenig Geld zu planen und zu kalkulieren, dieses zu verwalten, dafür verantwortlich zu sein, mit reduzierten Möglichkeiten Vieles möglich zu machen, kreativ zu werden, sich aber auch möglicher Grenzen klar zu werden und bei der praktischen Umsetzung ohne Komfort in einfachen Verhältnissen zu leben und diese wertzuschätzen.

So verstehen Schüler:innen bspw. nach den ersten Planungswochen, dass sie für eine gewünschte Unterkunft nicht zufällig bei einschlägigen Internetanbietern suchen müssen, sondern sich und die eigene Idee vielmehr persönlich bei Schulen, Gemeinden, Campingplätzen, Anbietern von Ferienwohnungen oder Privatpersonen vorstellen müssen, um eine günstige oder bestenfalls kostenfreie Unterbringung zu finden. So sind sie dazu aufgefordert, in besonderer Weise für die mögliche Realisierung der eigenen Idee einzustehen und für diese zu werben, schließlich müssen sie auch noch u. a. die Finanzierung der möglichen An- und Abreise sowie die Verpflegung – jeweils auch für die Begleitperson – im Blick haben. Auch dahingehend lernen sie, bedacht mit ihren finanziellen Möglichkeiten umzugehen.

An der Evangelischen Schule Berlin Zentrum stehen den Schüler:innen pro Gruppenmitglied 150 Euro für drei Wochen zur Verfügung, eine Erhöhung des Budgets zur Realisierung einer Idee muss von den Gruppenmitgliedern selbst erwirtschaftet werden.

Am Evangelischen Gymnasium Nordhorn

Hier stehen den Schüler:innen 100 Euro für eine Woche zur Verfügung, das Budget darf maximal auf 200 Euro pro Person erhöht und muss von allen Gruppenmitgliedern in gleicher Weise erwirtschaftet werden. Die mögliche Erhöhung muss beim Organisationsteam beantragt und mit der Projektidee begründet werden. Vor der praktischen Umsetzung müssen alle Gruppenmitglieder nachweisen können, dass sie ihren zusätzlichen Anteil selbstständig erarbeitet haben.

An der IGS Oyten

Den Schüler:innen stehen and er IGS Oyten 150 Euro pro Schüler:in für drei Wochen zur Verfügung. Eine Erhöhung durch selbstständig erarbeitetes Geld ist nur in begründeten Ausnahmefällen möglich.

2.4 Gruppengrößen

Beim offenen Herausforderungsformat sind Kleingruppen üblich, da gemeinsame ideelle Zielsetzungen in Großgruppen kaum austariert werden können, des Weiteren sollen alle Gruppenmitglieder für bestimmte Aufgabenbereiche die Verantwortung tragen, u. a. für den Kontakt zu Unterbringungen und Partnern, die Planung der Reiseroute, die Präsentation des Projektansatzes oder die Kalkulation. So sind alle Teilnehmenden bedeutender Bestandteil für das eigene Projekt und dessen Gelingen. Gruppen mit einem konkreten Zielort, an dem sie bspw. auf einem Bauernhof arbeiten, sollten nicht mehr als drei bis vier Personen umfassen. Gruppen, die z. B. mit dem Fahrrad oder zu Fuß unterwegs sind und ihre Aufenthaltsorte wechseln, können auch größer sein, sollten sich aber nicht aus mehr als acht Schüler:innen zusammensetzen, da sonst nicht alle in gleicher Weise zur Beteiligung an der Planung und Organisation aufgerufen sind. An manchen Schulen sind auch Einzelherausforderungen möglich, wenngleich dabei zu beachten ist, dass in diesem Fall die Schüler:innen sich nicht mit der Anforderung konfrontiert sehen, das soziale Miteinander in dem ihnen zumeist unbekannten Kontext von Verantwortung und Eigenständigkeit zu gestalten. Gerade dies stellt einen wichtigen Aspekt des Herausforderungsformates dar.

Am Evangelischen Gymnasium Nordhorn

Am Evangelischen Gymnasium Nordhorn sind Gruppengrößen von drei bis vier Schüler:innen vorgesehen, im begründeten Fall werden auch Gruppen von zwei oder bis zu sechs Schüler:innen durch das Organisationsteam zugelassen.

An der IGS Oyten

An der IGS Oyten sind bei Touren Gruppengrößen von vier und mehr Schüler:innen vorgesehen, erfahrungsgemäß bilden sich keine Gruppen von mehr als acht Schüler:innen. An einem festen Ort wie z. B. einem Bauernhof sind maximal zwei Schüler:innen vorgesehen, in begründeten Ausnahmefällen auch mehr.

2.5 Jahrgangsstufen

Das offene Modell wird an Schulen zumeist für die Jahrgangsstufen 8 bis 10 angeboten, wobei nur wenige mit der Jahrgangsstufe 8 beginnen (zum Thema Mehrmaligkeit siehe auch Beitrag 11 von Arne Sorgenfrei und Antje Pochte). Dabei kann sich das Angebot an Schulen dreimal bzw. zweimal wiederholen oder auch einmalig angelegt sein. Bietet eine Schule das Format für mehrere Jahrgangsstufen an, werden diese meistens vermischt, in gleicher Weise können sie natürlich auch getrennt voneinander behandelt werden.

Am Evangelischen Gymnasium Nordhorn

Das Evangelische Gymnasium Nordhorn bereitet die Schüler:innen schrittweise auf das offene Herausforderungsformat vor, das allein in der Jahrgangsstufe 10 verortet ist. In den Jahrgangsstufen 5/6 und 7/8 bietet die Schule als ein Projektwahlangebot Herausforderungen auf Basis des gebundenen Modells an. In der Jahrgangsstufe 9 übernehmen die Schüler:innen dann verpflichtend Verantwortung für andere, indem sie in sozialen Einrichtungen der Umgebung ihr sozialdiakonisches Praktikum absolvieren, um auf dieser Grundlage zuletzt in der Jahrgangsstufe 10 entsprechend vorbereitet eine eigene Herausforderung planen und durchführen zu können.

An der IGS Oyten

An der IGS Oyten findet die Herausforderung in den Jahrgängen 9 und 10 obligatorisch statt. Pädagogisch angebahnt wird sie durch eine 5-tägige Jahrgangsfahrt mit dem Fahrrad zu einer 30 km entfernten Jugendherberge in Jahrgang 5, einen 5-tägigen Aufenthalt auf einem Zeltplatz auf einer Insel in Jahrgang 6, einer 5-tägige Sportfahrt in Jahrgang 7 und einen 12-tägigen Jugendwaldeinsatz in einem Waldpädagogikzentrum in Jahrgang 8.

---

3 Gründe für die Wahl der Variante: Warum das offene Modell?

Der Wert dieses Modells liegt insbesondere in den uneingeschränkten Entfaltungsmöglichkeiten und Gestaltungsräumen für die Schüler:innen, die in ihrer Kreativität nicht durch Vorlagen eingeschränkt werden und zugleich lernen müssen, sich in diesem Umfeld scheinbar unendlicher Möglichkeiten zurechtzufinden, sich zu fokussieren, sich selbst zu finden und für sich einzustehen. Die Schüler:innen bekommen die Chance, sich aus ihrer gewohnten Lebenswelt herauszubewegen und sich von Eltern, Lehrkräften und der Schule sukzessiv zu lösen. Natürlich müssen dafür die Schüler:innen den Willen entwickeln, etwas zu wagen und mutig zu sein, doch gerade für diejenigen Schüler:innen, denen dies nicht leicht fällt, bietet dieses offene Modell ein außergewöhnliches Potenzial für die Persönlichkeitsentwicklung und Raum für Individualität. Dazu werden die Schüler:innen bei der praktischen Umsetzung mit ihrer eigenen Projektplanung konfrontiert und müssen diese eigenständig meistern. Dabei erkennen sie Fehler und nicht alles gelingt, doch zugleich setzen sie sich für das praktische Gelingen ihrer Idee ein und bilden mit der Umsetzung ein hohes Maß an Selbstwirksamkeit aus.

4 Konkret: Wie gestaltet sich die Umsetzung dieses Herausforderungsformats an Schulen?

Bestimmte Elemente finden sich an nahezu allen Herausforderungsschulen. Zu Beginn eines Durchgangs stehen Informationsveranstaltungen für die Eltern und die Schüler:innen. In den Folgewochen und -monaten haben die Schüler:innen mit Unterstützung von Coaches, die meistens ausgewählte Lehrkräfte und Schüler:innen mit Praxiserfahrung sind, nun Zeit sich in Gruppen zusammenzufinden, Ideen zu entwickeln und den gewählten Projektansatz zu planen. Ein Organisationsteam, das aus Lehrer:innen besteht, die zumeist gleichzeitig auch als Coaches fungieren, akquiriert im Hintergrund mögliche Begleitpersonen, ordnet diese den Gruppen zu und führt Gespräche mit Partnern vor Ort, die an Projektansätzen der Schüler:innen beteiligt sind. Am Ende der Planungsphase steht in einigen Schulen eine Überprüfung der Projektideen. Im Anschluss an die praktische Umsetzung schließen sich Reflexionstage und zuletzt ein Festtag an, an dem der Schulöffentlichkeit das Herausforderungsjahr durch die Schüler:innen präsentiert wird.

Am Evangelischen Gymnasium Nordhorn

Dass die Schüler:innen die durch das offene Modell gegebenen Entfaltungsmöglichkeiten nutzen, zeigen nach inzwischen vier Durchläufen die bisherigen Erfahrungen an der Schule, da Schüler:innen nur selten versuchen, Ideen aus den Vorjahren zu übernehmen. In einem solchen Fall werden die Gruppen so beraten, dass sie auf ihrer ideellen Grundlage eigenständige Ansätze entwickeln. So ergeben sich beispielhaft für das Herausforderungsjahr 2021 folgende Herausforderungen an der Schule (nach inhaltlicher Schwerpunktsetzung geordnet):

sozial:
- Arbeit im Tierheim Lüneburg

handwerklich:
- Arbeit auf dem Bauernhof

---

handwerklich-ökologisch:
- Kunstinstallation für mehr Nachhaltigkeit: Drahtfischkonstruktion auf Norderney

ökologisch:
- Vegane Ernährung und Nachhaltigkeit in Aurich
- Müll sammeln am Meer (Cuxhaven)

sportlich:
- Engagement im Bundesliga-Handball: Bremen (Damen)
- Engagement im Bundesliga-Volleyball: Münster (Damen)
- Wanderung im Harz
- Wandern an der Nordsee
- Wandern im Teutoburger Wald
- 3 Tage – 3 Länder – 3 Gipfelkreuze
- Fahrradtour von Nordhorn an die Nordsee

sportlich-kulturell:
- Mit dem Fahrrad in das Kliemannsland
- Wanderung durch das Ruhrgebiet – auf den Spuren der Kohleindustrie

kulturell:
- Arbeit im Theater: Backstage
- NRW-Kulturcheck: Duisburg vs. Düsseldorf

kulturell-wissenschaftlich:
- Auf den Spuren der Brüder Grimm
- Einblicke in die Architektur Hamburgs

wissenschaftlich:
- Politische Woche in Berlin: Interviews mit Bundestagsabgeordneten

An der IGS Oyten

Die an der IGS Oyten seit 2016 mit einem durch die Corona-Pandemie bedingten Aussetzen in 2020 jährlich von den Schüler:innen der Jahrgänge 9 und 10 durchgeführten Herausforderungen gliedern sich in der Regel in folgende Bereiche (aufgeführt sind pro Bereich besonders häufig gewählte Projekte):

On Tour:
- Fahrradtouren
- Wandertouren
- Kanutouren

An einem festen auswärtigen Ort:

- Bauernhof
- Pferdehof
- Jugendherberge
- Campingplatz
- Wassersporteinrichtung

Projekt vor Ort:

- Training für eine sportliche Herausforderung
- Bau von Holzmöbeln
- Nähen von Kleidung
- Schreiben eines Buches
- Planung und Erstellung eines Films
- Planung, Entwicklung, Proben und Aufführen eines Theaterstücks

5 Fazit

Das offene Format fordert Schüler:innen und Elternhäuser in besonderem Maße heraus. Für die Eltern heißt es häufig zum ersten Mal, dass sie ihre Kinder völlig eigenständig handeln und ziehen lassen müssen, da sie weder auf die Planung Einfluss nehmen noch Kontakt während der Umsetzung suchen sollen. Dazu findet dies in dem Wissen statt, dass die Kinder ihre geplante „Herausforderung" ohne Lehrer:innen als direkte Bezugspersonen der Schule umsetzen und somit außerhalb ihrer bekannten Lebenswelt auf sich gestellt unterwegs sind, so dass sich gerade auch die Eltern zahlreichen Anforderungen im Rahmen des offenen Herausforderungsformates stellen müssen.

Für die Schüler:innen bedeutet es, dass sie vor der Aufgabe stehen, vor zu Beginn unüberschaubar wirkenden Möglichkeiten Entscheidungen auf Grundlage eigener Interessen und Fähigkeiten zu treffen, Mitstreiter:innen zu finden und gemeinsame Ziele zu formulieren. Sie müssen im Planungsprozess Rahmenbedingungen und Grenzen erkennen, somit auch Ideen verwerfen, Absagen akzeptieren und diese wiederholt auftretenden Frustrationsmomente aushalten, sie müssen den Mut entwickeln, ihnen Fremde anzusprechen und von der eigenen Position und Idee zu überzeugen. Sie sehen sich damit konfrontiert, Verantwortung für sich und andere im Planungsprozess und bei der Umsetzung zu übernehmen und sich aus der etablierten Lebenswelt lösen zu müssen.

Daraus ergibt sich analog, dass die Einrichtung dieses Herausforderungsformates an einer Schule immer auch mit einer ausführlichen Erörterung und durchaus auch mit Konflikten einhergehen kann, da dieser Ansatz Eltern wie Schüler:innen zunächst gedanklich überfordern kann. Daher sollte der Versuch, dieses Modell an einer Schule zu installieren, sehr fundiert und sorgfältig geplant angelegt sein, denn sollte sich vorweg ein negatives Meinungsbild unter Schüler:innen und der Elternschaft etablieren, ist gegen dieses kaum noch anzukommen. So sollten Schulen eingeladen werden, die von ihren Praxiserfahrungen und Varianten berichten können, des Weiteren sollten Schüler:innen- wie Elternvertretung in den gesamten Planungsprozess eingebunden sein, Positionen und Sorgen sollten stets frühzeitig aufgenommen und offen thematisiert werden.

Wenn auf diese Weise der Start in das Projekt vorbereitet ist, gilt es auch in der Folge bei der Auswahl der Begleitpersonen, der Betreuung der Schüler:innen durch die Coaches in der Planungsphase, bei der praktischen Umsetzung und bei den verschiedenen Informationsveranstaltungen in jedem Durchgang aufs Neue sehr sorgfältig und ausführlich zu agieren, da die Arbeit an dem Projekt von Eltern – gerade auch am Anfang eines Durchganges – zurecht sehr genau beobachtet werden kann.

Berücksichtigt man diese Gelingensbedingungen und etabliert sich das skizzierte Herausforderungsformat an einer Schule, so kann dessen Wert für die teilnehmenden Schüler:innen, aber auch für die gesamte Schulgemeinschaft, nicht hoch genug eingeschätzt werden. Die Schüler:innen erhalten in Schule einen völlig neuen und uneingeschränkten Raum an Entfaltungsmöglichkeiten für ihre Interessen, ihr Selbstbild und ihre Persönlichkeitsentwicklung. Sie lernen und wagen sich von Zuhause und der Schule zu lösen und für die Elternhäuser gilt simultan, diesen Prozess zu stützen.

Und wenn die Schüler:innen von ihren Herausforderungen erfolgreich zurückkehren, tragen sie diese Wahrnehmung und dieses Gefühl mit ihren Erzählungen zu ihren Eltern nach Hause und zu ihren Mitschüler:innen und Lehrer:innen in die Schule. Auf diese Weise verbindet das Projekt alle Gruppen der Schulgemeinschaft miteinander und kann den Charakter und die Identität einer Schule nachhaltig prägen, da die Schüler:innen selbstbewusst das Projekt als ihren (Frei-)Raum verstehen und für sich beanspruchen.

Literaturhinweise

Rasfeld, Margret/Spiegel, Peter (2012): EduAction. Wir machen Schule. Hamburg: Murmann.
Wulf, Dieter (2016): Herausforderung: 17 Tage, null Bock. DIE ZEIT, H. 45/2016 (27. Oktober 2016). Online https://www.zeit.de/2016/45/herausforderung-schule-kanutour-projekt-verantwortung (Abfrage: 31.10.2022).

Maria Schmidt ist Schulleiterin der Integrierten Gesamtschule Oyten (IGS Oyten). Sie hat das Projekt „Herausforderung" an der IGS Oyten im Aufbau mit eingeführt und ist seit der ersten Durchführung im Jahr 2016 an der Koordination aller Projekt-Bereiche beteiligt. Kontakt: herausforderung@igs-oyten.eu

Elias Hoffmann ist Lehrer für die Fächer Latein und Geschichte am Evangelischen Gymnasium Nordhorn und dort für die Koordination des schulischen Ganztages zuständig. Er hat das Herausforderungskonzept der Schule 2017 entwickelt, koordiniert das Herausforderungsteam der Schule und begleitet Jahrgangsstufen im Rahmen der Projektvorbereitung. Kontakt: elias.hoffmann@egn-noh.de

10 Gebundene Herausforderungen an der IGS Landau und der Heinz-Brandt-Schule Berlin

Stefan Grzesikowski, Sascha Scherrer & Uli Roos

1 Unsere Intention – wie und warum machen wir das eigentlich so?

1.1 Unsere Herausforderungsformate

Grundsätzlich streben alle Schulen mit Herausforderungsvorhaben Entwicklungen der Schüler:innen an. Es geht um die Weiterentwicklung personaler Kompetenzen, um Persönlichkeitsentwicklung, das Bewältigen von Entwicklungsaufgaben und Erreichen von Entwicklungszielen, das Erwachsenwerden (vgl. Teil I dieses Buches). Die Zielstellungen der Schulen sind also ähnlich, doch der jeweilige Weg zur Zielerreichung unterscheidet sich von Schule zu Schule. Ganz herausforderungstypisch muss auch konzeptionell ein eigener Weg gefunden werden und gegebenenfalls unter stetiger Reflexion wechselnden Bedingungen angepasst werden. In der Umsetzung an den Schulen haben sich zwei grundsätzliche Projekttypen herausgebildet, aber auch innerhalb der einzelnen Schulen gibt es parallel verschiedene Angebotstypen. Sie unterscheiden sich im Grad der Selbst- und Mitbestimmung und in der freien Themenwahl, grob gesprochen in freie Herausforderungen und gebundene Herausforderungen:

- Freie Herausforderungen sind dadurch gekennzeichnet, dass das jeweilige Herausforderungsvorhaben in Planung und Durchführung von den Schüler:innen selbst vollständig verantwortet wird. Erwachsene sind – wenn überhaupt – als Coaches im Vorfeld oder als Begleiter:innen nur beratend oder eventuell – wenn sie selbst nicht weiterkommen – beteiligt.
- Beim gebundenen Typ handelt es sich um Herausforderungen, die sozusagen als feststehendes Angebot in wenigen Bereichen vorstrukturiert sind. Es gibt eine schulische Leitung des jeweiligen Herausforderungsprojekts, in welchem allerdings die Teilnehmer:innen gemeinsam die inhaltliche und organisatorische Ausgestaltung verantworten.

Für beide Formate entscheiden sich die Lernenden bewusst. Je nach eigenem Vermögen und Grad der Selbstständigkeit entscheiden sie sich im Vorfeld, welchen Korridor sie in Vorbereitung, Durchführung und Reflexion des jeweiligen

Projeks nehmen. Beide Formate werden eng pädagogisch in der Vorbereitung begleitet und vor der Umsetzung geprüft. Im Verlauf der Jahre haben unsere Schulen viele Erfahrungen in der Umsetzung gesammelt. Die meisten unserer Schüler:innen wählen ein Herausforderungsangebot, also die zweite Variante, was wir sehr befürworten. Dieses wird von unseren Lehrkräften angeboten, als Vorschlag thematisch und grob vorstrukturiert veröffentlicht. Interessenten bewerben sich auf den Herausforderungsvorschlag. Die so entstehende Gruppe entwickelt dann die weitere Detailplanung.

Nach mehreren Jahren sind so viele erprobte Herausforderungsangebote entstanden, die jedes Jahr als fester Bestandteil angeboten werden. Sie sind beispielhaft und helfen, mit den Jugendlichen eine Grundvorstellung von dem zu entwickeln, was eine Herausforderung ist. Sie helfen einem kleineren Teil der Schüler:innen eigene, freie Ideen zu entwickeln. Auch freie Herausforderungen können durch die bestehenden Grundkonzepte somit leichter initiiert und imitierend gestaltet werden. Ebenso wird eine Beratung und Prüfung der Planungen freier Herausforderungen sehr erleichtert, da in der Schule und bei Lehrkräften ein eigenes differenziertes Erfahrungswissen vorhanden ist.

Beispiele für bewährte Grundkonzepte von durch Lehrkräfte angebotenen Herausforderungen an unseren Schulen sind:

...an der IGS Landau	...an der Heinz-Brandt-Schule Berlin
• Mit dem Longboard nach Köln	• Mit dem Longboard zur Ostsee
• TheaterTour / Gauckler on Tour	• Mit dem Rad zur Ostsee / nach Paris
• Arbeit auf dem Gnadenhof / Bauernhof	• Zu Fuß über die Alpen
• Herausforderung Grenze: Spurensuche im Osten	• Auf dem Jakobsweg nach Santiago de Compostela
• Rollstuhl statt Fahrrad	• Mit dem Kanu Berlin umrunden / zur Ostsee
• Leben mit einem Baby	• Survival in Skandinavien

1.2 Unser wichtigstes Ziel: Charakter- und Persönlichkeitsentwicklung der Lernenden

In erster Linie sollen Herausforderungen Erfahrungen vermitteln – diese Zielsetzung ist unabhängig davon, ob es sich um gebundene oder freie Herausforderungen handelt. Schüler:innen sollen in Praxiserfahrung durch die Bewältigung von Widerständen, durch Lösen realer Probleme wachsen, womit keine primär fachlichen Bildungsinhalte, sondern Aspekte der individuellen Charakter- und Persönlichkeitsentwicklung gemeint sind. Herausforderungen zielen auf wirkliche Gelingenserfahrungen im gerade noch bestehenden Grenzbereich des Forderns (nicht des Überforderns) und benötigen dazu eine bestimmte Ausgestaltung – einen Gesamtrahmen, ebenfalls unabhängig davon, ob sie gebundene oder freie Herausforderungen sind. Herausforderungen schaffen echte Begegnungsfelder mit sich und anderen, bieten ein Erprobungsfeld für sich und eine Gruppe.

Allgemein gilt für freie wie gebundene Herausforderungen, dass diese typischerweise einen Perspektivwechsel ermöglichen sollen. Konsumieren wird ersetzt durch aktiv gestalten. Jugendliche kommen heraus aus scheinbar festen Rhythmen, bspw. wenn sie zwei Wochen auf ihr Handy verzichten oder keinen direkten Kontakt nach zu Hause haben. Jugendliche dürfen sich neu entdecken, Gewohnheiten ablegen und eigene Haltungen entwickeln. Gebundene Herausforderungen bieten dabei den Vorteil, dass dieser Prozess nicht völlig frei, sondern pädagogisch vorbereitet und unterwegs bis hin zur Reflexion begleitet werden kann. Schule bietet damit einen Schutzraum im Sinne einer kontrolliert-erfolgsversprechenden Lernumgebung, durch welche die Chance auf einen erfolgreichen Perspektivwechsel im Gegensatz zu freien Herausforderungen erhöht werden kann, zumal bei einigen Jugendlichen ohne den/die pädagogisch geschulte:n Begleiter:in als Reibungsfläche dieser Prozess aufgrund des Verharrens in eingespielten Mustern eventuell gar nicht beginnen würde. Professionell begleitete Herausforderungen sind geradezu dafür geeignet, eine gute Entwicklung anzustoßen oder zu beschleunigen und Erfahrungen zu generieren, die biografieprägend sein können.

Bei gebundenen Herausforderungen sind die Schüler:innen zudem gezwungen, sich mit Mitschüler:innen auseinanderzusetzen, die vielleicht nicht zu ihren besten Freund:innen gehören. Sie müssen sich in den Projektgruppen arrangieren lernen, auf fremde Meinungen zur Projektdurchführung reagieren, gemeinsam Lösungen suchen, mit denen sich alle Gruppenmitglieder wohlfühlen können. Der äußere Rahmen hierzu ist über die Angebotsbeschreibung festgelegt und pädagogisch überschaubar. Das Anhören und Akzeptieren fremder Sichtweisen und Aushandeln von Kompromissen findet bereits in der Planungsphase statt. Heterogene Gruppen bieten dafür mehr Lernpotenzial als Kleingruppen bester Freund:innen, die im Zweifel sowieso die eigene Haltung teilen oder dieser zumindest sehr nahestehen.

Hinzu kommt auf der sozialen Ebene die Beziehungsarbeit zwischen den begleitenden Pädagog:innen und den Schüler:innen. In den schulinternen Evaluationen der Einzelprojekte wird immer wieder vor allem auch dieser Aspekt der gebundenen Herausforderungen hervorgehoben – sowohl durch die Schüler:innen als auch durch die begleitenden Lehrkräfte.

In den zwei oder drei Wochen, die Schüler:innen mit Lehrkräften und ggf. weiteren Betreuer:innen unterwegs sind, stellt sich früher oder später gezwungenermaßen eine gewisse Authentizität ein. Schüler:innen berichten oft davon, dass sie die begleitende Lehrkraft zum ersten Mal nicht in der Rolle der Lehrkraft, sondern auch als Mensch wahrnehmen konnten, also als jemand der schwitzt, Hunger hat, schlechte Laune hat, aber eben vielleicht auch geduldig und herzlich ist. Dies soll nicht heißen, dass sich die Lehrkräfte in klassischen Schulsituationen verstellen, sondern vielmehr auf die mit der Herausforderung einhergehenden Rollenveränderung hinweisen. Die begleitende Lehrkraft ist nicht mit der klassischen Lehrerrolle vereinbar. Die Bewältigung von Herausforderungssituationen gelingt als Gruppe gemeinsam, macht die Lehrkraft vielmehr zum Teilnehmenden und verflacht Hierarchien. Dies bringt eine neue Beziehungsqualität mit sich. Lehrkräfte berichten von einer weiterbestehenden Verbundenheit noch Monate nach der Herausforderung.

Nicht erst seit Hattie (2013) wissen wir, dass Beziehung ein wesentlicher Aspekt des Lernens ist, so dass schlecht messbare aber doch wahrnehmbare Effekte der gemeinsamen Herausforderungsbewältigung in den Schulalltag ausstrahlen. Die gegenseitige Wahrnehmung als Mensch sorgt für gegenseitiges Verständnis auch in schulischen Alltagssituationen und stellt einen positiven Beitrag zum Schulklima dar. Gerade mit schwierigen Schüler:innen kann bspw. in Stresssituationen auf eingespielte Kommunikationsmuster und gegenseitiges Vertrauen zurückgegriffen werden.

1.3 Zwischenfazit: Warum sind unsere Herausforderungen in der Regel lehrer:innenbegleitet?

Die bisherige Darstellung unseres Vorgehens sollte deutlich gemacht haben, dass der Lehrkraft innerhalb des Begleiter:innenteams eine wesentliche Rolle zukommt, wobei auch die Gründe hierfür zum Teil bereits angerissen wurden. Sie sollen kurz zusammengefasst dargestellt werden:

- Wir empfinden die Begleitung durch Lehrkräfte, beginnend bereits mit der Vorbereitungsphase, als wesentlichen Garant dafür, dass alle Schüler:innen an einer Herausforderung teilnehmen können und im Sinne von Inklusion ein gemeinsames Lernen der heterogenen Gruppe am anderen Ort stattfinden kann.
- Die Beteiligung von recht jungen Schüler:innen setzt vor allem hinsichtlich der Zielsetzung bezüglich des individuellen Herausforderungsaspekts und hinsichtlich der Reflexion der Bewältigung eine professionelle Begleitung durch dafür ausgebildete Fachkräfte voraus.
- Die gemeinsame Bewältigung von Herausforderungen stärkt unsere Schulgemeinschaft, weil sie einen wesentlichen Beitrag zur Beziehungsarbeit zwischen Lehrkräften und Schüler:innen leistet.
- Die ausgebildeten Pädagog:innen sind auch als Rollenmodell innerhalb der Gruppe unterwegs, zeigen damit ebenfalls, wie konstruktive Kommunikation und konstruktiver Umgang mit Problemen ein wesentlicher Bestandteil erfolgreicher Problembewältigung ist. Die Wirkung als erwachsenes Vorbild ist als Gegenentwurf und/oder Ergänzung zu den häuslichen Erfahrungen nicht

zu unterschätzen und wichtiger Bestandteil der Beziehungs- und Erziehungsarbeit.

- Eine veränderte Lehrer:innenrolle während der Durchführung der Herausforderung und der ganzheitliche Blick auf Schüler:innen wie Begleiter:innen, das Einbinden von Feedback und Reflexion, die Zusammenarbeit in multiprofessionellen Teams trägt zur Weiterentwicklung der Lehrer:innenpersönlichkeiten und zur Schulentwicklung bei.
- Je nach Regelung innerhalb des jeweiligen Bundeslandes können Aufsichtspflicht und Versicherungsschutz eine formelle Leitung durch schulisches Personal notwendig machen, zumindest, wenn die Herausforderungen mit Ortswechsel einhergehen und damit rechtlich als „Fahrt" gelten.
- Letztlich sind die Herausforderungen ein schulisches und damit schulpädagogisch zu legitimierendes Setting, in welchem es ums Lernen am anderen Ort, Lernen in anderen Formen, um schulische Beziehungsarbeit mit zuweilen auch schwieriger Schüler:innenklientel geht, weshalb es klar von erlebnispädagogischen Ansätzen abzugrenzen ist.

Trotzdem finden an unseren Schulen auch freie Herausforderungen statt, welche aber vor allem von Schüler:innen höherer Jahrgänge gewählt werden, die in der Regel auch recht herausforderungserfahren sind. Dass diese Schüler:innen in der Lage sind, selbstständig und erfolgreich eigene Herausforderungen hohen Niveaus zu planen, durchzuführen und zu reflektieren, ist aus unserer Sicht auch ein Erfolg vorheriger gemeinsam bewältigter Herausforderungen.

2 Die Herausforderung einer Herausforderung – wie bewältigen wir das?

Die nachfolgenden Darstellungen sollen zwei Praxisbeispiele aufzeigen, indem wir von einem groben allgemeingültigen Abriss zentraler Aspekte ausgehen, um schließlich das Schlaglicht auf die Umsetzung an unserer jeweiligen Schule zu richten. Dies macht deutlich, dass jede Schule eigene Abläufe finden muss, weil die schulischen Bedingungen jeweils andere sind. Wesentlich erscheinen die Aspekte Schulorganisation, die Rolle der Schüler:innen sowie die Begleiter:innen bzw. Coaches – bei gebundenen Herausforderungen also die Lehrkräfte.

2.1 Schulorganisation

Allem vorangestellt ist die Terminierung und die Vororganisation der Projektphasen Planung, Durchführung und Reflexion. Hierbei muss klar sein, dass die Schulgemeinschaft sich auf einen verbindlichen Herausforderungszeitraum geeinigt hat, der in der Schuljahresplanung fest verankert auch nicht in Konkurrenz zu anderen Projekten steht. Ausgehend von diesem Zeitraum der eigentlichen Durchführung beginnt die Planungsphase je nach Herausforderungsvorhaben 6-12 Monate vorher. Ein Lehrkräfteteam übernimmt koordinierende Aufgaben, so werden beispielsweise Ideen in der Schulgemeinschaft gesammelt, es werden Runden für den Erfahrungsaustausch zwischen den Lehrkräften und den externen Begleiter:innen organisiert, der Kontakt zu Kooperationspartnern wird gepflegt, Informationsveranstaltungen innerhalb und außerhalb der Schulgemeinschaft werden durchgeführt.

Die dargestellten Prozesse sind über Jahre gewachsen, da Herausforderungen einen neuen Kontext des Lernens am anderen Ort schaffen, bedeuten sie Veränderung, gegen die es natürlich auch Widerstände innerhalb einer Schulgemeinschaft gibt. Von wenigen Begeisterten anfangs vorangetrieben, wird inzwischen der Mehrwert in der Breite des Kollegiums gesehen. Das liegt zum einen daran, dass Langzeiteffekte – Wirkung auf die Lehr-Lern-Beziehung, Rückgriff auf gemachte Erfahrungen im Unterricht – sichtbar sind, aber auch daran, dass wir kritisches Erfahrungswissen zwischen den „Erfahrenen" und den „Neuen" weitergeben und systematisch aufbereiten. Das betrifft Lern- und Reflexionsprozesse aber auch formelle und organisatorische Fragen wie bspw. zur Aufsicht oder zur Versicherung. Wir treffen uns dafür in informellen Runden oder auch als Fachkonferenz Herausforderung, um Beschlüsse zu fassen. Die Gesamtkoordination des Projekts Herausforderung plant diese und andere Termine, wirbt Begleiter:innen, beantwortet grundsätzliche Fragen und bereitet Informationen auf, z. B. auch um schulische Gremien adäquat zu informieren. Neben der Kompetenzentwicklung bei den Schüler:innen v. a. hinsichtlich stetiger Reflexion als Grundlage für die Selbstwirksamkeitserfahrung entwickeln wir die Lehrer:innenpersönlichkeiten kontinuierlich weiter und professionalisieren uns.

Die koordinierenden Lehrkräfte überführen gemeinsam mit den begleitenden Lehrkräften die in der Schulgemeinschaft gesammelten Ideen in ein Herausforderungsangebot des jeweiligen Schuljahres, auf welche sich die Schüler:innen bewerben. Parallel dazu werden eingereichte freie Herausforderungen hinsichtlich der Durchführbarkeit geprüft. Die Schüler:innen werden auf Basis ihrer Bewerbung nach Rücksprache mit den Klassenleitungen und den begleitenden Lehrkräften Herausforderungsgruppen zugeordnet, welche sich in der Folge konstituieren und gemeinsam die eigene Herausforderung planen und ausgestalten. Wir ergänzen jede Gruppe durch weitere Begleiter:innen (Studierende, interessierte Mitglieder der Schulgemeinschaft, Fachleute wie z. B. Bergführer). So entsteht ein multiprofessionelles Team, welches mit den Lernenden jedes Herausforderungsprojekt vorbereitet, durchführt und reflektiert. Diese Gruppen treffen sich in den folgenden Wochen und Monaten regelmäßig, informieren die Eltern über den Planungsstand und führen schließlich im Sommer als Gruppe die Herausforderung durch. Die Gruppentreffen sind entscheidender Teil der

Herausforderungsvorbereitung, weil hier wesentliche Aspekte wie Finanzierung, Anfahrt/Route und Programm vor Ort diskutiert und entschieden werden. Insbesondere geht es bei diesen Treffen aber auch darum, dass jede:r Schüler:in für sich einen individuellen Herausforderungsaspekt definiert, der durch die heterogene Zusammensetzung der Gruppe sehr unterschiedlich aussehen kann. Dieses persönliche Entwicklungsziel ist dann Grundlage für den Reflexionsprozess unterwegs und im Anschluss an die Herausforderung. Den feierlichen Abschluss des Herausforderungsdurchgangs bildet ein Herausforderungsfest, bei dem die dokumentierten Ereignisse und Errungenschaften einer Herausforderung mit der Schulgemeinschaft geteilt werden. Innerhalb der Gruppen finden rund um diesen Termin auch Auswertungstreffen statt, welche die individuelle Reflexion zum Abschluss bringt.

Herausforderungen erfordern einen hohen Personaleinsatz und eine intensiven Beratungs- und Betreuungsaufwand, gerade auch, weil es sich oft um kleine Gruppen handelt. Wegen der Vorteile und Entwicklungspotenziale, die daraus entstehen, wird das Projekt von unserer Schulgemeinschaft als wichtig erachtet und gemeinschaftlich getragen. Herausforderungen ersetzen an unseren Schulen nahezu alle Klassen- und Kursfahrten.

Spezifische Organisation an der Berliner Heinz-Brandt-Schule

Bereits zu Schuljahresbeginn setzt sich eine interessierte Gruppe von Lehrkräften zusammen und diskutiert mögliche Herausforderungsvorhaben für das Schuljahr, Schüler:innen reichen Ideen ein, die dann gebündelt auf einem Informationsabend präsentiert werden. An der Heinz-Brandt-Schule werden Schüler:innen aller Jahrgänge aufgefordert, sich auf eine Herausforderung zu bewerben, wobei eine Bewerbung freiwillig ist. Wir gehen davon aus, dass diese Freiwilligkeit notwendige Voraussetzung für das selbstgesteuerte Lernen in Herausforderungen ist. Die Gruppe der beteiligten Kolleg:innen und interessierten Schüler:innen wuchs in den letzten Jahren stetig. Koordinierend verantwortlich sind zwei Kollegen, der recht feste Kern der Fachkonferenz Herausforderung umfasst 10 bis 15 Kolleg:innen. Auch die Zahl der parallel durchgeführten Herausforderungen nahm zu, so dass in den letzten Jahren 10 bis 15 Herausforderungen pro Sommer stattfanden, wodurch in der Regel 15 bis 20 Kolleg:innen im Projekt als Begleitung einbezogen sind, die von externen Begleiter:innen unterstützt werden. Unterwegs sind dann mit ihnen pro Jahr zwischen 100 und 150 Schüler:innen.

Die auf Grundlage der Bewerbung gebildeten Herausforderungsgruppen sind durch das Ansprechen aller Schüler:innen in jeder Hinsicht heterogen, auch bzgl. der Jahrgangsstufe. Für die Gruppentreffen gibt es feste Zeitfenster (Freitag 13 Uhr). Sie finden ab Dezember regelmäßig, mindestens 1 Mal pro Monat, kurz vor der eigentlichen Durchführung der Herausforderung auch häufiger, statt. Da an der Heinz-Brandt-Schule eine Teilnahme an der Herausforderung freiwillig ist, gibt es für die Schüler:innen, die nicht daran teilnehmen, Projektangebote vor Ort. Diese sind häufig künstlerisch-kulturell ausgerichtet und werden mit Unterstützung externer Partner wie der Jugendkunstschule, Museen oder Theater realisiert. Dies sorgt für einen kreativen Input von außen und entlastet das Kollegium, welches ja viel Personal in die Herausforderungen investiert. Regulärer Unterricht findet in diesem Projektzeitraum nicht statt. In einem gemeinsamen Fest zum Schuljahresabschluss werden sowohl die Ergebnisse der Herausforderungen als auch die vor Ort durchgeführten kulturellen Projekte gewürdigt.

Jahresverlauf des Projekts Herausforderung an der Heinz-Brandt-Schule:

Schuljahresbeginn bis Herbst	Entwicklung der Herausforderungsideen
nach den Herbstferien	Präsentation der Ideen auf dem HF-Info-Abend Bewerbung auf die Herausforderungen
bis Dezember	Bildung der Herausforderungsgruppen
Dezember bis Mai/Juni	Vorbereitung in regelmäßigen Gruppentreffen Ausgestaltung der Herausforderungsvorhaben Erarbeitung des Eigenanteils
ein Wochenende im Frühjahr	ggf. Vorfahrt zur Erprobung (v. a. bei Herausforderungen mit Fortbewegung per Rad oder Board)
vor den Sommerferien	ca. zweiwöchige Durchführung der Herausforderung Feier der Rückkehrer:innen auf dem Sommerfest ggf. erstes Reflexionstreffen nach der Herausforderung
unterwegs / nach den Sommerferien	Reflexion der Erfahrungen

Spezifische Organisation an der IGS Landau

Bei uns geht das Finden von Herausforderungsangeboten bereits im Dezember (ca. 8 Monate vor der Herausforderungszeit) los. Im Vorfeld sind bereits viele organisatorische Aufgaben von Sascha Scherrer, Marcus Zaucker und Uli Roos koordiniert. Wir Koordinatoren sprechen gezielt Lehrer:innen an, sammeln Ideen, bieten den Austausch mit den Begleitungen im letzten Jahr an (Kaffeeklatsch), machen Aushänge und Werbeveranstaltungen an Unis und an Elternabenden. Jugendliche, die sich für eine freie Herausforderung entscheiden, müssen sich hierzu frühzeitig mit einem Vorkonzept erklären. Darum ist es wichtig, die betroffenen Klassenstufen (an der IGS Landau die Jahrgänge 8, 10 und 12) genauer zu informieren. Im Vorjahr waren sie geladene Gäste beim Herausforderungsfest und kennen schon mögliche Ideen. Wenn jemand eine freie Herausforderung machen möchte, muss sie oder er einen externen, erwachsenen Planungskomplizen benennen, der unterstützend wirkt und sich der Schule gegenüber verantwortlich zeigt.

Im Januar stehen dann alle Angebote fest. Für die Angebote müssen sich die Lernenden bewerben, freie Herausforderungen müssen detailliert ihre Vorplanung in der Bewerbung vorstellen. Mit einer Bewerbungsmappe benennen alle ihre individuellen Antworten auf die Grundfragen. Die Bewerbungsmappen werden von den beiden Klassenlehrer:innen (bei uns Tutor:innen genannt) oder weiteren Lehrkräften gesichtet und kommentiert. Gerade die Tutor:innen kennen ihre Schüler:innen sehr gut und können abschätzen, ob es sich für sie um eine echte Herausforderung handelt. Auch helfen Informationen z. B. zu schreibschwachen Kindern, die Güte der Bewerbung einzuschätzen. Die Tutor:innen haben als Gutachter:innen immer auch ein Vetorecht, das sie begründen müssen. Hier wird deutlich, wie eng wir die Wahl der Herausforderungen begleiten. Das gelingt, weil wir die Kinder kennen und ihre Zuordnung einschätzen können. Oft entsteht auch eine Diskussion darüber in einer pädagogischen Beratungskonferenz mit den beteiligten Lehrkräften.

Die Planungszeiten sind zwar je nach Herausforderungsziel individuell, darin gibt es allerdings Bereiche, die alle betreffen. Unsere vier Planungstage haben neben den herausforderungsspezifischen Themen und Zielen auch fest vorgegebene Punkte (Finanzierung, Anfahrt, Programm, Selbsteinschätzungen), die alle Herausforderungsgruppen zu einem bestimmten Zeitpunkt fertig erarbeitet haben müssen. Nach jedem Planungtag der Herausforderungsgruppen wird ein Protokoll angefertigt, in Zwischenzeiten werden die Eltern über den Planungsstand informiert. Wir geben vor, dass zu jeder Zeit die Planung transparent sein muss und vorgelegt werden kann. Schüler:innen mit freier Herausforderung haben eine:n feste:n Ansprechpartner:in und müssen an zwei Terminen ihren Planungsstand zur Projektprüfung vorlegen. Damit sichern wir die kontinuierliche Planung des Projekts in dem Schulhalbjahr vor der Herausforderung. Externe Begleitungen wie Studierende werden auf ihre Rolle und ihre Aufgaben vorbereitet. Sie sind bei uns als weitere Begleitpersonen am Prozess der Planung und Umsetzung beteiligt, aber nicht aufsichtsberechtigt. Insgesamt bieten jedes Jahr etwa 15-20 Lehrkräfte Herausforderungsangebote an.

Momentan gibt es leider dafür keine Ermäßigungs- oder gesonderte Vorbereitungsstunden. Dies macht die Akquise von Herausforderungsangeboten schwierig. Wir setzten uns derzeit dafür ein, eine Form der Entlastung zu finden. Während der Herausforderungszeit ist für alle ein Notfalltelefon geschaltet.

Schon während der Herausforderungszeit beginnt die Reflexion. Nach der Rückkehr wird die Reflexion intensiviert, alles wird dokumentiert und mündet in einem Herausforderungsfest, das für die Öffentlichkeit geöffnet ist. Alle stellen dort ihre Veränderungsmomente vor und feiern sich. Ein erprobter Methodenpool hilft uns, diese Phase gut zu gestalten, er wird in jedem Jahr durch neue, erfahrungserprobte Methoden ergänzt.

2.2 Einbindung der Schüler:innen

Die Ziele der Schüler:innenbeteiligung sind natürlich ähnlich und doch unterscheiden sich Organisationsformen. An beiden Schulen findet eine Einwahl über ein Bewerbungsverfahren statt, es entstehen heterogene Gruppen. An der Berliner Heinz-Brandt-Schule sind jedoch alle Jahrgänge angesprochen, wohingegen die Herausforderungen an der IGS Landau bestimmte Jahrgänge adressieren. Jeweils geht es aber darum, die Schüler:innen bewusste Entscheidungen zur Ausgestaltungen ihrer Herausforderung treffen zu lassen, dabei Planungsschritte zu unterstützen, Reflexion anzuregen, um eben nicht eine Projektfahrt oder

Ferienfreizeit durchzuführen, sondern im Rahmen der Herausforderung eine individuelle Lernerfahrung zu generieren.

Rolle der Schüler:innen an der Heinz-Brandt-Schule

Die Schüler:innen der Heinz-Brandt-Schule sind alle aufgefordert, Ideen für die Herausforderung einzubringen, aber auch, sich auf Herausforderungsformate zu bewerben. Vor allem Schüler:innen höherer Jahrgänge mit der Erfahrung bereits bewältigter Herausforderung(en) informieren Mitschüler:innen auf diversen Schulveranstaltungen und in den Klassen zum Projekt. Wesentlich erscheint auch die Dokumentation über die sozialen Medien, da ein Posting auf Instagram unserer Erfahrung nach in der Zielgruppe deutlich höhere Resonanz erzielt als ein analoger Aushang, der natürlich trotzdem noch erfolgt.

Im Bewerbungsverfahren müssen die Schüler:innen drei für sie mögliche Projekte benennen und von Beginn an ist klar, dass eine Bewerbung auf die Herausforderung als solche erfolgt, nicht auf ein spezifisches Projekt. Wir stellen sicher, dass die Schüler:innengruppe, die für eine bestimmte Herausforderung ausgewählt wird, heterogen ist. Es gibt Herausforderungen, die physisch als etwas weniger umfangreich empfunden werden, pädagogisch aber ebenso wirksam erscheinen und daher eher die jüngeren Schüler:innen ansprechen, doch insgesamt sind in der Regel in jeder Herausforderung Schüler:innen aus jeder Jahrgangsstufe vertreten (bewerben können sich Schüler:innen der Klassenstufen 7 bis 10). Außerdem achten wir darauf, dass in sich möglichst tragfähige Gruppen gebildet werden, indem ca. ein Drittel eher zu den starken Schüler:innen gehört, welche nicht nur Verantwortung für sich selbst, sondern auch für die Gruppe übernehmen können. Ein mittleres Drittel ist vor allem mit sich und damit beschäftigt, die Herausforderung zu bewältigen. Das noch fehlende Drittel sind schließlich die Schüler:innen, die zumindest in einigen Phasen von der Gruppe eventuell mitgetragen oder auch ertragen werden müssen, die dann allerdings in ihrer persönlichen Entwicklung unserer Beobachtung nach am stärksten profitieren.

Da wir als Berliner ISS (Integrierte Sekundarschule) auch und besonders durch Schüler:innen nachgefragt werden, die mit einem Förderschwerpunkt an die Schule kommen und Inklusion als wesentlicher Auftrag der gesamten Schulgemeinschaft verstanden wird, nehmen natürlich auch Schüler:innen mit erhöhtem Unterstützungsbedarf an Herausforderungen teil. Es ist ein Aspekt der Herausforderung, dass sich die Lernenden in den Gruppen im Planungsprozess und der eigentlichen Durchführung so gut aufeinander einlassen, dass sie in der Lage sind, die jeweilige Herausforderung gemeinsam zu bewältigen. Die Schüler:innen bringen sich in Konflikte ebenso ein wie in Einigungsprozesse, was den Aspekt des gemeinsamen sozialen Lernens deutlich macht. Dazu gehört neben Routenplanung und z. B. der Organisation der Unterkünfte auch die Akquise des Eigenanteils. An der Heinz-Brandt-Schule müssen mindestens 50 Prozent der eingesetzten Geldmittel durch die Schüler:innen selbst erwirtschaftet werden. Innerhalb der Gruppen wird entschieden, welcher Teil in gemeinschaftlichen Gruppenaktionen erarbeitet werden kann, welcher Teil jeweils einzeln erarbeitet wird. Durch das Mittragen der Kosten entsteht

---

eine hohe Identifikation mit dem Vorhaben und es entlastet jene Elternhäuser, die entstehende Kosten nicht ohne Weiteres tragen können. Für finanzschwache Familien haben wir als Schule zudem einen Materialfundus aufgebaut, aus welchem bspw. Zelte, Isomatten oder Wanderschuhe geliehen werden können, wenn ein Kauf durch die Schüler:innen nicht möglich erscheint. In die Pflege und Ausleihe des schuleigenen Materials sind auch die Schüler:innen eingebunden.

Rolle der Schüler:innen an der IGS Landau

In mehreren Jahrgangsversammlungen werden die Jahrgänge mit den Verfahren und Ideen bekannt gemacht. Dieser Prozess läuft kontinuierlich. Es gibt im Haus feste Präsentationswände, Beschreibungen, Berichte und Plakate von stattgefundenen Herausforderungen werden in den Jahrgangsbereichen aufgehängt. Das Thema Herausforderung bringen wir so sehr plakativ in die Begegnungsräume der einzelnen Jahrgänge. Alle Angebote und Vorgehensweisen drucken wir jedes Jahr in einem Herausforderungsheft ab. Dort sind Lernende und ihre Eltern eingeladen, sich einzulassen, nachzudenken. Eltern sind für uns wichtige Partner und Berater ihrer Kinder, sie unterstützen sie und müssen auch von vornherein mit der Idee einverstanden sein. Jede:r Schüler:in gibt zwei Bewerbungen ab, es werden zwei Möglichkeiten in Betracht gezogen und genauer beschrieben. Das erleichtert den Prozess der Einwahl. Stehen die Gruppen fest, geht es in der Detailplanung um die Punkte wie Finanzierung, Programm, Notfallpläne sowie Gruppenfindung. Die Reflexion (wahrnehmen, artikulieren, dokumentieren) über sich und die Gruppe ist immer ein Querschnittsthema, das alle Phasen begleitet. Die Option, zu scheitern ist während des Projekts auch möglich. Wichtig ist dabei, für sich die wichtigen Punkte herauszuziehen. Die Praxis hat gezeigt, dass dies nur in Ausnahmefällen vorkommt, weil wir bereits in der Vorbereitungsphase sehr viel Wert auf die Passung legen. Unsere Schule hat im Laufe der Jahre einen Material- und Gerätefundus aufgebaut. Schüler:innen können z. B. Zelte oder Mountainbikes ausleihen. Ein Teil des notwendigen Geldes für die Herausforderung kommt von den Eltern, doch die Mitfinanzierung durch die Lernenden selbst (z. B. durch Kuchenverkaufsaktionen) gehört für uns mit zur Idee. Die Lernenden haben so die Kosten von Anfang an im Blick. Selbstverantwortung, Mitbestimmung und Organisation zielen hier auf echte Lebensorientierung.

2.3 Coaches

Mit den Coaches sind die direkt betreuenden Begleiter:innen gemeint. Dazu zählen unsere Lehrer:innen, die mit ihren Angeboten die Möglichkeiten einer guten Wahl eröffnen. Darunter finden sich Profis mit viel Erfahrungswissen und Neueinsteiger:innen, die vielleicht zum ersten Mal eine Herausforderung anbieten. Wir machen die Erfahrung, dass mit zunehmendem Erfahrungswissen immer mehr Lehrer:innen die Teilnahme am Projekt wünschen und sich mit ihren Talenten, Begabungen und Interessen thematisch einbringen.

Begleiter:innen an der Heinz-Brandt-Schule

An der Heinz-Brandt-Schule hat sich eine Gruppe von Lehrkräften und Mitarbeiter:innen der schulbezogenen Jugendsozialarbeit zur Fachkonferenz Herausforderung zusammengeschlossen, die gemeinsam in regelmäßigen Treffen neben organisatorischen Aspekten auch die Weiterentwicklung der Konzeption der Herausforderung diskutiert. Die Runde ist offen, kann also von allen interessierten Kolleg:innen wahrgenommen werden. Vor allem über direkte Kontakte an eine Fachhochschule mit Studiengängen im Bereich soziale Arbeit sind zudem immer wieder Studierende als Begleiter:innen tätig, für die eine Informationsmappe bereitsteht. Auch ehemalige Schüler:innen, die selbst Herausforderungserfahrungen mit uns gemacht haben, lassen sich mitunter für eine Tätigkeit als Begleiter:in freistellen. Gerade bei Herausforderungen im schwierigen Gelände oder mit einem gewissen Unfallrisiko wie bspw. Touren mit Board oder Rad ist in der Regel mindestens eine herausforderungserfahrene Lehrkraft Teil des Begleiter:innenteams. Die Teams sind in jedem Fall möglichst multiprofessionell aufgestellt. Angestrebt ist jeweils eine frühe Teilnahme auch der außerschulischen Begleiter:innen an den gemeinsamen Gruppentreffen, um diese schnell zum Teil der Gruppe werden zu lassen, da sich alle Teilnehmer:innen als solche gemeinsam der Herausforderung stellen.

Coaches an der IGS Landau

Schon zu Beginn führen wir die Betreuer:innen mit unterschiedlichen Erfahrungen rund um das relevante Wissen zur Gestaltung eines Angebots zusammen. Es gibt einen FAQ-Liste, Checklisten und immer wieder den direkten Austausch zwischen den Verantwortlichen und erfordert Zeit, die in der Vorkoordination eingeplant werden muss. Parallel dazu läuft das „Matching" der externen Betreuer:innen mit den Lehrkräften. Dazu nutzen wir den Kaffeeklatsch, ein Forum, bei dem die betreffenden Klassenleitungen, Herausforderer vom letzten Jahr, Interessierte aus dem Kollegium und Studierende zusammenkommen. Bei Kaffee und Kuchen tauschen wir uns im Rückblick bzw. mit Blick auf die bevorstehenden Herausforderungen aus. So entsteht neben dem ersten Begegnen auch ein Wahrnehmen von Sympathien und Begeisterungen und wir führen Lehrkräfte und interessierte Studierende zusammen. Weiter gestützt wird die Vorbereitung der Coaches mit einem Reader, der jährlich immer wieder neu aufgelegt wird. Dort sammeln wir wichtige Erfahrungen, gelungene Methoden und auch organisatorische Hinweise. Da unsere Schüler:innen während der Herausforderungstage keinen Kontakt nach Hause haben, wird früh eine mit Studierenden besetzte Dokumentationsgruppe eingerichtet. Diese leiten einen Onlineblog auf dem z. B. Überlegungen zur Planung, aber vor allem dann Tagesberichte, Bilder und Erfahrungen während der Herausforderungszeit gepostet werden. Schon früh sind diese Reporter:innen, auch Blogspotter genannt, eingebunden und nehmen Kontakt zu dem betreuenden Lehrer:innen auf.

2.4 Zwischenfazit: In vielem gleich und doch anders

Die vergleichende Darstellung der Herausforderungsausgestaltung an den beiden Schulen sollte deutlich gemacht haben, dass uns viele Ziele und Ideen verbinden, jedoch auch eine schulspezifische Unterschiedlichkeit festzustellen ist. Natürlich setzen sich die Schulgemeinschaften anders zusammen, die Biografien der beteiligten Personen unterscheiden sich, das schulische Umfeld, die räumlichen und personellen Bedingungen sind andere und im Zuge des Bildungsföderalismus unterscheiden sich die Rechtsgrundlagen, weshalb eben jede Schule eigene Wege finden muss. Zudem muss klar sein, dass die dargestellten Beispiele lediglich eine Momentaufnahme sind. Seit der Einführung der Herausforderung befindet sich das Format in stetigem Wandel, wird immer wieder an neue Entwicklungen angepasst und als lernendes Projekt verstanden. Dies bedeutet, dass die stetige Weiterentwicklung erklärtes Ziel, die interne wie externe Evaluation selbstverständlich und das kritische Feedback von Teilnehmer:innen, studentischen Begleiter:innen etc. sehr erwünscht sind. Als schulisches Projekt ist die Herausforderung damit ein Steinbruch der Ideen, welcher stetig bearbeitet wird.

3 Herausforderung als Motor für Entwicklung

Die Herausforderungen sind ein Profilbaustein unserer Schulen, nehmen einen zentralen Aspekt ein und haben unsere Schulen enorm weiterentwickelt. Sie bilden mit ihren Zielen weitgehend das ab, wie wir Entwicklung, Lernen und Bildung anlegen und erreichen wollen. Die Wirkungen nach innen wurden in den ersten Jahren meist durch traditionelle Sichtweisen über die Aufgaben von Schule gebremst. Es gab Skeptiker:innen, die gerne eine Klassenfahrt machen, das Durchnehmen von Stoff als unersetzlich wichtig setzten oder befürchteten, dass jetzt zu wenig gelernt würde. Dann gab es Befürworter:innen, die über Herausforderungen die Möglichkeit sahen, Schule und Lernen neu und aktivierend zu gestalten und das für alle verpflichtend vorgeben wollten. Möglichst viele handelnde Personen müssen mit ihren Positionen gesehen und mitgenommen werden, wenn Schulentwicklung gelingen soll. Kritische Blicke halfen uns, das Konzept unserer Herausforderungen weiterzuentwickeln. Viele Skeptiker:innen konnten wir durch Austausch und sachliche Diskussion überzeugen. Wichtig war aus unserer Sicht, von Beginn an Transparenz zu schaffen, indem weitere Schritte jeweils in den schulischen Gremien vorgestellt und besprochen wurden. Oft ging es im Kern um Veränderung von Schule in der heutigen Wissensgesellschaft. Die Umgestaltung von der Industrie- zur Wissensgesellschaft erfordert eine Veränderung von Schule. Es geht nicht mehr vorrangig um die Verteilung der Berufsbiografien, um Selektion und Bestätigung von Schichten. Neben dem Erwerb von Wissen und Fähigkeiten ergänzen das Kennen und Anwenden von Methoden, der Erwerb von Einstellungen und Haltungen die Ziele einer zeitgemäßen Schule. Schüler:innen müssen unserer Überzeugung nach im 21. Jahrhundert vor allem sich selbst kennen, eigene Ziele setzen, ihre Stärken und Schwächen sowie ihr Handeln reflektieren können, Bewältigungsstrategien zum Umgang mit schwierigen Situationen erlernen, damit sie in die Lage versetzt werden, die Probleme der Zukunft zu lösen, die wir uns heute noch gar nicht vorstellen können. Das Lernen im Setting einer Herausforderung kann dazu einen wichtigen Beitrag leisten, was besonders all jene Kolleg:innen authentisch in den Gremien bezeugen konnten, die selbst Herausforderungen begleitet haben.

Dies alles geht aber nicht ohne Veränderung der Lehrer:innenrolle im Rahmen des individualisierten Lernens. Herausforderungen sind ein Anlass, diese Rolle zu verändern, weil die begleitenden Lehrkräfte das Konzept der Herausforderung nur umsetzen können, indem sie den Schüler:innen den Freiraum geben, ihre eigenen Erfahrungen zu machen, ihre eigenen Lösungswege zu finden. Dies strahlt natürlich in den Regelunterricht aus. Die Herausforderungen haben das Potenzial, auf Ebene der Schulentwicklung die Schule als Ganzes grundlegend zu verändern, weil sie den Blick auf das Lernen verändern. Das ursprünglich in der Schule verortete und in Fächern gebundene Lernen wird im Rahmen der Herausforderung von den teilnehmenden Lehrer:innen als fächerunabhängiges übergreifendes Lernen am anderen Ort erlebt. Als Teilnehmende einer Herausforderung reflektieren die begleitenden Lehrkräfte ihre Rolle im System, kommen mit Blick auf das System Schule dann zunehmend auch zu der Einsicht, dass ein klassisches Rollenverständnis, das klassische Fächerdenken nicht mehr zeitgemäß ist und verlassen so auch die gewohnten Pfade mehr und mehr im Fachunterricht.

Im Zuge des digitalisierten Lernens, davon sind wir überzeugt, werden sich bestehende Lernkonzepte nach dem Motto „Alle lernen zur gleichen Zeit, im gleichen Raum, am gleichen Thema" immer mehr auflösen. Diese Diskussion, um den Wert von Herausforderungen mit dem Kollegium zu führen, erfordert neben der Zukunftsvision von Schule, aber auch viel Zeit, Wissen um Argumente und Begeisterung. Es benötigt einen langen Atem, der die naturgemäße Abwehr von Veränderung aushält. Positive Wirkungen, dass z. B. Jugendliche nach Herausforderungen motivierter lernen oder wissen, was sie möchten, fördern die Entwicklung einer guten Schule und befürworten Herausforderungen. Sie haben insgesamt eine große Wirkung auf Schule, Schulgemeinschaft, Beziehungen zwischen Lehrer:innen und Schüler:innen und auch den Eltern.

Schon bei der Anmeldung an unseren Schulen benennen die noch Grundschüler, dass sie sich schon jetzt auf die Herausforderungen freuen, wobei diese ja erst ab der Jahrgangsstufe 7 oder 8 stattfinden. Dann wird klar, dass neben der schulentwicklerischen Wirkung nach innen Herausforderungen nach außen wirken. Familien haben längst erkannt, dass zu einer zukunftsfähigen Bildung mehr gehört, als das Anhäufen von Wissen. Junge Menschen müssen wissen, wer sie sind, was sie wollen, wo ihre Interessen liegen. Wenn jemand weiß, was ihn stark macht, was ihn herausfordert wird er zukünftig flexibler und erfolgreicher in Bewältigungssituationen reagieren können, wird also besser mit unbekannten Schwierigkeiten und Hindernissen umgehen. Aufgabe von Schule und Lehrer:innen ist es, diesen Prozess bestmöglich zu begleiten.

Stefan Grzesikowski ist Lehrer für Deutsch und Gesellschaftswissenschaften an der Heinz-Brandt-Schule Berlin, an der er auch Teil der Schulleitung ist. Seit einigen Jahren koordiniert er mit seinem Kollegen Jörn Langer den Fachbereich Herausforderung, wobei er vor allem für konzeptionelle und organisatorische Fragen verantwortlich ist. Kontakt: s.grzesikowski@heinz-brandt-schule.de

Sascha Scherrer ist Lehrer an der Integrierten Gesamtschule mit den Fächern Sport, Englisch und Gesellschaftslehre. Er ist Stufenleiter 7/8 und betreut zusammen mit Uli Roos seit 2013 die Koordination und Organisation der Herausforderungen. Kontakt: s.scherrer@igs-landau.de

Uli Roos ist Mitglied der Schulleitung und didaktischer Koordinator der Integrierten Gesamtschule Landau. Er organisiert und betreut die Netzwerke der Schule zur Zusammenarbeit mit Studierenden bei Herausforderungen und zu Forschungsvorhaben von Universitäten und Hochschulen, sowie mit Kooperationsbetrieben aus Industrie und Handwerk im Rahmen der Talent Company (Strahlemann Stiftung). Diese Netzwerke unterstützen die Umsetzung und das Format der Herausforderungen z. B. direkt über personelle Hilfe, über Kontakte und mögliche Optionen oder Ideen sowie auch indirekt durch finanzielle Hilfe. Kontakt: u.roos@igs-landau.de

11 Herausforderungen als mehrjähriges Projekt

Arne Sorgenfrei & Antje Pochte

Die meisten Schulen, die insbesondere in den letzten Jahren die Idee der Herausforderungen aufgegriffen haben, bieten ihren Schüler:innen das Vorhaben einmalig in ihrer Schullaufbahn an. Üblicherweise findet die Durchführung dann in einer der Klassenstufen 8, 9 oder 10 statt (vgl. Beitrag 15 von Steffi Grossert und Uli Roos). Ursprünglich – betrachtet von den konzeptuellen Grundlagentexten (vgl. Beitrag 1 von Michael Hecht und Annelie Wachendorff) als auch von den ersten Schulen, die diese Idee umgesetzt haben – sind die Herausforderungen als ein längerfristiges bzw. sich wiederholendes Vorhaben gedacht. In der Regel werden die Schüler:innen hier aufgefordert, sich zwei- oder gar dreimal einer Herausforderung zu stellen. Dieser Beitrag zeigt Begründungen und Möglichkeiten der Umsetzung von Herausforderungen als mehrjähriges Vorhaben auf.

1 Begründung für Herausforderungen als mehrjähriges Vorhaben

Kinder und Jugendliche in der Schule sind immer als Lernende in einer spezifischen Lebensphase mit entsprechenden Entwicklungsaufgaben zu betrachten. Diese Entwicklungsaufgaben gilt es als Schule wahrzunehmen und zu thematisieren. Schulkonzepte müssen in der Folge auf diese eingehen und altersgemäße Angebote schaffen, anhand derer die Kinder und Jugendlichen letztlich wachsen können.

Die prägnanteste Entwicklungsphase in der Sekundarstufe 1 stellt die Pubertät dar. Sie ist daher so prägnant, weil sie sich merklich über einen Zeitraum von mehreren Jahren erstreckt und gerade in einer genormten Schule als störend empfunden wird (vgl. Beitrag 2 von Matthias Huber). Über mehrere Jahre hinweg zeigt sich, dass die Kinder und Jugendlichen in unterschiedlicher Ausprägung versuchen, aus ihrer durch Schule und Gesellschaft gegebenen Sicherheit und Routine auszubrechen. Damit stören sie teils bewusst, teils unbewusst die von Erwachsenen geregelten Abläufe. Von einer starken sozialen Auseinandersetzung mit Erwachsenen über riskante Bewegungspraktiken im Alltag und Sport bis hin zum Alkohol- und Drogenkonsum erfolgen über die Jahre individuell unterschiedlich ausgeprägte Phasen.

Dies führt auch zu einer neuen Auseinandersetzung mit Schule: „Aber in den mittleren Jahren und vor allem in der Pubertät wird die Schule zur Qual. In diesem Alter richtet das schulische Lernen so gut wie nichts aus – und die Schule ignoriert dies hartnäckig [...] Der formalisierte Unterricht kann in diesen zwei Jahren auf zwei Stunden am Tag beschränkt werden [...], damit man das Gelernte nicht gänzlich vergisst. Wichtiger ist jetzt etwas anderes: Selbsterprobung, die Beziehung zu anderen Personen, die Emanzipation von denen, die einen bisher bestimmt, erzogen, bevormundet haben. Jetzt brauchen die jungen Menschen Erlebnis, Abenteuer, Aufgaben" (von Hentig 1993, S. 242).

Das Bestreben der Kinder und Jugendlichen, Sicherheit in der Phase der Pubertät aufzugeben, sich zu emanzipieren und sich zu erproben, sollte Schule weder ignorieren noch unterbinden. Im Gegenteil: Es gehört zum Erwachsenwerden und zur Emanzipation dazu. Statt die Jugendlichen im sicheren Elternhaus zu behüten und in der normierten Schule in Sicherheit zu wiegen, braucht es in der Zeitspanne der Pubertät wiederkehrende Angebote, die die Jugendlichen in der Bewältigung ihrer Entwicklungsaufgaben unterstützen und Pädagog:innen, die sie dabei begleiten. Die Herausforderungen in einer mehrmaligen Umsetzung bieten genau dieses an. Sie haben das Potenzial, die Jugendlichen in ihrem Tun intensiv zu begleiten, und bieten die Chance, Krisen zu bewältigen, neue Handlungsmuster und Strategien zu entwickeln, Selbstwirksamkeit zu spüren, die Identifikation mit dem eigenen Körper zu stärken und die Wahrnehmungsfähigkeit zu erweitern. Die Herausforderungen in der mehrmaligen Umsetzung bieten den Beitrag, dass Schüler:innen sich wiederkehrend als erfolgreich und das eigene Tun als bedeutsam und sinnhaft erfahren. Dies wirkt sich über die Zeit auf viele Lebensbereiche positiv aus, auch auf Noten oder Schulabschlüsse, die meist am Ende der Pubertät stehen.

Im Folgenden erörtern die Autor:innen das jeweilige Umsetzungskonzept der Herausforderung an ihren Schulen, welches jeweils vorsieht, dass Schüler:innen sich in ihrer Schullaufbahn drei Herausforderungen stellen.

2 Umsetzung an der Stadtteilschule Winterhude – Winterhuder Reformschule (WiR)

Die WiR ist eine zeitgemäße Reformschule, die die Kinder und Jugendlichen auf ein Leben im 21. Jahrhundert vorbereitet. Die Heranwachsenden sollen sich kritisch und ohne Angst vor Veränderungen mit der Welt auseinandersetzen, um diese kreativ mitgestalten zu können. Dabei wird in altersgemischten Lerngruppen gelernt sowie das selbstorganisierte Lernen und das Projektlernen ins Zentrum gestellt.

Im Schuljahr 2006/2007 hat die WiR für die Schüler:innen der altersgemischten Stufe 8-10 erstmals ein Angebot spezifischer Herausforderungen angeboten, durchgeführt und evaluiert. Der Erfolg dieser besonderen dreiwöchigen Unterrichtsphase, die zahlreichen Ermutigungen von Seiten vieler Schulexpert:innen und Schulen sowie der Wunsch vieler Schüler:innen nach einer Fortsetzung hat zu dem Beschluss geführt, die Herausforderungen zum elementaren Bestandteil der Schuljahresplanung zu machen.

Seit dem Auftakt 2006/2007 finden die Herausforderungen an der WiR in den Jahrgangsstufen 8 bis 10 jedes Schuljahr verpflichtend, zeitgleich und jahrgangsgemischt für den Zeitraum der ersten drei Wochen nach den Sommerferien statt. Die Schüler:innen absolvieren damit nicht nur drei spezifische Herausforderungen, sondern finden sich auch von Jahr zu Jahr in unterschiedlichen Teilnehmer:innen-Rollen wieder. Idealerweise durchlaufen die Teilnehmer:innen die Rollen des Jüngeren und Unerfahrenen bis hin zu jemanden, der oder die sich als Expert:in bezeichnen könnte. Die Zunahme der Verantwortungsübernahme kann als das implizite Curriculum der Mehrmaligkeit der Herausforderungen gesehen werden. Erfahrungen werden nicht nur gemacht, sondern vertieft, variiert, ergänzt, gefestigt und übertragen.

Organisatorisch bedeutet die verpflichtende, mehrmalige Umsetzung, dass die Pädagog:innen, die in der Stufe 8-10 arbeiten, als Begleiter:innen eingesetzt werden. Diese eröffnen jedes Jahr aufs Neue den Schüler:innen die Möglichkeit, ungewohnte Anstrengungen zu unternehmen, Grenzen auszuloten und Krisen zu meistern. Dabei werden die Jugendlichen in der besonderen Phase der Pubertät in ihren Entwicklungsaufgaben kontinuierlich durch die eingesetzten Pädagog:innen gefördert, gefordert und begleitet.

„Nach der Herausforderung ist vor der Herausforderung."

Dieser Satz kursiert in der Schule zumeist wenige Wochen nach der bestandenen Herausforderung. Wenn man die Herausforderungen jährlich durchführt, so gibt es kaum eine Phase im Jahr, an welcher nicht über Herausforderungen nachgedacht oder gesprochen wird.

---

3 Organisatorische Umsetzung im Schuljahresablauf

Alles beginnt im späten Herbst mit dem Aufruf zur Konzipierung von Angeboten für die Herausforderungen. In der Vergangenheit haben im Wesentlichen die Pädagog:innen der Stufe 8-10 im Zeitraum November und Dezember Ideen für Herausforderungen entworfen. In den letzten Jahren wurden die Schüler:innen immer stärker bei der Ideenfindung aktiviert und einbezogen. Die Schüler:innen können z. B. über die „Werkstatt Herausforderungen", die einer AG gleicht, eigene Schwerpunkte setzen und Vorhaben realisieren. Unter Anleitung und Begleitung einer Lehrkraft können die Schüler:innen eigene Ideen für Herausforderungen entwerfen, ausschreiben und umsetzen. Den Schüler:innen fallen u. a. die Aufgaben der Planung, Finanzaufstellung, Auswahl der Teilnehmer:innen und der Leitung der Treffen zu. Grundsätzlich können dies Schüler:innen übernehmen, die bereits eine Herausforderung absolviert haben. Hier fließt also erneut der Aspekt der zunehmenden Verantwortungsübernahme ein.

Die Entwürfe der Herausforderungen werden in der Planungsphase (später Herbst) in einem für jeden einsehbaren Dokument festgehalten. Auf diese Weise wird sichergestellt, dass für jeden der Planungsstand transparent ist und die Möglichkeit gegeben ist, eine Vielfalt von Angeboten zu erzielen. Sollte sich zum Beispiel abzeichnen, dass man als Ideengeber:in bereits die dritte oder vierte Fahrradtour planen möchte, kann man entsprechend die Idee überdenken.

Jedes Jahr ist es das Ziel, ein möglichst breites und vielfältiges Angebot zu gestalten. Dies erklärt sich allein durch die Heterogenität der Schüler:innen in Alter, Kultur, körperlichen Voraussetzungen und Interessen. Gerade in der Phase der Pubertät streuen die Bedürfnisse aufgrund der unterschiedlichen Entwicklungsstufen. Auch für den Einzelnen braucht es idealerweise von Jahr zu Jahr eine Steigerung oder ein neues Feld, in dem man sich bewähren kann. Um sowohl die spezifischen Bedürfnisse der Jugendlichen in der Pubertät zu bedienen als auch ein thematisch vielfältiges Programm zu schaffen, orientieren wir uns an vier Kategorien der Erlebnispädagogik nach Kurt Hahn (vgl. die Beiträge 3 von Michael Zimmer-Müller und 4 von Peter Wastl):

- Expeditionen
- Rettungsdienst
- sportliches Training
- Darstellung

In der Planung achten wir darauf, dass möglichst alle Kategorien im Programm ausreichend abgedeckt sind, um die Vielfalt im Programm herzustellen.

Kurz vor Weihnachten münden die Entwürfe in einem Ausschreibungstext, welcher im Januar in einer Herausforderungsbroschüre[1] gelangt. Nach Veröffentlichung der Broschüre können sich darin die 300 Schüler:innen über die ca. 18 bis 20 Angebote informieren. Insbesondere wird die Broschüre am Tag der offenen Tür auf dem „Marktplatz der Herausforderungen" ausgegeben. Hier stehen alle Herausforderungsleiter:innen an einem ausgewiesenen und entsprechend gestalteten Marktstand für Fragen und Hintergründe zu ihrem Angebot zur Verfügung. Herausforderungen wie: „Heraus aus dem Nest", „Ökologische Landwirtschaft", „Helping Hands", „Ab in die Boote", „Alpenüberquerung", „Pyrenäenüberquerung", „Mit dem Fahrrad nach…" und „Into the wild – Expedition Norwegen" sind aufgrund ihres Erfolgs fast jährlich vertreten. Damit ist ca. ein Drittel der

---

1 www.sts-winterhude.de/herausforderungen

Angebote regelmäßiger und fester Bestandteil der Herausforderungen. Die übrigen Angebote (Rettungsdienst, sportliches Training und Darstellung) verändern sich jedes Jahr mit den jeweiligen Pädagog:innen und den Ansprüchen der Schüler:innen. Z. B. ist in den letzten Jahren der ökologische Aspekt in den Herausforderungen im Zuge der „Fridays for Future" Bewegung hervorgetreten.

Der Marktplatz der Herausforderungen ist gleichzeitig Auftakt für die Bewerbungsphase. Über mehrere Wochen verfassen die Schüler:innen jeweils eine Bewerbung für drei angebotene Herausforderungen. Die Schüler:innen sollen hierbei ausführlich begründen, weshalb das Vorhaben für sie selbst eine Herausforderung darstellt und weshalb gerade sie für die Teilnahme in der Gruppe geeignet sind. Dabei erfahren die Schüler:innen Beratung und Unterstützung insbesondere durch ihre Klassenleitung, Sozial- und Sonderpädagog:innen. In einem mehrwöchigen Auswahlverfahren werden die Bewerbungen mithilfe eines Kriterienbogens von den Leiter:innen der Herausforderungen gelesen, ausgewählt oder ggf. an die gewählt Zweit- oder Drittwahl weitergereicht.

Die Herausforderungsleiter:innen treffen ihre Entscheidungen zur Annahme einer Bewerber:in aufgrund eines Kriterienbogens. Dieser legt fest, dass eine heterogene Gruppe z. B. hinsichtlich Alter, Geschlecht und Expertise zusammengestellt werden soll. Es gibt Kriterien zur Bewertung der verfassten Begründung. Diese betreffen u. a. die Form (z. B. Rechtschreibung, Grammatik, Unterschriften der Erziehungsberechtigten) sowie die Qualität der Begründung. Hier sollen, wie oben beschrieben, besondere Voraussetzungen der Bewerber:innen berücksichtigt werden.

Die Auswahl der Teilnehmenden kann immer wieder zu Widersprüchlichkeiten führen. Die angestrebte Heterogenität kann dazu führen, dass qualitativ gute Bewerbungen abgelehnt werden müssen, weil sonst die Heterogenität im Alter nicht sichergestellt werden kann. Man muss also durchaus zwischen den Kriterien Heterogenität im Alter und der Qualität von Bewerbungen abwägen. Ähnlich verhält es sich mit der Heterogenität in der Expertise. Einerseits muss man kritisch hinterfragen, wie und wann z. B. ein langjähriger Pfadfinder auf einer Wanderung herausgefordert wird und andererseits braucht man ihn auch um Heterogenität bzgl. der Expertise herzustellen.

Letztlich ist die Auswahl der Teilnehmer:innen ein ständiges Abwägen zwischen der Qualität der Bewerbung, der Herstellung von Heterogenität in Alter, Geschlecht, Expertise sowie einem funktionierenden Gruppengefüge.

Sobald die Gruppen Ende Februar feststehen, starten die ersten Treffen. Hier ergibt sich die organisatorische Schwierigkeit, dass die Schüler:innen der Stufe 7 ja erst nach den Sommerferien Teil der Stufe 8-10 sind. Durch die Stundentafel entsteht allerdings mit dem wöchentlichen „Gruppenrat" eine zeitliche Überschneidung zwischen den Stufen. Die Schüler:innen aus 7 werden daher einmal im Monat aus ihrem Gruppenrat in ihrer Stufe 7 herausgelöst und nehmen an den Herausforderungstreffen mit den Schüler:innen aus 8 und 9 teil. Fortan werden

Pläne und Ideen konkretisiert, Material sowie Gelder organisiert und beschafft, die Reise gebucht und ggf. weitere Begleitungen gesucht. In vielen Fällen wird auch eine Probetour geplant und durchgeführt, um das Material zu testen und die Gruppe besser kennenzulernen. Über mindestens fünf Treffen im 2. Halbjahr nimmt die Planung Gestalt an.

4   Umsetzung an der Jeetzeschule in Salzwedel

Die Jeetzeschule in Salzwedel ist eine Integrierte Gesamtschule in freier Trägerschaft. Derzeit werden hier etwa 300 Kinder und Jugendliche von Jahrgang 5-13 beschult unabhängig von ihren intellektuellen Voraussetzungen. Alle Schulabschlüsse können vergeben werden.

Wesentliche Säulen des pädagogischen Konzeptes sind Projektunterricht und Freiarbeit. Gestützt werden diese Säulen durch vielfältige Angebote wie Arbeiten auf der Jeetzefarm (Entschulungsort), außerschulische Praktika und Projekte, Neigungskurse, Studierzeiten, Arbeitsgemeinschaften, das Konzept der Reisenden Schule und eben auch durch das Konzept der Herausforderungen.

An der Jeetzeschule ist die Herausforderung eine Ergänzung des Konzeptteils „Reisende Schule". Das Konzept der Reisenden Schule wurde in den 70er Jahren von dänischen Pädagogen entwickelt. Dabei geht es um das Erlebnis des Reisens, des Unterwegsseins selbst und um die Erfahrungen des Selbst-Tuns, des Organisierens und Lebens eines Lebens mit relativ einfachen Mitteln, um Naturbeobachtungen und Erlebnisse, um Erfahrungen mit den Schönheiten und Widrigkeiten der Natur auch an „Nichtsonnentagen". Mit dem Konzept der Reisenden Schule bereiten wir über viele Jahre die Ideenfindung und Durchführung der Herausforderung vor. Sie findet jeweils nach den ersten eineinhalb Schulwochen nach Schuljahresbeginn statt. Festgelegte Touren der Reisenden Schule:

- *Jahrgang 5/6:* Radtour/Wandertour (5 Tage in der Altmark und im Wendland unterwegs)
- *Jahrgang 7:* Kanutour, Paddel- und Überlebenscamp
- *Jahrgang 8:* Land der ersten Fremdsprache, Übernachtung in Gastfamilien
- *Jahrgang 9:* Land der zweiten Fremdsprache (Schüleraustausch mit Russland/Frankreich)
- *Jahrgang 10:* Skilager in Österreich (im Winter)
- *Jahrgang 11:* Filmcamp
- *Jahrgang 12:* Segeltour in Holland
- *Jahrgang 13:* Fahrt zur Abiturvorbereitung

Nach einem Besuch der Winterhuder Reformschule 2012 mit dem Psychologiekurs der Abiturstufe brachten die Jugendlichen das Thema „Herausforderungen" als zusätzliche pädagogische Konzeptsäule ins Schulteam und erwirkten im selben Jahr in Absprache mit den Eltern einen Probelauf der Herausforderungen der Elftklässler:innen ganz ohne Begleitung von Erwachsenen. Nach Evaluation dieser ersten Herausforderungen beschloss die Gesamtkonferenz am 24.01.2013 die Durchführung der Herausforderungen für alle Jugendlichen der Jahrgänge 10, 11 und 12 für einen Zeitraum von zwölf Tagen.

Aber der Reihe nach: Generationenforscher Rüdiger Maas sagt in einem Interview zu seinem Buch: „Generation lebensunfähig: Wie unsere Kinder um ihre Zukunft gebracht werden", Folgendes: „Die Erklärung ist, dass wir heute mit aller Macht versuchen, das Glück in die Kinder hineinzubekommen, anstatt den Kindern die Chance zu geben, das Glück selbst zu entdecken. Ähnlich ist es mit der Fantasie: Anstatt es den Kindern zu ermöglichen, Fantasie selbst zu entwickeln, werden sie ständig bespaßt und unterhalten. Denn Kinder dürfen heute auch keine Langeweile mehr aushalten. Langeweile fördert aber Fantasie." (Maas 2022). Kinder und Jugendliche erleben heute kaum noch Abenteuer, viele wissen gar nicht, was das ist. Eine Herausforderung zu absolvieren, sollte im besten Falle solch ein Abenteuer sein und den Jugendlichen ermöglichen, das Glück tatsächlich selbst zu entdecken. Bei den Herausforderungen geht es vor allem um Verantwortung für das eigene Handeln, Umgang mit Unvorhersehbarem und Kooperation mit anderen.

Der Herausforderungskatalog umfasst folgende Kategorien:

- Körperliche Herausforderungen (Fahrradtour, Klettern, Wandern o. ä.)
- Soziale Herausforderungen (ausschließlich allein: Arbeiten in Behinderteneinrichtungen, Tagespflegestätten o. ä.)
- Auf der Suche nach sich selbst (ausschließlich allein: Aufenthalte im Kloster, Yogahaus, Buddhistischen Zentrum o. ä.)
- Heraus aus dem Nest (Auslandsaufenthalte, Arbeiten in der Fremde o. ä.)
- Großartige künstlerische Leistung (mit Mentor und öffentlicher Präsentation: Theater, Band, Tanz, Laienschauspieler in großer Produktion o. ä.)

Anders als an der Winterhuder Reformschule werden aber an der Jeetzeschule in Salzwedel keine Herausforderungen durch die Pädagog:innen angeboten. Jede Schülerin und jeder Schüler überlegt für sich, bespricht sich mit Freunden, sammelt Ideen bei der Vorstellung der absolvierten Herausforderungen und reicht dann allein oder gemeinsam mit anderen eine Idee ein. Es ist sehr unterschiedlich, was für den Einzelnen oder die Einzelne eine Herausforderung ist.

Von Seiten der Pädagog:innen werden in den Beratungen und Ideenfindungen sehr stark die körperlichen/sportlichen Herausforderungen forciert, da bei diesen die Chance am größten ist, die Jugendlichen aus ihrer Komfortzone zu bringen. In ihrem normalen Alltag ist das heutzutage kaum noch möglich. Aber genau das erhöht häufig die Wahrscheinlichkeit auf ganz anders gelagerte Erlebnisse bis hin zu wirklichen Abenteuern, an denen die Jugendlichen wachsen und hoffentlich auch Glück und Stolz empfinden können. Diese Art von Herausforderungen bieten auch eine große Chance auf erfolgreiches Absolvieren. Zum Schreiben eines Buches oder zur Einstudierung eines Theaterstückes oder Vorbereitung eines Konzertes ist die Zeit von 12 Tagen sehr knapp. Oft vergeht dann mit organisatorischen Dingen viel Zeit und man muss einsehen, wie wenig am Ende dabei herausgekommen ist. Das macht dann eher unzufrieden. Vor allem für diese Herausforderungen, die nicht diese Glücks- und Erfolgsmomente mit sich brachten, ist die Mehrmaligkeit der Herausforderungen ein Geschenk. Man kann es ja beim nächsten Mal noch einmal ganz anders angehen.

Zehntklässler:innen brauchen dabei eine volljährige Begleitung, außer sie sind beispielsweise im Yogahaus oder im Kloster. Sowohl die Otto-von-Guericke Universität in Magdeburg als auch die Martin-Luther-Universität in Halle erkennen inzwischen die Begleitung der Herausforderungen als außerschulisches Praktikum für die pädagogischen Studienrichtungen an. Elftklässler:innen dürfen innerhalb Deutschlands mit Erlaubnis der Erziehungsberechtigten in Kleingruppen allein unterwegs sein und Volljährige können auch außerhalb Deutschlands ihre Herausforderung ohne Begleitung absolvieren. Damit übertragen wir den Jugendlichen viel Verantwortung und müssen uns voll auf sie verlassen können.

Die Mehrmaligkeit der Herausforderungen in diesen verschiedenen Settings bietet viel Entwicklungspotenzial. Im Jahrgang 10 stellt die volljährige Begleitung einen gewissen Schutz dar. Natürlich greift sie nur ein, wenn für irgendjemanden Gefahr für Leib und Leben besteht oder das Ansehen der Schule beschädigt werden könnte. Ansonsten ist die Begleitung lediglich ein Schatten. Aber dieser Schatten ist da. In Jahrgang 11 geht es ohne „Schatten" auf die Herausforderung. Das Gefühl von Freiheit ist an dieser Stelle für die Jugendlichen sicher noch einmal deutlich größer. Wir beobachten, dass die Jugendlichen entweder schon sehnsüchtig und voller Ideen auf den Zeitpunkt warten, oder auch, wenn die Herausforderung in Jahrgang 10 eher eine Mogelpackung war (was vorkommt), dass sich die Jugendlichen für die neue Herausforderung so richtig ins Zeug legen. Im Jahrgang 12 ist es eher die Routine – man kennt sich aus und weiß, was möglich ist und ergreift bewusst die Chance, die einem gegeben ist.

In den Jahrgängen 11 und 12 haben wir so gut wie keine Abbrüche der Herausforderung. In Jahrgang 10 kommen die Schüler:innen dann doch schon eher vor allem an ihre mentalen Grenzen. Die Vorstellung von dem, wie es sein wird und die Realität klaffen da häufig auseinander. Auch die Gruppendynamik ist in Jahrgang 10 eine andere als in 11 und 12. Zwischen der ersten Herausforderung zu Beginn des 10. Schuljahres und dem Ende des 11. Schuljahres liegen fast zwei Schuljahre. Entwicklungspsychologisch ist die Pubertät mit den vielen Hochs und Tiefs in großen Teilen vorbei und eher einer erwachsenen Abenteuerlust gewichen.

Unser Schwerpunkt bei der Durchführung der Herausforderungen liegt entgegen der Winterhuder Reformschule weniger in der Zeit der akuten Pubertätsphase. Unser Schulkonzept verfolgt da mit dem Erdkinderplan nach Maria Montessori (vgl. Beitrag 5 von Gudula Meisterjahn-Knebel) die Entschulung auf der Jeetzefarm, das Arbeiten in verschiedenen Projekten und die Kooperation mit Künstlern, Handwerkern und Einrichtungen der Region. Im Rahmen der Reisenden Schule erkunden wir während der Pubertät die Welt durch Begegnungen mit anderen Kulturen. Die Herausforderungen zu diesem etwas späteren Zeitpunkt bieten dabei in unserem Ablauf die besondere Möglichkeit, sich wirklich auf sich zu besinnen, genau zu überlegen, was will ich jetzt oder später oder was wollte ich schon immer mal machen. In diesem Kontext gibt es außerdem im ersten Halbjahr von Jahrgang 12 das Projektthema „Was ist der Mensch", welches sich in großen Teilen damit beschäftigt zu erkunden, wer bin ich und wo sehe ich mich im späteren Leben.

5   Organisatorische Umsetzung im Schuljahresablauf

An der Jeetzeschule in Salzwedel wird, wie oben beschrieben, von den Erwachsenen keine Herausforderung angeboten. Das Konzept sieht vor, dass die Jugendlichen sich überlegen, was für sie ganz individuell eine Herausforderung ist. Die Gruppenzusammenfindung erfolgt entsprechend der gemeinsamen Idee. Eine gelingende Herausforderung berücksichtigt sportliche, ästhetische, ökologische und/oder soziale Komponenten und bringt die Jugendlichen aus ihrer Komfortzone. Unsere Herausforderung dauert zwölf Tage ohne Unterbrechung. Für die Jugendlichen von 11 und 12 ist eine Verlängerung in die Sommerferien hinein möglich, was für große Vorhaben für Ältere eine tolle Chance ist. So gingen z. B. vor einigen Jahren drei volljährige Mädchen in sechs Wochen zu Fuß bis nach Venedig, eine Zwölftklässlerin verbrachte acht Wochen auf einem Bauernhof in Norwegen unter einfachsten Lebens- und Arbeitsbedingungen.

Es gibt inzwischen zweimal im Schuljahr die Präsentation der Herausforderungen – einmal am Ende des Schuljahres zum Sommerfest, wenn die Jugendlichen aus Jahrgang 11 und 12 von ihrer Herausforderung zurückkommen und zu Beginn des Schuljahres nach der Herausforderung von Jahrgang 10. Auf beiden Veranstaltungen gibt es eine Ausstellung und auch Präsentationen, wo Ideen und Tipps weitergegeben werden. Außerdem fertigt jeder Jugendliche eine Mappe zu seiner Herausforderung an und veröffentlicht diese.

Der Satz „Nach der Herausforderung ist vor der Herausforderung" gilt auch an der Jeetzeschule. Nach der Präsentation der Zehntklässler:innen gibt es einige Tage später für die 9er einen Projekttag zum Thema Herausforderungen. Dort werden verschiedene Stationen zur Ideenfindung, zu Unterkunfts- und Reisemöglichkeiten und zur Budgetierung durchlaufen.

Vor den Oktoberferien werden dann von allen Jugendlichen aus den Jahrgängen 9 (für ihre Herausforderung zu Beginn von Schuljahr 10), 11 und 12 die ersten Ideen eingereicht und von der Herausforderungsgruppe, die aus der Schulleitung, dem zuständigen Verantwortlichen für das Projekt Herausforderung den Stammgruppenleitungen der entsprechenden Gruppen besteht, diskutiert. Anschließend bekommen die Jugendlichen zu diesen ersten Ideen eine Rückmeldung, ob die Idee weiterverfolgt werden kann bzw. ob es Bedingungen gibt, die bei der weiteren Ausarbeitung der Idee erfüllt werden müssen. Jeden Montag gibt es durch die Leitung des Projektes eine Herausforderungssprechstunde, in der die Jugendlichen eine Beratung in Anspruch nehmen können.

Vor den Weihnachtsferien werden dann von den Jugendlichen die inzwischen weiter ausgearbeiteten Ideen wiederum der Herausforderungsgruppe vorgelegt und nach nochmaliger Rückmeldung zu einem vollständigen Antrag formuliert und zum Ende des ersten Schulhalbjahres abgegeben, in dem die folgenden Fragen beantwortet werden:

- Was ist das Ziel deiner Herausforderung?
- Worin besteht deine persönliche Herausforderung?
- Deine Reisemittel: Wie willst du dich fortbewegen (Nachhaltigkeit beachten)?
- Wo und wie willst du übernachten?
- Wenn du länger an einem Ort bist, was willst du machen?
- Was ist dein Plan B? Hast du eine andere Idee, falls die Herausforderung nicht klappt?
- Wie ist dein Finanzplan?
- Wer ist deine Begleitung (für Jugendliche des Jahrgang 10)?

Spätestens bis zu den Osterferien sollten alle Herausforderungen feststehen und die Begleitungen für die Zehntklässler:innen gefunden sein.

6   Fazit und Ausblick

Ebenso wie an der Jeetzeschule startete das Forschungsnetzwerk „Herausforderungen" HeRiS im Jahr 2018 eine Evaluationsstudie der Herausforderungen an der Winterhuder Reformschule. Aus dieser Studie werden die Vorzüge des Konzepts der Herausforderungen deutlich aber eben auch die der Mehrmaligkeit. In der Auswertung wird zunächst einmal deutlich, dass die Teilnehmer:innen den Eindruck haben, ihre Kompetenzen während der Herausforderungen zeigen zu können, unabhängig davon, ob sie das erste Mal auf Herausforderung waren oder schon das dritte Mal. Es gab in der Studie niemanden, der oder die das Gefühl hatte, ihre Kompetenz gar nicht unter Beweis stellen zu können. 80 Prozent der

Schüler:innen bewerten die Herausforderungen für sich als Erfolg. Begründungen für den Erfolg sehen die Schüler:innen bei ihrer Gruppe und der Begleitung. Insbesondere die soziale Eingebundenheit wird von den Teilnehmer:innen positiv hervorgehoben. Die Erfahrung in einer ungewohnten Situation schweißt offensichtlich zusammen. Gerade Teilnehmer:innen, die sich zum zweiten Mal herausfordern, haben die Anzahl an Freundschaften erweitern können. Es steht die Hypothese im Raum, dass man im zweiten Durchgang sowohl offener als auch selbstbewusster auftritt und aufgrund dessen seinen Freundeskreis erweitern kann. Beim dritten Durchgang sinkt die Zunahme an Freundschaften wieder etwas, was darauf schließen lässt, dass die älteren Schüler:innen in der Breite besser vernetzt sind. Aus der Studie wird auch deutlich, dass die Teilnehmer:innen die Herausforderung umso eher als Erfolg bewerten, desto autonomer sie die Herausforderung gestalten können.

Die Studie zeigt interessanterweise noch einen weiteren wichtigen Aspekt für die Mehrmaligkeit auf. Bei der ersten Herausforderung der Teilnehmer:innen erleben diese deutlich öfter Misserfolge als bei der zweiten oder dritten. Die Begründungen für den jeweiligen Misserfolg variieren individuell stark. Konkrete Gründe sind u. a. die Gruppenzusammensetzung, ungünstige Rahmenbedingungen, bestimmte Personen in der Gruppe und individuelle Konflikte. Interessant ist dabei auch das niedrigere Erleben sozialer Eingebundenheit von Teilnehmer:innen, die zum ersten Mal an einer Herausforderung teilnehmen. Man könnte umgekehrt zu oben vermuten, dass jüngerer Teilnehmer:innen eher zurückhaltender und vorsichtiger in den Kontakt gehen. Gerade dieser Punkt spricht wieder für die mehrjährige Durchführung, um Teilnehmer:innen den Rollenwechsel zu ermöglichen. Im Allgemeinen besteht hier eine grundsätzliche Verantwortlichkeit bei den Pädagog:innen, die Jüngeren zu unterstützen, Teil der Gruppe zu werden und sie nicht mit ihren Bedenken oder gar Ängsten allein zu lassen. Es braucht daher regelmäßige Gesprächs- und Reflexionsangebote während der Herausforderungen, um die Gruppenprozesse zu thematisieren und zu lenken.

Die Pubertät ist eine Zeit des ständigen Aufs und Abs, des Suchens und Findens. In früheren Kulturen gab es noch feste Rituale auf diesem Weg. So mussten junge Männer oft in „Walk Aways" einige Tage allein in freier Natur verbringen. Im Mittelalter ging man nach der Ausbildung in die Fremde. Einen „Walk Away" gibt es nicht mehr und so suchen sich viele Jugendliche Ersatz-Rituale. Die zunehmende Suchtproblematik ist hierbei zu nennen oder das Betreiben von Extremsportarten.

Die Herausforderungen, vor allem wenn sie keine „Eintagsfliegen" sind, zeigen, dass die Jugendlichen Verantwortung für sich übernehmen können und bereit sind, ihren eigenen Weg zu gehen. Sie werden dem Bedürfnis nach Ablösung und Selbstständigkeit der Jugendlichen gerecht und bieten damit ein Ritual bedürfnisgerechter die verschiedenen Phasen dieser Jugendzeit zu beschreiten.

Relevante Literatur

Bandura, Albert (1977): Social learning theory. Englewood Cliffs, NJ: Prentice Hall

Le Breton, David (1995): Lust am Risiko. Frankfurt am Main: Dipa-Verlag.

Butt, Holger (2011): Herausforderungen gestalten. Wenn Jugendliche zwischen 13 und 16 Jahren sich außerhalb von Schule bewähren müssen. In: Pädagogik, H.4, S. 36-39

Butt, Holger (2012): Vorbereitet auf die Zukunft? Mit Ermöglichungspädagogik Schüler in ihr Leben begleiten. In: Pädagogik, H. 7/8, S. 42-45

Butt, Holger (2014): Vom exotischen Highlight zum Normalfall. Erfahrungen mit dem Schulkonzept „Herausforderungen". In: Pädagogik, H. 7/8, S. 8-11

von Hentig, Hartmut (1993): Die Schule neu denken. Eine Übung in pädagogischer Vernunft. Weinheim: Beltz.

Hurrelmann, Klaus (2013): Lebensphase Jugend. Eine Einführung in die sozialwissenschaftliche Jugendforschung. Weinheim und Basel: Beltz Juventa.

Maas, Rüdiger (2021): Generation lebensunfähig: Wie unsere Kinder um ihre Zukunft gebracht werden. https://www.focus.de/familie/erziehung/ruediger-maas-im-focus-online-interview-forscher-warnt-wir-erziehen-eine-generation-von-ungluecklichen-kindern_id_24431828.html (Abfrage: 31.10.2022)

Müller, Andreas (2003): Sich den Erfolg organisieren. https://institutbeatenberg.ch/wp-content/uploads/publikationen-und-materialien/dossiers/sich_den_erfolg_organisieren.pdf (Abfrage: 31.10.2022)

Arne Sorgenfrei ist Lehrer für die Fächer Mathematik, Physik, Projekt und Sport an der Stadtteilschule Winterhude – Winterhuder Reformschule. Seit 2012 leitet er jährlich eine Herausforderung (Wandern in den Alpen/Norwegen) und ist seit 2014 beauftragt die Herausforderungen an der Schule zu koordinieren. Kontakt: Arne. Sorgenfrei@wirnet.de

Antje Pochte ist Gymnasiallehrerin für die Fächer Mathematik, Physik, Informatik und Psychologie. Seit 2005 ist sie Schulleiterin der Jeetzeschule in Salzwedel- einer Integrierten Gesamtschule in freier Trägerschaft. Als Schulleiterin ist sie aktiv am gesamten Projekt „Herausforderung" beteiligt und teilt ihre Erfahrungen gern mit anderen. Kontakt: pochtea@web.de

12 Die Projektidee *Herausforderung* im Kontext inklusiver Bildung

Christin Tellisch

Im vorliegenden Text wird versucht, einen Zusammenhang von inklusiver Bildung und der Projektidee *Herausforderung* zu skizzieren. Zunächst wird ein Einblick in den Begriff der Inklusion ermöglicht und aufgezeigt, von welchem Begriffsverständnis im Text ausgegangen wird. Im Anschluss daran folgt eine Annäherung an die Projektidee *Herausforderung*, indem sie als ein inklusiver Bildungsansatz und Produkt von Lernen an außerschulischen Orten (nach Jäkel 2021), Projektmethode (nach dem Ansatz von Dewey und in der Weiterentwicklung von Kilpatrick in Speth 1997), fächerübergreifendem Lernen (gemäß Diskursen von Moegling 2010) und Erlebnispädagogik (im Verständnis nach Michl 2020) verstanden und analysiert wird. Eine Verbindung dieser Diskurse wird darin gesehen, dass sie nach einem inklusiven Bildungsverständnis die Persönlichkeitsentwicklung von Heranwachsenden fördern können. In der hier skizzierten Auseinandersetzung könnte ein erster Anhaltspunkt für eine theoretische Fundierung des inklusiven Bildungshintergrundes der Projektidee *Herausforderung* gesehen werden.

Im dritten Teil des Aufsatzes werden schlaglichtartig zwei Beispiele von inklusiver Bildung im Rahmen der Projektidee *Herausforderung* dargelegt. Abschließend folgt ein Ausblick, der Chancen und Herausforderungen der Projektidee *Herausforderung* vor den dargelegten theoretischen Linien und den praktischen Beispielen zusammendenken lässt.

1 Zum Begriff der inklusiven Bildung

Über den Begriff der *inklusiven Bildung* liegt im deutschsprachigen Diskurs kein einheitliches Verständnis vor (vgl. Grosche 2015; Piezunka et al. 2017). Im hier vorliegenden Text wird sich einem Verständnis inklusiver Bildung bedient, das an einem menschenrechtsbasierten Inklusionsverständnis (vgl. Reitz 2015) ausgerichtet ist. Es wird damit das Ziel verfolgt, Diskriminierung abzubauen und eine Teilhabe jedes Menschen an Bildung und Gesellschaft zu ermöglichen. Um dies zu realisieren, müssen im Besonderen Differenzlinien betrachtet werden z. B. Gender, sozio-ökonomischer Status, politische Vorstellungen, psychische

167

und physische Unterschiede oder religiöse Orientierungen. Diese Differenzlinien sind keinesfalls statisch, sondern von Zeiten und Settings bestimmt. Sie wirken zusammen und sind daher als äußerst komplex und dynamisch zu verstehen (vgl. Crenshaw 1989). Die Fokussierung auf Differenzlinien soll dazu führen, dass Veränderungen angestoßen und Teilhabe ermöglicht wird; sie sollen nicht zur Stereotypisierung und Ausgrenzung führen.

Die Definition der UNESCO für Inklusion in der Bildung setzt den Prozess in den Mittelpunkt, „bei dem auf die verschiedenen Bedürfnisse von Kindern, Jugendlichen und Erwachsenen eingegangen wird. Erreicht wird dies durch verstärkte Partizipation an Lernprozessen, Kultur und Gemeinwesen, sowie durch Reduzierung und Abschaffung von Exklusion in der Bildung. Dazu gehören Veränderungen in den Inhalten, Ansätzen, Strukturen und Strategien. Diese Veränderungen müssen von einer gemeinsamen Vision getragen werden, die alle Kinder innerhalb einer angemessenen Altersspanne einbezieht, und von der Überzeugung, dass es in der Verantwortung des regulären Systems liegt, alle Kinder zu unterrichten" (UNESCO 2010, S. 1). In diesem Aufsatz wird sich an dieses Begriffsverständnis der UNESCO angelehnt.

2 Die Projektidee *Herausforderung* als ein Ansatz inklusiver Bildung zwischen Lernen an außerschulischen Orten, Projektmethode, fächerübergreifenden Lernen und Erlebnispädagogik

Als Projektidee *Herausforderung* wird in diesem Aufsatz der Ansatz verstanden, dass sich Schüler:innen allein, zu zweit oder in kleinen Gruppen über mindestens eine Woche lang mit begrenzten finanziellen Mitteln einer persönlichen Herausforderung stellen. Die Umsetzung wird mindestens sechs Monate vorbereitet, individuell geplant und meist von einer Person begleitet, die über 18 Jahre alt ist und dann eingreift, wenn Gesundheit in Gefahr ist oder schwerwiegende Probleme mit starken Auswirkungen drohen.

Um inklusive Bildungsangebote im Kontext Schule zu gestalten, gibt es verschiedene Möglichkeiten. Die Ziele inklusiver Bildungsprozesse des Abbaus von Diskriminierung, der Teilhabe aller Heranwachsenden, der Partizipation sowie der individuellen Persönlichkeitsentwicklung sollen erreicht werden. Im Folgenden werden ausgewählte mögliche theoretische Verortungen der Projektidee *Herausforderung* skizziert, die im Kontext inklusiver Bildungsgestaltung gedacht werden können; die Verortungen sind als unvollständig zu verstehen und laden zur Vertiefung ein. Zudem befinden sie sich formal nicht auf einer Ebene, da es sich einerseits um Teildisziplinen der Pädagogik und andererseits um methodische Ansätze von Bildungsarbeit handelt:

2.1 Lernen an außerschulischen Orten

Inklusive Bildungsangebote können im schulischen Kontext initiiert und an außerschulischen Orten durchgeführt werden.

Das Lernen an außerschulischen Orten meint nach Jäkel (2021), dass außerhalb des Schulgebäudes eine „unmittelbare originale Begegnung mit einem Lerngegenstand zum Kompetenzerwerb beiträgt. Es sind Orte, an denen spezifische Lernprozesse effektiver ablaufen als im Klassenzimmer" (Jäkel 2021, S. 332).

Die Projektidee *Herausforderung* bedient sich dieses Ansatzes, indem lediglich die Planung und Reflexionen in der Schule stattfinden; die Umsetzung des Projektes aber außerhalb von Schule und der häuslichen Umgebung realisiert wird. Welche Lokalität(en) es im Einzelnen ist/sind, ist von den individuellen Zielsetzungen und Vorgehen der Heranwachsenden abhängig.

2.2 Projektmethode

Inklusive Bildungsangebote lassen sich in Projektform realisieren, da auf diese Art und Weise die individuellen Potenziale und Interessen der Lernenden fokussiert und gefördert werden können.

Die Projektmethode findet sich bereits in historischen Ansätzen bei Jean-Jacques Rousseau (1712-1778), Heinrich Pestalozzi (1746-1827) und Friedrich Fröbel (1782-1852). Besonders wurde sie durch John Dewey (1859-1952) und William Heard Kilpatrick (1871-1965) geprägt. Dewey möchte in der Projektmethode eine Verbindung zur Lebenspraxis sehen; Kilpatrick fordert den Einbezug von außerschulischen Realien. Für Kilpatrick ist es selbstverständlich, dass die Heranwachsenden selbst tätig werden und Probleme lösen. Sowohl Dewey als auch Kilpatrick bringen die Projektmethode in eine Verbindung zum demokratischen Lernen. Durch diese Methode lassen sich die Heranwachsenden auf eine ungewisse Zukunft vorbereiten, da sie lernen, ihr Handeln methodisch und systematisch zu kontrollieren (vgl. Bastian/Gudjons 1997, S. 73). Die Projektmethode muss dabei über einen längeren Zeitraum hinweg realisiert werden und der Gegenstand muss ein bleibendes Interesse für die Heranwachsenden und die Gesellschaft aufweisen. Erfahrungsprozesse sollen initiiert werden (vgl. Speth 1997, S. 35).

Die Projektidee *Herausforderung* bedient sich der Projektmethode, indem jedes Kind individuell eine Herausforderung sucht, plant und realisiert. Es wird über einen längeren Zeitraum vorbereitet, durchgeführt und abschließend reflektiert sowie ausgewertet. Bei der Umsetzung werden die Heranwachsenden vor immer wieder neue Schwierigkeiten gestellt, die sie entsprechend ihrer bisherigen und weiterzuentwickelnden Kompetenzen lösen müssen; sie sammeln Erfahrungen.

2.3   Fächerübergreifendes Lernen

Inklusive Bildungsangebote können einen fächerübergreifenden Charakter aufweisen. Da inklusive Bildungsangebote nicht beim Inhalt und den Methoden
gemäß vorgegebenen Plänen ansetzen, sondern auf die Potenziale, Kompetenzen und Interessen jedes Kindes und der Kindergruppe schauen, werden nicht
einzelne Fächer bedient, sondern ein vernetztes Arbeiten und Lernen gefördert.

Folgt man Moegling (2010), dann sind unter dem fächerübergreifenden
Unterricht unter einem kompetenzorientierten Blickwinkel „Unterrichtsversu-
che [erg. zu verstehen], bei denen verschiedene Fachperspektiven systematisch
zur Lösung eines Problems so miteinander vernetzt werden, dass ein thematisch-
inhaltlicher Zusammenhang erkennbar wird, eine mehrperspektivische Analyse
und Beurteilung gefördert werden und eine handlungsorientierte Problemlösung
oder handlungsorientierte Problemlösungsalternativen aus verschiedenen Blick-
winkeln heraus entwickelt werden können" (Moegling 2010, S. 13).

Die Projektidee *Herausforderung* bedient sich diesem Ansatz, indem die Projekte der Schüler:innen in verschiedenen Fachkontexten verortet werden können. Die Realität ist niemals nur einem Fach zuzuordnen – diese Systematik des
einzelnen Faches erleichtert lediglich die Komplexität und das Verstehen. Da sich
die Heranwachsenden in der Projektidee *Herausforderung* realer Problemlagen
widmen, können sie sich also gleichzeitig motorischen, kognitiven, sozialen,
emotionalen, kreativen und anderen Zusammenhängen von Biologie, Physik,
Chemie, Deutsch, Musik, Kunst oder Geographie, Geschichte und Politischer
Bildung und anderen Fächern hingeben. Probleme werden in ihrem komplexen
Zusammenhang gesehen, in einzelnen Fachdiskursen erörtert, Wege geplant,
Lösungen gesucht und die einzelnen Fachzusammenhänge dann wieder in ihrer
Komplexität zusammengedacht. Indem die Heranwachsenden individuelle Prob-
leme und Bearbeitungswege entsprechend ihrer Kompetenzen und der anstehen-
den Entwicklungen bearbeiten und entwickeln, sind inklusive Bildungsprozesse
in einem fächerübergreifenden Lernzusammenhang möglich.

2.4   Erlebnispädagogik

Inklusive Bildungsangebote können sich aus dem Bereich der Erlebnispädagogik
speisen (vgl. Michl 2020; s. auch Beitrag 3 von Michael Zimmer-Müller und Beitrag 4 von Peter Wastl). Dies wird deutlich, wenn man das Konzept der Erlebnispädagogik als eine Teildisziplin der Pädagogik verortet, die „junge Menschen durch
exemplarische Lernprozesse und durch bewegtes Lernen vor physische, psychische
und soziale Herausforderungen – vornehmlich in der Natur – stellen [erg. möchte],
um sie in ihrer Persönlichkeitsentwicklung zu fördern und sie zu befähigen, ihre
Lebenswelt verantwortlich zu gestalten" (Heckmair/Michl 2018, S. 108).

Historisch wird damit auf Ansätze von Jean-Jacques Rousseau (1712-1778) und Henry David Thoreau (1817-1862) zurückgegriffen, die eine Vernunftentwicklung durch das Lernen in der Natur und mit den Dingen forcierten. Neben Ratio, Denken und Wissen braucht der Mensch Gefühle, Sinne und eigene Erfahrungen, womit eine klare Handlungsorientierung einhergeht (vgl. Michl 2020, S. 25).

Die Projektidee *Herausforderung* bedient sich diesem Ansatz, indem die Heranwachsenden den Lernort Schule verlassen, sich in der realen Welt bewegen und sich individuellen Aufgaben stellen, die sie kognitiv, emotional, physisch, psychisch oder sozial an ihre Grenzen bringen, um sich als Persönlichkeit weiterzuentwickeln. Diese Aufgaben absolvieren sie in Gruppen, Paaren oder allein.

Diese vier theoretischen Verortungen, die im Rahmen inklusiver Bildung und hier im Besonderen mit Bezug auf die Projektidee *Herausforderung* angerissen wurden, eint, dass sie die Persönlichkeitsentwicklung von Heranwachsenden fördern wollen. Nach Beiner (2014) ist die Persönlichkeitsentwicklung als ein Schlüsselbegriff der Bildungsdebatte zu verstehen, wenn die Subjektivität von Bildungsprozessen fokussiert wird: „Persönlichkeitsbildung sei in diesem Sinne als Prozess zu begreifen, der zum einen eine individuell-emotionale und zum anderen eine gesellschaftlich-soziale Komponente habe. Die Persönlichkeit werde dabei durch Erfahrungen, Handlungen und Lebensbedingungen geprägt, wobei dieser Prozess nicht planbar sei. Die Entwicklung der Persönlichkeit und damit auch der persönlichen Identität setzt voraus, dass bisherige Entwicklungsschritte in Frage gestellt und revidiert werden, was nicht selten krisenhaft abläuft und eine Gefährdung des Selbstbewusstseins mit sich bringt" (Beiner 2014, S. 23).

3 Beispiele inklusiver Bildung im Rahmen der Projektidee *Herausforderung*

Die folgenden Beispiele inklusiver Bildung im Kontext der Projektidee *Herausforderung* stammen aus eigenen Erfahrungen. Die beiden Beispiele veranschaulichen, welches Potenzial die Projektidee *Herausforderung* vor der Folie inklusiver Bildung haben kann und verdeutlichen die soeben dargelegte theoretische Verortung zwischen dem Lernen an außerschulischen Orten, der Projektmethode, dem fächerübergreifenden Lernen und der Erlebnispädagogik. Diese Ansätze konnten vorangehend skizziert und sollten in weiteren Diskursen erörtert und gerahmt werden.

3.1 Fallbeispiel A

Ein Schüler hat nach einem Unfall eine schwere Mehrfachbehinderung, sitzt im Rollstuhl, hat einen Faustschluss und eine Trachealkanüle. Damit benötigt er permanent über den Tag auch eine medizinisch-pflegerische Betreuung (durch einen Pflegedienst) sowie eine Schulbegleitung (zum permanenten Absaugen). Kann Herausforderung für diesen Schüler gelingen? Wie kann das aussehen?

Gemeinsam mit zwei Klassenkameraden findet der Schüler eine Herausforderung in einer Lebensgemeinschaft, die sich in einem Schloss niedergelassen hat. Täglich während der Herausforderung holen ihn die beiden Schüler von zuhause ab und bringen ihn ca. 5 Kilometer zum Schloss, eine Busverbindung gibt es nicht. Im Schloss gehen die Jungen Mal-, Garten- und Aufräumarbeiten an. Während die beiden Jungen tatkräftig anpacken, erstellt der Junge im Rollstuhl eine Chronik des Schlosses und entwirft ein Wandbild für das Schloss. Dabei spielt die Frage, welchen Beitrag ein jeder Mensch für Natur, Kultur, Erbe und Mensch geben kann, eine wichtige Rolle.

Jeden Abend bringen die beiden Jungen den Jugendlichen im Rollstuhl zurück nachhause. Der Pflegedienst sucht den Jungen für die Zeit der Herausforderung im alten Schloss auf, die Schulbegleitung ist permanent bei ihm.

Was lernen die Jugendlichen? Die Jungen halten zusammen, nehmen jeden Tag bei Wind und Wetter 10 km Weg auf sich und leisten einen Beitrag für die Lebensgemeinschaft im Schloss. Sie sind handwerklich aktiv, gestalten künstlerisch und leisten kulturelle Arbeit, die als Erbe für die Menschen ein hohes Gut darstellt. Zu malen und arbeiten trotz Rollstuhl, Faustschluss und Trachealkanüle ist anstrengend und zeigt dem Jungen immer wieder seine eigenen Grenzen auf. Und doch wird deutlich, dass jeder seinen Beitrag für Kultur, Leben und Natur leisten kann. Am Ende der Herausforderung sind alle erschöpft, aber sie sind sich auch darüber klar, dass sie gemeinsam einen Beitrag für die Lebensgemeinschaft im Schloss leisten konnten, eigene Kompetenzen besser kennengelernt haben und ihr Wirken erleben konnten.

3.2 Fallbeispiel B

Eine Schülerin stammt ursprünglich aus Tschechien, wurde dort geboren und ist in den ersten Jahren dort aufgewachsen. Dann stand ein Umzug nach Deutschland an. Zwei Kulturen und Sprachen schlagen im Herzen der Jugendlichen.

Im Rahmen von Herausforderung macht sich das Mädchen auf. Vom Geburtsort an und dann über den Fluss, der Geburts- und jetzigen Lebensort verbindet, legt das Mädchen „ihren" Weg mit einem Paddelboot zurück. Dabei spielt die Frage der eigenen Herkunft, der eigenen Wurzeln und der neuen Heimat eine besondere Rolle. Wer bin ich? Wo komme ich her? Wie prägt mich diese Herkunft und was macht sie aus mir? Wo führt mein Weg hin? Wie werde ich in der neuen Heimat akzeptiert? Welche Hürden bestehen und wie kann ich diese nehmen? Paddeln, körperliche Anstrengung, widrige Witterungsbedingungen und das Schleppen von Kanu, Zelt und Ausrüstung bringen die Schülerin an ihre Grenzen und helfen ihr doch zugleich, sich als Menschen auf dem Weg ins Erwachsenenleben und damit als eigene Persönlichkeit – ausgehend von ihren Wurzeln – neu zu denken.

Was lernt das Mädchen? Die eigenen Wurzeln prägen einen. Sich diesem Prozess bewusst zu werden, sich aber auch von den Wurzeln zu lösen und eigene Wege zu gehen, ebnet den Lebensweg. Indem man diesen Prozess, diesen Weg, bewusst geht und reflektiert, kann man Stärke und Resilienz entwickeln. Das ist dem Mädchen gelungen. Trotz schwieriger Umstände meistert sie es immer wieder, einen Weg zu finden und an eigenen Zielen festzuhalten. Der Fluss kann dabei als metaphorischer Lebensfluss verstanden werden; die Berge ermöglichen einen Blick in die Ferne, der zu Visionen für die eigene Zukunft inspirieren kann.

4 Ausblick

Schauen wir abschließend auf die Definition inklusiver Bildung der UNESCO vom Beginn des Aufsatzes und vergegenwärtigen uns diese vor der Folie der eben dargelegten Beispiele von Herausforderung, so wird u. a. Folgendes deutlich:

Herausforderung ermöglicht es, auf die verschiedenen und dabei sehr individuellen Bedürfnisse von Kindern und Jugendlichen einzugehen. Da die Heranwachsenden selbst die Ziele und Wege definieren, können individuelle Entwicklungsziele benannt und angegangen werden. Eine individuelle Persönlichkeitsentwicklung kann gefördert werden.

Eine partizipative Gestaltung des gesamten Bildungsprozesses ist gegeben, da die Heranwachsenden selbst die Ziele, Prozesse und Wege planen. Die Lernenden durchdenken den Weg, um die selbst gesteckten Ziele zu erreichen. Dabei lernen sie auch, dass es viele Wege gibt und der für sie richtig erscheinende gefunden und begründet werden sollte. Fehler dürfen gemacht und daraus gelernt werden. Der Ansatz der Projektmethode wird umgesetzt.

Die Projektidee *Herausforderung* schafft es, an Kultur und Gemeinwesen teilzunehmen, denn Lernen erstreckt sich nicht nur auf den schulischen Kontext, sondern öffnet sich in die reale Lebenswelt der Heranwachsenden. Ein Lernen an anderen Lernorten und im fächerübergreifenden Zusammenhang wird ermöglicht.

Bildung und Lernen im Kontext von Herausforderung wird anders als bisheriges Lernen in Schule verstanden: Inhalte, Ansätze, Strukturen und Strategien können nur bedingt vordefiniert werden und finden sich gerade in der individuellen Ausgestaltung durch die Schüler:innen immer wieder neu. Eine Bewertung mit Noten scheint obskur, denn so können individuelle Entwicklungen nicht aufgezeigt werden. Dafür sind die Kompetenzentwicklungen durch Herausforderungen zu komplex.

Die Projektidee *Herausforderung* schließt kein Kind oder keinen Jugendlichen aus, denn das Potenzial eines Jeden wird gesehen und von diesem ausgehend wird weiteres Lernen und Entwicklung ermöglicht. Der Ansatz der Erlebnispädagogik ist vielfältig und findet in der Projektidee *Herausforderung* häufig Anwendung. Kritische Stimmen könnten hier auch von einer Sozialpädagogisierung von Schule sprechen, was es an anderer Stelle zu diskutieren gilt.

Die Pädagog:innen können in der Umsetzung der Projektidee *Herausforderung* als Lernbegleiter gesehen werden, die mit jedem Herausforderungsprojekt ebenfalls weiter wachsen und sich entwickeln, indem sie Erfahrungen sammeln dürfen.

Die Projektidee *Herausforderung* speist sich u. a. aus den pädagogischen Ansätzen und Methoden des Projektes, des fächerübergreifenden Lernens, dem Lernen an außerschulischen Lernorten und der Erlebnispädagogik. Dies sind ausgewählte pädagogische Säulen, die mit einer inklusiven Bildung einhergehen können. Die Entwicklung einer fundierten theoretischen Verortung des inklusiven Bildungsansatzes der Projektidee *Herausforderung* steht darüber hinaus noch aus; gleiches gilt der Erörterung besonderer Grenzen und Schwierigkeiten in der praktischen Umsetzung.

Deutlich wird bereits, dass inklusive Bildung und die Projektidee *Herausforderung* in einem engen Verhältnis stehen. *Herausforderung* kann bei kontinuierlicher, reflektierter und individualisierter Umsetzung *ein* Weg zu inklusiver Bildung und damit zu einer individuellen Persönlichkeitsentwicklung sein.

Literatur

Bastian, Johannes/Gudjons, Herbert (1990): Das Projektbuch II. Hamburg: Bergmann + Helbig.

Beiner, Melanie (2014): Persönlichkeitsbildung im beruflichen Kontext junger Erwachsener. In: Forum Erwachsenenbildung, H. 3, S. 21-24.

Crenshaw, Kimberle (1989): Demarginalizing the Intersection of Race and Sex: A Black Feminist Critique of Antidiscrimination Doctrine, Feminist Theory and Antiracist Politics. https://chicagounbound.uchicago.edu/cgi/viewcontent.cgi?article=1052&context=uclf (Abfrage: 31.10.2022).

Grosche, Michael (2015): Was ist Inklusion? In: Kuhl, Poldi/Stanat, Petra/Lütje-Klose, Birgit/Gresch, Cornelia/Pant, Hans Anand/Prenzel, Manfred (Hrsg.): Inklusion von Schülerinnen und Schülern mit sonderpädagogischem Förderbedarf in Schulleistungserhebungen. Wiesbaden: Springer, S. 17-39.

Heckmair, Bernd/Michl, Werner (2018): Erleben und Lernen. Einführung in die Erlebnispädagogik. München: Reinhardt.

Huber, Stephan Gerhard (2020): Professionelle Lerngemeinschaften, Schulnetzwerke und Bildungslandschaften. In: Bollweg, Petra/Buchna, Jennifer/Coelen, Thomas/Otto, Hans-Uwe (Hrsg.): Handbuch Ganztagsbildung. 2. Auflage. Berlin: Springer, S. 1109-1121.

Jäkel, Lissy (2021): Faszination der Vielfalt des Lebendigen – Didaktik des Draußen-Lernens. Wiesbaden: Springer.

Mack, Wolfgang (2020): Bildungslandschaften. In: Bollweg, Petra/Buchna, Jennifer/Coelen, Thomas/Otto, Hans-Uwe (Hrsg.): Handbuch Ganztagsbildung. 2. Auflage. Berlin: Springer, S. 1311-1323.

Markowetz, Reinhard (2005): Inklusion – Neuer Begriff, neues Konzept, neue Hoffnungen für die Selbstbestimmung und Partizipation von Menschen mit Behinderung. In: Kaiser, Herbert/Kocnik, Ernst/Sigot, Marion (2005): Vom Objekt zum Subjekt. Inklusive Pädagogik und Selbstbestimmung. Klagenfurt: Hermagoras, S. 17-66.

Michl, Werner (2020): Erlebnispädagogik. München: utb.

Moegling, Klaus (2010): Kompetenzaufbau im fächerübergreifenden Unterricht: Förderung vernetzten Denkens und komplexen Handelns. Didaktische Grundlagen, Modelle und Unterrichtsbeispiele für die Sekundarstufe I und II. Kassel: Prolog.

Nier, André (2015): Inklusion in Kanada und Deutschland. Möglichkeiten zur Verbesserung von Inklusion in Deutschland. Hamburg: Diplomica Verlag.

Piezunka, Anne (2017): Ist eine „gute" Schule eine „inklusive" Schule? Bewertungskriterien von Schulinspektionen in Deutschland (Hamburg/Sachsen-Anhalt) und England. In: Moser, Vera/Egger, Marina (Hrsg.): Schulentwicklung und Inklusion. Stuttgart: Kohlhammer, S. 162-180.

Prengel, Annedore (2017): Was tue ich für alle? Inklusion zwischen Gruppe, Individuum und Universalität. In: Betrifft Kinder, H. 6, S. 14-19.

Reitz, Sandra (2015): Kinder und Jugendliche haben ein Recht auf Partizipation. Was aus menschenrechtlicher Sicht im Bildungsbereich getan werden muss. Berlin: Deutsches Institut für Menschenrechte. https://www.institut-fuer-menschenrechte.de/fileadmin/user_upload/Publikationen/Policy_Paper/PP_31__Kinder_und_Jugendliche_haben_ein_Recht_auf_Partizipation.pdf (Abfrage: 31.10.2022)

Speth, Martin (1997): John Dewey und der Projektgedanke. In: Bastian, Johannes/Gudjons, Herbert/Schnack, Jochen/Speth, Martin (Hrsg.): Theorie des Projektunterrichts. Hamburg: Bergmann + Helbig.

Tellisch, Christin (2020): Instrumente für eine inklusive Schulentwicklung: Schulmanagement, Qualitätsentwicklung, Lernarrangements. Leverkusen: Barbara Budrich.

Tiedeken, Peter (2018): Musik und Inklusion. Zu den Widersprüchen inklusiver Musikproduktion in der Sozialen Arbeit. Weinheim: Beltz.

UNESCO (2010): Inklusion: Leitlinien für die Bildungspolitik. https://www.unesco.de/sites/default/files/2018-05/2014_Leitlinien_inklusive_Bildung.pdf (Abfrage: 31.10.2022).

Christin Tellisch ist Professorin für Schulpädagogik und allgemeine Didaktik an der Hochschule für Soziale Arbeit und Pädagogik in Berlin. Zuvor war sie Schulleiterin sowie Lehrerin für Deutsch, Latein und Musik am Rudolf-Stempel-Gymnasium im sächsischen Riesa. Kontakt: c.tellisch@hsap.de

13   Your Challenge – deine Herausforderung

Das Herausforderungsprojekt der Fritz-Reuter-Schule

Stefan Grade

1   Standortfaktoren der Fritz-Reuter-Schule

Die Fritz-Reuter-Schule ist eine Angebotsschule für Schüler:innen mit dem Förderschwerpunkt Lernen. Sie befindet sich in der Trägerschaft der Stadt Hagen.
Die Schule wird von Eltern und Schüler:innen angewählt, die sich für eine hoch-
wertige und umfassende sonderpädagogische Förderung in einer Förderschule
entscheiden. 230 Schüler:innen aus allen Stadtteilen der westfälischen Großstadt
Hagen werden von 30 Lehrer:innen in 17 Lerngruppen und Klassen unterrichtet
(Stand Mai 2021). Aktueller Schwerpunkt der Schul- und Unterrichtsentwick-
lung ist die Etablierung gemeinsamer Strategien im Umgang mit herausforderndem und grenzüberschreitendem Verhalten im Sinne der Interventionsstrategien
der „Neuen Autorität" (vgl. Lemme/Körner 2020), sowie darauf aufbauend die
Umsetzung innovativer pädagogischer Formate im Bereich der individuellen
Persönlichkeitsentwicklung unserer Schüler:innen.

Das Projekt „Your Challenge – Deine Herausforderung" ist innerhalb dieser
Überlegungen ein bedeutsamer programmatischer Leuchtturm und ein Aushän-
geschild unseres Schulkonzeptes.

2   Das Herausforderungsprojekt und die Leitbilder
der Fritz-Reuter-Schule

Vor dem Hintergrund umfassender und zum Teil auch schwerwiegender individueller Lern- und Lebensbelastungen steht die Weiterentwicklung und Förderung der individuellen Schüler:innenpersönlichkeiten im Mittelpunkt aller
pädagogischen Überlegungen in unserer Schule. Dabei bekennt sich das Kollegium klar zu einer erweiterten Normalitätsperspektive und uneingeschränkten
Willkommenskultur aller Mitglieder unserer Schulgemeinschaft. Im Ergebnis dieser eindeutigen Werteorientierung erleben wir in unserer Schule vielfach Kinder und Jugendliche, die nach vielen schulischen Negativ- und Aus-
grenzungserfahrungen nur mit geringem Selbstwertgefühl ausgestattet, in der
Fritz-Reuter-Schule die Erfahrung machen können, so wie sie sind akzeptiert

und einbezogen zu werden. Genauso treffen wir auf Eltern, die erstmals in der Schulkarriere ihrer Kinder in einer positiven Beziehung zu einer Schule stehen. Eltern, die sich nicht verstecken müssen oder beschämt werden und die in unserer schulischen Umgebung zunehmend selbstbewusster ihre Standpunkte vortragen können.

Verlässlichkeit, Wertschätzung und Empathie in der persönlichen Beziehung aller Mitarbeiter:innen der Schule zu den Lernenden sowie höchstmögliche Kontinuität in der Organisation des Unterrichts und des Schultages sorgen dabei für Halt und die notwendige Orientierung der Schüler:innen. Sie wirken unterstützend auf dem Weg zu individueller Selbständigkeit und Persönlichkeit und machen den entscheidenden Unterschied zu vorherigen negativen Erfahrungen der Beteiligten aus.

Abb. 1: Leitbilder der Fritz-Reuter-Schule Hagen

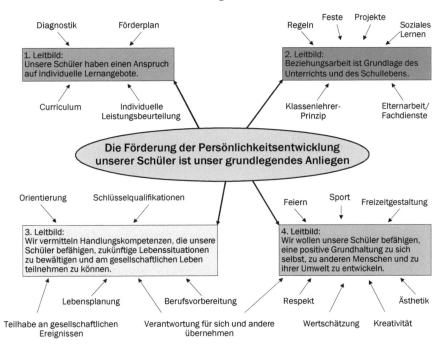

Das Herausforderungsprojekt „Your Challenge" vermittelt – angelehnt an das Leitbild der Schule (vgl. Abb. 1) – Erfahrungen, die für die Bewältigung zukünftiger Lebenssituationen genutzt werden können und die Entwicklung der Schüler:innenpersönlichkeiten voranbringt.

3   Der Entwicklungsweg zum Herausforderungsprojekt 2019

Das Herausforderungsprojekt „Your Challenge" wurde in der Fritz-Reuter-Schule erstmals im Jahr 2015 durchgeführt und ist in den Jahren 2017 und 2019 – jeweils angepasst an die Erfahrungen der Vorjahre – in modifizierter Form mit unterschiedlichen Teilnehmer:innengruppen wiederholt worden. Eine jährliche Durchführung des Projekts „Your Challenge" würde unsere kleine Schule organisatorisch und finanziell überfordern. Es ist deshalb unser Ziel, dass jede:r Schüler:in in seiner Schulzeit mindestens einmal an einem Projekt teilnehmen kann. Dabei werden die Angebote nach jeder Durchführung kritisch validiert. Beliebte Angebote wie die Feuerchallenge, das Rudern oder das Wildniscamp werden in jedem Durchgang durchgeführt. Hier bestehen feste und verlässliche Partnerschaften mit den Projektbegleiter:innen. Interessensschwerpunkt der Schüler:innen sind eindeutig erlebnisorientierte Angebote. Sie werden von den Schüler:innen stark nachgefragt. Ein Film- und Fotoprojekt wurde dagegen nur einmalig durchgeführt. Die inhaltlichen Ansprüche an die Schüler:innen waren zu hoch, die Begleiter:innen konnten nicht die gewünschten Impulse geben.

Ziel des Projekts „Your Challenge" ist es, die Schüler:innen in herausfordernde Situationen zu versetzen, so wie sie im Rahmen von Schule und Unterricht nicht vorkommen. Schlummernde Fähigkeiten der Schüler:innen sollen geweckt und aktiviert werden, Selbständigkeit und Fehler sind ausdrücklich zugelassen und gewünscht, Verantwortungsbewusstsein für sich und die anderen Gruppenmitglieder sollen entwickelt, Durchhaltefähigkeiten und Organisationsfähigkeiten auch in schwierigen Momenten geübt und ggf. sogar „Überlebensstrategien" trainiert werden. Die Schüler:innen haben die Möglichkeit, sich selbst in neuen Situationen und Lebenswelten kennenzulernen, die auch für die Bewältigung zukünftiger Lebenslagen hilfreich sein und für Ermutigung sorgen können.

In jedem Projektdurchlauf suchen sich Schüler:innengruppen aus der Abschlussstufe ihr Herausforderungsprojekt aus einer vorgegebenen Angebotsauswahl. Die Angebotsauswahl und die Angebotsorganisation werden durch die Schule vorgegeben. Das ist notwendig, da die Projektorganisation und die Zusammenarbeit mit den Projektbegleiter:innen zentral gesteuert werden muss. Eine überwiegend eigenständige Organisation durch die Schüler:innen kommt in unserer Schulform eher nicht in Betracht.

Schüler:innen und Projektbegleiter:innen werden in ihren Gruppen zusammengebracht. Sie entwickeln dann gemeinsam für den vorgegebenen Projektzeitraum ein Ziel, das sie möglichst selbständig verfolgen. Die außerschulischen

Projektexpert:innen haben hauptsächlich Beratungsaufgaben, sie unterstützen und begleiten später ihre Schüler:innen. Die Schüler:innen der Fritz-Reuter-Schule begegnen neuen Personen nach unseren Erfahrungen meist unkompliziert und ohne Vorbehalte. Wenn die persönliche Ebene geklärt ist, sind die Schüler:innen schnell bereit, eine vertrauensvolle Beziehung für eine verabredete Zeit mit außerschulischen Personen einzugehen.

Das „Herausforderungs"-Projekt findet in der Unterrichtszeit statt. Die Teilnahme für Schüler:innen der Abschlussstufe (Klassenstufe 8 bis 10) an einer Herausforderung ist verpflichtend. Bei der Zusammenstellung der Gruppen und der Auswahl eines Projektes müssen die behinderungsbedingten individuellen Besonderheiten der Schüler:innen berücksichtig werden. So können selbstverständlich nur Schwimmer:innen mit Schwimmausweis am Ruderprojekt teilnehmen, nur körperlich belastbare Schüler:innen können an einer langen Radtour teilnehmen. Bei traumatisierten oder hochängstlichen Schüler:innen muss sorgsam abgewogen werden, ob die Teilnahme am Wildniscamp gerade passend ist. Finanzielle Einschränkungen oder fehlende Ausrüstung (z. B. ein Fahrrad, ein Zelt oder ein Schlafsack) sind dagegen kein Ausschlusskriterium für die Teilnahme an einem bestimmten Projekt. Nicht vorhandene Ausrüstungsgegenstände werden in diesen Fällen durch die Schule zur Verfügung gestellt.

Die Durchführung des Projekts ist mit den Gremien der Schule abgestimmt und erfordert einen Vorlauf von ca. einem halben Jahr, der in der folgenden Übersicht beispielhaft dargestellt wird:

25. Februar 2019	Beschlussfassung in der Lehrerkonferenz zur Herausforderungswoche „Your Challenge 2019"
März 2019	Bildung einer Arbeitsgruppe und Sammlung neuer Projektideen
April 2019	Interne Planungen, Abstimmungen und Festlegungen über die Begleitung der einzelnen Projektgruppen
22. Mai 2019	Beschlussfassung in der Schulkonferenz
29. Mai 2019	Vorstellung der Projektwoche und der verschiedenen Angebote in der Schülerschaft in einer Vollversammlung der betreffenden Schulstufe
29. Mai 2019	Informationsschreiben an die Elternschaft
bis 07. Juni	Projektwahl der Schüler (jeder hat 2 Wünsche)
17. Juni	Veröffentlichung der Teilnehmerlisten für die Projekte
anschließend	Elterninformation, Beantragung von Zuschüssen etc.
ab 24. Juni	Vorbereitungstreffen und Planungsphase für die einzelnen Projekte
Sommerferien	
31.08.2019	Start der Challenge-Woche

4 Übersicht über die schulischen Herausforderungsprojekte im Jahr 2019

Die erfolgreiche Durchführung 2015 und 2017 war Motivation für die Verantwortlichen, neue Herausforderungen für die Jugendlichen zu suchen und durchzuführen. Zum ersten Mal waren Schüler:innen mit Fahrrad und Zelt unterwegs sein. Outdoor-Erfahrungen spielten auch in im Projektjahr 2019 eine wichtige Rolle. Kulturelle und soziale Herausforderungen sowie Selbsterfahrungsprojekte ergänzten das Angebot. Die Zusammenarbeit mit außerschulischen Partnern wurde erneuert und verstärkt.

Projektthema	Expert:in	TN	Kurzbeschreibung für die Schüler:innen
Wildniscamp	Draussenzeit e. V.	14	In diesem Camp lernt ihr alles, um selbständig den eigenen Weg zu finden, im Wald ein Lager aufzubauen und sich aus der Natur heraus zu ernähren. Wir werden mit euch auf dem Feuer kochen, unser Trinkwasser filtern und den Weg mit Karte und Kompass finden. Wir werden viele Tricks kennenlernen, mit denen das Leben im Wald angenehm und sicher gestaltet werden kann.
Feuerzauber – Umgang mit Feuer	Feuerpädagogik e. V.	10	Feuer fasziniert – gleichzeitig haben viele Menschen aber auch den Bezug zu diesem Urelement verloren. In diesem Projekt geht es um die Nutzung des Feuers als überlebenswichtiges Element und seiner Verwendung für eine gemeinsam einstudierte Performance. Dabei werden wir ihr euch an das Feuerschlucken und das Feuerspucken herantasten. Wenn es gut läuft, entwickeln wir für das Schulfest eine Feuershow.
MTB – vom Sauerland nach Hagen	zwei Kolleg:innen der Schule	8	Ihr seid vier Tage mit dem Fahrrad unterwegs, müsst Hindernisse überwinden, mit Erschöpfung umgehen, eigene Fähigkeiten richtig einschätzen lernen und auf die eigene Sicherheit achten. Ihr fahrt meistens im Wald und müsst dabei natürlich auch die Natur respektieren. Unterwegs haltet ihr in Jugendherbergen an. Dort wird auch übernachtet.
Rudern	RC Hansa Dortmund	6	Nur mit Teamgeist kann man auf dem Dortmund-Ems-Kanal im Ruderboot weiterkommen. Auf dem Wasser sind besonders Gelassenheit, Taktgefühl und Balance gefragt. Wer die Ruhe verliert, bringt das Boot in Schwierigkeiten. Dabei könnt ihr aber auf die Hilfen der Bootsleute des RC Hansa Dortmund vertrauen. Sie sorgen dafür, dass ihr am Ende wieder sicher in den Hafen steuert.
Street-Art (Graffiti-Projekt)	Street-Art Künstler	8	Für eine verschmutzte Fassade unseres Schulgebäudes gestaltet ihr ein neues Graffitibild. Es geht darum eigene Ideen zu entwickeln und dies gemeinsam in der Gruppe möglich gekonnt umzusetzen. Dabei werdet ihr unterstützt von einem professionellen Street-Art-Künstler.
mit Fahrrad und Zelt unterwegs zur Nordsee	zwei Kolleg:innen der der Schule	10	In einer kleinen Gruppe begebt ihr euch mit euren Rädern und mit Zelten auf den Weg an die Nordsee. Dabei müssen täglich viele Entscheidungen getroffen werden. Es ist wichtig, sich in der Gruppe gut zu organisieren, zusammenzuhalten und dann gemeinsam zu entscheiden, wo es lang gehen soll, was es zu essen geben soll und wo auf dem Weg eine Übernachtungsplatz gefunden werden kann.

Aus dem Reisetagebuch: „Mit Fahrrad und Zelt unterwegs zur Nordsee"

Die Projektgruppe „Mit dem Fahrrad zur Nordsee" hatte ihre ersten Vorbereitungs- und Planungstreffen schon vor den Sommerferien. Nach einem Fahrradsicherheitstraining, dem Materialcheck (nur wenige Schüler:innen der Schule besitzen eigene verkehrssichere Fahrräder oder haben ein eigenes Zelt und die notwendige Ausrüstung) und einer ganztägigen Probetour in der näheren Umgebung der Schule haben die Schüler:innen gemeinsam die Vorbereitungen für ihre Tour aufgenommen, Tagesetappen geplant und sich schon einmal untereinander und ihre Begleiter:innen (2 Lehrer:innen der Schule und 2 Studierende) besser kennengelernt.

Vor dem Projekt war festgelegt:
* die Dauer der Fahrt (8 Tage)
* der Anfangspunkt (Osnabrück) und der Zielort (Hooksiel) der Tour
* die Anreise (nach Osnabrück) und Abreise (von Wilhelmshaven) mit dem Zug
* die erste Übernachtungsstelle auf einem Jugendcampingplatz und das Ziel der Reise in Hooksiel
* gezielte Unterstützung durch die Begleiter, um die Versorgung der Gruppe. Mit einem Begleitfahrzeug sollen notwendige Einkäufe und im Verlauf des Projektes auch Gepäcktransporte durchgeführt werden. Im Projektverlauf stellte sich dann heraus, dass das Gepäck nicht sicher genug auf den Fahrrädern transportiert werden konnte, so dass es besser mit dem Begleitfahrzeug transportiert wurde.

Tag 1: Zugtransfer und die ersten Kilometer mit dem Fahrrad

Zeltaufbau am Abend

182

In Osnabrück sind die Projektteilnehmer:innen für die 1. Etappe bis zum Jugendcamping-platz am Alfsee auf ihre Räder gestiegen. Am ersten Tag der Challenge war es sehr warm, deshalb mussten unterwegs Pausen gemacht und viel getrunken werden. Bei einem Zwischenstopp in Bramsche wurde eine Grillpause gemacht, bei der sich alle Teilnehmenden für die letzten Kilometer bis zum Alfsee stärken konnten.

Angekommen am Zielort haben alle Teilnehmer:innen schnell das erste Mal die Zelte aufgebaut, um sich danach im Badesee abzukühlen.

Nach dem Abendbrot und einer ersten Gruppenbesprechung wurde es schnell dunkel. Es zog ein kurzes Gewitter mit Sturm über den Campingplatz. Sicherheitshalber haben alle in dieser Zeit die Zelte verlassen und im Waschraum abgewartet. Nach dem Gewitter konnten aber schnell in die Zelte zurück und die erste Nacht unter freiem Himmel verbringen.

Tag 2: Endlos geradeaus bis ins Emsland

Gruppenbild in Jever Ostfriesland

Nach dem gemeinsamen Frühstück liegt die längste Tagesstrecke (45 km) vor der Projektgruppe. Es geht vom Alfsee über Löningen bis nach Vrees ins Emsland. Auf den ersten 20 km läuft es fast problemlos und sehr geordnet. Dann beginnen jedoch die ersten kleineren Schwierigkeiten und Pannen. Eine Lasche von einer Gepäcktasche verfängt sich im Hinterrad eines Teilnehmers. Eine provisorische Reparatur am Straßenrand ist notwendig. Danach kommt die Gruppe wieder gut voran. Unterwegs gibt es einen Stopp an einer Imbissbude.

Nach insgesamt 6,5 Stunden im Sattel erreicht die Gruppe ihr Ziel. Vor Einbruch der Dunkelheit müssen noch schnell die Zelte aufgebaut und in Absprache mit dem Grundstückseigentümer Holz für das Lagerfeuer gesucht werden. 3 Projektteilnehmer erledigen die Tageschallenge und kochen das Abendessen für die ganze Gruppe. Es ist beim Essen am Lagerfeuer schon dunkel. Der Sternenhimmel leuchtet hell in dieser Nacht. Nach der Abschlussrunde gehen alle Teilnehmer:innen schnell in ihre Zelte. In dieser Nacht ist es schon recht frisch. Es ist zu spüren, dass der Sommer zu Ende geht.

Tag 3: Aufbruch zu einem unbekannten Ziel

Aufbruch zu einem unbekannten Ziel

Die erste Erschöpfung und Müdigkeit wird nach den Anstrengungen der ersten Tage bei den Tourteilnehmer:innen sichtbar. Erst gegen 9.00 Uhr öffnen sich die Zelte. Nach einem gemeinsamen Frühstück setzt die Gruppe erst gegen 12 Uhr die Tour zur Nordsee fort. Vorher muss das Lager aufgeräumt und müssen die Fahrräder bepackt und kontrolliert werden. Es geht auf dieser Tagesetappe insgesamt 40 km über Friesoythe bis fast nach Bad Zwischenahn. In Friesoythe wird es das erste Mal richtig nass, ein kräftiger Regenschauer macht vorübergehend das Weiterfahren unmöglich.

In Bad Zwischenahn erhalten die Schüler am späten Nachmittag Informationen zur heutigen Tageschallenge. Die Aufgabe ist es, einen Platz oder ein Grundstück zu organisieren, auf dem die Gruppe ihre Zelte aufbauen darf. Ein Schüler fragt nach ersten erfolglosen

Versuchen bei Einfamilienhausbesitzern einen Landwirt, der gerade seinen Weidezaun repariert. Der Landwirt überlegt kurz und sagt dann spontan zu. Die Schüler:innen bauen auf einem abgeernteten Feld neben dem Wohnhaus von Bauer Manfred und seiner Frau Anne ihre Zelte auf. Im Kuhstall darf das Plumpsklo benutzt werden. Damit auch in der Nacht auf dem Weg zum Plumpsklo nicht die Orientierung verloren geht, werden vom spontanen und hilfsbereiten Gastgeber noch schnell einige Lampen am Feldrand installiert, die allen den Weg weisen.

Es ist schon fast dunkel bis die Zelte wieder aufgebaut sind und sich dann alle in den Schlafsäcken warm einpacken.

Tag 4: Auf dem Bauernhof in Bad Zwischenahn

Ankunft im Watt

Die spontanen Gastgeber tun alles für einen unvergesslichen Aufenthalt auf ihrem Hof, so dass sich die Schüler:innen dafür entscheiden, einen Tag länger vor Ort zu bleiben.

Am Morgen dürfen die Schüler:innen den Kuhstall, die große Melkanlage und die Bio-gas-Anlage besichtigen. Dabei berichtet Bauer Manfred von den Sorgen der Milchbauern, dem zu niedrigen Milchpreis und seinem anstrengenden Arbeitsalltag. Am Nachmittag gibt es die Möglichkeit für die Schüler:innen, einige Runden mit dem Trecker auf dem Hof zu drehen. Eine kleine Besichtigung von Bad Zwischenahn und ein Abstecher zum Zwischen-ahner Meer runden diesen erlebnisreichen Tag ab.

Tag 5: Kurs Richtung Norden

Entlang der Nordseeküste

Am frühen Morgen regnet es sehr stark. Die Feuchtigkeit kriecht in die Zelte. Auch viele Sachen waren leider draußen liegengeblieben und sind nass geworden. Der Morgen beginnt daher eher etwas zäh und widerwillig. Aber es muss weitergehen. Die Sachen müssen gepackt und verstaut werden, das Lager auf dem Feld muss sauber verlassen werden.

Dann geht es wieder los. Nach einem kurzen Boxenstopp im Freibad (Körperpflege war mal wieder dringend notwendig) setzt sich der Treck auf Rädern in Bewegung Richtung Norden, möglichst bis zum Jadebusen, ein genaues Ziel ist nicht vorgegeben. Keine so weite Strecke, aber doch ganz schön anstrengend. Dazu kommt auch etwas Ungewissheit für die Gruppe. Es muss erst wieder eine Übernachtungsstelle gesucht werden.

Nach 3 Stunden Fahrt mit kurzen Pausen erreicht die Gruppe den Jadebusen. In Varel fragen die Schüler:innen eine Anwohnerin, ob die Zelte in ihrem Garten aufgebaut werden dürfen. Rosemarie ist eine ältere Dame, später stellt sich heraus, dass sie eine pensionierte Lehrerin ist. Sie überlegt kurz und sagt dann zu. Sie wohnt in einem großen weißen Haus und besitzt einen riesigen Garten. In einer Ecke des Gartens dürfen die Zelte aufgestellt werden, die Schüler:innen dürfen sogar die Gartentoilette benutzen. Es hätte nicht besser sein können.

Der Tag war anstrengend, es ist sehr frisch und alle sind sehr hungrig. Deshalb entscheidet sich die Gruppe für einen Besuch in einem chinesischen Restaurant. Das Essen schmeckt gut und macht alle nach den Anstrengungen des Tages satt. Es ist schon wieder dunkel, als alle wieder nach dem Essen im Garten von Rosemarie ankommen und schon bald danach sich in ihre Zelte zurückziehen.

Tag 6: Nordsee – wir kommen

Nordsee – wir kommen

Nach einer ruhigen Nacht im schönen Garten der pensionierten Berufsschullehrerin Rosemarie wurde ausgiebig unter einer alten Eiche im Garten gefrühstückt. Diese Frühstückserlebnisse machen jeden Tag ganz besonders. Alle sitzen gemütlich zusammen und erleben die besondere Atmosphäre und die Gemeinsamkeit. Da die Wettervorhersage Regen ankündigte, sollte zügig die letzte Etappe zur Nordsee gestartet werden. Über Varel ging es an Wilhelmshaven vorbei nach Hooksiel. Die Ankunft auf dem Jugendcampingplatz in Hooksiel war für alle ein besonderer Höhepunkt. Die Schüler:innen waren stolz auf das Erreichte, gleichzeitig aber auch ziemlich erschöpft von den vergangenen Tagen. Leider setzte kurz nach der Ankunft Regen ein, so dass der restliche Tag im Meerwasser-Hallenbad verbracht wurde. Nach dem Abendbrot ging es dann noch zu einem ersten Abstecher an den Strand. Da es den ganzen Abend sehr windig und regnerisch war, endete der Abend schon bald nach der obligatorischen Schlussrunde.

Tage 7 und 8: Nordsee-Feeling und Rückreise

Nordsee-Feeling am Jade-Weser-Port

Auf dem Programm von Tag 7 steht die Belohnung für die Anstrengungen der Tour:
- Ausruhen und Chillen
- Kennenlernen der Umgebung
- Spiele am Strand

Der Tag vergeht schnell. Allen Teilnehmer:innen der Challenge wird am Abend klar, dass es am nächsten Tag wieder nach Hause geht. Am letzten Tage müssen sich wieder alle auf ihr Rad setzen und zurück nach Wilhelmshaven fahren. Dort wartet schon ein Zug für die Rückfahrt nach Hagen.

5 Fazit

Das Projekt „Your Challenge" – durchgeführt in der Fritz-Reuter-Schule – hat die Absicht, nachhaltig das positive Selbsterleben der Teilnehmenden zu fördern und begünstigt dabei auch deren Identifikation mit ihrer Schule.

Immer wieder kann das im Schulalltag auch außerhalb der Projektzeit beobachtet werden. Noch viele Monate nach einem Projekt „tragen" die gemeinsamen Erlebnisse Schüler:innen und Lehrer:innen durch den normalen Schulalltag. In vielen Gesprächen zwischen den Schüler:innen lebt die Erinnerung an die gemeinsamen Erlebnisse im Challenge-Projekt auch nach langer Zeit immer wieder auf. Sie sprechen stolz über die Erlebnisse. Vereinzelt beschreiben Schüler:innen, welche Entwicklungsfortschritte (z. B. mehr Mut, neue Erfahrungen oder auch die Fähigkeit zur Überwindung von Widerständen und Grenzen) sie gemacht haben und wie sie diese Erlebnisse auf ihrem weiteren Weg nutzen wollen oder auch schon genutzt haben.

Die Schüler:innen der Fritz-Reuter-Schule stoßen in den durchgeführten Challenges manchmal in für sie unbekannte Regionen und Welten vor, gehen an ihre körperlichen Belastungsgrenzen, zeigen viel Mut und lernen dadurch sowohl neue positive Seiten des Lebens als auch ihre eigene Leistungsfähigkeit neu kennen.

In der Ausrichtung des Projekts der Fritz-Reuter-Schule geht es dabei weniger um das selbständige Erreichen eines gesetzten Ziels, ohne die Hilfen anderer Menschen annehmen zu wollen. Diese Zielsetzung würde unsere Schüler:innenschaft überfordern und kontraproduktiv wirken. Vielen Schüler:innen fällt es normalerweise sehr schwer, neue Erfahrungsräume zu erschließen, sich ohne Hilfen in einer neuen Umgebung zurechtzufinden und dort neue Herausforderung anzugehen. Unsere Schüler:innen benötigen deshalb eine stärker vorstrukturierte Lernumgebung mit übersichtlichen Anforderungen. Deshalb geht es in der Fritz-Reuter-Schule darum, die Erlebnisperspektiven und die Erfahrungsräume der teilnehmenden Schüler:innen behutsam zu erweitern und sie mit einem positiven Erlebnis zu verbinden, dass möglichst lange anhalten und auch in die eigenen Lebenswelt und in den Schulalltag hinein nachwirken soll.

Den außerschulischen Expert:innen kommt in der Projektkonzeption der Fritz-Reuter-Schule eine große Bedeutung zu. Sie müssen die Fähigkeit mitbringen, sich in unsere Schüler:innen hineindenken zu können und bereit sein, ihnen vorbehaltlos zu begegnen. Häufig sind die hinzugezogenen Expert:innen in der Schule schon bekannt und haben Erfahrungen im Umgang mit unserer Schüler:innenschaft gesammelt. Der Kontakt zu außerschulischen Personen ist dabei für unsere Schüler sehr wichtig. Die Schüler:innen können sich in ihren kommunikativen Fähigkeiten erproben. Sie erfahren aber auch durch diese Menschen Wertschätzung, Sympathie und Ermutigung, auch wenn einmal nicht sofort etwas gelingen will. Wir haben in den zurückliegenden Jahren durchgängig die Erfahrung gemacht, dass die hinzugezogenen Expert:innen von den Schüler:innen als Vorbilder wahrgenommen und respektiert werden.

Die Durchführung des Projekts und die Möglichkeit zur Teilnahme nehmen die Schüler:innen der Fritz-Reuter-Schule als Signal des Vertrauens und des Zutrauens ihrer Schule wahr. Zusammenfassend kann deshalb festgestellt werden, dass das Projekt „Your Challenge" zu einem Zugewinn an Selbstbewusstsein und Selbstwertgefühl und zu einem neuen Miteinander führt.

Das Projekt „Your Challenge" ist deshalb auch ein wichtiger Baustein im schulischen Konzept zum Umgang mit herausforderndem Verhalten. Es trägt maßgeblich zur Umsetzung des Leitbilds der Schule mit dem übergeordnetem Ziel der Förderung der Persönlichkeitsentwicklung unserer Schüler:innen bei. Eine ausführliche Dokumentation mit vielen Bildern kann auf der Homepage der Schule (www.frs-hagen.de) eingesehen werden.

Stefan Grade ist seit 2009 Schulleiter einer Förderschule mit dem Schwerpunkt Lernen in Hagen/Westfalen. Vor dem Hintergrund umfassender und schwerwiegender individueller Lern- und Lebensbelastungen ihrer Schüler:innen rückt die Fritz-Reuter-Schule die Weiterentwicklung und Förderung der individuellen Schüler:innenpersönlichkeiten in den Mittelpunkt ihrer pädagogischen Überlegungen. Gemeinsam mit seinem Kollegium organisiert er an seiner Schule deshalb herausfordernde und praktische Lernangebote, z.B. das bereits mehrfach durchgeführte Schulprojekt „Your Challenge". Kontakt: grade@frs.nrw.schule

14 „Herausspaziert – erlebe deine Fähigkeiten": Einblicke in eine inklusive Herausforderung

Jelena Scharnowski

In den Jahren 2018 bis 2020 durfte ich das Projekt „Herausspaziert – Erlebe deine Fähigkeiten" gemeinsam mit einem Kollegen an der inklusiven christlichen Gesamtschule Matthias Claudius in Bochum vorbereiten, planen und mit zwei Jahrgängen à 100 Schüler:innen durchführen. In der Matthias-Claudius-Schule werden ca. 25 % der Schüler:innen mit einem anerkannten Förderschwerpunkt beschult. Ist das ein Ausschlusskriterium für das Projekt? Fehlanzeige. Der folgende Bericht ist während meiner ersten Herausforderung geschrieben worden.

Prolog

Ich fange viel zu spät an, meine Erlebnisse aufzuschreiben (heute ist Tag sechs der 17-tägigen Herausforderung), was ein Zeichen dafür ist, dass heute zum ersten Mal das Notfalltelefon still steht, die Gruppe, die ich spontan begleite, geschäftig arbeitet und ich nicht vor Müdigkeit auf meinem Feldbett (trotz Lärm) ein Nickerchen mache.

Habe ich vorher gewusst, was das Projekt in Realität bedeutet? Nein. Definitiv nicht. Aber es gab eine gewisse heilige Unruhe, eine Anspannung und ein leises Vorahnen.

Vor allem in der Woche *vor* der Herausforderung: Ein Begleiter sagt ab. Unser Joker-Ersatz-Begleiter bekommt einen Studienplatz in Bayern und fällt daher auch weg. Eine Gruppe bekommt einfach keine Zusage für ihren Pferdehof. Wir müssen drei Jungen und ihren Eltern sagen, dass das Projekt ihrer Kinder immer noch unsicher ist. Ich bekomme besorgte, zum Teil unfreundliche Anrufe von Eltern. Was denn unsere Lösung zu all den offenen Fragen sei? Ich denke: „Das weiß ich doch jetzt auch noch nicht!" Ich sage: „Ich kann Sie in Ihren Sorgen sehr gut verstehen. Wir setzen alles in Gang, um gemeinsam eine gute Lösung zu finden." Ich erlebe, dass mein Kollege und ich bis jetzt immer Lösungen gefunden haben – durch Kreativität, Ruhe, Zuversicht, Gespräche … und ich glaube auch Gottvertrauen.

Montag, 03.09.2018 – Projektstart

Ein Begleiter ist über Nacht krank geworden. Er wird pünktlich zum Start die Treckergruppe[1] nicht begleiten können. Noch auf dem Schulhof, während alle Eltern und Schüler:innen eintrudeln, springt spontan ein Mitglied aus der Projektgruppe ein. Sämtliche Einverständniserklärungen fehlen noch. Geld wird nachgereicht. Eltern tummeln sich, Fahrräder werden immer mehr, Rucksäcke gibt es wie Sand am Meer. Es gibt stille Teens, aufgedrehte Teens und vor allem Teens, die bereit sind. Bei den Eltern sieht es genauso aus. Nur, dass auch Skepsis dabei ist. Wie gut, dass ich heute am ersten Tag nicht so viel davon mitbekomme.

Als Projektverantwortliche sehe in erster Linie die Begleiter:innen: bereit für ein richtiges Abenteuer mit pubertierenden (fremden) Jugendlichen, die im Grunde keine Ahnung haben, was für eine Zeit ihnen bevorsteht. Aber mit einem riesigen Herzen, Kompetenz, und der tiefen Haltung „Was passiert, wenn Jugendliche sich selbst überlassen sind?!". Ich winke ihnen zu, wünsche alles Gute, feuere sie an und bewundere ihren Einsatz bei diesem Projekt. Das tue ich tatsächlich. Schon seit Wochen, aber heute besonders.

Das erste Telefonat kommt nach 30 Minuten: Die Schulbescheinigung und die Notfallnummern wurden vergessen. Kein Problem, ich bringe sie nachträglich zur Gruppe. Danach folgen weitere Anrufe. Ein Mädchen muss bereits ins Krankenhaus, da ihr Finger zwischen zwei Pflastersteinen eingequetscht wurde. Sie wird noch am Abend von ihren Eltern abgeholt. Die ersten Rückmeldungen der Begleiter:innen: es sei ein sehr, sehr anstrengender erster Tag gewesen!

Und ich? Ich löse das Projektgruppenmitglied bei der Treckergruppe ab und ziehe mit meinem Feldbett, einer Reisetasche und einer Espressomaschine in die wunderschöne Werkstatthalle ein. Ich bin umgeben von fünf Jungen im Alter von 13 und 14 Jahren, wilden Wortwechseln, vielem Rülpsen, viel Provokation, einem Fußball, Millionen Süßigkeiten und einem Trecker.

Die Nacht ist kurz. Und laut.

Dienstag, 04.09.2018

Erster Anruf morgens um 8.30 Uhr. Eine Mama berichtet von ihrem weinenden Sohn, der abbrechen will. Telefonate werden mit der Begleiterin geführt. Und wieder mit der Mutter. Sie will, dass er durchhält, was schon mal eine super Voraussetzung ist.

---

1   Eine Jungsgruppe hatte sich vorgenommen, während der Herausforderung einen Trecker in einer Werkstatthalle zu restaurieren. Das Highlight dieser Gruppe war (natürlich) die stolze Fahrt auf den Schulhof am Ende des Projekts. Übrigens nicht nur für die Jungs: Ihr Klassenlehrer durfte sich einen Traum erfüllen und den Trecker fahren!

Ein weiterer Junge will unbedingt nach Hause. Er kann nicht mehr… die Eltern möchten das aber nicht und verschieben eine Entscheidung auf den nächsten Tag.

Und meine Gruppe? Ein erstes Krisengespräch gibt es am Morgen. Alle sind genervt, dass die Nacht so laut war, ein paar Jungen sehr albern sind und ständig provozieren. Es gab auch bereits ein erstes Handgemenge und ein weinender Anruf bei Mama… und irgendwann wieder die Versöhnung. Für die nächste Nacht entscheiden die Jungs eine neue Schlafordnung. Fünf Jungen in einem kleinen Raum = keine gute Idee.

Diese Nacht läuft schon viel besser. Wir schlafen alle recht lang.

Mittwoch, 05.09.2018

Die Gruppe einer Begleiterin legt eine Fahrrad-Zwangspause ein. Der Junge, der gestern schon nach Hause wollte, kann immer noch nicht. Er klagt über Kopfschmerzen, die trotz einer Tablette nicht weg gehen. Abends beschließen wir gemeinsam mit den Eltern, dass er für zwei Tage das Projekt unterbricht und dann wieder zur Gruppe gebracht wird. Am selben Abend gibt es bei Hannes[2] den Verdacht auf eine Blutvergiftung (zum Glück ist es aber nur eine Entzündung der Lymphwege …!).

Ca. 21.00 Uhr: Anruf von Jörn, einem Begleiter. Niklas ist zusammengebrochen. Er hat Magenkrämpfe, zittert und hat sich mehrfach übergeben. Die Gruppe hatte sich mit ihren Fahrrädern verfahren und sind immer noch 10 km vom Campingplatz entfernt. Der Krankenwagen wird gerufen und drei (!) zusätzliche Polizeiwagen kommen angefahren. Natürlich stoßen sämtliche Nachbarn der Straße hinzu. Ich rufe die Eltern an. Die reagieren cool. Niklas fährt mit einem Freund ins Krankenhaus, Jörn bringt die anderen Jungen sicher zum Campingplatz. Seit diesem Ereignis sagt Jörn übrigens zu jeglicher weiterer Herausforderung während des Projekts „Seit Mittwoch kann ich alles." :-)

Leas Gruppe fordert sie persönlich sehr heraus: Tim, der das Down Syndrom hat, will nach Hause, Jussuf ist sehr passiv und spricht nie (wie viel bekommt er überhaupt mit?), sie selbst ist überlastet und nebenbei hat sie noch die Verantwortung für drei weitere Mädels in der Gruppe. Alles sehr verständlich!

Die Studentin Marie springt bei der „Tierheim und WG" Gruppe ein, da ihr Kommilitone Jens arbeiten muss. Währenddessen bringt eine Mutter Lebensmittel zu den Mädels in die Wohnung, in der sie während der Herausforderung wohnen …! Ich könnte ausrasten! :-D

---

2   Alle Namen der Schüler:innen und Begleiter:innen wurden geändert.

Ach so, ansonsten gibt es noch ein Mädchen, das nichts isst, Routen, die komplett neu geplant werden müssen, Fahrradtaschen, die kaputtgehen (und wo neue auf dem Sperrmüll gefunden werden!), und und und

Und beim Trecker? Die Jungs realisieren überrascht, dass die eigentliche Herausforderung ja das Leben miteinander ist. Es wird ein Tagesplan erstellt, mal mehr und mal weniger fleißig geschliffen und Einzelteile vom Trecker werden abmontiert. Essen gibt es auch. Und sehr viele Diskussionen über Einkaufspreise und das Geschirrspülen. Ich lasse es laufen und beobachte einfach was passiert. Auch das Rülpsen, Spucken, Pupsen und Beleidigen lasse ich über mich ergehen (und verziehe nur manchmal das Gesicht). Es ist ihr Projekt! Ihre Zeit! Sie dürfen entscheiden, wie sie leben wollen, was ihnen zu viel ist und wo ihre Toleranzgrenzen liegen. Es ist definitiv keine leichte Aufgabe! Vor allem abends wenn ich müde bin … oder ständig Telefonate führen muss. Ach, und hier gibt es ein Nest von Hornissen, die auch gerne mal in die Halle fliegen, wenn die Fenster offen sind. Führt zu sehr viel Drama!

Donnerstag, 06.09.2018

Die Situation bei der Studentin Lisa spitzt sich zu. Drei Jungen sind völlig unmotiviert und möchten alle abgeholt werden. Die beiden Mädels möchten weitermachen. Lisa steht zwischen den Stühlen. Telefonate mit Eltern werden geführt und auch Lisa hat das ein oder andere Gespräch mit besorgten Müttern. Über die Projektleitung hinweg wird von einem Elternpaar entschieden, ihren Sohn abzuholen. Das Projekt und die Begleitperson sei unzumutbar für ihren Sohn. Aha. Er wird abends noch abgeholt und nur einer der Jungen verabschiedet sich von ihm. Danach ist die Stimmung wie ausgewechselt: Die Gruppe kommt zum ersten Mal so richtig zusammen! Wie gut!

Ansonsten werden die ersten Erholungstage bei Gruppen ungeplant eingeführt, Routen gekürzt, Gepäck in Pakete gepackt und zurück nach Bochum gesendet, Tränen getrocknet, Pythons beobachtet, die ganze Kaninchen essen (natürlich im Zoo), spontane Übernachtungsmöglichkeiten angefragt und und und.

Situation in meiner Gruppe: Arbeiten ist anstrengend und so wird auch hier ein „Chilltag" eingelegt. Mittlerweile gibt es eine Strichliste, wer wie viel gespült hat. Das führt hoffentlich zu weniger Diskussionen. Felix entpuppt sich als Ordnungs-Nerd und bringt überall System rein. Ich beobachte ganz unterschiedliche Arten der Kommunikation bei den Jungs: manchmal gehen sie sehr verständnisvoll und beschützend miteinander um und klären Konflikte. Dann kommen wieder dicke beleidigende Sprüche, alle-gegen-einen-Tendenzen, Auslachen und unfassbare Provokationen. Und das mit dem Spielen mit Lebensmitteln verstehe ich einfach nicht …

Freitag, 07.09.2018

Ich schleiche mich morgens aus der Halle, werde abgelöst und gehe zur Arbeit. Nach ein paar Stunden erreicht mich eine weinende Begleiterin. Die Situation auf dem sozialen Pferdehof sei so schlimm, dass sie nicht mehr weiter weiß. Die Lebens- und Arbeitsbedingungen dort sind so unsozial, dass mein Kollege und ich kurzerhand entscheiden, die Gruppe abzuholen. Das ging gar nicht auf diesem Hof!

Die Eltern von Niklas aus Jörns Gruppe sind mega cool: Sie möchten ihren Sohn auf keinen Fall wegen Bauchschmerzen abholen (Er ist inzwischen aus dem Krankenhaus wieder zurück. Er war „einfach" erschöpft von der langen Fahrradtour). Er soll mit den anderen nach Amsterdam einfahren und das Gefühl erleben, wie es ist, etwas erreicht zu haben und durchgehalten zu haben! Das stärkt mir sehr den Rücken und ich gebe mit Freuden diese „Anweisung" an Jörn weiter. Mit seinem Spruch „Seit Mittwoch kann ich alles!" meistert er auch diese „Herausforderung" und teilt Niklas mit, dass er einfach weiterfahren muss – ob er will oder nicht.

Und dann kommen einige Anrufe gleichzeitig: Die Vegan-Gruppe kann einen internen Streit nicht lösen, bei Daniel gibt es ein kotzendes Kind und irgendetwas anderes kam auch noch, woran ich mich nicht mehr erinnern kann.

Bei mir in der Halle geht es heute auch rund: Es wird punktuell gearbeitet ;-) Ansonsten werden Karten gespielt, über Lokomotiven geredet, mit dem Kettcar gefahren, Fußball gespielt und ja, auch mit dem Handy gezockt. Felix verrät mir, dass er keine Lust zum Schleifen hat und fegt und wischt einfach mal das ganze Bad (was das auch bitter nötig hatte!). Beim Abendessen merken die Jungen, dass eine Packung Würstchen für 6 Personen nicht reichen (dass evtl. ein Salat cool zu Bratwürsten wäre, traue ich mich gar nicht erst zu sagen). Drei düsen los und kaufen mehr Würstchen ein. Irgendwann artet es wieder in Ess-Spielchen aus, aber dieses Mal rastet Felix aus. Zum Glück kennen die Jungen ihn gut und gehen gut auf ihn ein. Irgendwann sitzen wir dann doch wieder alle am Tisch und reden über Mädels aus der Stufe. SEHR aufschlussreich für mich ;-) Doch Felix lässt die Situation vom Abendessen nicht los, wird immer stiller und verzieht sich irgendwann. Zwei andere kümmern sich um ihn … bis nachts um 01.30 Uhr … ohoh

Samstag, 08.09.18

Ich habe tatsächlich keinen einzigen Notfallanruf heute bekommen! Die Begleiter:innen berichten, dass die Gruppen Pausentage einlegen und es fast langweilig wird ;-)

Bei mir in der Treckerhalle haben wir das Frühstück genutzt, um über den gestrigen Abend zu reden. Wie geht es jedem? Wo hat jeder seine Grenzen, die nicht von den anderen überschritten werden dürfen? Was erwarten und wünschen wir uns von den Anderen?

Ich bin in dem Moment sehr begeistert von den Jungs und bin davon überzeugt, dass diese 17 Tage sie unfassbar prägen und positiv verändern werden! Der „kleine, liebe" Janik wird immer frecher (was ich richtig gut finde). Es gibt immer wieder Zeiten, in denen die Jungs getrennt Sachen unternehmen. Entschuldigungen werden ausgesprochen. Ich lehne die Frage ab, ob einer nach Hause gehen kann, um neue saubere Socken zu holen ;-) wir fahren gemeinsam in den Baumarkt. Nachbarn werden um Hilfe gebeten.

Die Jungs haben umgerechnet übrigens jeden Tag 38 € für Lebensmittel, da sie keine Kosten für die Unterkunft oder irgendwelche Fahrten haben. Das geht für mich übrigens gar nicht! Die Jungs kaufen jeden Tag fancy Kelloggs, gönnen sich Mezzo Mix, Arizona Eistee, Süßigkeiten, Donuts etc. Nix mit sparsam leben …

Mir tut dieser ruhige Samstag sehr, sehr gut und ich bin fast etwas traurig, dass ich ab morgen diese coole Gruppe verlassen muss …

Jetzt (es ist Abend) sitzen sie übrigens in Campingstühlen und singen lauthals mit Aerosmith mit „I don't wanna close my eyes … cause I don't wanna miss a thing."

Nachtrag, 18.10.2018

Die Herausforderung ist nun schon sein gut einem Monat vorbei und so langsam lassen Anspannung, Überstunden, E-Mails und vermeintliches Handyklingeln (was ich höre, obwohl mein Notfalltelefon ruhig war) nach. Die ersten Reflexionsrunden liegen hinter mir, eine letzte und wichtige Auswertungsbesprechung kommt noch. Die Kinder haben alle einen riesigen Berg an Geschichten von ihrer Herausforderung mitgebracht, die ich jedoch nur punktuell zu hören bekomme. Schade eigentlich. Auch Eltern haben Geschichten von dieser Zeit zu berichten: sie sind geprägt von Überraschungen, Dankbarkeit, Erleichterung, Enttäuschungen, guten Tipps fürs nächste Mal, aber auch Unmut und Unverständnis. Es ist quasi alles dabei.

Wie soll ich da auf die Frage antworten: „Und, wie ist das Projekt gelaufen?". Ich wähle lieber den Weg, über das zu reden, was ich gelernt habe. Schließlich war das ja auch die Hoffnung, was die Kinder in diesen 17 Tagen tun sollten. Lernen – aber mal anders.

1. Verantwortung lässt sich besser auf mehreren Schultern tragen.
2. Auch mir gehen mal Dinge durch die Lappen. Und das ist okay so.
3. Es ist schwer aber heilsam eine Entschuldigung auszusprechen.
4. Ich muss nicht jedem gefallen. Kritik ist ein kostenloses Coaching (und davon gab es viele).

5. Ich bin froh, dass ich keine Lehrerin geworden bin, sondern Sozialarbeiterin :-)
6. Ich bin gelassener geworden und will aus Prinzip (nicht nur) Kindern mehr zutrauen.
7. Es findet sich immer eine Lösung.
8. Mit Gott über Mauern zu springen (Psalm 18,30) ist nicht so romantisch wie es klingt. Von Mauern gibt es nämlich viele. Vor allem in der Schule…

Ich schließe also meine Erfahrungen, die ich bei dem Projekt „Herausforderung" gemacht habe, ebenfalls mit den Worten Aerosmiths „I don't wanna close my eyes … cause I don't wanna miss a thing."

Jelena Scharnowski ist die ehemalige Projektleiterin des Projekts „Herauspaziert" der Matthias-Claudius-Gesamtschule in Bochum. Als Inklusionsbeauftragte und Projektkoordinatorin war sie für die Planung, Durchführung, wie auch die Gewinnung und Qualifizierung der Begleiter:innen zuständig. Kontakt: jscharnowski@ tearfund.de

15 Herausforderungen in verschiedenen Altersstufen

Bereits in mehreren der vorhergegangenen Beiträge ist zur Sprache gekommen, dass es viele Argumente zur Umsetzung von Herausforderungen an verschiedenen Zeitpunkten im Leben und auch der Schullaufbahn der Heranwachsenden geben kann. Typischerweise erfolgt die Umsetzung in der 8., 9. oder 10. Klasse. Die nachfolgenden Beiträge stellen die Umsetzung von Herausforderungen zu einem vergleichsweise frühen (Ende der 6. Klasse) und späten Zeitpunkt (Oberstufe) in der Schullaufbahn dar.

15.1 Von der Kindheit zur Jugend – Herausforderung am Eingangstor zur Pubertät

Steffi Grossert

Mit etwa zwölf Jahren endet in der Montessoripädagogik die Kindheit und geht in die Phase der Jugend über. Diese Veränderung ist nach den Sommerferien der sechsten Jahrgangsstufe an der Aktiv-Schule Erfurt geprägt durch den Wechsel der Sechstklässler aus den jahrgangsgemischten Mittelgruppen in die Obergruppen der Jahrgangsmischung 7/8. Damit einher geht auch ein Gebäudewechsel in das „Reich der Großen". Ein bedeutender Einschnitt also, der ein Ritual braucht, das diesen Übertritt gebührend markiert. Gerade in der Montessoripädagogik, die die Entschulung der Jugendphase zum Ziel hat, kann das Prinzip der Herausforderung hierbei Besonderes leisten.

Im Schuljahr 2014/15 entschied die Lehrerkonferenz unserer Schule die Herausforderung als fehlertoleranten und lebensnahen Bildungsbaustein in das Schulkonzept aufzunehmen. Dieser beginnt mit einer einwöchigen Herausforderung in den letzten Wochen des sechsten Schuljahres und wird in einer weiteren Herausforderung am Ende der Jahrgangsstufe acht erneut aufgegriffen. Der vorliegende Beitrag beschäftigt sich im Schwerpunkt mit der Herausforderung am Ende der 6. Klasse.

Die Tatsache, dass die Herausforderung von Elf- und Zwölfjährigen gemeistert werden soll, erfordert andere Rahmenbedingungen als in höheren Jahrgangsstufen. Während sich die Achtklässler unserer Schule selbst eine Herausforderung suchen und diese in einem mehrmonatigen Prozess vorbereiten, stellen in der Jahrgangsstufe sechs die Lehrkräfte den Herausforderungsauftrag. In einer Gruppe, die nicht selbst gewählt ist, gilt es, von einer Bahnstation im Umkreis von 50 Kilometern innerhalb von drei Tagen zu Fuß zur Schule zurückzukehren. Dabei ist zumindest eine Nacht im Freien zu verbringen. Weitere Regeln der Herausforderung sind, dass elektronische Geräte zuhause bleiben, kein Kontakt mit der Familie aufgenommen werden soll und alles Mitgebrachte auch anderen zur Verfügung steht. Das Budget dieser drei Tage beläuft sich auf 15 Euro, einschließlich Zugticket für die Fahrt zum Ausgangsort.

Gruppenbildung

Die Gruppenbildung erfolgt durch im Schulalltag eng begleitende Pädagog:innen, wobei die Hintergründe den Kindern und Eltern nicht erläutert werden. Gruppenwechsel sind ausgeschlossen. In der Regel werden Teams mit jeweils sechs bis acht Kindern gebildet, die ein ähnliches Arbeits- und Sozialverhalten aufweisen. Hintergrund dafür ist, dass es so den Kindern möglich wird, ihre gewöhnliche Rolle in Gruppenprozessen besser wahrzunehmen oder diese Position auch einmal ganz bewusst zu verlassen. Aktive Kinder mit Führungsanspruch bilden ein Team. Eine weitere Gruppe setzt sich aus den sehr zurückhaltenden, verträumten oder stets abwartenden Kindern bzw. auch jenen zusammen, denen für schulische Aufgaben oft die Motivation fehlt. Jungen und Mädchen, die selbst eigene Ideen haben, sich aber eher zurücknehmen und an anderen orientieren, bilden ebenfalls ein eigenes Team.

Etwa vier Wochen vor dem Herausforderungstermin findet ein Elternabend statt. Die Eltern werden zum grundsätzlichen Ablauf der Woche informiert. Insbesondere wird auch deren Rolle im Rahmen der Herausforderung thematisiert. Die Begleiter:innen stellen sich vor (noch ohne Gruppenzugehörigkeit) und die Eltern haben die Möglichkeit ihre Fragen, Sorgen und Ängste anzusprechen. Man sollte bei diesem Format unbedingt beachten, dass es nicht nur eine Herausforderung mit Sechstklässlern, sondern auch mit Sechstklässlereltern ist.

Elternarbeit

Für ängstlichere Kinder steht und fällt eine Teilnahme an der Herausforderung oft mit der Einstellung der Eltern zu diesem Projekt. Daher ist es wichtig, mit Eltern darüber ins Gespräch zu kommen. Viele haben eine ähnliche Erfahrung selbst nie gemacht und sind zum Teil voller Sorgen oder Ängste, die sich schnell auf den Sohn/die Tochter übertragen. Es kann helfen, Eltern vorheriger Jahrgänge in den vorbereitenden Informationsabend einzubeziehen und diese von ihren eigenen Erfahrungen berichten zu lassen. Ganz wichtig ist es, die Rolle der Eltern für das Gelingen der Herausforderung zu thematisieren. Im Vorfeld sollten die Eltern keinerlei Zweifel an der Machbarkeit des Projektes säen, die Organisation vollständig den Kindern und dem/der Begleiter:in überlassen und die Nichtmitnahme des Handys unbedingt unterstützen. Während der Herausforderung bitten wir um gänzliche Zurückhaltung bis der Anruf des/der Begleiter:in die Ankunft in der Schule bestätigt. Für den Ankunftsabend ermuntern wir die Eltern, sich im Rahmen der familiären Möglichkeiten Zeit zu nehmen, vielleicht das Lieblingsessen zu kochen oder ihr Kind anderweitig zu verwöhnen. Wir geben aber auch immer zu Bedenken, dass manche Mädchen und Jungen einfach nur todmüde ins Bett fallen und nicht mehr erzählen wollen.

Die Herausforderungswoche beginnt mit der Verkündung der Herausforderungsaufgabe sowie der Bekanntgabe der Gruppen und der jeweils begleitenden Person. Jedes Team lost anschließend eine Himmelsrichtung. Damit soll sichergestellt werden, dass sich alle Gruppen von unterschiedlichen Ausgangspunkten auf die Schule zubewegen.

Die beiden Vorbereitungstage sind ein Mix aus kleinen Lektionen des/der Begleiters:in und selbstständigem Organisieren der Kinder mit Hilfe eines Leitfadens für die Schüler:innen. Anders als in der Zeit unterwegs, unterstützt der/die Begleiter:in bei allen Fragen und Problemen, entwickelt mit den Kindern Für- und Widerszenarien für Ausrüstungsgegenstände, Nahrungsmittel, Streckenverläufe u. ä., respektiert aber letztlich den Willen der Schüler:innen, ohne Entscheidungen der Gruppe im Nachgang eigenmächtig zu verändern.

Inhalte der Vorbereitungstage (sich ergebend aus dem Leitfaden):
* Wettervorhersage prüfen
* Bahnstation als Ausgangspunkt festlegen
* Route zur Schule wählen und in eine Karte einzeichnen
* einen Informationsbrief an die Eltern schreiben
* Herausforderungsgeld einsammeln und verwalten
* Einkaufsliste zusammenstellen, einkaufen
* Packliste zusammenstellen, Probetragen Rucksack, Handwagen packen
* Fahrkarten kaufen und verwahren

Als (praktische) Lektion durch den/die Begleiter:in:
* Orientierung mit Karte im Gelände (Wiederholung aus dem Unterricht)
* Aufbaumöglichkeiten eines Tarps
* Kochernutzung
* Mini-Kurs Erste Hilfe (Sonnenbrand, Sonnenstich, Unterkühlung, Versorgung von kleinen Wunden, wie Blasen)
* Belehrung als ein Sensibilisieren für mögliche Gefahren und deren Prävention

Zu Beginn der eigentlichen Herausforderung finden sich die einzelnen Teams an dem durch die Kinder im Elternbrief formulierten Treffpunkt zusammen. Der Rollenwechsel des/der Begleiters:in muss nun in einem Akt der Verantwortungsübergabe für alle Kinder tatsächlich sichtbar gemacht werden. Denn, obwohl die Schüler:innen bis zu diesem Punkt immer wieder gehört haben, dass sie für all ihre Schritte selbst die Entscheidungen treffen, werden erst die kommenden Stunden ein ganz langsames Begreifen dieser Dimension zeigen. Die Rolle des/der Begleiters:in besteht nun fortan darin, nur dann einzuschreiten, wenn Leib oder Leben der Schüler:innen in Gefahr ist, die Rechte Dritter so missachtet werden, dass mit juristischen Konsequenzen für den/die Begleiter:in und/oder die Institution zu rechnen ist oder wenn durch das Handeln der Kinder ein ernsthafter Imageschaden für die Schule entsteht. Sollte der/die Begleiter:in aus einem dieser Gründe die Verantwortung temporär wieder an sich nehmen, muss diese anschließend auch wiederum transparent an die Gruppe übergeben werden.

Die Drei-Joker-Regel

Das Nichteingreifen ist die Herausforderung für den/die Begleiter:in. Bewährt hat sich allerdings über die Jahre in der Jahrgangsstufe sechs die Drei-Joker-Regel, die den Kindern im Zuge der Verantwortungsübergabe verkündet wird. Sie beinhaltet, dass die Gruppe in gemeinsamer Entscheidung in den Herausforderungstagen dreimal die Hilfe der/des Begleiter:in in Anspruch nehmen kann. Die Erfahrung zeigt, dass die Gruppen mit diesen drei Jokern sehr verantwortungsvoll umgehen. Oft werden diese nicht einmal alle ausgespielt.

Abb. 1: Verantwortungsübergabe und Verkündung der Drei-Joker-Regel

Sich zurückzunehmen, zu beobachten und dennoch immer sprungbereit zu sein, um in Gefahrensituationen sofort die Führung zu übernehmen, ist die Hauptaufgabe eines/einer Begleitenden. Wir haben uns bewusst dafür entschieden, diese Verantwortung nur einer Person zu übergeben. Zum einen sind die Gruppen recht klein, zum anderen besteht so weniger die Gefahr der Ablenkung, z. B. durch Gespräche. Damit es in einer etwaigen Überforderungssituation nicht zur Handlungsunfähigkeit kommt, können unsere Begleiter:innen auf eine 24 h-Notfall- Hotline der Schulleitung zurückgreifen. Hier hat ein/e Begleiter:in die Möglichkeit sich Rat zu holen oder in brenzlichen Situationen auch die Führung abzugeben und Anweisungen entgegenzunehmen. Die Aus-/Weiterbildung von Begleiter:innen und eine Handreichung sind eine wichtige Grundlage für die Zeit unterwegs, dennoch lässt sich nicht jede Situation vorhersehen.

Die vollständige Autonomie der/des Begleiter:in unterwegs ist aus unserer Sicht ein wichtiger Baustein für das Gelingen von Herausforderungen. Das beginnt bei Verpflegung, Utensilien zur Übernachtung, Sanitätspack sowie einer Streckenkarte und endet beim eigenen Toilettenpapier. Denn klappt etwas nicht, sollen die Schüler:innen nicht die Möglichkeit haben, den Grund dafür bei der Begleitung zu suchen. Umgekehrt haben die Kinder nur dann das Gefühl, es wirklich aus eigener Kraft geschafft zu haben, wenn der/die Begleiter:in nicht all die Sachen nachreicht, die vergessen wurden. Zur Unabhängigkeit in der Begleitung unterwegs zählt auch, sich nicht als Teil der Gruppe zu fühlen, sondern bewusst eine Außenseiterstellung einzunehmen. So vermeidet man, dass die Umwelt über die begleitende Person mit der Gruppe kommuniziert, was man gerade gegenüber Kindern oft erleben kann.

Immer wieder in den Vorbereitungen zur Herausforderung kommt unter unseren Begleiter:innen die Frage auf: Lässt man ein Scheitern des Gesamtprojektes in der Gruppe zu? Nimmt man die pädagogische Idee der Herausforderung ernst, kann diese Frage nur mit einem klaren „Ja" beantwortet werden. Aber unterwegs gibt es kein Schwarz und Weiß allein, sondern allerlei Grautöne dazwischen, insbesondere mit Sechstklässlern. Für den Fall, dass eine Gruppe noch derart weit von der Schule entfernt ist, dass ein Ankommen am Freitag, wenn auch spät, nicht mehr möglich ist, unterschreiben die Eltern im Vorfeld eine Kostenübernahme für den Rücktransport mit öffentlichen Verkehrsmitteln. Dieses Ende einer Herausforderung käme einem Scheitern gleich und müsste mit den Kindern pädagogisch gut aufbereitet werden, so dass letztlich doch das Gefühl bleibt, etwas geschafft zu haben – nur eben noch nicht ganz. Wir haben eine solche Situation an unserer Schule bisher nicht erlebt, wohl aber, dass den Kindern in nahezu ausweglosen Situationen Flügel wachsen und sie bei Anbruch der Dunkelheit dann doch noch überglücklich auf den leeren Schulhof taumeln.

Zurück in der Schule übernimmt der/die Begleitende die Führung, denn aus unserer Erfahrung können die Kinder die nun noch anstehenden Aufgaben nicht mehr aus eigener Kraft bewältigen. Nasse Tarps (flexibel aufspannbare Schutzplanen) müssen vielleicht zum Trocknen aufgehangen werden, der Müll ist zu entsorgen und die restlichen Lebensmittel sind zu verteilen. Alle anderen

Nacharbeiten haben meist Zeit und können am folgenden Montag, dem Reflexionstag, erledigt werden. Der/die Begleiter:in informiert nun die Eltern über die Ankunft und umsorgt die Kinder bis zu deren Eintreffen. In der Schulgemeinschaft kann man auch einen kleinen Imbiss für diese Übergangszeit organisieren.

Den Abschluss dieses Projektes bildet der Reflexionstag nach dem Wochenende. Hier haben die Begleiter:innen morgens erst einmal Zeit, der Woche mit den Kindern ihrer Gruppe nachzuspüren. Bewährt hat sich dabei die Erstellung eines kleinen persönlichen Erinnerungsbuches anhand von Leitfragen. Nun ist aber auch Raum, offene Konflikte zu besprechen oder Schlüsselsituationen aus den Tagen unterwegs noch einmal wachwerden zu lassen. Dabei eignen sich auch Rollenspiele, um z. B. Situationen im Nachhinein eine ganz neue Wendung zu geben. Gute Erfahrungen haben wir damit gemacht, immer zuerst einzeln zu reflektieren und erst dann in den Gruppenprozess zu gehen. Letzterer wird am Nachmittag mit einer Gruppenpräsentation vor den Eltern des Jahrgangs abgeschlossen. Darauf bereiten sich die Kinder ab dem Mittag vor. Diese Veranstaltung rundet die Herausforderung ab, denn erstmals präsentieren die Kinder vor so großem Publikum.

Steffi Grossert ist Lehrerin an der Aktiv-Schule Erfurt, einer freien Montessori-Gemeinschaftschule. 2014 gehörte sie dort zu den Initiatorinnen des Projektes Herausforderung in den Klassenstufen 6 und 8. Seither hat sie selbst auch immer wieder Gruppen begleitet, baute einen Materialpool auf und entwickelte gemeinsam mit einer Fachschule für Auszubildende im pädagogischen Bereich ein Programm zur Schulung von Begleitpersonen. Kontakt: info@aktivschule-erfurt.de

15.2 Herausforderungen *Ab ins Leben!* in der Oberstufe der Integrierten Gesamtschule Landau

Uli Roos

Nach den erfolgreichen Rückmeldungen und Ergebnissen in den Klassenstufen 8 und 10 wollten wir an der Integrierten Gesamtschule in Landau das Profilprojekt Herausforderungen auch in der Oberstufe anbieten. Dazu traten wir 2017 zunächst mit einem relativ offenen Konzept an: Die Schüler:innen wählen selbst, beschreiben ihr Vorhaben und legen ihre persönlichen Herausforderungsmomente dar. Mit dem Titel *Ab ins Ausland!* war klar, dass alle Ziele im Ausland liegen mussten, damit Lernerfahrungen im Bereich Sprache und Engagement im Zentrum liegen. 2019 zogen wir eine erste Bilanz, mit folgenden Ergebnissen:

- der Beratungs- und Betreuungsaufwand ist aufwändig,
- versicherungstechnische Themen sind komplex,
- einige Fernreiseziele sind sehr kostenintensiv und der eigentlichen Idee gegenläufig.

Darum setzte sich eine Arbeitsgruppe aus Schüler:innen, Lehrer:innen und Eltern kritisch mit dem Konzept auseinander und beschloss das im Folgenden ausgeführte Grundkonzept, mit dem wir die Herausforderung *Ab ins Leben!* in der Oberstufe seit 2020 rahmen. Eine Reise ins anliegende Ausland ist immer noch erwünscht, aber nicht mehr zwingend (siehe unten).

Konzept und Regeln

Die Kernzeit der Herausforderung sind die ersten 2 Wochen des Schuljahres in der Stufe 12 (Q1). Schon in der Stufe 11 wird die grobe Richtung festgelegt, vororganisiert und geplant. Schüler:innen, die innerhalb unserer Schule in die Oberstufe wechseln, kennen unser Konzept. Quereinsteiger:innen aus anderen Schulen machen wir von Beginn an mit der Konzeptidee vertraut. Mit der Anmeldung zur gymnasialen Oberstufe erklärt sich jede:r zur Teilnahme an der Herausforderung bereit, bei minderjährigen Schüler:innen ist zusätzlich eine Unterschrift der Eltern verpflichtend. Die Herausforder:innen benennen aus ihrem privaten Umfeld eine:n Planungskompliz:in zur Unterstützung und als weitere:r Ansprechpartner:in außerhalb der Schule.

Der Start der Herausforderung *Ab ins Leben!* erfolgt in der Stufe 11 vor den Herbstferien über Infophasen in Eltern- und Jahrgangsversammlungen. Ein Informationsheft zu allen wichtigen Details und den Terminen hilft den Schüler:innen, bis zu den Weihnachtsferien verbindlich eine der unten genannten fünf Möglichkeiten zu wählen. Hiernach kümmern sie sich fortwährend um die weitere Planung. Verantwortlich für die Organisation der Planungsphase sind die Stammkursleitungen, sie koordinieren und kontrollieren die Detailplanungen der Schüler:innen ihres Kurses. Ein übergeordnetes Planungsteam stell Planungshilfen zum Ablauf sowie Informationen über wichtige Dokumente bereit. Zusätzlich gibt es einzelne Beratungssprechstunden.

Wir sind momentan dabei, die Kommunikation (z. B. Rückmelde- und Bewerbungsverfahren) zu digitalisieren, was vieles direkter und übersichtlicher machen würde. Dennoch ist uns die persönliche Beratung wichtig. So gibt es z. B. wöchentlich in einer festgelegten Stammkursstunde Gelegenheit für Absprachen und Kommunikation über die Herausforderung. Darüber hinaus werden Teile von zwei Projektwochen in Stufe 11 für die Herausforderungsvorbereitung eingeplant. Die Eltern sind fortwährend in den Planungsprozess eingebunden.

Generell gilt die Devise, die Kosten gering zu halten. Die Eltern zahlen einen Pflichtanteil, der je nach Wahl (s. u.) unterschiedlich ist. Dieser ist für alle zweiwöchigen Vorhaben auf maximal 350 Euro gedeckelt. Alles was darüber hinaus benötigt wird, müssen die Schüler:innen im Vorfeld in Eigenregie erwirtschaften. Zwar steht der soziale Aspekt im Vordergrund der Herausforderung, aber auch der ökologische Aspekt soll beachtet werden. Deswegen ist die Vorgabe möglichst auf einen Flug zu verzichten; eine Begrenzung auf Länder in Europa ist die Regel. Wer mehr als zwei Wochen unterwegs sein möchte, kann schon ab den Sommerferien reisen. In der dritten Schulwoche müssen alle Lernenden wieder in der Schule sein. Wer von der Herausforderung innerhalb der ersten beiden Schulwochen zurückkommt, organisiert selbstständig ein zusätzliches Praktikum.

Fünf Wahlmöglichkeiten für die Herausforderung

Für die eigene Herausforderung muss sich jede Schülerin und jeder Schüler schriftlich und verbindlich für eine der folgenden fünf Möglichkeiten entschieden haben:

1. *Freie Wahl einer Herausforderung (wie in der Sekundarstufe I):* Die Schüler:innen suchen sich einen Ort bzw. ein Projekt im Ausland, der bzw. das sie herausfordert. Die Betreuung und Aufsicht vor Ort muss sichergestellt sein. Die Projektplanung steht bis Ende März und bis Ende April liegen alle nötigen Unterlagen vor. Die Kosten übersteigen in der Regel nicht 750 € (wovon 350 € von den Eltern kommen); Ausnahmen müssen sehr gut begründet sein.

2. *Workcamp eines externen Trägers:* Bei einem Workcamp treffen sich Jugendliche aus aller Welt, um an einem Ort zusammenzuarbeiten. Die Begegnung und der Austausch über das gemeinsame Arbeiten stehen im Vordergrund. Dabei sollen Vorbehalte abgebaut, Sprachkenntnisse angewandt und vertieft sowie neue Kulturen kennengelernt werden. Die Ausschreibung der Workcamp-Angebote erfolgt meist erst ab März; sie sind dann bereits vororganisiert. Die Anreise wird oft in Eigenregie organisiert, vor Ort befindet sich in der Regel eine Ansprechperson einer Organisation, die das Projekt betreut und bei Fragen und Schwierigkeiten hilft. Die Kosten für die Teilnahme an einem Workcamp sind gering.

   Das Programm der Workcamps sollte soziales, politisches oder ökologisches Engagement beinhalten und einfordern. Langjährig verlässliche Kooperationspartner sind der IBG e. V. aus Stuttgart und der Internationale Bauorden in Ludwigshafen. Diese beiden Träger bieten langjährige Erfahrungen, ein breites Angebot und ein erprobtes Netzwerk an – und unseren Schüler:innen individuelle Beratungstermine.

3. *Herausforderungen, die von einer Lehrkraft angeboten werden:* Eine von einer Lehrkraft angebotene Herausforderung hat einen Projektcharakter, bei der am Ende ein Produkt entsteht (zum Beispiel ein Theaterstück oder eine schriftliche Dokumentation). Die Anmeldung ist verbindlich, da das Projekt vorab mit mindestens zehn Schüler:innen kalkuliert wird und Reisekosten entstehen. Zeitnah erfolgt eine Vorabzahlung. Diese kann bei Nichtteilnahme nicht zurückgezahlt werden, es wird daher empfohlen, dies durch eine Versicherung abzusichern.

4. *Berufspraktikum in einem Betrieb eigener Wahl:* Wünschenswert ist ein Beginn in der letzten Sommerferienwoche. In der Regel wohnen die Praktikant:innen während des Praktikums nicht zu Hause. Sie besuchen vorab die Sprechstunde der Arbeitsagentur in unserem Hause und nehmen mindestens eine Beratung zusammen mit einem Elternteil bei der Arbeitsagentur wahr. Sie dokumentieren sämtliche Bemühungen und beschreiben ausführlich ihre Motivation. In einem Portfolio (Berichtsheft, Tagebuch, Film: das Format ist frei wählbar) beschäftigt sich der Schüler bzw. die Schülerin intensiv mit dem Praktikum. Im Zeitraum des Praktikums findet (mindestens) ein Kontakt zwischen Lehrer:innen und Schüler:in statt. Dies kann z. B. über Skype erfolgen. Unser Berufswahlkoordinator steht beratend zur Verfügung.

5. *Unterstützung einer Herausforderung von Schüler:innen der Klassen 8 und 10:* Schüler:innen, die eine Herausforderung jüngerer Schüler:innen begleiten wollen, müssen sehr zuverlässig sein, eine wirkliche Unterstützung auch in der Planung darstellen und selbst eine Herausforderung in 8 und/oder 10 absolviert haben. Die Zahl der Plätze ist auf fünf begrenzt. Die Auswahl erfolgt über ein Bewerbungsgespräch und eine Empfehlung der Stammkursleitungen (Tutor:innen); die Empfehlung ist bis Ende Januar in schriftlicher Form abzugeben. Wer sich für diese Möglichkeit entscheidet, muss zusätzlich verbindlich eine Alternative aus den Möglichkeiten 1 bis 4 angeben. Trekkingtouren, Outdoorerfahrungen und Survivaltrips auf eigene Faust sowie Sprachschulen werden nicht mehr zugelassen.

Präsentation der Erfahrungen

Am Ende der Herausforderungszeit wird reflektiert, dokumentiert und: gefeiert. Die Präsentation der Herausforderung in Stufe 12 findet jedes Jahr beim sogenannten Herausforderungsfest zusammen mit den Ergebnissen der Sekundarstufen 8 und 10 statt. Zusätzlich werden die Herausforderungen 12 bei einem ersten Elternabend der Klassenstufe 11 präsentiert. Der persönliche Kontakt und der Austausch zwischen den Jahrgängen 8, 10 und 12 sowie 11 und 12 ist uns wichtig, hier lernen wir alle voneinander und öffnen die Perspektive.

Uli Roos ist Mitglied der Schulleitung und didaktischer Koordinator der Integrierten Gesamtschule Landau. Er organisiert und betreut die Netzwerke der Schule zur Zusammenarbeit mit Studierenden bei Herausforderungen und zu Forschungsvorhaben von Universitäten und Hochschulen, sowie mit Kooperationsbetrieben aus Industrie und Handwerk im Rahmen der Talent Company (Strahlemann Stiftung). Diese Netzwerke unterstützen die Umsetzung und das Format der Herausforderungen z. B. direkt über personelle Hilfe, über Kontakte und mögliche Optionen oder Ideen sowie auch indirekt durch finanzielle Hilfe. Kontakt: u.roos@igs-landau.de

16 Herausforderungen als Optionsraum und Entscheidung

Ein Überblick über (weitere) Varianten der schulischen Umsetzung

Matthias Rürup

1 Einleitung

Das schulische Angebot für Schüler:innen, sich einer eigenen Herausforderung zu stellen, trägt an den verschiedenen Schulen nicht nur verschiedene Namen: Herausforderung in Einzahl oder Mehrzahl, Herauszeit (Helene-Lange-Schule Wiesbaden), Herausspaziert (Evangelische Matthias-Claudius-Gesamtschule Bochum) oder Your Challenge (Fritz-Reuter-Schule in Hagen, vgl. Beitrag 13 von Stefan Grade). Es wird von den Schulen auch ansonsten sehr variantenreich umgesetzt. Dazu zählen die Grundsatzentscheidungen, ob die Herausforderungen eher als offenes oder gebundenes bzw. als einmaliges oder mehrmaliges Angebot angelegt sind. In den vorhergehenden Beiträgen dieses Buchteils wurden diese Entscheidungsfragen umfassend in ihren Begründungen und organisatorischen Konsequenzen dargelegt. Bei der Umsetzung des Angebots der Herausforderungen stellen sich den Schulen aber auch zahlreiche weitere Entscheidungsfragen wie etwa: Soll das Angebot freiwillig oder verpflichtend sein? In welchen Jahrgang und wann genau ins Schuljahr passt es am besten? Wie lang soll die Herausforderung dauern? Welche Vorgaben soll es für die Herausforderungen der Schüler:innen geben und wie soll deren Einhaltung kontrolliert werden?

Im folgenden Beitrag sollen die Optionen und Abwägungen der Schulen zu den wichtigsten dieser Einzelfragen summarisch-verkürzt vorgestellt werden. Es handelt sich in der Form und Darstellung um eine Sammlung von frequently asked questions (FAQs), die sich den Schulen, die das Angebot der Herausforderungen überlegen einzuführen, regelmäßig stellen. Die hier vorgestellten Antworten kommen von erfahrenen Schulen, die sich an einer Delphi-Studie des HeRiS-Forschungsverbunds im Frühjahr und Sommer 2021 beteiligt haben. In einem ersten Schritt wurden die relevanten Entscheidungsfragen mit den Schulen abgestimmt, die sich in den vom Forschungsverbund organisierten regelmäßigen Online-Workshops getroffen haben. In Schritt 2 beantworteten dann interessierte Schulen die von ihnen ausgewählten Entscheidungsfragen: Wie und insbesondere warum setzen sie die Herausforderungen auf diese spezifische Weise, zu dieser Zeit und in diesem Umfang um? Die eingegangenen Rückmeldungen wurden vom HeRiS-Forschungsverbund typisierend aufgearbeitet und den interessierten Schulen der ersten Befragungsrunde, aber auch weiteren, zum Gegenlesen und ergänzenden Kommentieren vorgelegt. Auf dieser – methodisch gesprochen – kommunikativ validierten Grundlage basieren die Darstellungen des folgenden Beitrages.

Natürlich sind die folgenden Zusammenfassungen, Typisierungen und Ausformulierungen nicht frei von Vereinfachungen und Zuspitzungen; sie passen nicht für alle beteiligten Schulen und Fälle. Auch soll der Eigenbeitrag des Auswertens und Präsentierens nicht kleingeredet werden. Geleitet ist dieser Beitrag aber vom Anliegen, die – variierenden – Sichtweisen und Entscheidungen der Schulen dokumentarisch darzustellen. Analytische Bewertungen werden in diesem Beitrag nur ausnahmsweise eingebracht (siehe dazu Teil IV mit Forschungsbefunden). Selbiges gilt für Hinweise darauf, wie Einzelentscheidungen zur Ausgestaltung der Herausforderung einander bedingen oder miteinander konfligieren. Folgende Entscheidungsfragen werden in diesem Beitrag „beantwortet":

- Sollen Herausforderungen verpflichtend für alle Schüler:innen oder „nur" ein Angebot für Interessierte sein?
- Wie lang sollen Herausforderungen idealerweise sein: Reicht eine Woche oder müssen es drei sein?
- Was ist schulorganisatorisch der beste Zeitpunkt für die Herausforderungen im Schuljahr – vor oder nach den Sommerferien?
- In welcher Jahrgangsstufe der Sekundarstufe I macht die Herausforderung am ehesten Sinn?
- Welche schulischen Vorgaben, Begleit- und Kontrollmaßnahmen sind für Herausforderungen wichtig und notwendig?

Auf ein Extra-Schlusswort (dass eigentlich noch viele weitere Varianten vorzustellen wären und jede Schule ihre eigene, gemeinsam in der Schulgemeinschaft ausgehandelte und tragfähige Lösung finden muss) wird verzichtet.

2 Freiwillige oder verpflichtende Herausforderungen?

Worum geht es bei der Entscheidungsfrage? Die Idee, Schüler:innen eine begrenzte Auszeit von den normalen schulischen Abläufen und Rahmungen zu ermöglichen, um sich einer besonderen Bewährungsprobe zu stellen, verlangt nicht nur von den Schüler:innen Mut und Offenheit, sondern ebenso von der Schule: Einsprüche und kritische Nachfragen, ob diese Idee ausreichend durchdacht, abgesichert und generell wichtig genug sei, um deswegen z.B. auf Unterricht zu verzichten, sind naheliegend und als Bedürfnisse der Klärung und Abwägung auf jeden Fall berechtigt. Den Mut, sich herausfordern zu lassen, nicht von allen Schüler:innen einzufordern, sondern nur von einer Gruppe sich Interessierender und sich aktiv darum Bewerbender erscheint dabei als die leichtere (mildere, zustimmungs- bzw. konsensfähigere) Lösung. Dennoch hat sich die überwiegende Mehrzahl von Schulen, die eine Herausforderung anbieten, für eine verpflichtende Durchführung für alle Schüler:innen eines Jahrgangs entschieden. Wieso ist also die Pflicht zur Herausforderung ein so wichtiges oder auch entscheidendes Merkmal – und umgekehrt, welche Argumente waren für die wenigen Schulen ausschlaggebend, die sich doch für ein freiwilliges Angebot entschieden haben?

Warum sollte eine Herausforderung verpflichtend sein? Drei Argumente sind für die Schulen ausschlaggebend, die sich für eine verpflichtende Herausforderung entschieden haben: Zum Einen drückt sich darin die hohe eigene Wertschätzung der Idee der Herausforderungen aus. Sich gerade im Jugendalter als eigenverantwortlich und selbstwirksam zu erleben, sei für alle Schüler:innen relevant und bereichernd. Auf Freiwilligkeit zu setzen, würde gerade den Anspruch des Angebots in Frage stellen, nicht nur eine sinnvolle Ergänzung oder ein Zusatz zu sein, sondern ein wesentlicher und notwendiger Beitrag zur Förderung der Schüler:innen, der die durchaus umfangreichen Organisations- und Kommunikationsbedarfe rechtfertigt, nicht zu vergessen die Bereitstellung der entsprechenden Zeiten im Schuljahresablauf. Es gäbe keine Parallelgruppen von Schüler:innen mit und ohne Unterricht. Zum Zweiten wird der verpflichtende Charakter des Angebots als wichtig hervorgehoben, um wirklich alle Schüler:innen (und Eltern) zu erreichen und einzubeziehen. Durch den Zwang, sich auf jeden Fall einer Herausforderung stellen zu müssen, könne sich niemand *einfach* herausziehen. Damit eng verbunden ist das dritte Argument: Wenn sich Schulen für eine verpflichtende Herausforderung entscheiden, verpflichten sie sich zugleich selbst, die Schüler:innen beim Finden einer für sie passenden Herausforderung zu unterstützen, bei Eltern und Schüler:innen intensive Informations- und Überzeugungsarbeit zu leisten und sich in den Verhandlungen zu konkreten Umsetzungsideen auch offen für Kompromisse wie z. B. Praktika als Alternative zu zeigen. Anders gesagt: Die Entscheidung zur Pflicht bedeutet gerade die Diskussionen und Verhandlungen herauszufordern und in jedem Schuljahr wieder anzugehen, die bei einer Freiwilligkeit vermieden oder gemindert würden. Genau diese Diskussionen und Verhandlungen sind damit wichtiger Teil des Vorhabens und der angedacht-angeregten Lernprozesse nicht nur der Schüler:innen, sondern auch der Eltern, des Kollegiums oder auch der Schulverwaltung bzw. Schulaufsicht. Den damit erhöhten zeitlichen und kommunikativen Beanspruchungen stehen – so mehrere Schulen in ihrer Rückmeldung – die Vorteile einer höheren Ernsthaftigkeit aller Beteiligten vor allem in der Planungsphase und ein erkennbar höheres Elternengagement gegenüber. Dass sich Herausforderungen für die Schule im Schuljahresablauf leichter organisieren, sich Klassenlehrer:innen leichter einbeziehen oder auch Lehrkräfte als Begleitungen für Herausforderungen freiplanen lassen, wenn ganze Jahrgänge gleichzeitig „unterwegs" sind, ist ein ergänzend hervortretendes Argument. Zudem werde so eine jahrgangsübergreifende Parallelisierung mit anderen schulischen Vorhaben wie Einführungswochen, Berufspraktika oder die Gestaltung eines Reisecurriculums mit den Herausforderungen als Höhepunkt und Abschlussvorhaben nahegelegt.

Warum sollte eine Herausforderung (trotzdem) freiwillig sein? Von den generell wenigeren Schulen, die die Herausforderung als Wahlangebot für Interessierte gestalten, hat sich eine an der Delphi-Befragung beteiligt. Ein zentrales Argument gegen eine verpflichtende Herausforderung ist ihr besonderes Schüler:innen-Klientel. Als staatliche Schule, die auch vom Schulamt zugewiesene Schüler:innen beschulen würde, die sich nicht aktiv und bewusst für das Schulkonzept entschieden haben, sei ein Verpflichtung nicht nur nicht durchsetzbar, sondern auch nicht sinnvoll. Um der Tendenz entgegenzuwirken, dass nur ausgewählte („starke") Schüler:innen erreicht werden, stünde die Schule dann (dennoch) vor kommunikativen Zusatzaufgaben: Auch Schüler:innen anzusprechen und eine Teilnahme zu ermöglichen, bei denen dies nicht von selbst geschieht und selbstverständlich ist. Zentrales Argument gegen eine Verpflichtung zur Herausforderung ist – genau wie bei den Schulen, die sich dafür entscheiden – der hohe Wert und die eigene Wertschätzung der Idee: Die erwünschte Kompetenzentwicklung im Bereich sozialer und personaler Kompetenzen setze (so die Überzeugung der Schule) auf Seiten der Schüler:innen eine innere Bereitschaft voraus, ein wirkliches Wollen der Überwindung, der Entbehrungen für ein höheres Ziel. „Wir gehen davon aus, dass nur mit einer bewussten Entscheidung die Motivation gegeben ist, sich auch in schwierigen Situationen zu überwinden und durchzuhalten." Auch führe eine verpflichtende Herausforderung letztlich zu einer Verwässerung der Idee, da – im Zuge der Diskussion und Verhandlungen mit den zum Teil widerstrebenden Schüler:innen oder Eltern oder auch, um wirklich allen Schüler:innen eine Aktivität eröffnen oder anbieten zu können – Kompromisse eingegangen werden müssten. „Schon jede längere Übernachtung auf dem Bauernhof oder jedes Surfcamp wird schon als Herausforderung deklariert." Umgekehrt reduziere die Freiwilligkeit einer Teilnahme die Anzahl vorzusehender oder umzusetzender Vorhaben, was letztlich helfen würde, eine gewünschte Qualität aufrechtzuerhalten. Die organisatorischen Abstimmungsbedarfe und Nachteile, die dadurch entstehen, dass nur eine Teilgruppe der Schüler:innen eine Herausforderung absolviert, schätzt die antwortende Schule als weniger bedeutsam ein: Letztlich geht es ja darum, was in der für die Herausforderung vorgesehenen Zeit als Programm für die anderen Schüler:innen vorgesehen ist – ob regulärer Unterricht oder ebenfalls besondere Angebote mit Auswahl- und Vertiefungscharakter wie z. B. Praktika oder Projekte. Die Entscheidung für eine Freiwilligkeit der Herausforderung hebt somit vor allem das Alleinstellungsmerkmal dieses Angebots hervor, eine echte persönliche Herausforderung zu sein, die man pädagogisch nicht erzwingen kann und nicht erzwingen sollte.

Von anderen Schulen, die dem HeRiS-Forschungsverbund bekannt sind, sich aber nicht an der Delphi-Studie beteiligten, ist uns die Entscheidung für eine Freiwilligkeit der Herausforderung als Einführungs- und Erprobungsphase bekannt, um Erfahrungen zu sammeln und die Idee als gutes Angebot zu etablieren. Im Kontext der Corona-Pandemie war zudem eine Umstellung auf eine ausnahmsweise freiwillige Teilnahme für einzelne Schulen eine Möglichkeit, Herausforderungen trotz der ungünstigen Rahmenbedingungen stattfinden zu lassen.

Zusammenschau/Fazit: Die Entscheidung, ob Herausforderungen für die Schüler:innen eines Jahrgangs freiwillig oder verpflichtend sind, ist letztlich eine offene und damit von jeder Schule selbst zu treffende. In beiden Fällen entstehen besondere Kommunikations- und Werbebedarfe, um wirklich alle Schüler:innen und Eltern einzubeziehen: Sei es um zu verhindern, dass es allzu exklusiv ist; sei es, um Sorgen und Einsprüche angemessen aufzunehmen und aufzufangen. Bei einem verpflichtenden Angebot entsteht dabei die Gefahr, dass bestimmte Ausweich- und Auffangaktivitäten den Anspruch einer Herausforderung verfehlen (siehe dazu auch unten die Frage 5: Umfang an Vorgaben), bei einer freiwilligen Herausforderung sind die Schulen aber ebenfalls vor die Entscheidung und Aufgabe gestellt, den nicht teilnehmenden Schüler:innen sinnvolle alternative Angebote zu eröffnen, die zwar vielleicht keine Herausforderungen im Wortsinn sind, aber dennoch persönlich wertvolle Erlebnisse bieten: ein künstlerischer Workshop, ein soziales oder berufliches Praktikum, ein Sprachaufenthalt im Ausland u. ä. Lediglich den normalen Unterricht fortzuführen, während sich einzelne, ausgewählte Schüler:innen auf ein Abenteuer begeben, ist in keiner der uns antwortenden Schule eine wirkliche Option gewesen. In dieser Hinsicht sind auch freiwillige Angebote von Herausforderungen schulisch eingebunden in einen Kontext außerschulisch-fachübergreifender Projekte, die parallel stattfinden und dann ebenfalls schulisch zu organisieren sind. Hier ist ein wesentliches Unterscheidungsmerkmal zu sehen zwischen Schulen mit freiwilligen Herausforderungen und ansonsten durchaus ähnlichen schulischen Zusatzangeboten wie Alpenüberquerungen oder Segelturns.

Freiwilligkeit oder Verpflichtung

Elias Hoffmann (Ev. Gymnasium Nordhorn) & Maria Schmidt (IGS Oyten)

Ob man als Schule die „Herausforderung" den Schüler:innen fakultativ anbietet oder schulprogrammatisch als verpflichtend vorgibt, hängt auch von der grundlegenden Struktur der Einzelschule ab. So ist es für (teil)gebundene Ganztagsschulen systemisch ohne Weiteres möglich, ein Herausforderungsformat als obligatorischen Bestandteil fern des vorgegebenen Fachunterrichtes zu installieren, während offene Ganztagsschulen und

Halbtagsschulen diese Möglichkeit nicht haben. Auch hier kann man natürlich eine Verpflichtung erzielen, wenn das Herausforderungsprojekt zum Beispiel anstelle von Klassenfahrten angesetzt wird.

Für beide Varianten kann man nun inhaltlich argumentieren: Bietet man das Projekt auf Basis von Freiwilligkeit an, nehmen vornehmlich nur die Schüler:innen teil, die sich für den Projektansatz interessieren und sich diesem stellen wollen. Diese Zugangsweise ist weitgehend konfliktfrei, da weder Elternhäuser noch Schüler:innen von der Idee überzeugt werden müssen, während wiederum andere sich bei einer verpflichtenden Teilnahme durchaus auch kategorisch verweigern. Ergibt sich daraus ein Konflikt mit etablierten Elternhäusern oder wortstarken Schüler:innen, kann dies das gesamte Projekt an einer Schule gefährden. Aufwand und Organisation fallen beim fakultativen Ansatz geringer aus, da weniger Projektgruppen an der Schule zu koordinieren sind.

Für das verpflichtende Format spricht zuvorderst, dass gerade die Schüler:innen erreicht werden, die dem Herausforderungsgedanken ausweichen wollen. Eben diese sind zumeist dazu aufgefordert, Eigenständigkeit zu erfahren, die Komfortzone zu verlassen und Verantwortung zu übernehmen, um in der eigenen Persönlichkeitsentwicklung in besonderem Maße von den gesammelten Erfahrungen zu profitieren. In gleicher Weise werden insbesondere die Elternhäuser angesprochen, welche die Teilnahme des eigenen Kindes sonst ablehnen würden, weil ihn das Loslassen schwerfiele.

Das obligatorische Format rückt die „Herausforderung" früh in den Fokus aller Schüler:innen, die bereits in den unteren Jahrgangsstufen Ideen zu „ihren" Herausforderungen entfalten, und ermöglicht ein außergewöhnliches gemeinsames Erleben über Jahrgangsstufen und Schülergenerationen hinweg. Es entwickelt sich im Austausch mit den Mitschüler:innen eine Vielzahl an zunehmend anspruchsvolleren Ansätzen und die gesamte Schulgemeinschaft blickt mit Spannung auf die praktischen Umsetzungen. Gelingt es also, die Schulgemeinschaft von dem obligatorischen Format zu überzeugen, erreicht man eine langfristige Stabilität und Identifikation mit dem Projekt. Hierfür sollten aber unbedingt die Schüler:innen- und Elternvertretung in den Institutionalisierungsprozess an der Schule aktiv eingebunden werden.

3 Wie lang sollte eine Herausforderung idealerweise sein: Eine, zwei oder drei Wochen?

Worum geht es bei der Entscheidungsfrage? Mit dem Angebot der Herausforderungen müssen die Schulen entscheiden, wie viel Zeit sie den Schüler:innen für ihre Vorhaben gewähren oder auch auferlegen wollen – verbunden mit zahlreichen Konsequenzen: Wie viel Zeit im Schuljahresablauf dafür organisatorisch freizuräumen bzw. in welchem Umfang auf „normalen" Unterricht zu verzichten ist. In der Praxis sind die Varianten, die von den Schulen umgesetzt werden, sehr vielfältig: Von fünf Tagen (so dass nur „normale" Wochentage und nicht auch das Wochenende einbezogen werden) bis zu drei kompletten Wochen.[1] Einige Schulen räumen des Schüler:innen bei ihren Planungen die Möglichkeit der freiwilligen Verlängerung (z. B. in anschließende Ferien hinein) oder einer begründeten Verkürzung des Zeitumfangs ihrer Herausforderung ein. Vor allem auch in den Schüler:innen-Befragungen der HeRiS-Evaluation zeigt sich die Länge der Herausforderung dabei als ein hervorgehobenes Thema bei der Frage nach Verbesserungspotenzialen: In kaum einer Schule sind alle Schüler:innen (aber auch Kolleg:innen oder Eltern) völlig zufrieden mit der getroffenen Entscheidung, *egal* wie sie ausgefallen ist. Zugleich sind die geäußerten Vorstellungen, was anders besser wäre, ausgesprochen different. Immer finden sich – und zwar auch jedes Mal im nahezu gleichen Umfang – Stimmen, die sich für eine zeitlich kürzere oder längere Dauer aussprechen, ganz egal, wie lang die Herausforderung an dieser konkreten Schule nun dauert. Insofern handelt es sich hier um eine Frage, die die Schule offensichtlich nicht nur einmal entscheiden muss, sondern die sich ihr zumindest als kommunikative Aufgabe des Wahrnehmens und Besprechens von Veränderungswünschen kontinuierlich stellt.

Warum sollte eine Herausforderung eher kürzer als länger sein? Für eine kürzere Dauer der Herausforderung spricht aus Sicht der befragten Schulen vor allem die leichtere Umsetzbarkeit der schulischen Projektidee insgesamt. Schulen, die ihre Herausforderungen nur als einwöchiges Vorhaben anlegen, begründen dies neben den restriktiven schulrechtlichen Vorgaben ihres Landes mit der dadurch erreichten (höheren) Akzeptanz bzw. Durchsetzbarkeit der Herausforderungen bei Schulleitung, Eltern und Schüler:innen. Unter anderem wird der umfangreiche und schulisch umzusetzende Lehrplan als wichtige zu beachtende Restriktion hervorgehoben oder die Alters- bzw. Jahrgangsabhängigkeit der Entscheidung betont: „Schon die Dauer von ‚nur' einer Woche ohne Kontakt ist für Eltern und Schüler:innen (in Klassenstufe 8) eine große Herausforderung." Für viele und v. a. jüngere Kinder sei zudem eine einwöchige Dauer als Impuls und Erfahrung ausreichend, insbesondere wenn die Schule die Möglichkeit einräumt, dass Schüler:innen ihre Vorhaben bei Interesse auch länger anlegen können. Auch sei bei der Implementation der Herausforderung als schulisches Angebot ein Start

---

1 Nicht berücksichtigt werden hier die zeitlich noch umfänglicheren Varianten wie an der Laborschule Bielefeld, sich für ein halbes Jahr bestimmte Projekte vorzunehmen, die dann i. d. R. aber nicht mehr den Charakter einer herausgehobenen Auszeit, sondern die eines selbstbestimmten Werkstücks haben (vgl. Beitrag 1 von Michael Hecht und Annelie Wachendorff). Auch nicht einbezogen sind hier Umsetzungsvarianten wie an der Montessori-Schule Potsdam, bei denen die Schüler:innen wiederkehrend ein schon von der Schule ausgewähltes Gelände aufsuchen, um dort eigenverantwortlich zu leben und zu arbeiten. Auch diese Varianten haben insgesamt gesehen einen deutlich längeren Umfang, verzichten zugleich aber darauf, dass die Schule bzw. das Schulgelände als Ort der Umsetzung zwingend zu verlassen ist.

mit einer kürzeren Dauer eine gute Strategie; eine spätere Verlängerung der Herausforderungsdauer wäre ja prinzipiell möglich, gibt eine Schule an (allerdings wollen alle an der Delphi-Studie beteiligten Schulen an ihrer bisherigen Festlegung festhalten, die sich für sie auch jeweils bewährt habe).

Als wesentlicher organisatorischen Gesichtspunkt bei offenen Herausforderungen (vgl. Beitrag 9 von Elias Hoffmann und Maria Schmidt), wird schließlich der Vorteil hervorgehoben, dass für einen kürzeren Zeitraum leichter (externe) Begleitungen zu finden seien. Eine der befragten Schulen betont die Entscheidung für einen zweiwöchigen Zeitrahmen schließlich als Kompromiss zwischen Kollegium und ursprünglicher Planungsgruppe.

Warum sollte eine Herausforderung eher länger als kürzer sein? Gegen eine allzu kurze Herausforderung spricht aus Sicht der Schulen vor allem die begrenztere Intensität. Gegen eine „nur" ein- oder auch zweiwöchige Herausforderung haben sich Schulen deswegen entscheiden, da nur so eine wirkliche „Entkopplung vom gewohnten Alltag" und vertiefte Lernerfahrungen, eigenständig „auf den eigenen Füßen" zu stehen, möglich wären. Herausforderungen wären sonst nicht herausfordernd genug bzw. zu einfach. Die Schulen hätten „die Erfahrung gemacht, dass gewisse Effekte, vor allem im sozialen Lernen in der Gruppe oder beim Verlassen der Komfortzone erst nach der ersten Woche auftreten" würde und würden so „für eine Mindestlänge von 10 bis 14 Tagen plädieren." Erst ab der zweiten Woche hätte sich alle Beteiligten (an einer Gruppen-Herausforderung) miteinander „eingegroovt" und würde die weitere Umsetzung zum „Selbstläufer". Betont wird so die Notwendigkeit einer gewissen Dauer, um das Durchlaufen bestimmter gruppendynamischer Phasen zu ermöglichen: Nicht nur des Ankommens und sich Orientierens in einer neuen Situation und angesichts einer neuen Aufgabe (des „Forming" einer Gruppe), sondern des gemeinsamen Durchstehens auch kritischer Zeiten angesichts auftretender Schwierigkeiten und Kontroversen (Storming), um sich schließlich – nach einem Finden und Fixieren gemeinsam getragener Regeln (Norming) – auch eine ausreichende Zeit lang als funktionierendes Team (Performing) erleben zu können.

Fazit/Zusammenfassung: Insgesamt gesehen, scheint das eigentliche Entscheidungsproblem, wenn es um die die Dauer der Herausforderung geht, warum man diesem Angebot weniger Zeit gibt als prinzipiell sinnvoll wäre. Dafür, die Zeit stärker zu begrenzen, sprechen dann viele rechtliche, organisatorische und vor allem kommunikative Gründe. Herauszuheben ist schließlich noch einmal, dass trotz der sehr unterschiedlichen (und schulintern weiterhin diskutierten) Festlegungen zur Dauer der Herausforderung, alle an der Delphi-Studie teilnehmenden Schulen an ihrer bisher getroffenen Entscheidung festhalten wollen und diese letztlich durch die generellen Rückmeldungen der Schüler:innen, Eltern und im Kollegium bestätigt sehen. Als Veränderungsoption wird eine Umstellung von

einer einmalig zu bewältigenden zu einer mehrmaligen Herausforderung hervorgehoben, die bei dem hinzukommenden neuen Durchlauf in einer anderen Jahrgangsstufe dann auch eine längere (oder kürzere) Dauer haben könne.

4   Wann soll die Herausforderung stattfinden: Vor oder nach den Sommerferien?

Worum geht es bei der Entscheidungsfrage? Bei der zeitlichen Platzierung der
Herausforderungen im Schuljahresablauf finden sich nicht nur zwei annähernd
gleich große Gruppen von Schulen, die sich entweder für eine Umsetzung direkt vor den Sommerferien oder direkt nach den Sommerferien aussprechen.
Für beide Optionen gibt es gute Argumente, was insbesondere auch dadurch
dokumentiert wird, dass einige Schulen sich auch noch einmal umentschieden
haben, und zwar sowohl für eine Umsetzung nach den Sommerferien, nachdem
sie ursprünglich davor stattfinden sollte, als auch umgekehrt. Schließlich gibt es
einzelne Schulen, die ihre Herausforderungen auch zu anderen Zeitpunkten im
Schuljahr vorsehen – z. B. im Frühjahr vor den Osterferien, oder sich (weil die
Herausforderung bei ihnen sowieso nur freiwillig für einen Teil der Schüler:innen
stattfindet) für keinen einheitlichen Durchführungszeitraum entschieden haben,
sondern je nach Herausforderung auch z. B. Winteraktivitäten ermöglichen. Die
deutliche Mehrzahl der Schulen hat sich aber für die Sommermonate (angesichts
der dann wahrscheinlicher angenehmen Witterungsverhältnisse vor allem für
Outdoor-Herausforderungen) entschieden – und beschäftigt sich so vor allem
mit der Frage, ob nun die Zeit vor oder nach den großen Ferien die bessere sei.

Warum sollte eine Herausforderung eher vor den Sommerferien platziert sein? Für
eine Herausforderung vor den Sommerferien spricht aus Sicht der Schulen vor allem die Dramaturgie: Als Höhepunkt und Abschluss des Schuljahres oder – wenn
sie im 10. Jahrgang vor dem Wechsel in die gymnasiale Oberstufe stattfindet –
auch als Abschluss der Sekundarstufe I. Nach einer halbjährlichen Vorbereitung
würden die „toten" Wochen nach Notenschluss und zum Schuljahresende, in
denen die Schüler:innen kognitiv (nicht zuletzt aufgrund der höheren Temperaturen) wenig beanspruchbar wären („Die Luft ist raus"), pädagogisch sinnvoll
genutzt. Die Rückkehr der Schüler:innen könne mit dem Jahresabschlussfest verbunden werden und anschließend stünden die Sommerferien als Erholungsphase
zur Verfügung. Zudem sei das Wetter vor den Sommerferien verlässlicher schön,
meinen einige der Schulen, die so votieren (wobei dies klar keine konsensuelle
und insbesondere von den Schulen, die ihre Herausforderungen nach den Sommerferien durchführen, nicht geteilte bzw. regional unterschiedliche Einschätzung ist: Im September seien die Temperaturen für ein Wanderln oder Radeln
tagsüber oft schon angenehm kühler).

Organisatorisch, so betonten Schulen mit Herausforderungen vor den Sommerferien und mit Lehrkräften als Begleitungen, hätte dies den Vorteil, dass die Zuteilung der Lehrkräfte zu den Lerngruppen noch unverändert sei (Schuljahreswechsel bedeuten oft auch Lehrkräftewechsel). Andere Schulen widersprechen hier mit dem Argument, dass zum Schuljahresende der Notenstress für Lehrkräfte besonders hoch sei und damit die Aufgabe (demnächst und zeitgleich) Begleitung zu sein, eine unerwünschte Zusatzbelastung. Auch bei mehrmalig-jahrgangsübergreifenden Umsetzungen der Herausforderung stehen sich organisatorische Argumente für und gegen einen Termin zu Schuljahresende gegenüber. Anders als zu Schuljahresbeginn gäbe es hier einerseits in allen Jahrgängen gleichermaßen einen fachunterrichtlichen Freiraum. Andererseits spricht das Interesse von Schüler:innen der Klassenstufe 10 dagegen, ihre Abschlussfahrten im Klassenverband ebenfalls zum Schuljahresende durchzuführen. Nachteilig erscheinen Herausforderungen nach Notenschluss zudem, wenn die erfolgreiche Teilnahme noch im (Abschluss-)Zeugnis dokumentiert werden soll – wobei einzelne Schule hierzu anmerken, das entsprechende Einträge auch vorab schon „geplant" werden könnten.

Auch ein eigentlich anderes pädagogisches Anliegen zum Schuljahresbeginn – das Kennenlernen und die Gemeinschaftsbildung im Klassenverband bzw. den neu zusammengesetzten jahrgangsübergreifenden Stammgruppen – wird als Argument gegen einen Termin nach den Sommerferien eingebracht.

Warum sollte eine Herausforderung eher nach den Sommerferien platziert sein?
Die Schulen, die sich für Herausforderungen zu Schuljahresbeginn entschieden haben, heben neben organisatorischen Vorteilen vor allem eine bessere schulische Begleitung der Verarbeitung und Reflexion der Erlebnisse der Schüler:innen hervor: Die Ferien lägen dann nicht als Zäsur zwischen dem Erlebnis und der schulisch vorgesehenen Nachbereitung. Der „Lerneffekt" würde weniger „verpuffen" und die positiven, vor allem „sozialen Folgen" könnten sich leichter „auf die folgende Schulzeit des Schuljahres auswirken". Auch einzelne Schulen, die die Herausforderung vor den Ferien anbieten, räumen diese Problematik ein: Zwar versuchen sie durch ein Zwischenfazit während und direkt nach Abschluss der Herausforderung, Reflexionsprozesse anzuregen und zu orientieren, wir „bräuchten aber eigentlich 2-3 Wochen nach der Rückkehr ein weiteres Auswertungstreffen. Dies findet dann nach den Sommerferien erst statt, was für manche Teilnehmer bereits etwas spät ist." Wenn die Herausforderung allerdings nicht direkt vor den Sommerferien, sondern zum Beispiel eine Woche früher endet, so argumentiert eine andere Schule, sei „in der letzten Schulwoche ausreichend Zeit für die Reflexion und Präsentation."

Wenn Herausforderungen zeitlich zu Beginn des Schuljahres platziert werden, habe dies zudem schulorganisatorisch den Vorteil, dass die letzten (toten) Wochen im Schuljahr zur (letzten) Vorbereitung genutzt werden können. Zudem stünden – aufgrund geringerer Überschneidungen mit universitären Vorlesungszeiten – potenziell eher (externe) studentische Begleitungen im August bzw. September zur Verfügung als im Juni oder Juli (wobei hier auch Einschätzungen vorliegen, dass es faktisch kaum einen Unterschied mache, wann die Herausforderungen – vor oder nach den Ferien – stattfinden: Die Passung mit Studien-, Urlaubs- oder Prüfungsplänen sei immer schwierig). Auch wäre zu Schuljahresbeginn eine Parallelisierung verschiedener außerschulischer Schulvorhaben möglich (neben den Herausforderungen z. B. auch Praktika), so dass jahrgangsübergreifend alle Schüler:innen unterwegs wären und für die Lehrkräfte eine gemeinsame Planungs- und Vorbereitungszeit des Schuljahres zusätzlich zur Verfügung stünde. Der (reguläre) Unterricht würde dann einheitlich etwas später beginnen (wobei dieser Eindruck eines späteren Unterrichtsbeginns insbesondere in der Kommunikation mit Eltern auch als Hürde und Nachteil erwähnt wird).

Zusammenfassung/Fazit: Offensichtlich ist die Entscheidung, wann das Angebot der Herausforderungen im Schuljahr platziert werden soll, eine wirkliche Entscheidung. Sie ist nicht von vornherein eindeutig. Nicht alle Argumente sprechen für die eine und gegen die andere Option. Und dennoch ist eine zu wählen. Dabei zeigt sich an der Zufriedenheit aller Schulen mit ihrer aktuellen Lösung (auch wenn diese vorab eine andere war), dass die verschiedenen Modelle je für sich, angepasst an andere schulorganisatorische Festlegungen funktionieren. Das jeweilige gewählte Modell „bewährt sich". Aufgrund der Einbettung in den „gesamten Schuljahresrhythmus" seien Veränderungen aufwendig, aber auch nicht unmöglich – wie frühere Modellwechsel demonstrieren. Neue Überlegungen würden für die befragten Schulen aber erst anstehen, wenn sich die Rahmenbedingungen der schulischen Arbeit (z. B. der Aufbau einer eigenen gymnasialen Oberstufe) grundlegend ändern würden.

5 Welches ist der beste Jahrgang für die Herausforderung (in der SEK I)?

Worum geht es bei der Entscheidungsfrage? Bei diesem Aspekt geht es nur um die Frage, in welchem Jahrgang der Mittelstufe der Sekundarstufe I (8., 9. oder 10. Klasse) die Herausforderungen bestmöglich angeboten werden sollte – wenn sich die Schule *nicht* von vornherein dafür entscheiden sollte, die Schüler:innen in jedem Schuljahr der Mittelstufe erneut auf eine Herausforderung zu „schicken" oder die Herausforderung sogar für noch jüngere oder ältere Schüler:innen zu reservieren.

Die Entscheidung darüber, in welcher Klassenstufe der Mittelstufe der Sekundarstufe I Herausforderungen umgesetzt werden, setzt schulorganisatorisch voraus, dass es an der Schule überhaupt getrennte Jahrgänge gibt. Einige Schulen, die die Idee der Herausforderungen umsetzen, haben auch in anderen Gestaltungsfragen ihres Schullebens bzw. Unterrichtsbetriebs weitergehende Reformen umgesetzt, wie das Lernbürokonzept oder die Aufhebung von festen (Jahrgangs-)Klassen. An solchen Schulen ergibt sich aus der Entscheidung, Herausforderungen anzubieten, autonomisch die Folgeentscheidung, dass diese dreimal (also jährlich für die Gesamtzeit der Mittelstufe) angeboten werden. Mit dieser Mehrmaligkeit verbinden diese Schulen dann auch weitere Vorteile wie Möglichkeiten der Vertiefung, Ergänzung, Festigung und Steigerung bzw. der zunehmenden Verantwortungsübernahme (vgl. Beitrag 11 von Arne Sorgenfrei und Antje Pochte). Zudem werden die Chancen des Lernens älterer – erfahrener – und jüngerer Schüler:innen von- und miteinander oder auch der erweiterter Austausch im Kollegium und mit Eltern betont, der durch die größere Kontinuität und Intensität entstünde.

Zur Frage von Herausforderungen in der Unterstufe der Sekundarstufe I (Klasse 5 bis 7) oder der gymnasialen Oberstufe und den hierbei möglichen bzw. erforderlichen konzeptuellen Anpassungen gibt es zwei ergänzende Textboxen bzw. Schulberichte (vgl. Beitrag 15 von Steffi Grossert und Uli Roos).

Nicht zuletzt ist es bei der Entscheidung über den richtigen Jahrgang für die Herausforderung sicherlich erheblich, wann die Herausforderungen im Schuljahr platziert ist – am Anfang oder am Ende (siehe den vorherigen Abschnitt dieses Kapitels), insbesondere wenn dabei mit dem Alter bzw. der physischen und psychischen Reife der Schüler:innen argumentiert wird. Am Ende von Klassenstufe 8 könnten hier die Einschätzungen durchaus anders ausfallen als zu Beginn, wenngleich sich Generalisierungen über alle Schüler:innen und Kohorten hinweg sicherlich verbieten (vgl. Beitrag 2 von Matthias Huber). Im Folgenden wird aus Vereinfachungsgründen diesem Aspekt (ob über Kinder am Anfang oder am Ende des Schuljahres gesprochen wird) nicht nachgegangen, sondern die vorgebrachten Pro- und Kontra-Argumente „nur" pauschal nach Schuljahr sortiert.

Argumente für und gegen die Herausforderungen …

- *in Klassenstufe 8:* Für eine Herausforderung in Klasse 8 spräche, dass sich die Schüler:innen hier mitten in der (störrisch-widerständigen) Phase der Pubertät befinden würden und die Idee der Herausforderungen, ihnen eine Auszeit von der Schule und eine Konzentration auf ihre eigenen Anliegen anzubieten, motivational besonders passen würde. Eine andere Schule, die sich ebenfalls für eine Durchführung in Klasse 8 ausspricht, argumentiert hingegen mit einer hier noch größeren Bereitschaft der Schüler:innen, sich auf eine pflichtige schulische Aufgabestellung einzulassen: Der (anfängliche) Widerstand wäre geringer. Auch würden sich die Herausforderungen in Klasse 8 als Einstieg in die Berufsorientierungsphase mit Praktika in Klasse 9 und 10 anbieten. Gegen eine Umsetzung vor Klassenstufe 9 (oder 10) wird vor allem die noch nicht ausreichende (biologische) Reife bzw. das „Zu-jung-Sein" der Schüler:innen eingebracht. Zudem stünden an machen Schule u. a. auch des Netzwerks „Schule im Aufbruch" in den Klassenstufen 7 und 8 andere, konkurrierende Angebote (etwa das Fach „Verantwortung") einer Umsetzung entgegen. Für eine Umsetzung zu Beginn der Klassenstufen 8 (und 9) spräche dagegen laut einer Schule gerade die Möglichkeit, in den vorangehenden Klassen 7 und 8 noch genügend Vorbereitungszeit zur Planung der Herausforderungen vorzusehen, die bei einer Umsetzung in Klasse 10 dann nicht vorhanden sei.

- *in Klassenstufe 9*: Gegen eine Umsetzung der Herausforderungen in Klassenstufe 9 spricht für mehrere Schulen, dass in diesem Jahrgang den Schüler:innen vor allem ermöglicht werden solle, ein mehrwöchiges Berufspraktikum zu machen. Eine Schule, die Herausforderungen mehrfach in den Klassenstufe 8 und 10 anbietet, entscheidet sich deswegen dafür, in der Klassenstufe 9 auszusetzen. Eine andere Schule platziert deswegen ihre einmalige Herausforderung in Klasse 10. Allerdings, so wird in der Delphi-Studie zurückgemeldet, seien die Herausforderungen in Klassenstufe 9 trotz der Berufspraktika organisatorisch integrierbar.

- *in Klassenstufe 10*: Schulen, die Herausforderungen in der Klassenstufe 10 umsetzen, argumentieren damit, dass diese dann als Höhepunkt und Abschluss der Sekundarstufe I fungieren könnten; zudem sei die Motivation und Akzeptanz bei den Schüler:innen dann (zum Zeitpunkt der ausklingenden Pubertät) am höchsten. Gegen die Klassenstufe 10 spräche – so andere Schulen – gerade die Nähe der bzw. der dominante Fokus auf die Abschlussprüfungen. Die im Vergleich noch höhere Bedeutung und Strenge der – prüfungsrechtlichen – Vorgaben in der Gymnasialen Oberstufe hat umgekehrt eine andere Schule (ein zwölfjähriges Gymnasium mit Klasse 10 als Scharnierjahr zwischen Sek I und SEK II) gerade in ihrer Entscheidung für die Klassenstufe 10 bestärkt.

Grundsätzlich, das ist ähnlich wie bei der terminlichen Platzierung der Herausforderung im Schuljahr, haben alle der an der Delphi-Studie teilnehmenden Schulen gute Gründe für ihre – unterschiedlich ausfallenden – Entscheidungen. Die mit ihnen jeweils verbundenen Nachteile konnten bzw. können abgefedert werden. Auch lässt sich zumindest unter den antwortenden Schulen nicht erkennen, dass ein Jahrgang häufiger oder weniger häufig gewählt wird als der andere – für jede Option haben sich vier bis fünf Schulen entschieden.

6 Wie viele und welche schulischen Vorgaben für die Herausforderungen sind sinnvoll?

Worum geht es bei der Entscheidungsfrage? Im Mittelpunkt der Idee der Herausforderungen steht das Anliegen, den Schüler:innen eine Erfahrung in Selbstwirksamkeit zu ermöglichen. Sie sollen sich als diejenigen, die entscheiden, erleben. Insofern ist die Frage, wie viele und welche Vorgaben bzw. begleitenden Kontrollen von der Schule für die Herausforderungen vorgesehen werden, vor allem eine Frage der bewussten Auswahl und Begrenzung. Was ist unbedingt nötig, damit Herausforderungen nicht nur sicher, sondern vor allem möglichst erfolgreich und ergiebig umgesetzt werden? Dass Herausforderungen herausfordernd sind, ohne zu über- oder auch zu unterfordern?

Anders als bei den anderen den Schulen in der Delphi-Studie vorgelegten Entscheidungsfragen zeigt sich im Rücklauf ein grundsätzlicher Konsens (die Differenzen liegen im Detail): Wichtig für die Herausforderungen sind wenige, dann aber verbindliche Vorgaben und eine aufmerksame Prozessbegleitung der Schüler:innen-Gruppen bei ihren Planungen und Vorbereitungen.

Argumente für wenige, aber verbindliche Vorgaben: Wesentlich für die Schulen ist ihr Anliegen, dass die Schüler:innen ihre Herausforderungen als eigene Ideen und Aktivitäten wahrnehmen sollen. Zu viele Vorgaben würden dabei kontraproduktiv sein und demotivierend wirken. Vorgaben seien zugleich aber wichtig, um den – nicht verhandelbaren – Ernstcharakter des Schulvorhabens zu symbolisieren: Sie schaffen Transparenz über schulische Erwartungen und geben den Schüler:innen Orientierung (es ist nicht bloß eine „selbst organisierte Klassenfahrt"). Mit ihren Vorgaben legen die Schulen vor allem die generellen Rahmen- und Teilnahmebedingungen der Herausforderungen (Verpflichtung, Jahrgänge, Zeitpunkt und Umfang) fest – aber auch die Leit- und Reflexionsfragen, mit denen die Schüler:innen klären sollen, was für sie ein gutes Lernfeld bzw. eine gute Herausforderung sein könnte.

Während manche Vorgaben wie die Gruppengröße und die Anzahl der Begleitungen vor allem durch Sicherheitsaspekte begründet sind oder wie die zeitlichen und terminlichen Festlegungen organisatorische Hintergründe haben, sind Vorgaben wie z. B. zur Höhe des verfügbaren Geldes als zielgerichtete Impulse gedacht, gewünschte Kompetenzentwicklungen anzustoßen: Fähigkeiten des kreativ-flexiblen Umgangs mit begrenzten Ressourcen und eingeschränktem Komfort. Bei aller Betonung der Verbindlichkeit der Vorgaben verweisen die Schulen aber auch auf ihre Verhandlungsbereitschaft, wenn es um (von den Schüler:innen gut) begründete Ausnahmen geht.

Relevant sind die schulischen Vorgaben vor allem als Planungsgrundlagen und Prüfkriterien in einem von der Schule vorstrukturierten und moderierten Prozess der eigenständigen Entwicklung und Konkretisierung von

Herausforderungsideen durch die Schüler:innen, die dann einer schulischen Kommission zur Prüfung und Genehmigung vorgelegt werden. Nicht nur die Schulen, in denen von vornherein eine gemeinsame Entwicklung der Herausforderungs-Ideen durch Lehrkräfte und Schüler:innen vorgesehen ist (vgl. Beitrag 10 von Stefan Grzeikowski, Sascha Scherrer und Uli Roos), setzen neben den verbindlichen Vorgaben auf eine solche prozessual-kommunikative Klärung, welche Herausforderungen als gut umsetzbar erscheinen. Hierzu gehört vor allem ein schulisch vorgegebener Zeitplan, bis wann die Schüler:innen ihre Ideen ausformuliert und vorgeplant haben müssen, so dass i. d. R. ein Gutachter:innen-Gremium (aus Lehrkräften z. T. auch Eltern und Schüler:innen mit Herausforderungs-Erfahrung) diese prüfen und ggf. Hinweise und Auflagen für die weitere Ausarbeitung geben kann.

Bei den schulischen Vorgaben für die Herausforderungen (unabhängig von den Festlegungen über Zeitpunkt und zeitlichen Umfang) gibt es einen schulübergreifend ähnlichen Grundbestand. In der folgenden Liste, die wir anhand der Rückmeldungen der Schule in der Delphi-Studie erstellt haben, geben wir einen Überblick über besonders verbreitete, allerdings keineswegs einheitliche Festlegungen:

- *Begrenztes Budget:* Nahezu Konsens ist die verbindliche Festlegung und Begrenzung der monetären Mittel, mit denen die Schüler:innen ihre Herausforderung planen sollen. Die Vorgaben variieren (abhängig vom zeitlichen Umfang der Herausforderung) zwischen 70 € bis 150 € pro Schüler:in. Eine weitere Schule hat zurückgemeldet, dass sie zwar keinen konkreten Finanzrahmen vorgibt, umso mehr aber die Schüler:innen zur Vorlage eines eigenen (realistischen) Finanzplans auffordert.
- *Sponsoring-Verbot:* Um den schulischen Impuls, bei der Herausforderung mit einem begrenzten Budget umgehen zu müssen, nicht zu verwässern, verbieten mache Schulen auch die Erweiterung des Budgets durch besondere Aktivitäten der Schüler:innen (Spenden-Läufe u. a.) oder Sponsoring. Höhere Kosten sollen so nicht „einfach" durch private Zuwendungen vor allem aus dem familiären Umfeld der Schüler:innen gedeckt werden können. Zugelassen bleibt allerdings auch in diesen Schulen das Ersetzen von nötigen Anschaffungen durch das Entleihen bzw. Nutzen von familiär vorhandener Ausstattung (Räder, Boote). Andere Schulen fordern die Schüler:innen explizit dazu auf, für von ihnen geplanten höheren Aufwendungen Lösungen zu finden, wie diese finanziert werden können, entsprechende Finanz- und Aktionspläne aufzustellen und umzusetzen.
- *Außerschulische Herausforderung:* Nahezu alle Schulen legen den Schüler:innen nahe, bei der Ideenfindung für ihre Herausforderung an eine Aktivität außerhalb der Schule zu denken. Manche Schulen verbieten Herausforderungen

auf dem Schulgelände explizit. Andere – insbesondere solche, bei denen (auch) Aktivitätsvorschläge von Lehrkräften eingebracht werden – lassen schulnahe Herausforderungen vor allem auch als Auffang- oder Alternativangebote zu.

- *Außerfamiliale Herausforderung:* Sehr verbreitet ist auch die Aufforderung an die Schüler:innen, in der Zeit ihrer Herausforderung ihr Zuhause (ihr normales familiales Umfeld) zu verlassen, nicht alle Schulen geben dies aber zwingend vor. Angesichts des begrenzten Budgets besteht eine Herausforderung so zentral aus dem Impuls, Lösungen dafür zu finden, mit möglichst geringen Kosten, Schlafplätze zu finden und sich zu ernähren. Die Schüler:innen müssen fremde Menschen bzw. Organisationen um Hilfeleistungen wie Übernachtungsplätze, Wasser zum Trinken und zum Waschen bitten – und können so erfahren, dass sie in der Regel, aber sicherlich nicht immer, Hilfe erhalten. Einzelne Schulen verschärfen diese Vorgaben noch, indem sie Verwandtschaftsbesuche oder Aufenthalte in Ferienwohnungen ausschließen.
- *Bannmeile:* Der Impuls, dass eine Herausforderung außerhalb der Schule und der eigenen Familie stattfinden soll, verstärken manche Schulen noch dadurch, dass eine Bannmeile um den Heimatort von 30 km oder auch 100 km vorgegeben wird. Herausforderungen finden somit in der Fremde statt: Auch das täglich vertraute Umfeld soll verlassen werden, Hilfestellungen müssen an unbekannten Orten bei fremden Leuten gesucht werden.
- *Mobilität:* Einige Schulen geben für die Herausforderung vor, dass längere Aufenthalte bzw. mehrere Übernachtungen an einem Ort unzulässig sind – der Bedarf, um Hilfe zu bitten oder Unterkünfte mit geringen Kosten zu finden, stellt sich so den Schüler:innen immer wieder neu. Allerdings bedeutet diese Vorgabe zugleich eine deutliche Beschränkung dessen, was eine Herausforderung sein kann: Bevorzugt oder fast nur noch möglich sind Reise-Herausforderungen – Wanderungen, Boot- und Fahrradfahrten. Andere Schulen lassen dagegen längere oder auch feste Aufenthalte während der Herausforderung explizit zu (das Leben im Kloster, auf dem Bauernhof) oder geben diesen sogar vor, wie im Fall der Jugendschule am Schlänitzsee (vgl. Beitrag 8 von Cäcilie Klappenbach und Martin Pfeiffer). Die Schüler:innen haben so – mit einer verlässlichen Unterkunft – vielleicht eine geringere Einschränkung in ihrem Komfort, zugleich aber auch die Möglichkeit, sich künstlerischen, sozialen oder handwerklichen Vorhaben zu stellen, andere Lebensräume oder Arbeitsfelder kennenzulernen.
- *Öffentliche Fortbewegungsmittel:* In der Regel sollen Reisen, die während der Herausforderung unternommen werden, aus eigener Kraft (zu Fuß, per Rad u. ä.) bewältigt werden. Bei größeren Entfernungen bzw. längeren An- und Abreisen sind auch öffentliche Verkehrsmittel zugelassen (Bus und Bahn); Flüge sind nur ausnahmsweise gestattet.

- *Gruppengrößen:* Die Schulen unterscheiden sich auch darin, ob sie den Schüler:innen zwingend vorgeben, dass eine Herausforderung in einer Gruppe umzusetzen ist, oder ob auch Einzelherausforderungen (dann zumeist an einem festen Ort mit dort vorhandenen, der Schule bekannten Ansprechpersonen, die aber nicht zur Familie bzw. zum familialen Freundeskreis der Schüler:in gehören dürfen) zugelassen sind. Bei Gruppen-Herausforderungen werden so (insbesondere angesichts des begrenzten Komforts und der täglichen Entscheidungszwänge) eher Fähigkeiten aufgerufen und geübt, konstruktiv mit Spannungen und Konflikt umzugehen. Bei Einzel-Herausforderungen verschiebt sich der Fokus auf die Notwendigkeit, sich in einer fremden Umgebung zu orientieren, neue Kontakte zu knüpfen und verlässliche Beziehungen aufzubauen. Eher aus organisatorischen bzw. Gründen der zu gewährleistenden Begleitung und Aufsicht (zu den schulrechtlichen Vorgaben siehe Beitrag 18 von Britta Tillmann) geben die Schulen dann bestimmte Gruppengrößen bei Gruppen-Herausforderungen vor: bei Reise-Herausforderungen mindestens vier Schüler:innen (pro Begleitperson), bei stationären Herausforderungen maximal zwei Schüler:innen vor Ort. Begründete Ausnahmen sind aber möglich.
- *Handy-Verbot:* Die Handy-Mitnahme ist ein schulübergreifendes Konfliktthema – aber nur wenige Schulen sprechen ein direktes Verbot aus (dann verfügt nur die Begleitung über ein Notfalltelefon). Andere Schulen geben den Schüler:innen den Auftrag, bei der Vorbereitung ihrer Herausforderung eine eigene Festlegung treffen.

Die konkreten Vorgaben für die Herausforderungen sind an den einzelnen Schulen im Detail nicht nur sehr unterschiedlich, sie sind auch ein kontinuierliches Arbeitsfeld für Nach- und Feinjustierungen abhängig von den bisherigen Erfahrungen. Im Zentrum steht dabei die Frage, wie es die Schulen erreichen können, dass die Schüler:innen das Angebot der Herausforderung wirklich nutzen – es sich also vor allem nicht zu leicht zu machen. Eine Schule erwähnte z. B. die (angedachte) Vorgabe, dass die Erfolgsaussicht der Herausforderung im Vorfeld nicht höher als 50 % liegen solle. Eine Schule hat hingegen, konträr dazu, zurückgemeldet, dass sie explizit darauf verzichtet (abgesehen von den organisatorischen, finanziellen, zeitlichen und örtlichen Vorgaben für die Herausforderung), Erwartungen zu formulieren oder Reflexionen von den Schüler:innen einzufordern, ob ihre Aktivität auch wirklich herausfordernd sei. Die Schüler:innen sollen selbst entscheiden – und wenn sie dann einen Urlaubsaufenthalt ohne besondere Beanspruchung wählen, würde die Schule dies nicht korrigieren. Das Thema, wozu bin ich bereit – welcher Herausforderung möchte ich mich stellen – was traue ich mir (noch – nicht) zu, sei sowieso auf dem Tisch.

Dr. Matthias Rürup ist wissenschaftlicher Mitarbeiter im Arbeitsbereich Empirische Schulforschung an der School of Education der Bergischen Universität Wuppertal. Er begleitet die Idee der Herausforderung seit über zehn Jahren mit großem Interesse, als eine Innovationsidee, die sich nicht top-down, sondern nur at-the-bottom, zwischen interessierten Schulen und Lehrkräften, im Schulsystem verbreiten kann. Er ist Mitglied im Forschungsverbund HeRiS. Kontakt: ruerup@uni-wuppertal.de

III Herausforderungen bei den Herausforderungen

Wir vermuten, dass den Leser:innen bei der Lektüre der reflektierten Praxisberichte über Umsetzungsvarianten von Herausforderungen im vorherigen Buchteil immer wieder grundlegende Fragen oder Zweifel gekommen sind: Wie schaffen die Schulen oder die Lehrkräfte das alles, sowohl vom Arbeitsvolumen als auch vom Koordinationsaufwand her? Wie erlangen sie die notwendige Unterstützung im Kollegium, der Eltern, der Schüler:innen, und eben auch der Schulaufsicht und Schulpolitik? Und wie gehen sie im Fall der Fälle mit einem Ausbleiben eben jener Unterstützung um? Sind wirklich alle schulrechtlichen Anforderungen ausreichend und umsichtig genug bedacht – insbesondere auch beim Finden, der Auswahl und Schulung der externen, überwiegend ja ehrenamtlich tätigen Begleitpersonen bei offenen Herausforderungen? Und welche Antworten haben die Schulen eigentlich bezogen auf die naheliegende Frage, dass im Vergleich zu dem, was Schüler:innen laut Lehrplan an Kompetenzen erwerben sollen, doch ziemlich vage und unvorhersehbar bleibt, was sie bei Herausforderung eigentlich lernen? Oder auch: Sind die Konzepte und Erfahrungen wirklich generalisierbar oder handelt es sich um Best-practice-Beispiele von Schulen, die sowieso etwas Besonderes sind: als Reformschulen, Schulen in privater Trägerschaft oder Gesamtschulen im Aufbau?

Der folgende Buchteil dient dazu, diesen Fragen systematisch nachzugehen. Den Einstieg macht Matthias Rürup mit einer Aufarbeitung von Schulrückmeldungen zu wichtigen bzw. notwendigen Kooperationen und Netzwerken. Anschließend prüft Britta Tillmann die Idee der *Herausforderung/Herausforderungen* insbesondere des Ansatzes offener Herausforderungen schulrechtlich. Jörg Siewert, Markus Teibrich, Uli Roos und Dirk Sponholz erörtern schließlich Ansätze der Akquise und Schulung von zumeist studentischen Coaches bei offenen Herausforderungen. Darauf folgt Jörg Siewert mit einem Überblick über die mit der Implementation der Idee der *Herausforderung/Herausforderungen* verbundenen Schulentwicklungsaufgaben.

Am Ende dieses Buchteils ist schließlich ein Beitrag von Sarah Poersch und Michael Zimmer-Müller platziert, der eine Brücke schlägt zu den erlebnispädagogischen Hintergründen der Idee der *Herausforderung/Herausforderungen*, die wir im ersten Teil des Buches vorstellten. Konkret geht es dabei um die Frage der Notwendigkeit einer systematischen Anregung und Anleitung zur Reflexion bei den Herausforderungen, um, wenn schon nicht zwingend eine konkret fachbezogene, so doch eine möglichst gehaltvolle und zielgerichtete persönliche oder soziale Kompetenzentwicklung schulisch zu garantieren. Neben konkreten Umsetzungsbeispielen intendieren Poersch und Zimmer-Müller vor allem, Gelingensbedingungen für eine möglichst nachhaltig wirkende Ausgestaltung der Herausforderungen als Lerngelegenheit zu identifizieren.

17 Kooperation und Vernetzung als Aufgabe bei Herausforderungen

Matthias Rürup

Dass bei der Umsetzung von schulischen Vorhaben wie den Herausforderungen eine Öffnung von Schule und Kooperation mit externen Partner:innen sinnvoll oder auch notwendig sind, braucht kaum eine besondere Hervorhebung. Gleichzeitig birgt die zusätzliche Aufgabe, solche Kooperationen aufzubauen und zu erhalten, selbst einige Herausforderungen.

In der im Rahmen der Arbeit an diesem Buch durchgeführten Delphi-Befragung von Schulen, die Erfahrungen mit der Idee der Herausforderung haben (zur Erläuterung der Methodik siehe Beitrag 16 von Matthias Rürup), wurde den Teilnehmer:innen auch die Gelegenheit gegeben, ihre bestehenden Kooperationen und Erfahrungen darzulegen. Betont wurde von den antwortenden Schulen dabei aber nicht nur die Notwendigkeit des Gewinnens und Erhaltens externer Partnerschaften, sondern auch die Wichtigkeit einer guten (vertrauensvollen) schulinternen Verständigung und Abstimmung (vgl. Beitrag 20 von Jörg Siewert).

Im Folgenden soll ein knapper Überblick über die Vielfalt notwendiger, hilfreicher oder auch „nur" ergänzend-bereichernder Kooperationen, die Schulen mit Herausforderungen eingehen, gegeben werden. Zwei verschiedene Grundformen von Kooperationen werden dabei unterschieden: a) Kontakte bzw. mehr oder weniger intensive Vernetzungen der Schule mit i. d. R. außer- und nichtschulischen Partner:innen, die bei der praktischen Umsetzung der einzelnen Herausforderung wichtig sind, sowie b) kooperative Netzwerke und übergreifende Unterstützungsangebote, in die sich Schulen mit Herausforderungen einbringen können.

a) Kontakte und Vernetzungen mit außer- und nichtschulischen Partner:innen
Kontakte und Vernetzungen mit außer- und nichtschulischen Partner:innen sind in dreierlei Hinsicht von Bedeutung bei der konkreten Umsetzung der Herausforderung: Zum einen müssen sich Schulen, die sich für ein offenes Konzept der Herausforderung entschieden haben, kontinuierlich um Kontakt zu Einrichtungen bemühen, wo geeignete Begleitpersonen für die Einzelherausforderungen der Schüler:innen potenziell zu finden sind. Das sind zuallererst Hochschulen mit lehrer:innenbildenden oder anderen pädagogischen Studiengängen, bei denen kürzere Orientierungspraktika vorgesehen sind. Auch Berufsschulen mit einem Schwerpunkt in der Erzieher:innen-Ausbildung oder sportwissenschaftliche Studiengänge, in den erlebnispädagogische Angebote verbreitet sind, sind

gute Anlaufpunkte (vgl. Beitrag 19 von Jörg Siewert). Neben dem guten Kontakt zu bestimmten Arbeitsbereichen und Personen an diesen Einrichtungen nutzen einige Schulen auch die Umsetzung eigener Lehraufträge an der Universität als Rahmen für die Werbung von Studierenden als Begleitpersonen. Wesentlich ist jeweils die Absicherung, dass die Studierenden ihre Tätigkeit als Begleitperson zugleich als Leistung in ihr Studium einbringen können – als Praktikum, vertiefende Forschungstätigkeit in einem Seminar oder auch als Abschlussarbeit. Solche von der Schule hergestellten und gepflegten Kontakte sind auch nötig, wenn den Schüler:innen bei der Vorbereitung und Vorplanung ihrer Herausforderung selbst die Aufgabe übertragen wird, selbst mögliche Begleitpersonen zu werben. Es sind dann wichtige Orientierungen und Handreichungen bzw. aus früheren Durchläufen weitergegebene Erfahrungen, die es den Schüler:innen erleichtern, diese Aufgabe zu lösen. Darüber hinaus erscheint es auch sinnvoll, einen Reservepool für Schüler:innen-Gruppen zu haben, die im vereinbarten Zeitraum keine geeigneten Begleitpersonen benennen können.

Ähnlich verhält es sich mit schulisch herzustellenden, zu pflegenden oder auch nur – aus den vorgehenden Durchläufen von Herausforderungen – listenförmig zu sammelnden Kontaktdaten zu möglichen Anlaufstellen für Schüler:innen, die hilfreich sein können, um die angedachte Herausforderung umzusetzen. Dies können gute – finanzierbare bzw. kostenlose – Übernachtungsmöglichkeiten bei reisenden Herausforderungen sein oder auch erprobte Orte für die Umsetzung stationärer Herausforderungen wie Sprach- und Sportschulen, Klöster oder Bauernhöfe. Gerade auch an Schulen, die entweder ausschließlich oder ergänzend mit Herausforderungen arbeiten, die von Lehrkräften vorgeschlagen und begleitet werden, sind solche Pools an Anlaufstellen hilfreich. Neben den vor allem organisatorisch für die Umsetzung wichtigen, kommen hier vor allem auch Kooperationspartner:innen für bestimmte Herausforderungsformate oder Themenschwerpunkte hinzu, für die anspruchsvollere Infrastrukturen, Nutzungs- und Ausleihmöglichkeiten wie z. B. Werkstätten, Bühnen, Labore, Bibliotheken und Ausstellungen Voraussetzung sind. Von Schulen genannt werden hier beispielsweise die Gedenkstätte Deutsche Teilung Marienborn, der Deutsche Bundestag oder auch Partnerschulen im In- und Ausland, die für einen Schüler:innen-Austausch im Rahmen der Herausforderungen offen sind. Hilfreich sind solche Einrichtungen aber auch für ergänzende oder absichernde Herausforderungsangebote, um die sich die Schule dann sowohl organisatorisch und personell nicht selbst kümmern muss, oder die für Schüler:innen und Schüler:innen-Gruppen bereitstehen, die keine eigene Herausforderung umsetzen wollen oder können.

Neben dem fortgeführten Kontakt zu konkreten Einrichtungen, an und mit denen Herausforderungen umgesetzt werden können, betonen einige Schulen aber auch die Bedeutung von überregionalen Vereinen und Dachorganisation wie dem Alpenverein für eher sportliche orientierte Herausforderungen,

Verbände der sozialen Arbeit, Seniorenpartnerschaften-Vereinen oder z. B. dem Netzwerk *World Wide Opportunities on Organic Farms* (WWOOF), die sowohl für planende Lehrer:innen, aber auch für Orientierung suchende Schüler:innen wichtige Anlaufstellen sind – und damit eben auch zu pflegende Kontakte. Die Integration der Idee der Herausforderungen in die schulische Arbeit bedeutet in dieser Hinsicht vor allem eine fortgesetzte Suche nach geeigneten Partner:innen im lokalen, regionalen und überregionalen Umfeld, die einmal als bloße Liste zu führen, zum anderen aber auch über eine verlässlich-vertrauensvolle Kommunikation zu festigen oder als feste Kooperationen vertragsförmig abzusichern sind.

Von Schulen mit offenen Herausforderungen werden der Aufbau und die Pflege *eigener* Netzwerke vor allem mit Blick darauf erwähnt, jedes Jahr wieder eine ausreichende Anzahl von externen Begleitpersonen gewinnen zu müssen. Neben einem verlässlichen Kontakt zu Hochschulen wird dabei die persönliche Bindung von ehemaligen (studentischen) Begleitungen hervorgehoben, so dass diese sich eventuell noch ein weiteres Mal bereiterklären mitzumachen oder den Aufruf der Schule an Freund:innen und Bekannte zu verbreiten. Insbesondere um kurzfristigen Ersatz für ausgefallene Begleitungen zu finden, sind nachhaltige Kontakte zu Ehemaligen wichtig. Erforderlich dazu sind regelmäßige Newsletter oder auch Treffen, über die die Erinnerung an das schulische Projekt, den Dank und die Begeisterung der Schule und der Schüler:innen aktuell gehalten wird. Aber auch der Kontakt zu ehemaligen Schüler:innen, die an einer Herausforderung teilgenommen haben, und nun als Begleitung etwas von dieser Erfahrung zurückgeben könnten, – sprich den Aufbau und die Pflege eines Alumni-Netzwerkes – wird als unbedingt sinnvoll erachtet, um auf Dauer weniger abhängig von der Unterstützungsbereitschaft externen Einrichtungen zu sein.

b) Netzwerke und Unterstützungsstrukturen von und für Schulen mit Herausforderungen

Abzugrenzen von den selbst herzustellenden und zu pflegenden Kontakten und Netzwerken sind die inzwischen bestehenden Verbindungen zwischen Schulen, die selbst Herausforderungen durchführen, oder schulübergreifende Unterstützungsstrukturen. Die wichtigsten sollen im Folgenden aufgeführt werden.

Als im Wesentlichen selbstorganisierte Verbünde von Schulen, die u. a. Herausforderungen anbieten, wären zwei zu nennen:

- Das Netzwerk „Blick über den Zaun", ein Verbund reformpädagogisch orientierter Schulen, der – wie seine Webseite www.blickueberdenzaun.de informiert – „seit 1989 besteht, um Schulentwicklung ‚von unten' zu betreiben". Mit u. a. der Laborschule Bielefeld, der Montessori Oberschule Potsdam, der Stadtteilschule Winterhude Hamburg, der Evangelischen Schule Berlin Zentrum, der IGS Landau, der Jeetzeschule Salzwedel oder der Helene-Lange-Schule Wiesbaden sind alle wesentlichen Ideengeber und Fortentwickler der

Idee der Entschulung/Bewährung bzw. Herausforderung Mitglied in diesem Verbund.

- Die insbesondere von Evangelischen Schule Berlin Zentrum ausgehende und von Margret Rasfeld getragene Initiative „Schule im Aufbruch" (Website: schule-im-aufbruch.de). Das Lernfeld der Herausforderung v. a. in der Variante einer offenen Herausforderung gehört dabei neben dem „Schulfach" Verantwortung, dem FREIDAY oder dem Lernbüro-Konzept zu einem der den Mitgliedsschulen empfohlenen Ansätze einer veränderten Schul- und Unterrichtsgestaltung. Ein enger Kontakt besteht zum Start-Up „Herausforderung einfach machen" (s. u.), das als Kooperationspartner interessierte Schulen dabei unterstützt, das Angebot der Herausforderung bei sich zu implementieren. Eine insbesondere für die Verbreitung der Idee der Herausforderung im Bundesland Nordrhein-Westfalen wichtige Netzwerkschule ist die 4. Aachener Gesamtschule, die mehrere regionale Netzwerke von „Schule im Aufbruch" gegründet hat. Über die 4. Aachener Gesamtschule hat sich die Idee der (offenen) Herausforderungen auch an zahlreichen anderen neu gegründeten Gesamtschulen in NRW verbreitet. Im Bildungswerk Aachen finden regelmäßig Impulsworkshops zum Projekt Herausforderung statt. Im Februar 2019 gab es an der Evangelischen Schule Berlin Zentrum ein erster Bundeskongress Herausforderung, der von der Initiative „Schule im Aufbruch" organisiert wurde und an dem 120 Teilnehmer:innen von ca. 40 Schulen teilgenommen haben.

Weitere Schulnetzwerke, über die die Idee der Herausforderung ebenfalls verbreitet wird, sind – bedingt dadurch, dass die umsetzenden Schulen zu diesen Gruppen gehören – z. B. die Gemeinnützige Gesellschaft Gesamtschule (GGG), der Arbeitskreis Evangelische Schule in Deutschland (AKES) sowie Austauschforen der Montessori-Pädagogik oder Freien Aktiver bzw. Freier alternativer Schulen.

Zumindest nicht vorrangig von Schulen getragen sind dagegen folgende Verbünde und Netzwerke, die die Umsetzung der Idee der Herausforderung direkt oder auch mittelbar unterstützen und für interessierte Schulen offenstehen.

- „Herausforderung einfach machen", eine gemeinnützige Unternehmergesellschaft (gUG), die von ehemaligen als auch aktiven Lehrkräften getragen wird, die in ihrer eigenen Schulzeit Herausforderungs-Projekte initiiert und umgesetzt haben, und nunmehr nebenberuflich ein kostenpflichtiges Unterstützungsangebot für Schulen und Lehrkräfte offerieren, die an der Umsetzung von Herausforderung interessiert sind (siehe www.herausforderung.eu). Neben schulbezogener Fortbildung und Beratung liegt der Schwerpunkt des Angebots auf der Schulung von externen Begleitpersonen orientiert an den Standards der Jugendleitercard (JuLeiCa, siehe hierzu den Beitrag 19 – Textbox von Markus Teibrich).

- Der Forschungsverbund „Herausforderungen als eigenständige Reformaktivität innovativer Schulen" (HeRiS) versteht sich zuallererst als Anlaufstelle für Schulen, die Interesse an einer evaluativen Rückmeldung zu ihrem Angebot der Herausforderung haben, die schulübergreifend vergleichbar ist. Der Forschungsverbund bietet dazu eine Online-Befragung der teilnehmenden Schüler:innen zu der von ihnen durchgeführten Herausforderung an. Die beteiligten Universitäten kooperieren zudem in ihrem regionalen Umfeld mit einzelnen Schulen, für die sie Aufgaben der Werbung und z. T. auch Schulung von Begleitpersonen übernehmen. Während der Corona-Pandemie wurde durch den HeRiS-Verbund für interessierte Schulen ein Online-Begegnungs- und Austauschforum angeboten.

Nicht explizit auf die Idee der Herausforderung bezogen, aber als dennoch zumindest mittelbar mit ihr verbunden, ist die von der Robert Bosch Stiftung getragene Online-Plattform des Deutschen Schulportals (siehe deutsches-schulportal.de), auf der die Idee der Herausforderung – in der gebundenen Variante der Heinz-Brand-Schule Berlin, als einer Preisträger-Schule des ebenfalls von der Robert-Bosch-Stiftung mit Partnern vergebenen Deutschen Schulpreises (siehe www.deutscher-schulpreis.de), vorgestellt wird. Generell sind in den letzten Jahren jedes Mal auch Schulen, die u. a. die Idee der Herausforderung in ihrem Schulalltag integriert haben, unter der ausgezeichneten oder zumindest nominierten Schulen des Deutschen Schulpreises gewesen. Insofern kann über den im Rahmen des deutschen Schulpreises angebotenen schulischen Vernetzungs- und Hospitationsmöglichkeiten immer auch der Idee der Herausforderung begegnet werden.

Im Rahmen der HeRiS-Delphi-Befragung haben wir die teilnehmenden Schulen nicht nur nach ihrer Praxis der Kooperation gefragt, sondern auch nach ihren Erfahrungen damit. In ihren Antworten betonen die Schulen noch einmal die Wichtigkeit bzw. Notwendigkeit von Kooperation, die insbesondere in Form einer zusätzlich verfügbaren externen Expertise oder auch eines Feedbacks, als unterstützend und bereichernd wahrgenommen wird. Langfristige Kooperation erfordere allerdings „echten Austausch und richtiges Interesse. Nur so kann man die wahren Win-Win-Effekte erzeugen." Die Zusammenarbeit mit Kooperationspartner:innen und die Pflege der Beziehung kostet viel Zeit und Mühe, die mal so nebenbei, neben der eigentlichen Unterrichtsverpflichtung, nur in Grenzen zu leisten ist und für Lehrkräfte nur Sinn macht, wenn eine wirkliche Entlastung oder ein Zugewinn für das Projekt möglich ist. Lediglich bei Kontakten zu externen Anbieter:innen, die auch kommerzielle Interessen haben, werden einzelne negative Erfahrungen und Vorbehalte geäußert. Zudem erweisen sich Anbieter mit eher feststehend-konfektionierten, „nur" zu buchenden bzw. zu konsumierenden Erlebnissen als schwer mit den pädagogischen Anliegen der Schule und der Idee einer eigenen, selbstverantworteten Herausforderung zu vereinbaren.

Dr. Matthias Rürup ist wissenschaftlicher Mitarbeiter im Arbeitsbereich Empirische Schulforschung an der School of Education der Bergischen Universität Wuppertal. Er begleitet die Idee der Herausforderung seit über zehn Jahren mit großem Interesse, als eine Innovationsidee, die sich nicht top-down, sondern nur at-the-bottom, zwischen interessierten Schulen und Lehrkräften, im Schulsystem verbreiten kann. Er ist Mitglied im Forschungsverbund HeRiS. Kontakt: ruerup@uni-wuppertal.de

18 Rechtliche Fragen zur Aufsichtspflicht im Rahmen der Projektidee *Herausforderung*

Britta Tillmann

Die Projektidee *Herausforderungen* wirft mit seiner Konzeption einige rechtliche Fragen auf. Insbesondere Fragen zur Übertragbarkeit der Aufsichtspflicht und die konkreten Anforderungen an eine ordnungsgemäße Aufsichtsführung können Unsicherheiten verursachen und hat teilweise dazu geführt, dass einige Schulen die Projektidee letztlich nicht umsetzen. In Nordrhein-Westfalen wurde die Frage gar zum Politikum, indem einer Schule die Durchführung versagt wurde, weil nach Ansicht der zuständigen Bezirksregierung die Schüler:innen zwingend durch eine Lehrkraft begleitet werden müssten.[1] Aus den in dem nachfolgenden Beitrag 19 von Jörg Siewert dargestellten Gründen und vor dem Hintergrund des allgemeinen Mangels an Lehrer:innen in den Schulen ziehen solche Auflagen aber große organisatorische Schwierigkeiten für die Schulen nach sich, so dass die Projektidee oft gar nicht erst angedacht oder durchgeführt wird.

1 Der schulische Erziehungsauftrag und die Aufsichtspflicht

Unstreitig ist, dass sich die Projektidee *Herausforderung* mit seiner Konzeption in einem Spannungsverhältnis zwischen pädagogischen Zielen der Persönlichkeitsentwicklung im Rahmen des schulischen Bildungs- und Erziehungsauftrags (Art. 7 GG sowie entsprechende Landesverfassungen und Gesetze, vgl. Beitrag 6 von Britta Tillmann) auf der einen Seite und einer rechtlich unbedenklichen Durchführung unter Berücksichtigung der Anforderungen an die Fürsorge- und Aufsichtspflicht (Art. 34 GG, § 839 BGB) auf der anderen Seite bewegt. Denn bei Schulfahrten über mehrere Tage an einen für die Schüler:innen fremden Ort gestaltet sich die Aufsichtsführung naturgemäß schwieriger als im Klassenzimmer (vgl. hierzu auch Böhm 2011, S. 127 ff.). Einerseits bestehen mehr Gefahren- und Verletzungsmöglichkeiten für alle Beteiligten, andererseits würde eine zu strenge Reglementierung kaum Erfolg haben – denn Schulwanderungen und Schulfahrten gehören zur Erziehungsarbeit und sollen Schüler:innen eigenverantwortliches

---

1   Protokoll APr 17/844 des Ausschusses für Schule und Bildung des Landtages Nordrhein-Westfalen vom 11. Dezember 2019.

Handeln (also sicherheitsbewusstes Denken und Verhalten) vermitteln (Wenger 2002, S. 28 f.).

Die Rechtsprechung hat zum Verhältnis schulischer Erziehungsziele und der Aufsichtspflicht ausgeführt: „Das Maß der Aufsicht muss mit dem Erziehungsziel, die wachsende Fähigkeit und das wachsende Bedürfnis der Kinder und Jugendlichen zum selbständigen verantwortungsbewussten Handeln einzuüben, in Einklang gebracht werden. Dieser erwünschten Persönlichkeitsentwicklung wäre eine dauernde Überwachung hinderlich; deshalb dürfen und müssen Kindern in diesem Alter im Rahmen einer eigenverantwortlichen Erziehung grundsätzlich auch Freiräume eingeräumt werden, bei denen ein sofortiges Handeln der Aufsichtspflichtigen zur Gefahrenabwehr nicht mehr möglich ist".[2] Hieran wird insbesondere deutlich, dass es in der Schule nicht möglich ist, jedwede Gefahrenlage zu verhindern. Und auch wenn die Sorgeberechtigten in der Schule keine Aufsicht führen können, sind sie aufgrund der Gleichrangigkeit von elterlichem Erziehungsrecht nach Art. 6 II GG und der staatlichen Schulpflicht mit Aufsichtspflicht (Art. 7 und 34 GG) nie gänzlich von der Aufsicht befreit. Deswegen stellt die Rechtsprechung zum Beispiel bei Viertklässlern, die Steine auf ein parkendes Auto geworfen haben, klar, dass „bei Kindern in diesem Alter unterstellt werden [darf], dass ihnen die Gefahr der Entstehung von Schäden an Personen oder Sachen bei Steinwürfen bereits bewusst ist. Diese Erkenntnis wird Kindern erfahrungsgemäß noch weit vor Erreichen der Schulreife von den Erziehungsberechtigten immer wieder eingeschärft und mit einem Verbot derartiger Verhaltensweisen verbunden. Darauf, dass eine derartige Erziehung im Elternhaus erfolgt ist, darf sich grundsätzlich auch das Lehrpersonal verlassen".[3] Lehrkräfte dürfen je nach Alter der Kinder/Jugendlichen demnach davon ausgehen, dass bestimmte Gefahrenlagen bekannt sind.

Nichtsdestotrotz können mit einer Verletzung der Aufsichtspflicht gravierende Rechtsfolgen einhergehen. So können zivilrechtliche Regressansprüche des Trägers der gesetzlichen Unfallversicherung gem. Art. 34 GG auf Ersatz seiner Aufwendungen bestehen, falls die Lehrkraft die Schädigung des/der Schüler:in vorsätzlich[4] oder grob fahrlässig[5] herbeigeführt hat. Zudem können straf-

---

2 OLG Düsseldorf, Urteil v. 18.12.1997, Az.: 18 U 82/97 – hier ging es um einen 15-jährigen Schüler, der einen Pferdestall entzündete, wobei mehrere Tiere qualvoll verendeten. Ebenso entschied das LG Aachen, Urteil vom 15.11.1991, Az.: 4 O 319/91; zustimmend: Wenger, Aufsichtspflicht, Haftung und Rechtsschutz in der Schule, 12.

3 OLG Frankfurt a. M., Urteil vom 18.01.2010, Az.: 1 U 185/08.

4 Vorsatz ist das Wissen und Wollen der Tatbestandsverwirklichung im Bewusstsein der Rechtswidrigkeit, vgl. § 276 I BGB.

5 Der Begriff „Fahrlässigkeit" ist in § 276 II BGB legal definiert als „das außer Acht lassen der im Verkehr erforderlichen Sorgfalt (einfache oder leichte Fahrlässigkeit). Grobe Fahrlässigkeit stellt dabei die Außerachtlassung im besonderen Maß dar, wenn also nahe liegende Überlegungen nicht angestellt wurden und jedem Anderen die Anforderungen an die Sorgfalt ohne weiteres aufgefallen wären.

rechtliche Rechtsfolgen[6] und disziplinarrechtliche Konsequenzen (vgl. hierzu Böhm 2011, S. 74 ff.) drohen.

Die Aufgabe von Juristen und Juristinnen ist es, problematische Aspekte zu identifizieren und das Spannungsverhältnis von pädagogischen Zielen der Persönlichkeitsentwicklung und den rechtlichen Anforderungen an eine ordnungsgemäße Aufsichtsführung aufzulösen. Die folgenden Ausführungen sollen daher einen Beitrag dazu leisten, die Grundlagen der schulischen Aufsichtspflicht, der Möglichkeiten und Grenzen einer Übertragung der Aufsicht sowie die spezifischen Anforderungen an eine ordnungsgemäße Aufsichtsführung aus rechtlicher Perspektive darzustellen. Veranschaulicht werden die Regelungen zur Aufsichtspflicht in der Schule anhand der Vorschriften des Landes Nordrhein-Westfalen. Diese Ausführungen gelten aufgrund der vereinheitlichenden Wirkung des Bundesrechts sowie der einschlägigen Rechtsprechung, die sich auf allgemeine Prinzipien stützt, in allen Bundesländern.

2   Grundlagen der Aufsichtspflicht im schulischen Umfeld

Grundlage der schulischen Aufsicht sind § 57 Abs. 1 SchulG NRW sowie die §§ 5 Abs. 1 und 10 Abs. 2 der ADO.[7] Hiernach unterrichten, erziehen, beraten, beurteilen, beaufsichtigen und betreuen Lehrer:innen die Schüler:innen in eigener Verantwortung im Rahmen der Bildungs- und Erziehungsziele, der geltenden Rechts- und Verwaltungsvorschriften, der Anordnungen der Schulaufsichtsbehörden und der Konferenzbeschlüsse. Die Ausübung der Aufsichtspflicht ist grundsätzlich an die wissensvermittelnde und insbesondere erziehende Tätigkeit von Lehrer:innen gekoppelt.[8] Sie ist daher als Annex (also als Teil im Sinne eines funktionalen Verhältnisses) zur Lehrertätigkeit zu verstehen und stellt eine Amtspflicht/Dienstpflicht dar.[9]

Andere Schulangehörige (z. B. Verwaltungspersonal, Hausmeister:in) können gelegentlich mit der Beaufsichtigung des sächlichen Bestandes oder unterstützend zur Aufsichtsführung über die Schüler:innen herangezogen werden. Es ist

---

6 Zum Beispiel durch Verletzung der Erziehungs- und Fürsorgepflicht gemäß § 171 StGB. Zudem können eine Körperverletzung im Sinne des § 230 StGB oder (fahrlässige) Tötung im Sinne des § 222 StGB in Form eines unechten Unterlassungsdeliktes vorliegen. Ein unechtes Unterlassungsdelikt setzt voraus, dass der/die Aufsichtspflichtige rechtlich verpflichtet ist, ein bedrohtes Rechtsgut zu schützen und damit eine sog. „Garantenstellung" hat. Eine solche Rechtspflicht ergibt sich für Lehrer:innen aus ihrer Dienstpflicht und für andere Personen, die Aufsichtsaufgaben übernehmen, aus der tatsächlichen Übernahme der Aufsicht. Hierzu auch Wenger, Aufsichtspflicht, Haftung und Rechtsschutz in der Schule, 13 f.

7 RdErl. d. Ministeriums für Schule und Weiterbildung v. 18.06.2012 (ABl NRW. S. 384) – BASS 21-02 Nr. 4.

8 VGH Baden-Württemberg, Urteil vom 24.11.1987, Az.: 9 S 592/86.

9 VGH Baden-Württemberg, Urteil vom 24.11.1987, Az.: 9 S 592/86.

jedoch nicht zulässig, dauerhaft oder regelmäßig die Aufsichtspflicht zu übertragen, da die grundlegende Zuordnung der Verantwortungsbereiche nicht umgekehrt werden darf.[10]

Eine Pflicht zur Übernahme von Aufsichtstätigkeiten besteht dabei seitens jeder Lehrkraft als auch den Lehramtsanwärter:innen, wenn sie selbstständig unterrichten. Selbiges muss für Studierende gelten, die in ihrer Praxisphase unterrichtsbezogen tätig sind, also mit einer selbstständigen Vorbereitung und Durchführung von Unterrichtselementen, -stunden oder sogar -reihen betraut sind (z. B. im Praxissemester). Auch Personen, die von der Schule zu Unterrichts-, Erziehungs- oder Betreuungszwecken eingestellt worden sind, haben eine Verpflichtung zur Aufsicht, da diese Personen einen großen Anteil zur Erfüllung des verfassungsrechtlichen Bildungs- und Erziehungsauftrages wahrnehmen (Sozialarbeiter:innen oder Personal mit sonderpädagogischer Aufgabenstellung).[11]

Aufsicht soll insbesondere den Schutz der Schüler:innen vor körperlichen und seelischen Schäden (einschließlich Unfallverhütung und Schutz vor Infektionen/ansteckenden Krankheiten) sowie den materiellen und körperlichen Schutz Dritter sicherstellen (Böhm 2011, S. 1; Kienel 1985, S. 7; Wenger 2002, S. 12). Die Aufsichtspflicht besteht gegenüber minderjährigen Schüler:innen und bei volljährigen Schüler:innen eingeschränkt als Fürsorgepflicht (vgl. Ziffer 3.2 der Verwaltungsvorschriften zu § 57 Abs. 1 SchulG – Runderlass Aufsicht[12]). Da die Projektidee *Herausforderung* der Schulfahrt ähnlich ist, lässt das Ziel der Unfallverhütung die Aufsicht gegenüber Volljährigen jedoch aufleben.

Die Aufsicht muss während des Unterrichts als auch aller anderen Schulveranstaltungen gewährleistet sein. Für die Definition des Terminus Schulveranstaltung wird auf versicherungsrechtliche Inhaltsbestimmungen zurückgegriffen, da Unfallversicherungsschutz und Aufsichtspflicht in einem direkten Zusammenhang stehen. Grundsätzlich erfordert nämlich der gesetzliche Unfallversicherungsschutz einen unmittelbaren räumlichen und zeitlichen Zusammenhang zur Schule („Schulbezogenheit"), der verlassen wird, wenn eine Einwirkungsmöglichkeit durch schulische Aufsichtsmaßnahmen nicht mehr gegeben ist (z. B. nach Unterrichtsschluss). Diese Voraussetzungen sind regelmäßig erfüllt, wenn es sich um die Teilnahme an einer in den Lehrplan aufgenommenen Veranstaltung handelt. Es liegt somit ein versicherter Schulunfall vor, wenn der Unfall in einem inneren Zusammenhang mit dem Schulgeschehen steht und Schüler:innen diesen Zusammenhang weder in zeitlicher noch räumlicher noch innerer Hinsicht gelöst haben. Dies wäre z. B. der Fall, wenn sich die Schüler:innen absichtlich dem Aufsichtsbereich der Lehrkraft entziehen (Böhm 2011, S. 129). Der

---

10 VGH Baden-Württemberg, Urteil vom 24.11.1987, Az.: 9 S 592/86.

11 BGH, Urteil vom 16.4.1964, Az.: III ZR 83/63; vgl. auch den Runderlass zu BASS 21-13 Nr. 6 – „Beschäftigung von Fachkräften für Schulsozialarbeit in Nordrhein-Westfalen".

12 RdErl. d. Ministeriums für Schule und Weiterbildung v. 18.07.2005 (ABl. NRW. S. 289) – BASS 12-08 Nr. 1.

Schutzbereich ist beschränkt auf den organisatorischen Verantwortungsbereich der Schule (innerer Zusammenhang mit dem schulischen Geschehen), wenn also die Planung, die Organisation und die Durchführung – insbesondere bei den Schüler:innen und ihren Eltern – nach den objektiven Umständen den Eindruck vermitteln, es handele sich um eine Schulveranstaltung. Entscheidend ist stets das Gesamtbild der Veranstaltung. Ergibt sich aus dem Gesamtbild keine eindeutige Zuordnung, kommt der Erklärung der Schulleitung besondere Bedeutung zu: Immer, wenn die Schulleitung eine Veranstaltung als Schulveranstaltung deklariert hat, besteht Versicherungsschutz.

Unstreitig ist, dass das Projekt *Herausforderung* als schulische Veranstaltung gewertet werden muss. Zwar handelt es sich nicht immer um ein Projekt im Rahmen eines Lehrplanes, allerdings wird die Projektidee (auch bei freiwilliger Teilnahme der Schüler:innen) von der Schule initiiert sowie die Planung und die Organisation mit Unterstützung des schulischen Personals umgesetzt. Des Weiteren werden Personen zur Aufsicht eingeteilt, die entweder bei der Schule pädagogisch beschäftigt sind oder von dieser beauftragt werden.

3 Voraussetzungen, Grenzen und Umfang einer Übertragbarkeit der Aufsichtspflicht

Regelungen für eine Übertragung der Aufsichtspflicht finden sich in Verwaltungsvorschriften zu § 57 Abs. 1 SchulG – Runderlass Aufsicht.[13] Hiernach ist eine Übertragung der Aufsichtspflicht auf Erziehungsberechtigte, Schüler:innen oder andere Personen grundsätzlich zulässig (vgl. Ziffer 3). Voraussetzung ist, dass die mit der Aufsicht betrauten Personen von der verantwortlichen Lehrkraft ausgewählt werden (Ziffer 3.3). Zweck dieser Regelung ist die Feststellung der Lehrkraft, dass die beauftragte Person für die Führung der Aufsicht geeignet ist.

Bevorzugtes Instrument zur Prüfung der Eignung ist das Auswahlgespräch, dessen Kriterien, Rahmenbedingungen oder Umfang nicht festgelegt sind. Lehrkräften obliegt in dieser Situation die Auswahl, Instruktion und Kontrolle der Hilfspersonen (Böhm 2011, S. 7; Kienel 1985, S. 28 ff.) – auch wenn diese pädagogische Vorerfahrungen haben. Der gänzliche Verzicht auf ein Auswahlgespräch ist nicht zulässig (Böhm 2011, S. 6).

Es empfiehlt sich, den Umfang pädagogischer Erfahrungen des Verwaltungshelfers zu erfragen und sicherzustellen, dass keine Vorstrafen bestehen. Die Schule sollte sich daher ein erweitertes polizeiliches Führungszeugnis vorlegen lassen (vgl. § 30a Abs. 1 Nr. 2 lit. a BZRG). Zudem sollte eine Instruktion über die Dimensionen der Aufsicht, die einschlägigen rechtlichen Vorschriften, ggf.

---

13 RdErl. d. Ministeriums für Schule und Weiterbildung v. 18.07.2005 (ABl. NRW. S. 289) – BASS 12-08 Nr. 1.

vorhandene und zu berücksichtigende Konferenzbeschlüsse oder Besonderheiten der zu betreuenden Schülerschaft erfolgen. Berücksichtigung finden sollte auch, dass Inhalt und Umfang des Auswahlgesprächs von den Erfahrungen der zu betreuenden Person abhängen sollten. Es gilt die Regel: Umso unerfahrener eine Person ist, desto mehr muss die Eignung sichergestellt werden und eine Information und Aufklärung über etwaige Verpflichtungen erfolgen.

Da unter der Voraussetzung des Auswahlgesprächs prinzipiell sogar eine Übertragung der Aufsichtspflicht auf Nicht-Pädagogen möglich ist, ist sie erst recht (argumentum a fortiori) auch auf Lehramtsstudierende in schulpraktischen Phasen der ersten Ausbildungsphase, in freiwilligen Praktika oder in anderen Zusammenhängen möglich. Denn Studierende sind als angehende Pädagogen unabhängig von der konkreten Einbindung in das „Aufsichtsgeschehen" hinsichtlich der betreuenden und erziehenden Funktion besser ausgebildet als Nicht-Pädagogen. Mit Blick auf den Umfang der zu übernehmenden Aufsicht sollte sich die beauftragende Person an den Maßstäben orientieren, die die Landesgesetze und Verwaltungsvorschriften hinsichtlich der präventiven Ausübung der Aufsicht angeben (siehe unten). Insoweit besteht eine Wechselwirkung: Es kann umso mehr Verantwortung übertragen werden, desto erfahrener die Studierenden (und auch andere sog. Verwaltungshelfer:innen) sind.

4   Die Aufsichtspflicht bei der Projektidee *Herausforderung*

Die Ziffer 3.3 bestimmt, dass bei einer kurzzeitigen oder auch langfristigen/ dauerhaften Mitarbeit schulfremder Personen die Aufsichtspflicht auch im „Übertragungsfall" fortbesteht: Sollte unter der Aufsicht eingesetzter Verwaltungshelfer:innen ein Unfall passieren, muss die Lehrkraft nachweisen, dass die beauftragte Person geeignet war, da sie sonst ihrer Aufsichtspflicht nicht ordnungsgemäß nachgekommen ist. Die Lehrkraft muss bei Unfällen unter Einsatz von Verwaltungshelfer:innen somit dazu in der Lage sein, nachzuweisen, dass sie die Lage und Menschen vernünftig und lebensnah beurteilt hat (Avenarius 2013, S. 710). Was konkret „vernünftig" und „lebensnah" bedeutet, kann vorab nicht allgemein definiert werden, sondern hängt vielmehr von der beauftragten Person und der jeweiligen Situation ab. Genau deswegen ist ein ausführlich geführtes Auswahlgespräch so wichtig.

Fraglich ist im Hinblick auf die Projektidee *Herausforderung*, ob eine Lehrkraft zwingend am Projekt teilnehmen muss oder ob die auf das Projekt zeitlich befristete vollständige Übertragung auf Verwaltungshelfer:innen möglich ist. Der Wortlaut von Ziffer 3.3 spricht zunächst dagegen. Es sind keine öffnenden Formulierungen vorhanden (wie z. B. *in der Regel* besteht die Aufsichtspflicht der Lehrkraft fort) die Abweichungen in begründeten Ausnahmefällen zulassen würde. Andererseits bestimmt Ziffer 3.1, dass „die Art der Aufsicht […] von der jeweiligen konkreten Situation [abhängt]; ständige Anwesenheit der Lehrkraft ist nicht in jedem Fall zwingend geboten." Dies soll sowohl didaktische Freiheiten ermöglichen als auch der Persönlichkeitsentwicklung dienen. Eine Auslegung nach dem Wortlaut allein reicht somit nicht aus, um die Frage einer vollständigen Übertragung für den gesamten Projektzeitraum zu beantworten. Aus teleologischer Perspektive (also einer Auslegung nach Sinn und Zweck einer Norm) sollte hervorgehoben werden, dass der Gesetzgeber bei der Übertragung insbesondere die Eignung der beauftragten Person sowie die konkrete Situation, in der beaufsichtigt wird, betont.

Es bietet sich hier ein Vergleich mit den Regelungen zu Betriebspraktika an, denn auch diese sind (wenn sie in einem Zeitraum absolviert werden, der nach der Schulordnung vorgesehen ist) als Schulveranstaltung zu qualifizieren (Rux/Niehues 2013, S. 78)[14] und demnach aufsichtspflichtig (vgl. Ziffer 6.5 des Runderlasses „Berufliche Orientierung"[15]). Praktika stellen ebenfalls eine Situation dar, in der Schüler:innen ohne Anwesenheit einer Lehrkraft agieren. Sie sollen einen Einblick in das Arbeitsleben gewähren und Orientierung bei der Berufswahl bieten (Avenarius 2010, S. 412). Darüber hinaus obliegt demjenigen, der die Schüler:innen im Rahmen eines Praktikums beschäftigt, eine besondere Fürsorgepflicht.[16] Während des Praktikums übergibt die Schule den/die Schüler:in in die Obhut des Betriebes. Sie kann somit die Aufsicht nicht ausüben. Dennoch ist die Schule hierdurch nicht gänzlich von der Aufsicht befreit. Die Lehrkraft, die die Praktikanten betreut, muss sich vielmehr vor Aufnahme des Praktikums und während des Praktikums durch stichprobenartige Besuche im Betrieb davon überzeugen, dass das Praktikum in diesem Betrieb keine besonderen Gefahren oder Risiken für den/die Schüler:in mit sich bringt (vgl. Ziffer 6.1 des Runderlasses „Berufliche Orientierung"[17]). Lässt der Unternehmer die Praktikanten und Praktikantinnen zeitweise ohne Aufsicht, so trifft ihn selbst ein überwiegendes Verschulden an einem von Praktikanten und Praktikantinnen herbeigeführten Schadensereignis.[18]

---

14 Freiwillige Praktika oder solche, die in den Ferien absolviert werden, sind nicht als Schulveranstaltung zu qualifizieren. Es bedarf zur rechtlichen Einordnung als Schulveranstaltung zwingend, dass das Praktikum in der Schulordnung vorgesehen ist sowie im dafür vorgesehenen Zeitraum (während der Schulzeit) absolviert wird. Mit Blick auf die Diskussionen in NRW, bei denen an eine Verlagerung eines wenn auch kleinen Teilstücks der Projektidee „Herausforderungen" in die Ferien gedacht wird, sollten Schulen zwecks Vermeidung von Unsicherheiten bei der Qualifizierung, die Projektidee als Schulveranstaltung deklarieren bzw. den Projektzeitraum vorab festlegen.

15 RdErl. d. Ministeriums für Schule und Weiterbildung v. 21.04.2020 (ABl. NRW. 05/2020) – BASS 12-21 Nr. 1.

16 ArbG Braunschweig, Urteil vom 20.12.1988, Az.: 1 Ca 1155/88.

17 RdErl. d. Ministeriums für Schule und Weiterbildung v. 21.04.2020 (ABl. NRW. 05/2020) – BASS 12-21 Nr. 1.

18 ArbG Hagen, Urteil vom 27.08.1969, Az.: 2 Ca 447/69.

Trotz der Gemeinsamkeit, dass keine Lehrkraft anwesend ist, besteht ein gro-ßer Unterschied zur Projektidee *Herausforderung*: Die betrieblichen Gefahren-lagen sind Unternehmensangehörigen bei Betriebspraktika besser bekannt als jeder Lehrkraft. Somit können sie die Schüler:innen besser vor Unfällen schützen als es die betreuende Lehrkraft könnte, selbst wenn diese vor Ort wäre. Die Schu-le überträgt hier also die tatsächliche Aufsicht vollständig an Personen, die in der konkreten Situation „Praktikum" besser für die Aufsicht geeignet sind. Gefahren-lagen, die durch die Person der Schüler:in entstehen können (z. B. das Nichtein-halten von erteilten Anweisungen), sind jedoch nur der Lehrkraft bekannt. Es kann insoweit von einer geteilten Aufsichtspflicht gesprochen werden, die von allen Beteiligten nur ordnungsgemäß erfüllt werden kann, wenn sich Unterneh-men und Lehrkraft vor Antritt des Praktikums über entsprechende Gefahren-lagen austauschen. Dies bedeutet aber nicht, dass die Lehrkraft vor Ort Aufsicht führen muss.

Abschließend lässt sich festhalten, dass eine vollständige Übertragung der tatsächlichen Aufsicht auf Verwaltungshelfer:innen – also die Nicht-Teilnahme einer Lehrkraft – bei der Projektdurchführung nur in engen Grenzen möglich ist. Zu verantworten ist die vollständige Übertragung nur an besonders geeignete Per-sonen, deren Eignung zum einen über entsprechende Zertifikate nachgewiesen werden muss und zum anderen über einschlägige praktische Erfahrungen bei der Gruppenbegleitung. Des Weiteren sollten Verwaltungshelfer:innen entweder die zu beaufsichtigenden Schüler:innen kennen oder müssen im Auswahlgespräch genauestens über individuelle Aspekte und die Gruppendynamik informiert wer-den. Es sollte zudem stets eine Lehrkraft der Schule als Ansprechpartner:in zur Verfügung stehen, da nur diese die zu berücksichtigenden Besonderheiten der Schülerschaft kennt. Studierende, Lehramtsanwärter:innen oder sonstige Perso-nen sind als Verwaltungshelfer:innen insbesondere dann ungeeignet, wenn sie zum ersten Mal eine Gruppe junger Menschen auf einer mehrwöchigen Reise begleiten. Sie können höchstens zusätzlich zu einer erfahrenen Person eingesetzt werden. Andererseits kann die Übertragung auf Verwaltungshelfer:innen, die einschlägige praktische Erfahrungen mit der Begleitung von Jugendgruppen auf Ferienfreizeiten o. ä. haben (z. B. Sozialarbeiter:innen), teilweise auch besser ge-eignet sein als eine Betreuung durch eine Lehrkraft.

5 Rechtsfolgen einer Übertragung der Aufsichtspflicht

Die Aufsicht von Verwaltungshelfern hat grundsätzlich immer nur unterstüt-zenden Charakter, denn die Aufsichtspflicht der Lehrkraft besteht fort.[19] Die

---

19 RdErl. d. Ministeriums für Schule und Weiterbildung v. 18.07.2005 (ABl. NRW. S. 289) – BASS 12-08 Nr. 1.

Beauftragung begründet kein Beschäftigungsverhältnis und somit auch keinen Vergütungsanspruch. Die rechtliche Folge ist, dass im Falle einer Aufsichtspflichtverletzung die Zurechnung zum Hoheitsträger (die Schule/das Land) erfolgt, nicht hingegen an die mit der Aufsicht betrauten Personen, also etwa die Mutter eines Kindes, die einen Ausflug begleitet hat. Werden Dritten Aufsichtsaufgaben übertragen, sind die mit der Aufsicht Beauftragten Amtsträger im Sinne des Art. 34 GG und daher in gleicher Weise davor geschützt, unmittelbar bei Aufsichtspflichtverletzungen in Anspruch genommen zu werden (Böhm 2011, S. 8). Dritten kann nicht zugemutet werden, das Risiko einer Übertragung von Aufsichtsaufgaben auf sich zu nehmen.

Es entsteht jedoch insoweit ein Rechtsverhältnis, als Verwaltungshelfer:innen aufgrund entsprechender Beauftragung bei der Ausübung bestimmter Tätigkeiten gegen Unfall nach den Vorschriften des SGB VII versichert sind.[20] Unabhängig von der konkreten Form einer schulpraktischen Tätigkeit stehen auch Studierende während der Aus- und Fortbildung an Hochschulen grundsätzlich unter dem Schutz der gesetzlichen Unfallversicherung (§ 2 Abs. 1 Nr. 8 c SGB VII, § 2 Abs. 2 Nr. 1-4 SGB VII). Bei freiwilligen Praktika erfolgt die Begründung des gesetzlichen Unfallversicherungsschutzes durch einen Praktikumsvertrag mit der Schule.

6 Anforderungen an eine ordnungsgemäße Aufsichtsführung

Ziffer 3.1 der Verwaltungsvorschriften zu § 57 Abs. 1 SchulG – Runderlass Aufsicht[21] bestimmt, dass „Aufsichtsbefugnisse nur insoweit zeitweise geeigneten Hilfskräften übertragen werden dürfen, als dadurch im Einzelfall eine angemessene Aufsicht gewährleistet bleibt". Die Anforderungen an eine ordnungsgemäße Aufsichtsführung gelten somit in gleichem Maße und in gleichem Umfang sowohl für Lehrkräfte als auch für eingesetzte Verwaltungshelfer:innen.

Nach einem BGH-Urteil[22] sind Lehrer:innen verpflichtet, die einschlägigen Vorschriften für eine ordnungsgemäße Amtsführung zu kennen. Rechtsunkenntnis stellt ein Verschulden im Sinne des § 276 I BGB dar. Anwendbar sind somit insbesondere die „Richtlinien für Schulfahrten"[23] Hiernach sollen z. B. bei mehrtägigen Ausflügen unabhängig von der Schülerzahl mindestens zwei Begleitpersonen (männlich und weiblich) mitgenommen werden, Begleitpersonen sollen in derselben Unterkunft wie die Schülerinnen und Schüler übernachten

20 BGH, Urteil v. 03.02.1981, Az.: VI ZR 178/79; Kienel, Die Aufsichtspflicht, 29.

21 RdErl. d. Ministeriums für Schule und Weiterbildung v. 18.07.2005 (ABl. NRW. S. 289) – BASS 12-08 Nr. 1.

22 BGH, Beschluss vom 28.09.1995, Az.: III ZR 202/94.

23 Runderlass des Ministeriums für Schule und Weiterbildung vom 19.03.1997 (GABl. NW. I S. 101), BASS 14-12 Nr. 2.

und es soll eine Sanitätstasche/Reiseapotheke mitgeführt werden. Da die Projektidee aufgrund sportlicher Unternehmungen ein erhöhtes Sicherheitsrisiko aufweist, müssen von allen betreuenden Personen gemäß Ziffer 3.4 des Runderlasses Aufsicht. Kenntnisse der besonderen Aufsichts- und Unfallverhütungsregeln („Richtlinien für Schulfahrten", Runderlass „Sicherheitsförderung im Schulsport", „Sicherheitsvorschriften für das Schwimmen im Rahmen des Schulsports", „Erläuterungen und Empfehlungen zur Sicherheitsförderung im Schulsport") vorhanden sein. Kompetenzen zur spezifischen Gefahrenabwehr sollten über entsprechende Fortbildungen (bei Lehrkräften) oder über Zertifikate bei Verwaltungshelfer:innen (z. B. DLRG-Rettungsschwimmer, Jugendleiter-Lizenz, Erste-Hilfe) nachgewiesen werden. Sollte den Schüler:innen beim Projekt die Mitnahme eines Mobiltelefons gestattet werden, müssen auch die Anforderungen an die Aufsichtspflicht bei der Internetnutzung thematisiert werden, weil das Internet den Zugang zu jugendgefährdenden Inhalten vermittelt. Dies gilt ebenso für Kenntnisse über das „Gesetz zum Schutze der Jugend in der Öffentlichkeit" (JuSchG) mit Blick auf Rauchen und Alkoholkonsum.

Grundsätzlich sollten sich betreuende Personen vor Antritt eines Schulausfluges bei den Erziehungsberechtigten informieren, ob Schüler:innen Allergien haben, regelmäßig Medikamente einnehmen müssen oder sonstige medizinische Maßnahmen ergriffen werden müssen. Bestehen Unsicherheiten hinsichtlich der medizinischen Versorgung, muss diese vor Ort durch Fachkräfte/Ärzte sichergestellt sein. Es können von Lehrkräften oder Verwaltungshelfer:innen weder eine medizinische Maßnahme noch Diagnostikkenntnisse erwartet werden.[24]

Die genannten einschlägigen Vorschriften legen bereits viele Maßnahmen fest, um etwaige Risiken auf mehrtägigen Fahrten/Ausflügen zu reduzieren. Darüber hinaus entscheidet die aufsichtführende Person im Rahmen ihrer pädagogischen Verantwortung, welche Aufsichtsmaßnahmen angebracht sind. Was in der konkreten Situation zu tun oder zu unterlassen ist, muss nach vernünftiger Überlegung aufgrund allgemeiner Lebenserfahrung, der besonderen Erfahrung als Erzieher:in und der jeweiligen Situation selbst entschieden werden (Avenarius 2010, S. 708; Wenger 2002, S. 12 und 15 ff.). Sie/Er trägt für die Beurteilung der Situation und deren Gefährlichkeit die Verantwortung.

Anhaltspunkte für die situationsspezifischen Anforderungen an eine ordnungsgemäße Erfüllung der Aufsichtspflicht ergeben sich aus drei Kriterien, anhand derer die Rechtsprechung in Klageverfahren im Nachhinein die korrekte Durchführung einer Aufsicht prüft und die nachfolgend ausgeführt werden:

- *aktiv:* Die Aufsicht muss zunächst *aktiv* ausgeübt werden, wobei sich das Ausmaß der aktiven Aufsicht nach dem Ausmaß der möglichen Gefahren richtet. Sie darf sich nicht auf Hinweise und Belehrungen beschränken, sondern

---

24 Vgl. OLG Celle, Urteil vom 06.04.2004, Az.: 16 U 150/03.

kann auch die Kontrolle des Verhaltens der Schüler:innen (auch mit Bezug auf gemachte Anordnungen) und das Eingreifen bei absehbarem Fehlverhalten umfassen (Böhm 2011, 30). Mit Blick auf die Projektidee *Herausforderung* sind hier im Vergleich zu „normalen" Aufsichtstätigkeiten keine Unterschiede feststellbar. Von den begleitenden Personen wird lediglich erwartet, dass sie aktiv die Aufsicht gestalten.

- *kontinuierlich:* Eine Aufsicht ist dann *kontinuierlich*, wenn sich die Schüler:innen jederzeit beaufsichtigt fühlen. Hier geht es nicht um eine tatsächliche Aufsicht, sondern lediglich um das Gefühl: Schüler:innen dürfen nie das Gefühl haben, eine Beobachtung durch die betreuende Person sei für eine gewisse Zeit völlig auszuschließen (Böhm 2011, S. 17; Wenger 2002, S. 15 f.). Dabei geht es nicht darum, Schüler:innen vor jeder Gefahr zu schützen, sondern sie zu verantwortungsvollem Verhalten anzuhalten (Rux/Niehues 2013, S. 290). Je größer jedoch die möglichen Gefahren sind, desto strenger sind die Anforderungen an die Kontinuität der Aufsicht. Die Intensität der Aufsicht hängt somit von der jeweiligen konkreten Situation ab. Wenn die Schüler:innen beispielsweise mit dem Fahrrad an einer Schnellstraße entlang müssen, ist die Aufsicht intensiver zu führen als wenn das Zeltlager aufgeschlagen ist.

  Die ständige Anwesenheit der Lehrkraft ist jedenfalls nicht in jedem Fall zwingend geboten. Dies soll insbesondere Möglichkeiten für didaktische Maßnahmen eröffnen (z.B. Gruppenarbeit in unterschiedlichen Räumen), aber auch – wie bereits dargestellt – der Persönlichkeitsentwicklung dienen. Eine ständige Beobachtung mit sofortiger Eingriffsmöglichkeit widerspricht dem Erziehungsziel der Selbständigkeit (Böhm 2011, S. 18). Daher ist es auch gestattet, nach vorheriger Absprache mit den Eltern die Möglichkeit einzuräumen, im Rahmen von Schulfahrten zeitlich und örtlich begrenzte, angemessene Unternehmungen (in der Regel in Gruppen) durchzuführen, ohne dass dabei eine Aufsichtsperson anwesend sein muss. In diesen Fällen muss eine Begleitperson aber jederzeit erreichbar und ansprechbar sein.

- *präventiv:* Die Aufsicht dient der Gefahrenabwehr. Sie hat daher *präventiv* zu erfolgen. Präventive Aufsicht bedeutet, dass der/die Aufsichtführende bemüht sein muss, mögliche Gefahren vorausschauend zu erfassen, indem versucht wird, typische Gefahren im Voraus zu erkennen und auszuschließen.[25] Lehrkräfte müssen umsichtig und vorausschauend handeln. Das Maß der Aufsichtspflicht richtet sich somit nach den Gefahren, wie sie im Einzelfall möglich und erkennbar sind. Ziffer 3.1 der Verwaltungsvorschriften zu § 57 Abs. 1 SchulG – Runderlass Aufsicht[26] benennt Kriterien für die präventive Dimension der Aufsichtspflicht. So sollen sich die Aufsichtsmaßnahmen

---

25 Böhm, Grundkurs Schulrecht II, 7; Jülich, Das neue Schulgesetz NRW, 194.
26 RdErl. d. Ministeriums für Schule und Weiterbildung v. 18.07.2005 (ABl. NRW. S. 289) – BASS 12-08 Nr. 1.

nach den örtlichen Verhältnissen und den jeweiligen Gegebenheiten richten sowie unter Berücksichtigung möglicher Gefährdung nach Alter, Entwicklungsstand und der Ausprägung des Verantwortungsbewusstseins der Schüler:innen erfolgen. Zudem soll bei Schüler:innen mit Behinderungen oder chronischen Erkrankungen auch die Art der Beeinträchtigung berücksichtigt werden. Ebenso sollen unvorhersehbare Ereignisse in die Überlegungen, Anordnungen und Maßnahmen einbezogen werden.

Die genannten Kriterien der präventiven Dimension lassen sich in drei Kategorien einteilen: Örtlichkeit/Gelände, konkrete Aktivität und die Individualität der Schüler:innen. Mit Blick auf örtliche Gefahrenlagen oder solche, die durch eine bestimmte Art der Fortbewegung entstehen, kann im Vorhinein gut umgegangen werden. Eine gute Planung reduziert deutlich das Risiko und auch unvorhergesehene Aspekte (z. B. gesperrte Straßen, Baustellen o. ä.) können mit Erfahrungswissen vor Ort gelöst werden. Selbiges gilt für die konkrete Aktivität. Auch hier kann vorab gesprochen, trainiert und geübt werden.

Die Kriterien, welche einen Bezug zum Entwicklungsstand und dem Verantwortungsbewusstsein der Schüler:innen herstellen, sprechen gegen die vollständige Übertragung auf Verwaltungshelfer:innen, also gegen eine Durchführung der Projektidee ohne Lehrkraft. Denn nur Erfahrungen mit den jeweiligen Schüler:innen als Individuum sowie auch hinsichtlich der konkreten Gruppenzusammensetzung können zu adäquaten Betreuungsreaktionen (= erzieherische Mittel) führen. Und eben diese sind notwendig, um die Schüler:innen zur Einhaltung von Anweisungen anzuhalten und Gefahren zu minimieren. Dies spricht dafür, in jedem Fall nur Personen zu beauftragen, die die Schüler:innen kennen. Potenzielle Verwaltungshelfer:innen können dies erreichen, indem sie bereits bei der Planung des Projekts unmittelbar involviert werden.

7   Zusammenfassung

Die Projektidee *Herausforderung* ist als schulische Veranstaltung zu qualifizieren und unterliegt damit der Aufsichtspflicht. Es ist rechtlich grundsätzlich möglich, andere Personen (Verwaltungshelfer:innen) mit der Aufsicht bei der Projektdurchführung zu beauftragen. Dabei ist insbesondere die Eignung der Verwaltungshelfer:innen vorab zu prüfen. Sollte keine Lehrkraft bei der Projektdurchführung vorgesehen sein, ist eine vollständige, auf den Projektzeitraum begrenzte Übertragung der Aufsicht nur in engen Grenzen möglich. Im Sinne des Wortlauts und einer teleologischen Auslegung nach Sinn und Zweck der einschlägigen Vorschriften ist dies nur möglich, wenn eine:r der Verwaltungshelfer:innen über praktische Erfahrungen bei der Begleitung von Gruppen verfügt und vorab die Schüler:innen kennenlernt. Da die Aufsichtspflicht der Lehrkraft in diesem

Fall fortbesteht, muss diese aufgrund ihrer Kenntnisse über das Verhalten der Schüler:innen nicht nur stets erreichbar sein, sondern sich – analog zu den Regelungen für Betriebspraktika – während der Projektdurchführung über den Verlauf (z. B. etwaige Schwierigkeiten) informieren und im Notfall auch bereit sein, zur Schülergruppe hinzuzustoßen.

Literatur

Avenarius, Hermann (2010): Schulrecht. Ein Handbuch für Praxis, Rechtsprechung und Wissenschaft. 8. Auflage. Kronach: Carl Link.

Böhm, Thomas (2011): Aufsicht & Haftung in der Schule. Schulrechtlicher Leitfaden. 4. Auflage. Kronach: Carl Link.

Kienel, Hartmut (1985): Die Aufsichtspflicht. Heinsberg: Agentur Dieck.

Rux, Johannes/Niehues, Norbert (2013): Schulrecht. 5. Auflage. München: Beck

Wenger, Otto (2002): Aufsichtspflicht. Haftung und Rechtsschutz in der Schule. 5. Auflage. München: Beck.

Britta Tillmann ist Wirtschaftsjuristin und Mitarbeiterin am Zentrum für Lehrerbildung und Bildungsforschung der Universität Siegen; seit 2012 ist sie zudem Lehrbeauftragte für Schulrecht an der Universität Siegen. Kontakt: tillmann@zlb. uni-siegen.de

19   Akquise und Schulung der Begleiter:innen

Jörg Siewert (unter Mitarbeit von Matthias Rürup, Markus Teibrich, Uli Roos & Dirk Sponholz)

Die Herausforderung soll den Schüler:innen ermöglichen, sich als autonom, selbstwirksam und ggf. sozial eingebunden zu erfahren. Dazu überträgt die Schule ihnen so viel Verantwortung für ihr eigenes Handeln wie möglich. Auf der anderen Seite muss die Schule den Schutz der Schüler:innen vor körperlichen und seelischen Schäden sowie den materiellen und körperlichen Schutz Dritter sicherstellen (vgl. Beitrag 18 von Britta Tillmann), weswegen die Schüler:innen von einer erwachsenen Person begleitet werden müssen. Sofern sie ihre Herausforderung in einer festen Einrichtung (Bauernhof, Vogelwarte o. ä.) absolvieren, liegt die Aufsichtspflicht bei der Leitung der Einrichtung. Schwieriger ist das mit Herausforderungen, bei denen die Schüler:innen unterwegs sind, weil hierfür erwachsene Begleiter:innen benötigt werden, die die Schüler:innen einerseits so weit wie möglich gewähren lassen, andererseits aber einschreiten, wenn es unerlässlich ist. Diesen schmalen Grat zwischen „Selbstverantwortung der Schüler:innen" und „Aufsichtspflicht der Begleitperson" in den jeweiligen Situationen zu erkennen und dann jeweils die richtige Entscheidung zu treffen, ist anspruchsvoll. Zudem ist es für die Schüler:innen häufig nicht einfach, ihrer Begleitperson diese weitestgehende Zurückhaltung zuzugestehen und von ihnen nicht mehr Verantwortungsübernahme zu erwarten oder gar einzufordern. Auf wen greifen die Schulen in dieser schwierigen Gemengelage zurück? Und wie werden diese Personen auf ihre Aufgaben vorbereitet? Im Folgenden werden die Antworten der Schulen auf diese Fragen im Rahmen der HeRiS-Delphi-Befragung (vgl. Beitrag 16 von Matthias Rürup) zusammengefasst.

Textbox 1: Lehrkräfte als Begleitung bei gebundenen Herausforderungen
Matthias Rürup

Die Frage, wie Begleitpersonen für die Herausforderungen gefunden und geschult werden, stellt sich nicht für alle Schulen gleichermaßen. Insbesondere an Schulen mit sogenannten gebundenen Herausforderungen (vgl. Beitrag 10 von Stefan Grzesikowski, Sascha Scherrer und Uli Roos) ist die Notwendigkeit, sich regelmäßig um neue externe Begleitpersonen zu kümmern, zumindest reduziert, weil die Herausforderungen hierbei

---

von vornherein durch Lehrkräfte der Schule mit entworfen, verantwortet und umgesetzt werden. Externe Kräfte kommen lediglich ergänzend und unterstützend hinzu.

Dennoch ist auch die Umsetzung gebundener Herausforderungen organisatorisch anspruchsvoll. Schließlich müssen die Lehrkräfte, die als Begleitung der Schüler:innen aktiv sind, in dieser Zeit von anderen schulischen Aufgaben, vor allem von Unterricht und Aufsichten befreit werden. Andere Lehrkräfte müssen ggf. die Vertretung übernehmen, ohne sich deshalb als Lehrkräfte „zweiter Klasse" zu fühlen, die für die „pädagogisch engagierten und innovativen Kolleg:innen" einspringen müssen. Das heißt, neben der ganz pragmatischen Aufgabe, die fehlenden Kolleg:innen zu ersetzen, sind der kollegiale Zusammenhalt und die Sicherung einer breiten Akzeptanz und Unterstützung des Vorhabens in der Schule wichtige Aufgabenstellungen. Den entsprechenden Lösungswegen erfahrener Schulen widmet sich diese Textbox. Sie stützt sich in ihren Aussagen auf die HeRiS-Delphi-Befragung, die in Beitrag 16 von Matthias Rürup erläutert wird.

Zwei grundlegende Lösungswege zur Verminderung des Bedarfs an Vertretungsunterricht für die abwesenden Lehrkräfte lassen sich hervorheben. Einerseits die schulische Entscheidung, die Herausforderungen nicht nur einmalig für einen Jahrgang verpflichtend vorzusehen, sondern mehrmals für z. B. alle Jahrgänge der Mittelstufe der SEK I (vgl. dazu auch den Beitrag 11 von Arne Sorgenfrei und Antje Pochte – v. a. zum Modell Winterhude). Indem alle Schüler:innen der Jahrgänge 8 bis 10 gleichzeitig ihre Herausforderungen angehen und ihr Unterricht deswegen ausfällt, sind die in diesen Klassenstufen unterrichtenden Lehrkräfte prinzipiell als Begleitung, aber eben auch als Vertretung in den anderen Jahrgangsstufen verfügbar. Hier führt also eine Ausweitung des Vorhabens zu einer Verkleinerung des Organisationsproblems. Andererseits können Schulen die Zeit der Herausforderung im Schuljahresablauf so festlegen und jahrgangsübergreifend abstimmen, dass auch in den anderen Jahrgängen oder für die in der Schule verbleibenden Schüler:innen (wenn es sich bei den Herausforderungen um ein freiwilliges Angebot für Interessierte handelt) zeitgleich besondere außerunterrichtliche Vorhaben wie Praktika, Projekte oder Fahrten stattfinden.

Um die Anleitung und Begleitung der parallel zu den Herausforderungen in der Schule stattfindenden Projekte und außerunterrichtlichen Vorhaben personell zu gewährleisten, empfehlen erfahrene Schulen den Aufbau von Kooperationen mit außerschulischen Partner:innen, z. B. mit Einrichtungen der Kinder- und Jugendarbeit, der kulturellen Bildung und Erlebnispädagogik oder auch die Einladung von Künstler:innen, Handwerker:innen oder Akteur:innen der politischen Bildung in die Schule, „so dass der Zeitraum inhaltlich sinnvoll gefüllt ist, aber keine Mehrbelastung für die in der Schule verbliebenen Kolleg:innen entsteht." Nicht nur für die Umsetzung der Herausforderungen selbst, sondern auch für den schulischen Ausgleich ist entsprechend eine Öffnung der Schule für externe Partner:innen wichtig (vgl. Beitrag 17 von Matthias Rürup).

Ein wichtiger Vorteil, die Zeit der Herausforderung auch für die Lehrkräfte und Schüler:innen, die in der Schule bleiben, mit besonderen Vorhaben zu füllen, ist auch darin zu sehen, dass nicht nur die abwesenden Lehrkräfte und Schüler:innen etwas Besonderes tun und erleben. Vielmehr haben auf diese Weise auch die weiter anwesenden Lehrkräfte die Chance, „mit Initiativen zusammenzuarbeiten, die man als Lehrkraft schon immer in die Schule bringen wollte", und somit eigene pädagogische Vorstellungen und Vorhaben zu verwirklichen. Allerdings wird dabei von erfahrenen Schulen auch als wichtig hervorgehoben, nicht alle Kolleg:innen zu einem besonderen persönlichen pädagogischen Engagement zu verpflichten: Auch jene Kolleg:innen, die sowohl skeptisch hinsichtlich der Herausforderungen als auch hinsichtlich der alternativ angebotenen Projekte sind, seien anzuerkennen und mitzunehmen z. B. „indem für diese bereits vorstrukturierte Projekte organisiert sind, die sie nur noch als Aufsicht begleiten müssen."

Ein letztes wichtiges Thema bei der Umsetzung von Herausforderungen in Begleitung durch Lehrkräfte ist die Auswahl und vor allem Qualifizierung der Lehrkräfte für diese Tätigkeit. Während die Personalauswahl – ähnlich wie bei externen Begleitpersonen – vor allem durch ein persönliches Interesse der Lehrkräfte erfolgt (nach einem Start mit einer Gruppe besonders Engagierter kommen mit der Zeit weitere hinzu), bietet die Umsetzung der Herausforderung durch Lehrer:innen vor allem die Chance, dass die Schulung der Begleitpersonen nicht konzentriert auf einen zeitlich begrenzten Lehrgang erfolgen muss, sondern längerfristig über ein Tandem- und Mentor:innen-System gestaltet werden kann. Dabei können neu hinzukommende Lehrkräfte erst einmal als Zweit- oder Drittbegleitung bei einer Herausforderung mitfahren, teilnehmend ihre eigene Expertise und Erfahrung aufbauen und erst in den folgenden Jahren größere oder die alleinige Verantwortung übernehmen. Zum Einstieg und Kennenlernen sei auch nur eine tageweise Teilnahme möglich. Häufig könnten so Berührungsängste abgebaut und Begeisterung für das Projekt entfacht werden. Auch das Einfinden in den wichtigen Rollenwechsel von einer Lehrkraft zur Begleitung, die den Jugendlichen Raum für eine eigenständige Verantwortungsübernahme lässt, sei am ehesten durch das Mitgehen und Abschauen bei erfahrenen Kolleg:innen möglich.

Aus ihrem professionellen Hintergrund bringen Lehrkräfte wichtige pädagogisch-psychologische Grundlagen mit und aus ihren Fächern wie z. B. Sport auch hilfreiche und formal zertifizierte Zusatzqualifikationen. Als kollegiale Fortbildung für die Herausforderungen gibt es an einer der befragten Schule alle zwei Jahre einen Outdoor-Erste-Hilfe-Kurs im Umfang von 16 Stunden, „so dass die Begleitungen auch schwierige Situationen im Gelände bewältigen können, z. B. wenn der Krankenwagen nicht in acht Minuten da sein kann."

Wichtig zur Qualifizierung der begleitenden Lehrkräfte ist vor allem die kontinuierliche Zusammenarbeit in der entsprechenden Projektgruppe oder Fachkonferenz. Hier, so berichtet eine Schule, „werden gemeinsame Standards definiert, z. B. zu prototypischen bzw. besonders gelungenen Planungs- und Reflexionsphasen. Erfahrene Kolleg:innen berichten von möglichen Hürden, beraten unerfahrene Kolleg:innen, nehmen Ängste, stehen für Rückfragen zur Verfügung etc." Dieser kollegiale Austausch auch in Form eines regelmäßigen Kaffeeklatschs sei zur Entlastung wichtig, aber auch um das Vorhaben der Herausforderung gemeinsam weiterzuentwickeln. Insbesondere zur Informations- und Erfahrungsweitergabe hat sich dies als erfolgreich erwiesen, ergänzend oder auch alternativ zu einem Reader bzw. einer Broschüre als Sammlung aller relevanten Informationen.

Aus der Sicht vieler Schulen eignen sich die Lehrer:innen nicht gut für die Begleitung der Schüler:innen – Ausnahmen sind in der Textbox 1 thematisiert. Das liegt erstens an den knappen Ressourcen der Schulen: Eine Lehrperson für ein, zwei oder sogar drei Wochen für eine nur kleine Gruppe an Schüler:innen freizustellen, ist organisatorisch hoch anspruchsvoll und könnte Unmut im Kollegium bewirken, weil andere Kolleg:innen dadurch mehr arbeiten müssen. Zweitens haben nicht wenige Lehrer:innen berufsbedingt Schwierigkeiten mit dem Ansatz des erfahrungsbedingten Lernens in dieser Projektidee, bei dem Fehler zugelassen werden müssen und sogar wünschenswert sind. Drittens, und das ist vermutlich die größere Hürde, liegt das an den Schüler:innen selbst, denen selbst in diesem außerschulischen Setting häufig schwerfällt, die Rolle der Lehrerin oder des Lehrers als Begleitperson von ihrer üblichen Rolle als Lehrkraft in der Schule zu abstrahieren. Nach der Erfahrung der Schulen befürchten die Schüler:innen beispielsweise, dass sich ihr Verhalten unterwegs negativ auf die spätere Schüler-Lehrer-Beziehung[1] oder auf die Bewertung ihrer schulischen Leistungen auswirken, auch wenn die Herausforderung selbst nicht bewertet wird.[2] Dagegen können sie externen Personen freier und unbeschwerter begegnen; umso einfacher, je geringer die Altersdifferenz ist.

1 Student:innen als Begleiter:innen

Viele Schulen greifen auf Student:innen als Begleiter:innen der Herausforderungen zurück. Diese müssen nicht notwendigerweise aus einem pädagogischen Studiengang stammen, aber es wäre hilfreich, denn: Die Schulleitung darf die Aufsichtspflicht an externe Personen delegieren, sofern diese hierfür pädagogisch geeignet erscheinen (vgl. Beitrag 18 von Britta Tillmann), und im juristischen Streitfall wäre die pädagogische Eignung für Student:innen einschlägiger Fächer einfacher herzuleiten als in anderen Fachrichtungen.

Über diesen formal-juristischen Aspekt hinaus hat die Zusammenarbeit mit Student:innen etwa eines Lehramts, der Sozialpädagogik oder der

---

1 Eine der befragten Schulen schätzt diesen Aspekt anders ein: Sie sieht in der Begleitung durch Lehrkräfte eine Chance zur Stärkung der Schüler-Lehrer-Beziehung und für eine so veränderte Lehrerrolle, dass sich „Schüler auch trauen, beim Lehrer Fehler zu machen und Schule als Gesamtgebilde als angstfreien Raum zu betrachten. Dies nur für zwei Wochen in außerschulischen Lernorten zu ermöglichen und den Rest des Schuljahres weiter auf Angst und Druck zu setzen, um die klassische Lehrerrolle nicht zu gefährden, widerspräche modernen Ansätzen der Schulentwicklung."

2 Nach dieser Argumentation sind jedenfalls die Lehrer:innen der eigenen Schule nicht gut geeignet. Es gibt erste Überlegungen, Lehrer:innen verschiedener Schulen untereinander für die Projektbegleitung auszutauschen. Erfahrungen mit diesem Ansatz liegen noch nicht vor.

Erziehungswissenschaft den Vorteil, dass ihnen ein hoher beruflicher Nutzen in Aussicht gestellt werden kann, z. B. der,

- sich in einem bewertungsfreien Raum als Pädagog:in ausprobieren zu können,
- darauf mit Angeboten vorbereitet zu werden (s. u.), die auch über diese konkrete Mitarbeit hinaus insgesamt in pädagogischen Situationen nützlich sein werden,
- aufgrund der beschriebenen zurückhaltenden Rolle Schüler:innen dabei ganz anders zu erleben, als es in den üblichen Praktika der Fall ist, insbesondere ihnen dabei viel näher zu sein und ihr Handeln deswegen besser zu verstehen und einordnen zu können.
- Zudem ist es möglich, ihnen die Projektmitarbeit im Studium etwa als Studienleistung oder als (Pflicht- oder freiwilliges) Praktikum anzurechnen.

Insgesamt stärken die Begleiter:innen ihre Empathiefähigkeit und Coaching-Skills, wovon letztlich alle Personen, und nicht nur pädagogisch orientierte Student:innen profitieren. Deswegen gehen einige Schulen erfolgreich auch auf Student:innen anderer Fachrichtungen zu, mit besonderem Erfolg bei Sportstudent:innen.

2   Akquise der Student:innen

Wie in so vielen Bereichen unseres Lebens wird die Suche nach Student:innen als Begleiter:innen der Herausforderungen leichter, wenn die beteiligte(n) Lehrperson(en) auf direkte Kontakte zu Dozenten oder Dozentinnen einer (Fach-)Hochschule zurückgreifen können. Einige Lehrpersonen wenden sich dazu schlicht an Dozent:innen, bei denen sie selbst studierten. Andere suchen wiederum auf gut Glück nach Personen, die möglicherweise an einer Kooperation interessiert sind, oder sie gehen gezielt auf die Personen zu, die an der einen oder anderen Universität bereits in der Projektidee tätig sind. So oder so: Letztlich kommt es im ersten Schritt darauf an, eine konkrete Person an der Hochschule für das Projekt zu begeistern, die den Wert dieser Projektidee sowohl für die Schüler:innen als auch für die Student:innen schätzen – beispielsweise weckte eine Schule mit einer persönlichen E-Mail an mich mein Interesse für diese mir bis dahin noch wenig bekannte Projektidee so, dass daraus in der Zwischenzeit ein universitäres Kooperationsprojekt mit drei Schulen entstand. Mittlerweile organisiert der Forschungsverbund HeRiS ein Netzwerk an Schulen, die die Projektidee umsetzen, über das die Kontaktaufnahme zu den assoziierten Universitäten unterstützt werden kann.

Aber wie geht es nach erfolgreicher Kontaktaufnahme und Kooperationsvereinbarung weiter? Wie können nun auch Student:innen dazu gebracht werden, sich verlässlich als Begleiter:innen an der Projektidee zu beteiligen? Bewährt hat sich

- ein möglichst offener Austausch mit den potenziell Interessierten, in dem
- der mögliche Nutzen auf die individuellen Entwicklungsziele bezogen und ggf. angepasst wird,
- die individuellen Bedenken der Studierenden ernsthaft erörtert und dabei Lösungen vereinbart werden, die seitens der Schule bzw. der verantwortlichen Lehrpersonen leistbar sind und der Studentin oder dem Studenten die benötigte Sicherheit geben, und
- die (Selbst-)Einschätzung der Eignung als Begleiter:in thematisiert wird,
- die Student:innen frei wählen zu lassen, an welcher Herausforderung sie teilnehmen wollen – mit Blick sowohl auf die jeweilige Aktivität als auch auf die zu begleitenden Schüler:innen,
- sie möglichst frühzeitig in die Planung der jeweiligen Herausforderung einzubeziehen, damit sie die Schüler:innen und das jeweilige Gruppengefüge sukzessive besser kennen und damit u.a. den juristischen Anforderungen genügen (vgl. Beitrag 18 von Britta Tillmann); zudem erhöht ein frühzeitiges und kontinuierliches Einbeziehen der Studentin/des Studenten ihre/seine Bindung an das Projekt und in der Folge die Verlässlichkeit der eigenen Zusage – dass Student:innen trotz vermeintlich verbindlicher Zusage (sogar kurzfristig) abspringen und der Schule damit erhebliche Schwierigkeiten bereiten, kommt leider vor und ist seitens der Hochschule nicht sanktionierbar –,
- sie im Verlauf der Planungsphase gezielt auf ihre Aufgabe vorzubereiten (vgl. auch die Textbox 2) und
- im Anschluss an die Herausforderung mit den Student:innen ihr und das Handeln der Schüler:innen zu reflektieren und die Umsetzung der Projektidee insgesamt zu evaluieren.

Textbox 2: Ausbildung der Begleiter:innen bei *Herausforderung einfach machen*
Markus Teibrich

Das Führungsleitbild, das wir für Begleiter:innen einer „Herausforderung" zugrunde legen, wurde im Rahmen einer empirischen Forschungsarbeit mit erfahrenen Schulsozialarbeiter:innen entwickelt und seitdem mit über 300 Personen umgesetzt und evaluiert. Ein bedeutsames Qualitätsmerkmal unserer Schulung stellt die Kooperation mit Kinder- und Jugendverbänden dar. Die Aufgaben der Begleiter:innen sehen wir in den folgenden Punkten:

- Die Maxime der „Haltung der Zurückhaltung" der Begleiter:innen bedeutet, nur bei Notfällen, Gesetzes- oder Regelverstößen und emotionaler Überforderung einzugreifen. In allen anderen Fällen halten sie sich so weit wie möglich zurück und überlassen die Durchführung und die damit verbundenen Konflikte den Jugendlichen.

- Begleiter:innen sind Impulsgeber für Reflexions- und Feedbackprozesse, indem sie Fragen stellen und aktiv zuhören.
- Durch das eigene Handeln in herausfordernden Situationen modellieren die Begleiter:innen konstruktives Verhalten und agieren als (stilles) Vorbild.
- Notfallsituationen sowie Regel- und Gesetzesverstöße handhaben sie als „technisches Problem", indem klar vorgegebene Schritte verfolgt werden.
- Begleiter:innen agieren als „flexible Leitplanke" und lassen somit einerseits Raum für Selbstwirksamkeitserfahrungen und üben andererseits die Autoritätsfunktion des Schutzes aus, die für die Erfüllung der Aufsichtspflicht unabdinglich sind.

Möglicherweise werden diese Aufgaben klarer, wenn man sie gegen die üblichen pädagogischen Rollen im Kontext von Schule abgrenzt:

- Lehrer:innen planen die Lernziele der Schüler:innen und häufig auch ihren Weg dorthin. ↔ Im Projekt bestimmen die Schüler:innen ihre Ziele selbst; sie entscheiden und verantworten, was und wie viel sie lernen möchten.
- Schulsozialarbeiter:innen weisen Schüler:innen im Voraus auf Probleme hin. ↔ Begleiter:innen lassen die Schüler:innen die Probleme ausleben und ermöglichen Reflexionsprozesse.
- In der Schule kümmern sich die Erwachsenen aktiv um das Wohlergehen der Schüler:innen. ↔ Ein:e Begleiter:in agiert aus dem Hintergrund und verhindert indirekt emotionale Überforderung.
- Freund:innen bauen ein enges persönliches Verhältnis auf. ↔ Eine Begleitperson baut eine professionelle Beziehung auf und ist nicht enttäuscht, wenn sie nicht gemocht wird.
- Klassische Gruppenleiter:innen planen Maßnahmen und üben Verhaltenskontrolle aus. ↔ Im Projekt liegt die Planung bei den Schüler:innen, solange sie nicht festgelegte Grenzen, Regeln und Gesetze überschreiten. Bespaßung und Motivation sind keine Aufgaben von Begleiter:innen.

Inhalte der Ausbildung von Begleiter:innen

Da sich in Deutschland jeder Sportverein und alle Kinder- und Jugendverbände an den bundesweit anerkannten Standard der Jugendleiterausbildung (Juleica – s. o.) halten müssen, sind sie auch hier als Mindeststandard anzusehen – mit Adaptionen, weil die Rollen „Jugendleiter:in" und „Begleiter:in" nicht äquivalent sind (z. B. muss das übliche Notfall- und Hilfesystems um ein 24 h-Notfalltelefon und ein Buddy-System mit Lehrer:innen und anderen Begleiter:innen ergänzt werden).

Besonders zu betonen ist an dieser Stelle die Schulung zu Präventionsmaßnahmen zur Verhinderung sexualisierter Gewalt. Um den Mindeststandards zu genügen, die in jedem Sport- oder Jugendverband in Deutschland vorgeschrieben sind, wird dieser Schulungsteil durch extra dafür ausgebildete und zertifizierte Personen durchgeführt und umfasst im Rahmen der Juleica einen Zeitumfang von mindestens sechs Stunden.

Weitere Ausbaustufen und Erfahrungen

Unsere Methodik der iterativ verbesserten Ausbildung erfolgt analog zum Projekt Herausforderung erfahrungsorientiert. Sie lebt davon, dass sich die angehenden Begleiter:innen tiefgreifend mit ihrer Verhaltenslogik beschäftigen. In einem geschützten Rahmen können sie sich selbst erproben, ihre Grenzen erfahren und konstruktiv an ihren persönlichen Entwicklungsbedarfen arbeiten.

Die Erfahrung der letzten fünf Jahre im Kontext der Ausbildung von Begleiter:innen haben wir hier in zehn Thesen zusammengefasst:

1. *Kontext der Schule beachten:* Die angehenden Begleiter:innen sollten das Gesamtkonzept der Schule sowie die Einbettung ihrer Umsetzung der Projektidee „Herausforderung" in das Schulprogramm kennen.

2. *Erfahrungsorientierte Methodik:* „Herausforderung" basiert auf Prinzipien der Erlebnispädagogik und des Erfahrungslernens. Daher sollte auch die Ausbildung der Begleiter:innen erfahrungsorientiert sein. Es hat sich bewährt, dass die Teilnehmenden ausgehend von der eigenen Lernbiografie eine Mini-Herausforderung entwickeln, durchführen und reflektieren.

3. *Diskussion von Fallbeispielen:* Egal, um welche Art der Herausforderung es sich handelt: Jede Gruppe erlebt typische Krisen und Entwicklungssprünge. Neben der Einübung von Notfallroutinen sollten vor allem Fallbeispiele zu typischen Gruppendynamiken im Jugendalter durchgespielt werden. Auf diese Weise wird die Ausbildung einheitlich, praxisnah und konkret. Auch der Umgang mit Eltern, die beispielsweise aus Sorge anrufen oder eine Sonderregelung für ihr Kind durchsetzen möchten, sollte geübt werden.

4. *Unterstützungssysteme erproben:* Das Projektlernen ist nicht nur für die Schüler:innen eine Herausforderung. Auch die Begleiter:innen kommen in der Regel an ihre Grenzen. Daher können Unterstützungssysteme eine große Hilfe sein. Neben der Erreichbarkeit einer verantwortlichen Lehrperson in der Schule hat sich zudem ein Buddy-System bewährt. Dazu werden Tandems gebildet, die unterwegs in Kontakt stehen, um ggf. Fragen und Sorgen auszutauschen.

5. *Zuständigkeiten festlegen:* Die Umsetzungsphase gestaltet sich für Eltern, Lehrkräfte, die Jugendlichen und für die Begleiter:innen einfacher, wenn möglichst exakt und konkret festgelegt ist, in welchen Fällen die Schule oder die Eltern kontaktiert werden sollen. Ferner sollte festgelegt werden, wo der Verantwortungsbereich der Ehrenamtlichen aufhört. Als typisches Beispiel sei hier das Triggern von schwierigen Erfahrungen oder sogar Traumata genannt, weil dabei professionelle Unterstützung von Nöten ist, die nicht von Ehrenamtlichen geleistet werden kann.

6. *Prävention sexualisierter Gewalt:* Durch die Emotionalität des Erfahrungslernens während einer Herausforderung entsteht oftmals eine tiefe Bindung innerhalb der Gruppe und zur Begleitperson. Dies ist zum einen eine wichtige Gelingensbedingung, birgt aber auch strukturelle Gefahren etwa in Hinblick auf die Prävention sexualisierter Gewalt. Wie der professionelle Umgang mit Nähe und Distanz gelingen kann, sollte gemeinsam erarbeitet werden.

7. *Gefühle und Emotionen managen:* Es ist nicht unwahrscheinlich und pädagogisch durchaus erwünscht, dass die Gruppe unterwegs Streit, Rückschläge und Krisen erlebt. Ein Austausch darüber, inwieweit jede einzelne Begleitperson damit einhergehende negative Gefühle aushalten und managen kann, ist besonders wichtig. Jede Begleitperson sollte ihre eigenen Grenzen selbst gut kennen und kommunizieren können.

8. *Subjektive Leitbilder hinterfragen:* In allen pädagogischen Kontexten bestimmen subjektive Rollenbilder die Handlung der Pädagog:innen. Deswegen ist es insbesondere bei Berufsanfänger:innen oder Student:innen, die die Rolle der Begleitperson übernehmen, hilfreich, ihre subjektiven Bilder zu thematisieren und zu hinterfragen. Dazu eignen sich insbesondere kleinere Rollenspiele.

9. *Pädagogische Geschlossenheit:* Die Schüler:innen, aber auch die Eltern vergleichen gern, welche Begleitperson besser war, richtig oder falsch gehandelt hat etc. Durch ein möglichst gemeinsames Verständnis von der Rolle der Begleitung kann die Gefahr des Gefühls ungleicher Behandlung reduziert werden. Daher empfiehlt es sich, ein gemeinsames Rollenverständnis zu erarbeiten, im besten Fall sogar unter Einbindung von Erziehungsberechtigten.

10. *Abgrenzung zu anderen Rollen klären:* Das gemeinsame Verständnis über die Rolle der Begleiter:innen zu klären, wird leichter, wenn man sie gegenüber anderen pädagogischen Rollen (z. B. Lehrkräfte, Gruppenleiter im Sportverein, Eltern, Schulleitung, Schulsozialarbeiter, Psychologe etc. → s. o.) abgrenzt. Dies gelingt zum Beispiel mit Hilfe der Methode „Expertenpuzzle" oder mit Rollenspielen, in denen Fallbeispiele aus den jeweiligen Rollen heraus bearbeitet werden.

Wie durch eine professionelle Ausbildung die Akquise von Ehrenamtlichen gelingt
Für Schulen ist die Akquise ehrenamtlicher Begleitpersonen aufwendig. Dabei kann es helfen, wenn die Zielpersonen einen Mehrwert in ihrem ehrenamtlichen Engagement erkennen. Den kann die professionelle Ausbildung bieten, da die Ehrenamtlichen davon auch über ihre Projektbegleitung hinaus profitieren. Beispielhaft seien hier die wichtigsten Aspekte und Fragen aufgeführt, die zeigen, warum sich Lehramtsstudent:innen an der Projektidee beteiligen (Umfrage mit 134 Teilnehmenden):

a) Praxiserfahrungen bzw. Praxisbezug fehlen im Studium (95 Prozent geben diesen Grund an).
b) Wie kann ich mich durchsetzen, ohne autoritär einzugreifen?
c) Kennenlernen von Coaching-Strategien
d) Wie möchte ich meine Rolle als zukünftige Lehrperson ausüben?
e) Wie kann ich Schülerzentrierung, Differenzierung oder Lernen im Projekt umsetzen?
f) Ist die pädagogische Profession überhaupt die richtige für mich?
g) Erprobungsraum, ohne bewertet zu werden.

Die Erfahrungen vieler Schulen, die auf diese Weise vorgehen, machen Mut: Sofern die Betreuung und Unterstützung in dem beschriebenen Sinne (überwiegend) gut gelingt, wird die Suche nach Student:innen als Begleiter:innen von Durchgang zu Durchgang einfacher, weil sich die Projektidee als spannend und der persönliche Nutzen als relevant herumsprechen; und weil nicht wenige Student:innen nach ihrer Erstteilnahme gern auch weitere Male teilnehmen, etwa als zusätzliches freiwilliges Praktikum. Auf diese Weise wächst der Pool an verlässlichen Begleiter:innen. Dieser Prozess kann dadurch unterstützt werden, dass einem Novizen oder einer Novizin eine geübte Begleitung zur Seite gestellt wird. Auf diese Weise wird die Begleitung der Schüler:innen einfacher, sicherer und letztlich persönlich interessanter, denn man hat eine:n Gesprächspartner:in auf Augenhöhe. Es ist davon auszugehen, dass die Erfahrungen der Student:innen in diesen Fällen umso positiver bewertet werden und die Mund-zu-Mund-Propaganda in der Folge intensiver ausfällt.

Es gibt noch den zweiten positiven Effekt, dass sich die Student:innen und die Schule in dieser Projektidee auf eine besondere Art und Weise kennenlernen. Anders als in gewöhnlichen Schulpraktika werden die Student:innen hier als echte Unterstützung mit einer eigenen Expertise wahrgenommen. Und die Student:innen erfahren sich in der Regel als kompetent und wirksam, was ihre Motivation für die Zusammenarbeit mit der Schule so stärkt, dass sie sich häufig auch über die Projektidee hinaus in der Schule engagieren, z. B. mit einem AG-Angebot oder dem Bestreben, für den Vorbereitungsdienst und darüber hinaus an diese Schule zu kommen – in Zeiten des Lehrermangels kann Letzteres für die Schule sehr nützlich sein.

Seitens der Hochschulen hat sich gezeigt, dass die Akquise von Student:innen einfacher gelingt und sich die Verlässlichkeit ihrer Mitwirkung steigern lässt, wenn die Projektidee mit einer Lehrveranstaltung im Rahmen des Studiengang-Curriculums gekoppelt ist und Schüler:innen, die bereits eine Herausforderung umgesetzt haben, oder die verantwortlichen Lehrpersonen an der Schule involviert werden. Das kann beispielsweise ein Forschungsseminar sein, in dem die Projektidee von Student:innen evaluiert wird – an der Universität Wuppertal wurde hierfür ein Konzept entwickelt. Ein anderes Beispiel ist ein Seminar, das pädagogische Führungsstile und -rollen mit besonderem Blick auf das Führen autonomer Schülergruppen im Vergleich zu anderen Lehrerrollen fokussiert (vgl. den Kasten von Teibrich). In Kombination mit einem Erste-Hilfe-Kurs, einem Workshop zur Prävention sexueller Gewalt von Kindern und Jugendlichen und einer Einführung in juristische Fragen über die Aufsichtspflicht könnte das ein wesentlicher Baustein für die Vorbereitung der Student:innen auf ihre Rolle als Begleiter:in sein. Um die Verlässlichkeit der interessierten Student:innen zu intensivieren, läuft an der Universität Siegen aktuell der Versuch, im Rahmen eines solchen Seminars die Reflexion der Herausforderung als Prüfungsleistung anzubieten. – Es sei an dieser Stelle darauf hingewiesen, dass sich die beteiligten

Schulen und Universitäten (noch) nicht einig darüber sind, ob das Engagement der Student:innen intensiver und verlässlicher ist, wenn sie rein intrinsisch motiviert ist, d. h. ohne externale Anreize wie Anerkennungen als Pflichtpraktikum oder gar Prüfungsleistungen im Rahmen einer einschlägigen Lehrveranstaltung erfolgt. Aus motivationstheoretischer Perspektive sollte in der Diskussion berücksichtigt werden, dass die extrinsische der intrinsischen Motivation dann ähnelt, wenn der Grad der Selbstbestimmung möglichst hoch ist, d. h. das „(extrinsische) Verhalten eine instrumentelle Funktion besitzt, aber freiwillig ausgeführt wird, weil das individuelle Selbst das Handlungsergebnis subjektiv hoch bewertet" (Deci/Ryan 1993, S. 228).

3 Akquise anderer externer Begleiter:innen

Wenn die nächste (Fach-)Hochschule weit weg ist oder sich dort partout keine Person findet, die an einer Kooperation in dieser Projektidee interessiert ist, ist es kaum möglich, auf Student:innen als Begleiter:innen zurückzugreifen. In solchen Fällen, aber auch ergänzend gehen einige Schulen auf andere potenziell geeignete Personen zu. Dabei können Vereine oder Kirchengemeinden geeignete Partner werden, weil diese in der Regel Erfahrungen mit der Ausbildung von Jugendleiter:innen (z. B. in Sportvereinen) haben und über Kontakte zu einschlägig interessierte Personen verfügen. Lokale Kooperationen dieser Art könnten sich zu Win-Win-Situationen über die Projektidee hinaus entwickeln. Ein gemeinsames Wirkungsziel wäre der Ausbau gesellschaftlichen Engagements und einer Verzahnung weiterer lokaler Akteure mit den Schulen vor Ort.

Auch Outdooraktivisten, die nicht in Vereinen organisiert sind, lassen sich für die Begleitung einer Schülergruppe begeistern, etwa Mountainbike-Erfahrene, Alpenüberquerer:innen etc. Um solche Personen auf sich aufmerksam zu machen, ist eine intensive Zusammenarbeit mit der Presse, anderen öffentlichen, aber auch digitalen sozialen Medien hilfreich, in denen regelmäßig über diese Projektidee berichtet und möglichst konkrete Beispiele beschrieben werden. Zudem kann die öffentliche Aufmerksamkeit über die Einbindung von politisch Handelnden (Bürgermeister:in, Landrat/rätin, Landtags- und Bundestagsabgeordnete), der Schul-Dezernenten sowie Personen in der IHK und anderen Bereichen des öffentlichen Lebens gesteigert werden: Je besser sich das Projekt herumspricht, desto einfacher wird es sein, Begleiter:innen zu finden. Das gilt nicht zuletzt auch für Schulen, die den folgenden Weg gehen:

In manchen Schulen müssen die Schüler:innen selbst eine Begleitperson finden. Wenn sie dabei auf Familienmitglieder zurückgreifen, sollten das Verwandte dritten oder höheren Grades (also ab Onkel/Tante, Cousin/Cousine) sein. Dadurch sind die Schüler:innen auch für diesen Teil ihrer Herausforderung verantwortlich, was ihre Bindung zu dem eigenen Projekt weiter erhöht.

Selbstverständlich kommt es vor, dass die Schüler:innen mangels Alternativen doch auf engere Verwandte (Eltern, Großeltern oder Geschwister) zurückgreifen wollen. In solchen Fällen entscheidet eine Jury, ob eine Ausnahmeregelung möglich ist. Im Zweifel kann den Schüler:innen eine Person aus einem Stamm-Begleiter:innen-Pool angeboten werden, sofern der an der Schule bereits vorhanden ist (s. u.). Wenig erfolgversprechend erscheint die Suche nach Begleiter:innen

- über eine Anfrage bei den Eltern nach potenziellen Personen aus dem Bekanntenkreis, wenn diese allgemein und schulseitig, also nicht unmittelbar und direkt über die beteiligten Schüler:innen selbst,
- über Zeitungsannoncen oder
- in der Personengruppe, die ein freiwilliges soziales Jahr absolvieren (sog. FSJler oder Bufdi), weil die in der Regel erst 18 oder 19 Jahre alt und damit für diese Aufgabe erfahrungsgemäß zu jung sind. Andererseits: Eine Schule setzt zum Teil (erwachsene) Schüler:innen aus der eigenen Oberstufe als Begleitung ein, die selbst eine Herausforderung durchführten; zudem Inklusionshelfer:innen, ältere Geschwister oder Bufdi bei Schülerinnen mit sonderpädagogischem Förderbedarf.

Grundsätzlich verfolgen fast alle Schulen das Ziel, sukzessive einen festen Pool an ehrenamtlichen Begleiter:innen aufzubauen und zu pflegen. Sie geben dem Projekt an der Schule ein hohes Maß an Sicherheit und werden vielfach auch über ihre Mitarbeit bei der Herausforderung hinaus an der Schule aktiv. Ein wesentlicher Baustein, sie zu gewinnen und mittelfristig zu binden, hängt letztlich mit der Qualität ihrer Ausbildung zusammen, denn je besser sich diese Personen vorbereitet fühlen, desto höher ist die Wahrscheinlichkeit ihrer erfolgreichen Begleitung und in der Folge ihrer Motivation für weitere Einsätze. Dafür sollten konkrete Standards für die Eignung und die Schulung der Begleiter:innen festgeschrieben werden. Das führt einerseits zur Akzeptanz bei den Eltern, die ihr Kind naturgemäß nur ungern einer un- oder nur wenig bekannten Person anvertrauen, schongleich nicht für einen so langen Zeitraum von einer, häufiger zwei oder gar drei Wochen. Zweitens beugen solche Standards der Gefahr vor, aus Mangel an Begleiter:innen auch nicht geeignete Personen zu nehmen.

4 Eignung und Schulung der Begleiter:innen

Allein aus juristischen Gründen kommen ausschließlich erwachsene Personen als Begleiter:innen in Frage, die über eine Erste-Hilfe-Ausbildung und ein anstandsloses erweitertes Führungszeugnis verfügen sowie prinzipiell pädagogisch geeignet erscheinen. Zudem müssen sie die Schüler:innen, die sie begleiten sollen, möglichst gut kennen (vgl. Beitrag 18 von Britta Tillmann), was durch ihre frühzeitige und regelmäßige (zurückhaltende) Einbindung in die Vorbereitung der Herausforderung durch die Schülergruppe erreicht werden kann. Sowohl die Schulen als auch viele der befragten Eltern und Begleiter:innen sind sich darüber einig, dass diese Vorab-Einbindung wichtig ist, um gegenseitiges Vertrauen aufzubauen und damit die Basis für eine gelungene Umsetzung der Herausforderung und letztlich ein beruhigendes Gefühl der zurückgelassenen Eltern zu schaffen. Parallel hierzu werden die Begleiter:innen auf die Aufgaben vorbereitet,

- die Eigenverantwortung der Jugendlichen,
- ihr Selbstvertrauen,
- das Autonomieerleben durch Selbstwirksamkeitserfahrungen,
- den Willensbildungsprozess sowie
- die Frustrationstoleranz im Umgang mit Widerständen

zu stärken. Manche Schulen tun dies, indem sie mit den Personen an Fallbeispielen ein Bewusstsein für den eingangs skizzierten Grat zwischen „Handlungen von Schüler:innen auch dann aushalten, wenn sie offensichtlich in die Irre führen" und „eingreifen, um einen gravierenden Schaden zu verhindern" erarbeiten. Ergänzt wird diese Arbeit durch direkte Unterweisungen im Themenbereich „Aufsicht und Versicherung", damit sie sukzessive ein Gefühl für die Möglichkeiten und Grenzen des Handelns ihres eigenen und des Handelns der Schüler:innen entwickeln. Diese Arbeit mit den zukünftigen Begleiter:innen ist zeitaufwendig, trägt aber dazu bei, die Personen besser kennenzulernen und ihre pädagogische Eignung realistisch einzuschätzen.

Andere Schulen setzen alternativ oder ergänzend darauf, dass die Begleiter:innen den bundesweit einheitlichen Ausweis „Jugendleiter:in-Card (Juleica)" besitzen oder erwerben. Auf https://www.juleica.de/infos/qualifikation/ wird die Ausbildung wie folgt skizziert: „Neben den bundesweiten Mindestanforderungen, die von der Jugendministerkonferenz 2009 beschlossen worden sind, hat jedes Bundesland ergänzende Qualitätsstandards, die z. B. die Dauer der Ausbildung regeln (bundesweit mind. 30 Stunden, in einigen Bundesländern bis zu 50 Stunden). Zu den vorgeschriebenen Inhalten der Juleica-Ausbildung gehören (Beschluss der Jugendministerkonferenz 2009):

- Aufgaben und Funktionen des Jugendleiters/der Jugendleiterin und Befähigung zur Leitung von Gruppen,
- Ziele, Methoden und Aufgaben der Jugendarbeit,
- Rechts- und Organisationsfragen der Jugendarbeit,
- psychologische und pädagogische Grundlagen für die Arbeit mit Kindern und Jugendlichen,
- Gefährdungstatbestände des Jugendalters und Fragen des Kinder- und Jugendschutzes.

- Darüber hinaus wird empfohlen, aktuelle Themen des Jugendalters und der Jugendarbeit wie Partizipation, Geschlechterrollen und Gender Mainstreaming, Migrationshintergrund und interkulturelle Kompetenz, internationaler Jugendaustausch und auch verbandsspezifische Themen zum Bestandteil von Ausbildungsstandards zu machen."

So oder so empfehlen die Schulen in diesem Zusammenhang:

- Die Auswahl und Vorbereitung der Begleiter:innen sollte dokumentiert werden (z. B. Eignung, Erste-Hilfe-Nachweis, ggf. Rettungsschwimmerabzeichen, Schulungstermine und -themen).
- Bei technisch anspruchsvollen Herausforderungen (z. B. Fahrrad-, Longboard-, Kanutour) finden vor der Durchführung der Herausforderung manchmal Vorfahrten statt. Daran sollten die Begleiter:innen teilnehmen.
- Die Schule sollte den Begleiter:innen grundlegende Informationen zu der Herausforderung in einer Mappe zusammenstellen.

Die Integrierte Gesamtschule Landau setzt die Projektidee schon seit vielen Jahren um; ihr Schulungskonzept ist in der Textbox 3 skizziert. Vor einigen Jahren begannen die dort verantwortlichen Kolleg:innen, digitale Webinare als Modulelemente für die Vorbereitung der Begleiter:innen und der Schüler:innen zu entwickeln: Anfangs wurden sie gemeinsam mit den Begleiter:innen des entsprechenden Durchgangs konzipiert. Seitdem kommen die Webinare regelmäßig auf den Prüfstand der nachfolgenden Begleiter:innen und werden gemeinsam mit ihnen verbessert und ergänzt. Nach einem erfolgreichen Peer-Review-Prozess kommen dann die jeweils aktualisierten Webinare zum Einsatz. Auf diese Weise lernen die Student:innen, wie man Webinare entwirft und einsetzt. Und die beteiligten Lehrer:innen lernen immer besser, worauf es letztlich ankommt – auf diese Weise ist z. B. das Thema „Teamentwicklung" immer stärker in den Blick geraten.

Die Themen der Webinare sind übergeordnet und für viele Herausforderungsangebote einsetzbar. Sie bestehen aus Slide-Shows, Erklärvideos und einem Testpaket aus einem Online-Quiz zur Lernkontrolle. Erst wenn das Quiz bestanden wurde, gilt das Modul als absolviert. Folgende Themen sind bereits verfügbar – und weitere in Planung:

- Teamentwicklung (Phasen, Checkliste, Dos & Don'ts, Krisengespräche führen …),
- Routenplanung (Apps, Plan B, Unterkünfte suchen …),
- Lösungsorientierung (Konstruktive Fragetechniken, positives Leadership, Haltungen),
- Austausch und Kommunikation – gut und effektiv miteinander reden,
- Feedback (Ideen und Formen für formatives und summatives Feedback),

- Dokumentation (Kreativtechniken),
- Emotionen erkennen, formulieren und konstruktiv damit umgehen,
- Selbstreflexion (Veränderungen wahrnehmen und würdigen),
- Reiseplanung (Packliste, Unterkünfte finden, Route, Plan B …),
- Notfallsituationen (Was wenn? Handlungsanweisungen und -hilfen),
- Erste Hilfe (Lehrgang nicht nur für kleine Notsituationen).

Zudem bietet die Organisation „Herausforderung einfach machen" Schulungen zur Qualifizierung von Begleiter:innen und darüber hinaus von Trainer:innen an, die wiederum Begleiter:innen schulen wollen; Markus Teibrich beschreibt das (kostenpflichtige) Konzept in der Textbox 2 „Ausbildung der Begleiter:innen bei *Herausforderung einfach machen*".

Textbox 3: Schulung studentischer Begleiter:innen am Standort Landau
Uli Roos und *Dirk Sponholz*

Seit zehn Jahren kooperieren die Integrierte Gesamtschule Landau (IGS) und das Institut für Sonderpädagogik der Universität Koblenz – Landau im Projekt „Herausforderung". Der Kern der Kooperation ist, dass ausgewählte Student:innen im Rahmen eines begleiteten Forschungspraktikums die gesamte Zeitspanne der Herausforderungen begleiten und dafür Credit-Points erwerben, die ihnen im Studium angerechnet werden. Die Vorbereitung, Begleitung und Betreuung der Student:innen sowie die Nachbereitung in Form von Reflexion und Feedback überschneiden gegenseitige Interessenfelder der Schule und der Universität, z. B. Verzahnung von Theorie und Praxis, personelle Unterstützung, Perspektivenerweiterung über Feedback. Neben der Möglichkeit, selbstständig praxisnah zu forschen, eröffnet ihnen das Projekt einen tiefgehenden Einblick in Erfahrungsräume, die die eigene Professionsentwicklung positiv beeinflussen (können). Die Betreuung sowie die Vor- und Nachbereitung der Student:innen ist durch ein Team bestehend aus Dozenten und den schulischen Organisatoren der Herausforderung im Vorfeld und währenddessen organisiert und gewährleistet.

Projektablauf
Aus studentischer Perspektive ist das Projekt wie folgt gestaltet:

(1) Die Student:innen werden per E-Mail über die Option Herausforderung hingewiesen. Darin werden das Format, mögliche Angebote, Erwartungen, Termine, Kontaktadressen und eine Einladung zu einem ersten Infotreffen an der Schule weitergegeben. Die Student:innen suchen eigenaktiv und eigenverantwortlich den Erstkontakt mit der Schule.

(2) In einem gemeinsamen Treffen mit den Vertreter:innen der Schule, den Dozent:innen der Universität und den interessierten Student:innen werden die Rahmenbedingungen (etwa Organisation, Ansprechpartner:innen) geklärt.

---

(3) Die Student:innen entscheiden, ob sie selbst ein Herausforderungsangebot formulieren, das ggf. in die Angebotsliste aufgenommen wird. Sie können sich auch für die Betreuung eines Angebots von Lehrenden bzw. Schüler:innen entscheiden. Erwartet wird, dass sie sich persönlich einbringen und bei der Teilnahme selbst herausfordern.

(4) Nach dieser Entscheidungsphase machen sich die Student:innen mit dem Projekt und den teilnehmenden Schüler:innen vertraut. Zur Vorbereitung finden regelmäßige Treffen in der Schule statt. Die Studierenden nehmen an den vier Vorbereitungstagen und am Infoabend mit den Eltern teil. Parallel dazu werden Forschungsinteressen ausgelotet und formuliert und mit den betreuenden Dozenten abgestimmt.

(5) Im weiteren Verlauf bringen sich die Student:innen in das Projekt der Schüler:innen ein und werden dabei von der Schule und der Universität begleitet. In dieser Phase ist die Unterstützung durch Erfahrungsaustausch mit ehemaligen studentischen Begleiter:innen und den schulischen Organisatoren wichtig. Dies erfolgt z. B. durch dokumentierte Videonachrichten oder Direktkontakte und Modulbausteine wie zur Aufsicht oder zur ersten Hilfe. Zur Teilnahme an den Herausforderungen zählt die Verpflichtung zum Austausch auch nach dem Projekt und zur Übergabe von kritischem Wissen. Ein fester Termin dazu ist der Kaffeeklatsch, an dem bei Kaffee und Kuchen zwischen ehemaligen und neuen Begleiter:innen Erfahrungen fließen.

Über der Durchführung der konkreten Herausforderung der Schüler:innen steht aus studentischer Perspektive das Forschungsvorhaben, für das sie einen möglichst genauen Forschungsplan benötigen, den sie während der Begleitung der Herausforderung umsetzen.

Vorbereitung der Student:innen

Das Einüben der Rolle als erwachsene Begleitperson erfordert die vertrauensvolle Vorbereitung auf das kritische Verständnis der eigenen Rolle als Begleitung und den damit verbundenen Aufgaben sowie auf die Erwartungen der Universität und der Schule (inklusive der Schüler:innen und ihrer Eltern). Zur Optimierung dieser Vorbereitung haben die Verantwortlichen der IGS und der Universität Module entwickelt, die den Student:innen helfen sollen, die einzelnen Phasen des Projektes gut zu meistern. Diese Module zur Vorbereitung sind:

- Rollenverständnis und Umgang mit Emotionen,
- Methoden zur Kommunikation, Feedback, Dokumentation, (Selbst-)Reflexion,
- Rechtliches und Praktisches (z. B. Aufsicht, Erste Hilfe, Routenplanung ...),
- Ressourcen- und Lösungsorientierung.

Folgende Terminbausteine helfen den Teilnehmer:innen die Zusammenarbeit an der Schnittstelle zwischen Schule und Universität gut zu gestalten:

- Organisationstreffen
- Betreuer:innen-Austausch im Kaffeeklatsch

- Vorstellung und Teilnahme an zwei Elternabenden
- Modultraining (online)
- Individuelle Sprechsunden an der Schule und der Universität
- Workation-Day-Abschlussveranstaltung und Feedback mit Videobotschaft

Im Rahmen der Vorbereitung auf ihre Aufgabe als Begleiter:innen haben wir zunehmend die Eigenverantwortlichkeit der Student:innen zugelassen. Damit verbunden sind Effekte, die wir im Vorfeld nicht erwarteten. Beispielsweise berichten die Student:innen von einem symmetrischen Arbeitsbündnis mit den Lehrkräften im Projekt, das sich deutlich von der Rolle im Rahmen eines „normalen" Schulpraktikums unterscheidet. Sie beschreiben auch, dass die Begleitung der Herausforderung in der Vorbereitung, wie auch in täglichen Situationen während der Herausforderung als echte Situation wahrgenommen werden und dadurch die Motivation, sich einzubringen, steigt.

Die Erfahrung zeigt, dass es nur wenige Komplikationen im Kontakt der Student:innen mit der Schule gibt. Die auf diese Weise gewachsene Kooperation zwischen der Schule und der Universität funktioniert auf der Basis eines sehr vertrauensvollen und intensiven Austauschs des Organisationsteams der Schule und den Dozenten der Universität. Beide Institutionen profitieren voneinander, weil sie echte WIN-WIN-Situationen forcieren und einfordern. Die Berichte der Teilnehmer:innen über professionsrelevante Lernerfahrungen und Veränderung von Werten, Einstellungen und Haltungen sind wichtige Effekte. Sie sorgen für einen sehr guten Ruf dieser Kooperation. Auf Werbung für die Zusammenarbeit kann derzeit verzichtet werden: Jedes Jahr melden sich viele neue Student:innen als potenzielle Teilnehmer:innen für diese Zusammenarbeit an, weil sie von ihren Kommiliton:innen davon hören.

Literatur

Deci, Edward L./Ryan, Richard M. (1993): Die Selbstbestimmungstheorie der Motivation und ihre Bedeutung für die Pädagogik. In Zeitschrift für Pädagogik, H. 2. S. 223-238.

Dr. Jörg Siewert ist Akademischer Oberrat für Schulpädagogik im Sekundarbereich an der Universität Siegen, Redaktionsmitglied der Zeitschrift PÄDAGOGIK und Mitglied im Forschungsverbund HeRiS. An der Universität Siegen leitet er die Arbeitsstelle „Siegener Netzwerk Schule (SiNet)", die derzeit drei Schulen bei der Umsetzung ihrer Projektidee „Herausforderung" unterstützt und begleitet. Kontakt: siewert@paedagogik.uni-siegen.de

Dr. Matthias Rürup ist wissenschaftlicher Mitarbeiter im Arbeitsbereich Empirische Schulforschung an der School of Education der Bergischen Universität Wuppertal. Er begleitet die Idee der Herausforderung seit über zehn Jahren mit großem

Interesse als eine Innovationsidee, die sich nicht top-down, sondern nur at-the-bottom, zwischen interessierten Schulen und Lehrkräften, im Schulsystem verbreiten kann. Er ist Mitglied im Forschungsverbund HeRiS. Kontakt: ruerup@uni-wuppertal.de

Markus Teibrich (Geschäftsführer Herausfo(e)rderer gemeinnützige UG) unterstützt Schulen bei der Implementierung sowie Finanzierung von Herausforderungsprojekten sowie der Rekrutierung und Qualifizierung von Begleitpersonen: markus.teibrich@herausforderung.eu

Uli Roos ist Mitglied der Schulleitung und didaktischer Koordinator der Integrierten Gesamtschule Landau. Er organisiert und betreut die Netzwerke der Schule zur Zusammenarbeit mit Studierenden bei Herausforderungen und zu Forschungsvorhaben von Universitäten und Hochschulen, sowie mit Kooperationsbetrieben aus Industrie und Handwerk im Rahmen der Talent Company (Strahlemann Stiftung). Diese Netzwerke unterstützen die Umsetzung und das Format der Herausforderungen z. B. direkt über personelle Hilfe, über Kontakte und mögliche Optionen oder Ideen sowie auch indirekt durch finanzielle Hilfe. Kontakt: u.roos@igs-landau.de

Dirk Sponholz ist wissenschaftlicher Mitarbeiter am Institut für Sonderpädagogik an der Rheinland-Pfälzischen Technischen Universität Kaiserslautern-Landau. Sein Forschungsinteresse richtet sich auf den schulischen Anteil berufsorientierender Maßnahmen im Kontext von Inklusion. Seit sechs Jahren beschäftigt er sich in enger Kooperation mit der IGS Landau mit der Entwicklung und Implementierung angeleiteter Forschungspraktika im Rahmen der Herausforderungen. Kontakt: sponholz@uni-landau.de

20   *Herausforderung* als Schulentwicklungsprojekt

Jörg Siewert

1   Einleitung

„Habt ihr schon gehört: Die XY-Sekundarschule in Z macht jetzt schon länger ‚Herausforderung‘. Dort ziehen die Achter für zwei Wochen in die Welt, selbstorganisiert und weitestgehend eigenverantwortlich. Entschulung der Pubertierenden: Wäre das nicht auch was für uns?" Wer auch immer hinter diesem Impuls steckt: Er oder sie bringt ein dickes Brett in die Schulentwicklung ein, die Schulleitung, die Kolleg:innen, die Schüler:innen und vor allem die Eltern, die ihre Kinder in die Ungewissheit ihrer Herausforderung ziehen lassen müssten, sind zu überzeugen. Wie kann das gelingen? Und welche weiteren Probleme sind bei der Adaption und Umsetzung dieser Projektidee zu überwinden? Dieser Beitrag fasst die Erfahrungen, die die Schulen im Rahmen der im Beitrag 16 von Matthias Rürup beschriebenen HeRiS-Delphi-Befragung zu diesem Thema ausgeführt haben, zusammen. Er beginnt mit der ersten und wohl auch entscheidenden Hürde:

2   Die Schulgemeinschaft für die Idee gewinnen

Schulleitung und Kolleg:innen

Die befragten Schulen haben unterschiedliche Wege gefunden, ihre Schulleitung und ihre Kolleg:innen für die Idee zu begeistern. An einer Schule kam den Initiator:innen ein positiver Bericht des Magazins der Süddeutschen Zeitung zugute, über den viele der Angesprochenen bereits grundsätzlich positiv gestimmt waren. Allgemeiner ausgedrückt: Sie griffen auf positive Erfahrungen und Beurteilungen potenziell anerkannter Autoritäten zurück. Neben Printmedien kann für diesen Ansatz auf diverse Fernsehberichte – nicht zuletzt auch im Zusammenhang mit dem Deutschen Schulpreis – und insbesondere auf andere Schulen mit einschlägigen Erfahrungen zurückgegriffen werden – und vielleicht auch auf dieses Buch.

Zum Beispiel ist die Idee an einer Schule ursprünglich von einer kleinen Gruppe begeisterter Lehrer:innen ausgegangen, die zunächst eine Exkursion zur Winterhuder Reformschule in Hamburg (vgl. Beitrag 11 von Arne Sorgenfrei und Antje Pochte) unternahm, um sich mit den dortigen Lehrkräften auszutauschen; die Kolleg:innen wurden dafür freigestellt. Diese Kooperation führte zu einer ersten Durchführung des Projekts mit einer Pilotgruppe. Auf einer Lehrerkonferenz wurden die Erfahrungen, die die Schüler:innen dabei sammelten, anschließend mit wirkungsmächtigen Bildern geteilt. Ein überzeugendes Argument für weitere Durchführungen ergab sich dabei nicht nur aus den positiven Erfahrungen der Kolleg:innen, sondern vor allem aus dem begeisterten Feedback der beteiligten Schüler:innen. In der Folge wuchs die Anzahl der Schüler:innen, die sich an der Projektidee beteiligten, und mit ihr die Zahl der positiven Erfahrungen, wodurch letztlich immer mehr skeptische Kolleg:innen überzeugt wurden.

An dieser Schule war und ist die Teilnahme an der Herausforderung freiwillig, wodurch die schwierige Aufgabe, unwillige oder unsichere Schüler:innen und Eltern überzeugen zu müssen, entfällt. Im Ergebnis konnte die Schule die Projektidee *Herausforderung* erfolgreich adaptieren und etablieren, nicht wenige Eltern melden ihre Kinder gezielt an der Schule an, weil dieses Projekt dort existiert.

Eine andere Schule berichtet, dass innerhalb des Kollegiums schnell Konsens über die Sinnhaftigkeit des Projekts bestand. Bedenken äußerten die Kolleg:innen jedoch angesichts des zu erbringenden Mehraufwands. Aus diesem Grund versicherte man sich der personellen Unterstützung einer Universität aus der Region, wodurch die Kolleg:innen, in deren Jahrgang die Idee umgesetzt werden sollte, überzeugt werden konnten. Über diesen Bottom-Up-Weg habe man sich schließlich in der Lehrerkonferenz die Unterstützung auch von offizieller Seite sichern können. Innerhalb der Lehrerkonferenz waren Selbstwirksamkeitserfahrungen in der Pubertät und der Einstieg in die Berufsorientierungsphase die gewinnenden Argumente.

Auch andere Schulen empfehlen die Zusammenarbeit mit Expert:innen aus den Universitäten der Umgebung für die personelle Unterstützung durch Student:innen und darüber hinaus insbesondere für die Konzeption/Adaption der Idee und für die Anschubphase.

Schüler:innen und ihre Eltern
Eine weitere Schule hat eine Zusammenarbeit mit der Evangelischen Schule Berlin Zentrum (ESBZ – vgl. Beitrag 9 von Elias Hoffmann und Maria Schmidt) etabliert. Diese Kooperation bestand anfangs darin, eine Gruppe erfahrener Schüler:innen der ESBZ mitsamt ihrer zuständigen Betreuungsperson in die Schule zu holen. Diese kamen sowohl zu dem einschlägigen Elternabend als auch zu einer Informationsveranstaltung für die betreffenden Schüler:innen. Dort berichteten die ehemaligen Teilnehmer:innen von ihren Erfahrungen, wodurch sie Ängste und Unsicherheiten der Schüler:innen und ihrer Eltern abbauen und sie für das Projekt begeistern konnten. Über den Austausch mit der ESBZ gelang es darüber hinaus, Kontakt mit ehemaligen Begleiter:innen aufzubauen, was besonders in der Vorbereitungsphase vor dem eigenen Projektstart eine große Unterstützung war. Nicht zuletzt waren durch den Kontakt mit der ESBZ auch die Kolleg:innen recht einfach zur Unterstützung des Projekts zu gewinnen.

Aufgrund der positiven Wirkung, die die authentischen Erfahrungsberichte der Schüler:innen und Begleiter:innen entfalteten, wurde an dieser Schule das Teilen von Erfahrungsberichten sukzessive kultiviert: Regelmäßig berichten die Schüler:innen von ihren Erfahrungen, die sie während ihrer Herausforderung machten. An diesen Vorträgen und Präsentationen können die Schüler:innen und Eltern des nächsten Jahrgangs teilnehmen. Auch Schüler:innen des vorletzten Jahrganges sind dann anwesend und stehen als Ansprechpartner:innen bereit.

Die Erfahrungen bereits bestandener Projekte aus erster Hand präsentiert zu bekommen und direkt nachfragen zu können, wird als ausschlaggebend bezeichnet, die Schüler:innen und ihre Eltern von der Teilnahme zu überzeugen. Ihre Berichte sind inspirierend für die Entwicklung eigener Ideen. Selbst Videobeiträge können, so berichten mehrere Schulen, die Schüler:innen emotional packen und verdeutlichen, warum die Gestaltung und Umsetzung einer Herausforderung erstrebenswert ist.

In der Kommunikation mit den Eltern hat eine Schule gute Erfahrungen damit gemacht, die Hintergründe und Bedeutung der Projektidee für Jugendliche in der Pubertät durch einen Erziehungswissenschaftler einer unterstützenden Universität vortragen und im Anschluss gemeinsam diskutieren zu lassen.

Für die Kommunikation mit den Schüler:innen wählen die Schulen ähnliche Strategien der umfassenden und regelmäßigen Information und Diskussion. Häufig werden parallel zu den Elternveranstaltungen vergleichbare Veranstaltungen für die Schüler:innen angeboten, die dann einen besonderen Schwerpunkt auf die Eigenverantwortung der Teilnehmer:innen legen.

Alle Gruppen der Schulgemeinde

Die Akzeptanz und Begeisterung für die Projektidee aller beteiligten Personen über die Erfahrungen der beteiligten Schüler:innen herzustellen, setzt voraus, dass die ihre Herausforderung als positiv und gewinnbringend erleben und einstufen. Damit das gelingt, müssen alle Beteiligten (Schüler:innen, Begleiter:innen, aber auch Eltern und beteiligte Lehrpersonen) und insbesondere die einzelnen Herausforderungen sehr gut vorbereitet sein. Dazu können Kooperationen mit einer erprobten Partnerschule, mit einschlägig erfahrenen Dozent:innen einer Hochschule und mit der Organisation „Herausforderung einfach machen" (vgl. Beitrag 19 – Textbox 2 von Markus Teibrich) einen wesentlichen Beitrag leisten. Vor allem aber ist nach den Erfahrungen der befragten Schulen eine heterogene Planungsgruppe unerlässlich, in der Erfahrungen und Expertisen aus allen relevanten Bereichen zusammenkommen: Klassenlehrer:innen, Schulsozialarbeiter:innen, Jahrgangsstufenleiter:innen, Koordinator:innen der Klassenfahrten, Vertreter:innen aus der Berufsorientierung u. a. In dieser Planungsgruppe sollten auch Eltern vertreten sein, denn in den Entwicklungsprozessen hat sich gezeigt, dass engagierte Eltern Bedenken anderer Eltern im direkten Kontakt gut auflösen können, sofern sie an den Diskussionen und Entscheidungen beteiligt sind. – Eine Schule betont darüber hinaus die hohe Bedeutung der Eltern und der Schüler:innen bei der Evaluation der Umsetzungen, da man auf diesem Weg auf Probleme aufmerksam werde, die man ohne diese Perspektive sonst nicht wahrgenommen hätte.

Die Planungsgruppe sollte die intendierte Wirkung der Herausforderung auf die Schüler:innen und die anderen Gründe für die Umsetzung der Projektidee (z. B. die Steigerung der Attraktivität der Schule) festschreiben, um bei späteren Diskussionen und Beurteilungen organisatorischer Details einfacher eine Einigkeit innerhalb der Schulgemeinde erreichen zu können, weil man sich darauf besinnen und ggf. berufen kann.

Es sei sinnvoll, so berichten viele Schulen, dass diese Gruppe verschiedene Variablen der Umsetzung der Projektidee diskutiert, dazu gehören u. a.:

- die Länge der Herausforderung,
- beteiligte Jahrgangs-/Klassenstufe, ggf. beteiligte Klassen,
- Freiwilligkeit bzw. Verpflichtung zur Teilnahme,
- Offen- oder Gebundenheit des Angebots,
- externe oder interne Begleiter:innen – oder beides – sowie Festlegung verantwortlicher Lehrpersonen während der Durchführung mit externen Begleiter:innen,
- Sockelbetrag, über den die Schüler:innen verfügen dürfen, und ggf. Möglichkeiten, darüber hinaus zu gehen,
- Tiefe der Verzahnung mit anderen Maßnahmen wie der Berufsorientierung,
- Rahmen der Präsentation und Reflexion der Erfahrungen,
- benötigte Ressourcen.

Für die Kommunikation mit anderen Gremien (z. B. Schülervertretung, Elternpflegschaft, Lehrer- und Schulkonferenz) empfehlen einige Schulen, die Projektidee anfänglich als Experiment zu verstehen. Darin lägen die beiden folgenden Vorteile:

1. Die Planungsgruppe muss sich mit der Art der Durchführung nicht festlegen, sondern kann die Entwicklung eines passenden Modells als Lernaufgabe darstellen.
2. Skeptische Kolleg:innen, Schüler:innen, Eltern müssen in der Anfangssituation noch nicht final entscheiden: Sie nehmen an einem Projekt teil, das sich wandeln kann. Das, so die Erfahrung, steigere im Kollegium die Bereitschaft zur Kooperation, was wichtig ist, weil an der Projektidee *Herausforderung* zum einen letztlich viele Personen beteiligt sind, die am Ende pädagogisch möglichst an einem Strang ziehen müssen, und weil zum anderen die Umsetzung der Projektidee einen großen Eingriff in die Schulstruktur vornehme, die einen breiten Konsens in der Schulgemeinschaft erfordere.

Hierbei ist es wichtig, akribisch vorzugehen und immer wieder Zwischenstände und Evaluationen im Kollegium vorzustellen und zu diskutieren.

Die Schulen sind sich nahezu einig: Klarheit in der Konzeption und Umsetzung der Projektidee ist eine wichtige Voraussetzung für die Akzeptanz und Bereitschaft, mitzuwirken. Die ist einfacher zu erreichen, wenn der Planungsgruppe eine Person vorsteht, die dafür die Verantwortung übernimmt und die Prozesse nach innen und nach außen organisiert. Selbstverständlich benötigt sie die Unterstützung der Schulleitung, insbesondere der Abteilungsleitung und, falls vorhanden, der didaktischen Leitung. Dieser Projektleitung obliegt die frühzeitige Einbindung der Klassenlehrer:innen des Jahrgangs, der die *Herausforderung* als nächstes durchführt.

3   Argumente, Probleme und Lösungsansätze

Als starkes Argument für die Unterstützung der Projektidee innerhalb der Schulgemeinde hat sich bewährt, Schüler:innen in der bedeutsamen Entwicklungsphase der Pubertät eine Chance zur Weiterentwicklung zu geben, die nicht schulisch-didaktisiert, sondern von ihnen selbst gewählt wird (vgl. Teil I dieses Buches). Dazu passt das Argument einiger Schulen, man könne mit der Projektidee der Tendenz, Verantwortungen abzugeben, begegnen, indem die Jugendlichen eigene, authentische Lebenserfahrungen sammeln können und ihre Entscheidungen verantworten müssen.

Die Befürchtung der Kolleg:innen vor einer starken Be- oder gar Überlastung (s. o.) müsse, so die Einschätzung vieler Schulen, ernst genommen und offen diskutiert werden. Die beiden folgenden Argumente könnten dabei hilfreich sein:

1. Die notwendigen und zur Verfügung stehenden Ressourcen müssen im Vorfeld so realistisch wie möglich abgewogen werden – dazu gehört insbesondere die Unterstützung, die von außen (z. B. durch externe Begleiter:innen) zu bekommen ist. – Dort, wo das nicht gut gelang, ist die anfängliche Euphorie in der Tat schnell der Frustration über eine zu hohe Belastung gewichen, so dass die *Herausforderung* am guten Ende vom Engagement Weniger abhing. – Aber: In diesem Zusammenhang mahnen einige Schulen an, die Ressourcenfrage nicht zu früh zu erörtern, um – ganz im Sinne der Methodik „Zukunftswerkstatt" – der Kreativität der Planungsgruppe erst mal einen möglichst freien Lauf zu lassen.
2. Einzelne kleinere Aufgaben sollten auch an Personen der Schulgemeinschaft abgegeben werden, die über eine Expertise in einem bestimmten Bereich verfügen, ansonsten aber nicht in die unmittelbare Umsetzung involviert sein können oder wollen (vgl. Beitrag 19 – Textbox 1 von Matthias Rürup).

4 Aktuelle Entwicklungsanforderungen

In der Delphi-Befragung wird deutlich, dass die Adaption der Projektidee und ihre Implementation einfacher gelingt, wenn die Schüler:innen (und ihre Eltern) freiwillig daran teilnehmen. Dies habe zum Vorteil, dass es kaum Widerstände gibt, weil das Projekt von allen Beteiligten mitgetragen werde und sie aufgrund ihrer autonomen Entscheidung ein hohes Engagement mitbrächten. Solche Erfahrungen sind plausibel, denn das hohe Engagement macht positive Erlebnisse und in der Folge erfreuliche Rückmeldungen wahrscheinlich, so dass die Zahl der Interessierten stetig wächst – in vielen Schulen gelingt das sogar trotz attraktiver Konkurrenzangebote, sofern sie innerhalb der Schuljahresplanung über das Fahrtenkonzept abgestimmt werden (vgl. auch den Beitrag 16 von Matthias Rürup).

Unter den Schulen, die die Projektidee sukzessive experimentell und deswegen zunächst freiwillig umsetzten, denken nun einige darüber nach, von der Freiwilligkeit zu einer Pflichtteilnahme zu wechseln und sehen damit zwei Schwierigkeiten auf sich zukommen:

(1) Solange die Schüler:innen freiwillig teilnehmen, fühlen sich die Eltern/Erziehungsberechtigten (mit-)verantwortlich für das Gelingen der Herausforderung ihres Kindes, was sie in den meisten Fällen zu einer intensiven familiären Unterstützung der Planungen der Schüler:innen führt. Im Gegensatz dazu wird es bei der Pflichtvariante plötzlich Gruppen geben, die diese außerschulische Unterstützung nicht haben und deswegen mehr Unterstützung durch die Lehrpersonen benötigen. Die Schule muss sich also darauf einstellen, dass der Betreuungsaufwand überproportional zur Anzahl der beteiligten Schüler:innen wächst.

(2) Mit der Verpflichtung aller Schüler:innen (des entsprechenden Jahrgangs) steigen die Zahl und in der Folge die Vielfalt der Herausforderungen. Die Vorschläge der Schüler:innen werden damit unübersichtlicher. Es besteht die Gefahr, dass am Ende jeder schulexterne Aufenthalt und jedes Praktikum unter dem Banner *Herausforderung* läuft und der Anspruch der Projektidee damit nach und nach verflacht. Um das zu verhindern, muss die Schule ein System entwickeln, mit dem bei allen Projekten der Überwindungscharakter als wesentlicher Anspruch an eine Herausforderung überprüft und letztlich sichergestellt werden kann.

Über diese Grundsatzproblematik beim Wechsel von der experimentellen Start- in die Phase der endgültigen Verankerung im Schulprogramm hinaus nennen einzelne Schulen noch folgende Bedarfe der Weiterentwicklung ihres Konzepts:

- Pandemiebedingte Rückstände aufholen, d. h.: Die Schüler:innen, die in den beiden zurückliegenden Jahren der Covid19-Pandemie keine *Herausforderung* umsetzen konnten, sollen nun hierzu die Gelegenheit bekommen, etwa indem pro Schuljahr zwei Durchgänge organisiert werden. Hierfür werden mehr Begleiter:innen gebraucht.
- Die Akquise externer Begleiter:innen intensivieren und ihre Schulung überarbeiten.
- Die Materialien, mit denen die Schüler:innen bei der Planung ihrer Herausforderungen unterstützt werden, verbessern.
- Den Durchführungszeitraum auf den Prüfstand stellen und ggf. verändern.
- Die Projektidee auf andere Jahrgangsstufen ausweiten.

Dr. Jörg Siewert ist Akademischer Oberrat für Schulpädagogik im Sekundarbereich an der Universität Siegen, Redaktionsmitglied der Zeitschrift PÄDAGOGIK und Mitglied im Forschungsverbund HeRiS. An der Universität Siegen leitet er die Arbeitsstelle „Siegener Netzwerk Schule (SiNet)“, die derzeit drei Schulen bei der Umsetzung ihrer Projektidee „Herausforderung“ unterstützt und begleitet. Kontakt: siewert@paedagogik.uni-siegen.de

21   Reicht der Berg?

Der Umgang mit der Reflexion bei den Herausforderungen

Sarah Poersch & Michael Zimmer-Müller

1   Einleitung

Erlebnispädagogik sei es, „wenn nachhaltig versucht wird, die Erlebnisse durch Reflexion und Transfer pädagogisch nutzbar zu machen. Klettern, Schlauchbootfahren oder Segeln sind Natursportarten, die viel Freude und Sinn vermitteln. Sie bleiben aber lediglich eine Freizeitbeschäftigung, wenn sie um ihrer selbst willen durchgeführt werden" schreibt Werner Michl in der Einleitung seines Büchleins zur Erlebnispädagogik (Michl 2020, S. 13). Damit spricht Michl ein zentrales Element der Erlebnispädagogik an, welches bei den meisten Aktivitäten im Rahmen der schulischen Herausforderungsprojekte (vgl. Beitrag 4 von Peter Wastl) ebenfalls relevant ist. Auch hier sollen anspruchsvolle Aufgaben und die damit verbundenen Probleme gelöst werden, um einen pädagogischen Zweck zu erreichen. Wie in anderen Beiträgen dieses Bandes, geht es auch hier darum, schulspezifische Vorgehensweisen zu identifizieren und zu beschreiben. Konkret stellt sich die Frage, wie Schulen, die Herausforderungen anbieten, mit dem Thema Reflexion und Transfer umgehen. Der Beitrag greift kurz die theoretischen Überlegungen zur Reflexion innerhalb der Erlebnispädagogik auf, geht dann auf Forschungsergebnisse ein und zeigt schließlich auf, wie Schulen im Rahmen der Herausforderungen Reflexion nutzen und welche Schwierigkeiten sie damit und welche Erwartungen sie daran haben. Letzteres wurde mithilfe der Delphi-Methode durch die Autor:innen bei mit der Durchführung betrauten Lehrkräften ausgewählter Schulen erhoben.

2   Reflexionsarbeit in der Erlebnispädagogik

Michl (vgl. 2020) beschreibt im weiteren Verlauf des oben genannten Bandes fünf Formen der Wirkung bzw. des Lernens in erlebnispädagogischen Settings: Dabei zielt die erste, „The mountains speak for themselves" genannt, darauf, dass es bei Naturerfahrungen nicht nötig sei, diese im Nachhinein zu analysieren oder zu diskutieren. Ein Sonnenuntergang am Meer oder – wie der Name des Modells es besagt – die Berge selbst haben eine Wirkung, ohne dass darüber gesprochen werden muss. Dieses Modell gilt laut Michl als das ursprüngliche Vorgehen der Erlebnispädagogik (vgl. 2020, S. 71 f.). Andere Formen beinhalten zum Teil intensive Vorbereitungen der erlebnispädagogischen Settings, indem Alltagssituationen ähnliche aber herausfordernde Erlebnisse konstruiert und im Nachgang durch systematische Reflexionen analysiert werden, um damit den Lernerfolg zu sichern. Dabei gibt es mehr oder weniger ausgearbeitete Ansätze, die unter anderem auch eine Arbeit mit Metaphern vorsehen (vgl. Michl 2020, S. 75 ff.). Die Bewältigung der Situationen soll dann mithilfe von Reflexion die alltäglichen Situationen selbst bewältigbar(er) machen. Mart Rutkowski hat der Reflexion einen ganzen Band gewidmet (vgl. Rutkowski 2015). Darin stellt er in einem Praxisteil über ca. 170 Seiten einen bunten Strauß an Reflexionsmethoden vor[1], wozu die folgenden gehören: das Reflektieren mit Gegenständen oder mithilfe von Gefühlskärtchen, eine Kuchen- oder Handyreflexion, Zeitstrahl, Fishbowl-Gespräch über die Gruppe, Landkarte malen, Labeling-Technik oder Zweiergespräch u. v. m. (vgl. auch zu Details Rutkowski 2015). Daneben setzt er sich aber im Theorieteil auch damit auseinander, wie die verschiedenen Modelle, die auch bei Michl genannt werden, wirken.

Reflexion kann allerdings auch die eigentlich intendierte Wirkung zunichtemachen. Selbst erfahren musste der Mitautor des aktuellen Beitrags dies in einem Universitätsseminar, als er als Teamer mit einer Gruppe Studierender, die sich alleine oder zu zweit durch einen stockfinsteren Wald bewegten, am Ende der Erfahrung eine Reflexionsrunde durchführen wollte und die Gruppe ihm mitteilte, dass sie die Erfahrungen jetzt erst mal wirken lassen wolle und zum Übernachtungsplatz mehrheitlich schweigend zurückgelaufen ist. Bei der Reflexion zur gesamten Veranstaltung wurde das Thema allerdings wieder aufgegriffen. Es gibt also Momente, in denen der „Berg" tatsächlich einfach für sich sprechen sollte. Dies erfordert von der Leitung eine große Aufmerksamkeit für die betreute Gruppe oder aber auch ein Gruppenklima, das es ermöglicht, dass sich die Gruppe gegen die Aufforderung zur Reflexion aussprechen kann. Auch Rutkowski (2015) zeigt mit einem Beispiel auf, dass, wenn die Erfahrung von Teilnehmer:innen für sich selbst spricht, eine unmittelbar erfolgende Reflexion darüber einen eher gegenteiligen Effekt haben kann. Ein Teilnehmer an einer erlebnispädagogischen Maßnahme in der Natur hat die mehrfach im Vorfeld gegebenen Hinweise, warme Kleidung einzupacken, ignoriert und merkt abends, dass die eigene Einschätzung der Witterungsverhältnisse falsch war und lernt, dass es

---

1   Auch wenn man im Internet nach Reflexionsmethoden recherchiert, erhält man vielfältige Praxisbeispiele zu Methoden für die Jugendarbeit aber auch für die Arbeit in Kitas und Schulen.

nachts im Wald kalt ist und wie wärmend ein Lagerfeuer sein kann. Rutkowski weist wohl mit Recht darauf hin, dass hier Reflexion oder pädagogisch erhobene Zeigefinger fehl am Platze wären (vgl. 2015, S. 45). „‚The mountains speak for themselves' setzt man nicht ein, weil einem gerade nichts Besseres einfällt. Es ist ein Wirkmodell, das auf bewusstem Schweigen beruht, weil die Atmosphäre es erfordert", so Rutkowski (2015, S. 46). Dennoch, Reflexion wird betont als zentrales Element der pädagogischen Arbeit mit Erlebnissen. So hebt Schär hervor: „Die Erlebnispädagogik oder Outdoorschulung hat ohne die Transferarbeit keine Daseinsberechtigung. Sie verkommt zu einem Event. Der Transfer der neuen Handlungsstrategie in den Alltag ist in der Erlebnispädagogik der größte Antrieb!" (Schär 2006, S. 146).

Um die Reflexionsprozesse der Herausforderungsprojekte einordnen zu können, erfolgt vor der Auswertung der Aussagen der Expert:innen der einzelnen Schulen zunächst eine theoretische Einbettung des Reflexionsbegriffs im Feld des erfahrungs- und handlungsorientierten Lernens. Dabei wird ein Blick auf den Forschungsstand zu Reflexionsprozessen und deren Wirkungsweisen im pädagogischen Handlungsfeld geworfen.

2.1 Die Verbindung von Reflektieren und Lernen

Das Wiederholen des Erlebten durch Reflexion ist einer der fundamentalen Prozesse in der erlebnispädagogischen Praxis. John Dewey (1925/2007) mit seinem pragmatischen Ansatz, der die Ausgestaltung der Erlebnispädagogik in den USA mit beeinflusste, zählt neben Kurt Hahn zu den nennenswerten Ideengebern der handlungsorientierten Pädagogik und damit auch der Erlebnispädagogik. Er prägte mit dem Theorem „learning by doing" handlungs- und erfahrungsorientierte Lernfelder (vgl. Baig-Schneider 2014). Eine Betätigung wird laut Dewey erst zu einer Erfahrung, die einen Lernvorgang beinhaltet, wenn sie zu etwas in Beziehung gesetzt wird. Durch das wiederholte Wirken des Handelns durch Reflexion findet ein Lernprozess statt, der die reine Betätigung zur nachhaltigen Erfahrung werden lässt. Die Aussage „ein Gramm Erfahrung ist besser als eine Tonne Theorie" (Dewey 2011, S. 193) stützt sich vor allem auf die Meinung Deweys zur Erfahrung durch körperliche Betätigung, der er neben der reinen geistigen Betätigung einen weiteren wichtigen Stellenwert beimisst. Er beschreibt den Reflexionsprozess in fünf Schritten: Zunächst wird eine Betätigung in einer unbestimmten Situation ausgeführt, welche im nächsten Schritt beurteilt wird. Es folgt die Überprüfung der Tatsachen und im Anschluss eine Problemlösungsstrategie, welche am Ende des Reflexionsprozesses überprüft und für brauchbar oder unbrauchbar eingeschätzt wird.

2.2 Reflexion und Lernprozess: Was sagen wissenschaftliche Studien dazu?

Ausgehend von diesen Modellen lässt sich für den Reflexionsprozess ableiten, dass erst durch wieder Hervorrufen des Erlebten und das darüber Nachdenken bzw. Sprechen ein Lernprozess stattfindet, um eine reine Betätigung zu einer womöglich nachhaltigen Erfahrung werden zu lassen. So kam Cendon (2017) in einer explorativen Studie durch die inhaltsanalytische Auswertung von Gruppendiskussionen und Interviews von Masterstudierenden zu dem Ergebnis, dass die Studierenden nach Anwendung von Studieninhalten in der Praxis und darauffolgendes Reflektieren die Theorie besser durchdrungen und verinnerlicht hatten. Durch das aufgeforderte Reflektieren der eigenen Person konnte auch das selbsteingeschätzte Selbstbewusstsein und Selbstvertrauen der Studierenden gesteigert werden. Zusammenfassend schließt Cendon (ebd.) aus den Ergebnissen, dass Reflexion zum einen Raum und zum zweiten Zeit brauche, um einen nachhaltigen Lerneffekt generieren zu können. Eine weitere Untersuchung von Post (2010) mit pädagogischen Führungskräften an einem erlebnispädagogischen Programm kam zu dem Schluss, dass es für den Lerneffekt ausschlaggebend ist, welcher Zeitpunkt für die Reflexion gewählt wird und dass auch der Zeitraum, der den Teilnehmenden für diesen Teil des Interventionsprogramms eingeräumt wird, von Bedeutung ist. Ein Großteil der Befragten forderte insgesamt mehr Raum für Reflexion und Transfer ein. In einer Studie von Richardson et al. (2014) wurde untersucht, inwieweit systematische Rückmeldung von Teilnehmenden in erlebnispädagogischen Settings, die Lehrfähigkeit von Erlebnispädagog:innen verbessern kann. Eine Kombination von Interviews und Pre- und Postbefragung durch Fragebögen ergab, dass vor allem die Möglichkeit der angeleiteten Reflexion in der Gruppe zum Austausch von Erfahrung nützlich erscheint und die Sicherheit in der Ausübung der Tätigkeit als Erlebnispädagog:in fördert. Die Bedeutung der gemeinsamen Reflexion in der Gruppe in erlebnispädagogischen Interventionen bekräftigt auch die Studie von Schumann und Milliard (2012). In ihrer Untersuchung von Erwartungen an den Reflexionsprozess sowohl der Anleitenden als auch der Teilnehmenden, wurde neben einer positiven Prozessgestaltung auch das zeitnahe Reflektieren der Geschehnisse als bedeutsam erachtet.

Zusammengefasst weisen diese Befunde darauf hin, dass neben einem festen Zeitpunkt eine bekannte Reflexionsstätte für den Prozess und seine Ergebnisse von Vorteil sind. Als ebenfalls wichtig scheinen das Schaffen einer angemessenen Atmosphäre zwischen den sich reflektierenden Personen, regelmäßig festgelegte Reflexionsräume und eingespielte Abläufe zu sein. Auch nach Eberle (2021) scheint der zielgruppenorientierte und professionelle Einsatz von Reflexionsmethoden den Transfer zu unterstützen. Er verweist aber darauf, dass dabei mehrere Aspekte zu beachten sind. So besteht das Risiko, dass Reflexion nicht für alle Teilnehmenden transferfördernd ist. Dabei liegen Gründe zum Teil auf Seiten der Teilnehmenden, aber eben auch auf Seiten derer, die die Reflexion anleiten; oder aber die Rahmenbedingungen beeinflussen den Transfer. Nicht oder wenig erfolgreiche Reflexionen können nach Eberle (vgl. 2021, S. 241 f.) darin begründet sein, dass …

- das zu Reflektierende für die Teilnehmer:innen zu „wenig erlebnisreich, herausfordernd oder bedeutsam" ist,
- die Gestaltung der Reflexion, „nicht hilfreich ist, weil Aspekte und Themen, die angesprochen" werden, „nicht den Kern der Informationsverarbeitung des Individuums" treffen und „die angeleitete Reflexion zum falschen Zeitpunkt" erfolgt,
- „Rahmenbedingungen (Gruppenatmosphäre, Hungergefühl, belastende Lebenssituation o. ä.) die Emotionen und Kognitionen beeinträchtigten und somit" die Reflexion beeinflussen,
- je nach Eindruck der Teilnehmer:innen „zu kurz, zu lang, zu intensiv oder zu wenig intensiv reflektiert" wird,
- die „Reflexionsmethode sowie die Wahl der Sozialform in einzelnen Phasen für einzelne nicht" passt,
- „die Reflexionsmethode unprofessionell umgesetzt wurde" (Eberle 2021, S. 241 f.).

3 Reflexion bei den Herausforderungen: Was sagen die Schulen dazu?

Vor dem Hintergrund dieser theoretischen und empirischen Informationen wird nun betrachtet, was die Befragten aus den Schulen zum Thema äußern. Hierbei wird ein bewusster und zum Teil differenzierter Umgang mit dem wie oben gezeigt sensiblen Thema Reflexion deutlich. Die in der Literatur benannten Schwierigkeiten werden auch von den Schulen hervorgehoben.

Insgesamt haben sich fünf Sekundarschulen an der ersten Befragungsrunde im Frühjahr 2021 und sechs einige Wochen später an der zweiten beteiligt. Die an den Schulen vertretenen Ansichten wurden mit der Delphi-Methode unter der Überschrift „Reicht der Berg oder reicht er nicht?" erhoben. Wie auch bei den anderen Beiträgen in diesem Band, für die mit der Delphi-Methode Daten erhoben wurden, verlief auch hier die Befragung in zwei Runden; die Ergebnisse werden aber in einer Gesamtdarstellung berichtet.

Die Schulen setzten sich dabei mit den folgenden Fragen auseinander:

- Welche Entscheidung hat Ihre Schule getroffen: Ist eine Anleitung zur Reflexion nötig?
- Welche Abwägungen und Argumente haben zu dieser Entscheidung Ihrer Schule geführt?

- Welche Lösungen (für Sie funktionierende Ansätze und Vorgehensweisen) hat Ihre Schule gefunden, um die Schüler:innen zur Reflexion aufzufordern?
- Welche Erfahrungen haben Sie mit Ihren Entscheidungen und Lösungen gemacht?
- Welche künftigen Änderungen an der Entscheidung/Ihren Lösungen können Sie sich vorstellen?

Die Rückmeldungen der Schulen zu Reflexionsprozessen im Rahmen der schulischen Herausforderungsprojekte lassen sich im Wesentlichen in vier groben Kategorien zusammenfassen. Dabei geht es erstens um den Grund für die Reflexion, zweitens um die verschiedenen Arten der Reflexion, drittens um Erfolge mit oder durch die Reflexion und schließlich viertens um zukünftige Veränderungen bzw. Wünsche im Hinblick auf das Vorgehen bei der Reflexion.

Grund für die Reflexion

Die Schulen geben an, dass sie es für wichtig halten, dass das Erlebte reflektiert wird, da das Einordnen der Ereignisse als (eine) Voraussetzung für den Lernprozess gesehen wird und darüber eigene Erfolge wahrgenommen werden können. So können Ursachen für Erfolg und Scheitern herausgearbeitet und die Ereignisse während des Verlaufs der Herausforderung eingeordnet werden. Außerdem hat die Reflexion eine Art Vorbildfunktion und soll der Motivation der Schüler:innen anderer Jahrgänge dienen. Die Reflexionsergebnisse dienen aber auch als Argumentationshilfe gegenüber den Eltern bei der Planung zukünftiger Herausforderungen.

Eine Schule hat sich erst in der zweiten Befragungsrunde ausführlich dazu geäußert, warum eine Reflexion für wichtig erachtet wird.

„Die Erlebnisse, im Guten wie im Schlechten, verfliegen recht schnell. Die Schüler:innen bemerken oft besondere Momente erst, wenn man sie darauf hinweist (‚Ist euch klar, dass wir XY gerade geschafft haben?‘). Situationen kurz zu pausieren, ggf. darauf zu verweisen, innezuhalten, macht das Erlebnis erst bewusst. Schüler:innen, die nicht darin geübt sind, nehmen Reflexionsphasen als mühsam war, weil es sie anstrengt, über sich, eigene Ziele, eigene Probleme in der Zielerreichung und Bewältigungsstrategien nachzudenken. Geübte Schüler:innen schaffen es aber recht schnell, dies als Ressource für sich und andere zu nutzen. Erfahrene Teilnehmer:innen werden so oft zu Motivatoren für andere Schüler:innen, indem sie in schwierigen Situationen auf das bereits Erreichte aufmerksam machen, das gemeinsame Ziel betonen, die vorhandenen Ressourcen herausstellen. Schülern mit Schwierigkeiten in der realistischen Selbstwahrnehmung hilft die gemeinsame Reflexion in der Gruppe, die Fremdwahrnehmung durch die Anderen, eigene Erfolge überhaupt erst anzuerkennen.“

Art der Reflexion

Die Schulen führen Reflexionen des Erlebten vor, während und/oder nach der Herausforderung durch. Dabei werden diese von den Schulen auf unterschiedliche Weise umgesetzt. So heißt es, dass die Reflexion durch pädagogisches Personal angeleitet wird, da die Schüler:innen zur Aufarbeitung des Erlebten Hilfestellung benötigen. Eine Schule verfolgt auch (aber nicht ausschließlich) das „The mountains speak for themselves"-Konzept und lässt die Schüler:innen zu unterschiedlichen Zeitpunkten und ohne vorherige Planung pausieren, durchatmen und damit den Moment wirken. Ebenfalls werden regelmäßige Schlussrunden am Ende des Tages durchgeführt, an denen die Schüler:innen sich über den Tag und ihr gegenseitiges Empfinden austauschen. Alle Schulen geben an, am Ende der Herausforderung die einzelnen Projekte in den Schulen zu präsentieren und somit vor und mit allen anderen zu reflektieren. Konkret werden von den Schulen folgende Methoden genannt: Das Vorher-Nachher Schreiben, den Berg selbst sprechen lassen (nur die Erfahrung selbst soll wirken), die Briefe an mich selbst (ein Brief an ein späteres Ich wird formuliert), das Notieren des persönlich schwierigsten und des schönsten Moments, eine Filmdokumentation, Tagesbericht (Blogspots), Komplimente posten oder ein Projektbuch.

Erfolg der Reflexion

Als erzielte Erfolge durch die Reflexionsprozesse im Rahmen der Herausforderung wurde mehrheitlich die Stärkung der Persönlichkeit von Schülerinnen und Schülern, die bessere Einordnung der Ereignisse und die Wahrnehmung der eigenen und gemeinsamen Erfolge genannt.

Vorhaben und/oder Wünsche für zukünftige Prozesse

Für Reflexionsvorgänge bei zukünftigen Herausforderungen wünschen sich Schulen eine Art Leitfaden zum strukturierten Reflektieren und der Präsentation der Ergebnisse. Es wurde vorgeschlagen, eine Art Methodenpool zu erstellen, in dem Schulen ihre Best-Practice-Lösungen präsentieren, da die Reflexionsansätze von den Schüler:innen teilweise als zu verschult wahrgenommen würden. Außerdem würde eine breitere Organisation der Reflexion den Stellenwert dieser Phasen bei den Herausforderungen unterstreichen.

Für die zweite Befragungsrunde wurden auf Basis der Antworten in der ersten Befragungsrunde Thesen verfasst und den Schulen mit der Bitte um Zustimmung oder Ablehnung vorgelegt.

Die erste These (1), dass alle Schulen, die an der Delphi- Befragung teilgenommen haben, das Erlebte im und nach dem Projekt reflektiert haben, wurde von allen Schulen bestätigt. Bis auf eine Schule stimmten auch alle der Aussage zu, dass erst durch das Reflektieren die Herausforderungen wirken (2). Die Schulen sind sich auch darüber einig, dass eine professionell angeleitete Reflexion wichtig ist (3), jedoch weisen sie auch darauf hin, dass vor allem Schulen mit sehr heterogener Schülerschaft geschulte Begleiter:innen für den Reflexionsprozess benötigen. Erfolge anzuerkennen würde Schüler:innen die kognitiv leistungsschwächer sind oder aus sozioökonomisch schwachen Haushalten kommen, schwerer fallen als ihren Mitschüler:innen. So schreibt die Lehrkraft von dieser Schule ausführlich:

> „Dies sollte differenziert betrachtet werden, denn Schüler:innen, die sozial und personal kompetent und kognitiv leistungsfähig sind, die auch in ihren Familien das Handeln reflektieren, bereits eine gewisse Reife haben, sind sicher selbstkritisch in der Lage, ihre Herausforderung auch ohne Lehreranleitung zu reflektieren. An Schulen mit heterogener Schülerschaft gelingt dies aber eventuell nur einem sehr kleinen Teil der Schülerschaft, evtl. auch erst nach einiger Übung in höheren Klassen. Für sehr junge Schüler:innen oder recht schwache Schüler:innen ohne Reflexionserfahrung ist eine professionelle Anleitung durch Lehrkräfte wichtig. Gerade Schüler:innen aus schwierigen Familienverhältnissen attribuieren häufig negativ, erkennen auch eigene Erfolge nicht an, brauchen oft professionelle Bestärkung, um überhaupt ein(e) positive Erfahrung für sich verbuchen zu können. Letztlich sind es aber ja gerade diese Schüler:innen, die hoffentlich besonders von diesen Erfahrungen profitieren, wohingegen die sozial/personal kompetenten und kognitiv leistungsfähigen Schüler:innen diese Erfahrungen wahrscheinlich auch ohne die Schule machen würden.“

Die These (4), dass es an ihren Schulen einen Pool an Reflexionsmethoden gibt, wurde von vier Schulen bejaht und von zwei verneint. Alle Schulen bestätigen, mit ihren Schüler:innen den schönsten und den schwierigsten Moment der Herausforderung zu reflektieren und Briefe an sich selbst zu verfassen. Filmdokumentationen oder Tagesberichte wurden von der Hälfte der Schulen als Methode zur Reflexion verwendet und das Posten von Komplimenten verwendete nur eine der befragten Schulen. Vier Schulen schlagen vor, das Erlebte in Form von (Schul-)Präsentationen aufzubereiten und somit mit allen gemeinsam zu reflektieren.

Die These (5), wonach Schulen die Reflexion und die Vorbereitung darauf weiterentwickeln und/oder ausbauen wollen, findet ebenfalls Zustimmung: So möchten die meisten ihren Methodenpool ausbauen, interessieren sich dafür, zukünftig digitale Medien für die Reflexionen zu nutzen oder wünschen sich den Austausch mit anderen Schulen zu best-practice Lösungen. Die Hälfte findet die Idee, einen Leitfaden zur Präsentation des Erlebten / zum Reflektieren zu entwickeln gut. Fünf Schulen sehen eine Chance in der Veröffentlichung und der Diskussion der Befunde aus der HeRiS-Befragung zielführend.

Reflexion der Reflexion

Offenbar haben sich Schulen durch die Delphi-Befragung selbst erneut Gedanken über das Thema der Reflexion gemacht, wie die beiden folgenden längeren Zitate zeigen. Hierbei wird einmal die Knappheit der Ressourcen thematisiert, die auch bei der Reflexionsarbeit eine Rolle spielt und das andere Mal auf die Individualität des Vorgehens bei der Reflexion als eigenständigen Wert verwiesen.

„Es hilft mir, durch Ihre Forscherfragen unser Projekt […] zu reflektieren. Ich würde es gern zusammen mit den Kolleg:innen tun – dafür gibt es aber leider gerade keine zeitlichen Ressourcen bzw. Motivationen, sich die zeitlichen Ressourcen dafür zu nehmen – aber ich hoffe, dass Ihre Veröffentlichung zu dem Thema dazu beitragen wird, dass wir uns zusammensetzen und unser Projekt weiterentwickeln."

„Insgesamt fände ich wichtig, dass deutlich wird, dass es keine richtige oder falsche Weise für die Herausforderung gibt, dass also nicht der Eindruck entsteht, eine Reflexion ist nur gut, wenn sie direkt von Berg kommt oder eine Reflexion ist nur gut, wenn sie professionell angeleitet ist, genauso wie es gute freie und gute gebundene Herausforderungsvorhaben geben mag. […] Dabei muss doch klar sein, dass jede Schule für jede Abweichung, jede Entscheidung gute und reflektierte Gründe hat, dass es nicht den einen richtigen Weg, sondern eine Vielzahl von möglichen Umsetzungsvarianten gibt, aus der gemäß der jeweiligen Bedingungen vor Ort eine Entscheidung zur eigenen möglichen Umsetzung abgeleitet werden muss, die immer auch Kompromisse beinhaltet."

4 Fazit

Reflexion ist bei den Herausforderungen an den Schulen in der Regel ein zentrales Element, das in unterschiedlichen Formen, mit unterschiedlichem Professionalitätsanspruch, mit verschiedensten Methoden und zu verschiedenen Zeitpunkten genutzt wird; die schulöffentliche Präsentation ist dabei sehr wichtig. Zum Teil sehen die Schulen einen Handlungsbedarf, die eigenen Fähigkeiten im Bereich der Reflexion der Herausforderungen zu entwickeln. Eine bewusste theoretische und / oder systematische Orientierung scheint gleichzeitig nicht als notwendige Bedingung angesehen zu werden. Inwieweit theoretische Überlegungen und empirische Befunde die Praxis aber dennoch beeinflussen, lässt sich aus den Angaben der Schulen nicht ableiten. Wünschenswert scheint den Schulen eine Sammlung (Pool) von Methoden für unterschiedliche Bedarfe und Situationen zu sein.

Literatur

Baig-Schneider, Rainald (2014): Die moderne Erlebnispädagogik. Geschichte, Merkmale und Methodik eines pädagogischen Gegenkonzepts. Augsburg: ZIEL (Praktische Erlebnispädagogik).

Cendon, Eva (2017): Reflexion in der Hochschulweiterbildung. Verbindungsglied zwischen unterschiedlichen Erfahrungswelten. In: Zeitschrift für Hochschule und Weiterbildung, H. 2, S. 39-44.

Dewey, John (1925/2007): Erfahrung und Natur. Frankfurt am Main: Suhrkamp.

Dewey, John (2011): Demokratie und Erziehung. Eine Einleitung in die philosophische Pädagogik. Weinheim und Basel: Beltz.

Eberle, Thomas (2021): Experiential Learning und Embodied Cognition in erlebnispädagogischen Lernsettings. Theorie, Modelle, gemeinsame Forschungsperspektiven. In: Awad, Sarah/Eberle, Thomas/Ziegler, Albert (Hrsg.): Embodiment in der Pädagogik (Empirische Pädagogik 35, H. 3, Themenheft). Landau: Verlag Empirische Pädagogik, S. 228-249.

Michl, Werner (2020): Erlebnispädagogik. 4. Auflage, München: Reinhardt.

Post, Eva-Maria (2010): Der Einsatz von handlungs-, erfahrungs- und erlebnisorientierten Methoden in der Lehrerinnen- und Lehrerfortbildung von pädagogischen Führungskräften zur Initiierung von Lernen. Studien zur Verknüpfung von Erfahrung, Reflexion und Transfer. Dissertation. Universität Leipzig, Leipzig.

Richardson, Rick/Kalvaitis, Darius/Delparte, Donna (2014): Using Systematic Feedback and Reflection to Improve Adventure Education Teaching Skills. In: Journal of Experiential Education 37, H. 2, S. 187-206.

Rutkowski, Mart (2015): Der Blick in den See. Reflexion in Theorie und Praxis. Augsburg: ZIEL.

Schär, Jürgen (2006): Coaching- und Transferarbeit. In: Ferstl, Alex/Scholz, Martin/Thiesen, Christiane (Hrsg.): wirksam lernen, weiter bilden, weiser werden. Augsburg: Ziel Verlag. S. 142-153.

Schön, Donald A. (1987): Educating the reflective practitioner. Toward a new design for teaching and learning in the professions. San Francisco, CA: Jossey-Bass.

Schumann, Scott A./Milliard, Nathaniel Miles (2012): The nature of feedback in adventure-based education. In: Journal of Outdoor Recreation, Education, and Leadership 4, H. 2, S. 120-123.

Sarah Poersch ist wissenschaftliche Mitarbeiterin im Zentrum für Empirische Pädagogische Forschung Rheinland-Pfälzischen Technischen Universität Kaiserslautern-Landau. Ihr Forschungsschwerpunkt liegt momentan auf handlungs- und erfahrungsorientierten Lernformen und deren Wirkung auf überfachliche Kompetenzen. Sie ist seit 2020 Teil des Forschungsverbundes HeRiS. Kontakt: sarah.poersch@rptu.de

Dr. Michael Zimmer-Müller ist Geschäftsführer und wissenschaftlicher Mitarbeiter im Zentrum für Empirische Pädagogische Forschung (zepf) der Rheinland-Pfälzischen Technischen Universität Kaiserslautern-Landau. Nach Landau kam er im Jahr 2007 über das Projekt VERA – Vergleichsarbeiten in Grund- und Sekundarschulen. Zum Forschungsverbund HeRis ist er 2020 gestoßen, da seine aktuellen Hauptinteressen in Lehre und Forschung bei der Erlebnispädagogik und der Bildung für nachhaltige Entwicklung liegen. Kontakt: michael.zimmermueller@rptu.de

IV   Ergebnisse der wissenschaftlichen Forschung

Verschiedene Ursprünge und Bezüge der Idee (Kapitel 1-6) haben zu verschiedenen Formen schulischer Umsetzungen von *Herausforderung/Herausforderungen* (Kapitel 7-13) geführt, die wiederum selbst mit gewissen Herausforderungen (Kapitel 14-19) einhergehen. Während all den verschiedenen Ansätzen gemein ist, dass sie Freiräume von Schule zu schaffen versuchen, in denen Heranwachsende auf Herausforderungen stoßen, die ihren altersgemäßen Entwicklungsaufgaben entsprechen (vgl. Havighurst 1974; von Hentig 2007; Milton/Cleveland/Bennet-Gates 1995; Sliwka 2018; Trautmann 2004), ist ihnen auch gemein, dass diese Idee nicht ohne kritische Befragung bleibt. Vor diesem Hintergrund ist eine empirische Überprüfung der Wirksamkeit und der Wirkungsweise der *Herausforderung/Herausforderungen* wichtig.

Zwar liegen wissenschaftliche Erkenntnisse aus verwandten Projektansätzen (bspw. „Der Adventure Outdoor Education") vor (vgl. etwa Cason/Gillis 1994; Hattie/Marsh/Neill/Richards 1997 für Überblicksarbeiten), allerdings existiert nur rudimentäre Forschung zur Projektidee der *Herausforderung/Herausforderungen* und ihrer Umsetzung an Schulen in Deutschland. Die nachfolgenden Beiträge bieten einen Überblick über verschiedene Initiativen und Fragestellungen, *Herausforderung/Herausforderungen* an Schulen in Deutschland wissenschaftlich zu begleiten, und gewähren einen Überblick über erste Erkenntnisse. Dabei sind die Forschungsansätze und Fragestellungen ebenso divers wie die Bezüge und Umsetzungen der Projektidee von *Herausforderung/Herausforderungen* an den verschiedenen Schulen selbst.

Der Beitrag von Kerstin Helker und Matthias Rürup präsentiert vor diesem Hintergrund Ergebnisse der wissenschaftlichen Begleitforschung zu *Herausforderung/Herausforderungen* an verschiedenen Schulen in Deutschland durch den Forschungsverbund HeRiS. Ziel ist es, verschiedene Dimensionen des Erfolgs in den Blick zu nehmen, verstanden etwa als (1) eine gute Erfahrung, (2) eine als nützlich oder ergiebig wahrgenommene Erfahrung und schließlich (3) als persönlichkeitsverändernde Erfahrung. Der Beitrag untersucht diese drei Dimensionen des Erfolgs und setzt sie in einen Zusammenhang mit verschiedenen schulischen Ansätzen zur Umsetzung und Durchführung von *Herausforderung/Herausforderungen*.

Der Beitrag von Sarah Poersch basiert ebenfalls auf Daten des Forschungsverbunds HeRiS. Sie geht der Frage nach, wie die an *Herausforderung/Herausforderungen* teilnehmenden Schüler:innen vor Beginn der Vorbereitungszeit ihre überfachlichen Kompetenzen einschätzen (1), ob es einen Zusammenhang zwischen den Ressourcen der Schülerhaushalte und der Kompetenzeinschätzung vor und nach der Vorbereitungszeit gibt (2), wie sich diese Kompetenzeinschätzung über die Vorbereitungszeit hinweg entwickelt (3) und ob die Ressourcenausstattung der Schülerhaushalte einen Einfluss auf diese Veränderung nimmt (4).

Desirée Rosenberger und Barbara Asbrand untersuchen den Kompetenzerwerb Jugendlicher in verschiedenen schulischen, aber außerunterrichtlichen

Angeboten von *Herausforderung/Herausforderungen*. Zentrale Fragestellungen sind dabei, was die Schüler:innen bei ihren Herausforderungen erleben, welche (Lern-)Erfahrungen sie machen und welche Kompetenzen sie erwerben. Dafür greifen sie auf Gruppendiskussionen zurück und beleuchten vor allem die Rolle der Begleitpersonen.

Schließlich stellen Sabine Geist und Thomas Makowski die Ergebnisse einer qualitativen Studie im Rahmen des Lehrer:innen-Forscher-Modells an der Laborschule Bielefeld vor. Mit Hilfe unterschiedlicher Instrumente (Fragebögen, selbstreflexiven Texten und Interviews) wird das Unterfangen evaluiert und Einblicke in die (Kompetenz-)Entwicklung von Schüler:innen während der Teilnahme an einer Herausforderung gewährt.

Mit dieser Zusammenstellung von aktuellen Untersuchungen und Befunden zur Idee der *Herausforderung/Herausforderungen* an deutschen Schulen wird lediglich ein erster Einblick und Zwischenstand präsentiert – weitere Forschungsbemühungen sind nötig; dazu versuchen wir uns zum Schluss dieses Buches an einem eigenen Ausblick. Aber auch der vorgestellte Überblick kann keinesfalls Vollständigkeit für sich beanspruchen. Zahlreiche laufende Untersuchungen sind nicht erfasst, vor allem, weil sie selbst nicht publiziert wurden bzw. werden. Gerade indem sich Schulen mit offenen Herausforderungen darum bemühen, Studierende als externe Begleitungen zu gewinnen, öffnen sie sich dafür, dass diese ihre praktische Tätigkeit als Begleitung zugleich als Forschungsgelegenheit im Rahmen ihres Studiums nutzen. Auf diese Weise sind sicherlich schon eine Vielzahl von studentischen Abschlussarbeiten zu Herausforderungen an vielen verschiedenen Schulen entstanden, die zumindest als Sammlung von Daten – Schüler:innen-Befragungen, Interviews und Feldtagebüchern – einen Schatz darstellen, den zu heben sich lohnen würde. Im Kontext des HeRiS-Forschungsverbunds ist ein solcher Datenpool zu Herausforderungen entstanden, zu dem interessierte Forscher:innen gerne Zugang erhalten.

Literatur

Cason, Dana/Gillis, H. Lee (1994): A meta-analysis of outdoor adventure programming with adolescents. In: The Journal of Experiential Education 17, H. 1, S. 40-47.

Hattie, John/Marsh, Herbert W./Neill, James T./Richards, Garry E. (1997): Adventure Education and Outward Bound: Out-of-Class Experiences That Make a Lasting Difference. In: Review of Educational Research 67, S. 43-87.

Havighurst, Robert J. (1974): Developmental tasks and education. 3. Auflage. New York: McKay.

von Hentig, Hartmut (2007): Bewährung. Von der nützlichen Erfahrung nützlich zu sein. Weinheim: Beltz.

Milton, Barbara/Cleveland, Eliza/Bennett-Gates, Dianne (1995): Changing perceptions of nature, self, and others: a report on a park/school program. In: The Journal of Environmental Education 26, H. 3, S. 32-39.

Sliwka, Anne (2018): Pädagogik der Jugendphase. Wie Jugendliche engagiert lernen. Weinheim: Beltz.

Trautmann, Matthias (2004): Entwicklungsaufgaben im Bildungsgang. Wiesbaden: VS Verl. für Sozialwissenschaften.

22 Erfolgte Herausforderung = erfolgreiche Herausforderung?

Ergebnisse der HeRiS-Begleitforschung zu verschiedenen Erfolgsdimensionen von Herausforderungen

Kerstin Helker & Matthias Rürup

1 Einleitung

Die bisherigen Kapitel haben deutlich die Vielzahl der verschiedenen Bezüge der Projektidee von Herausforderungen aufgezeigt (vgl. Teil I). Ebenso konnte in den vorherigen Kapiteln (vgl. Teil II) die Vielzahl der Arten der Umsetzung und Durchführung von Herausforderungen an verschiedenen Schulen dargestellt werden, die alle vor dem Hintergrund von Überzeugungen über Gelingensbedingungen von schulischer Zusammenarbeit und Lernen festgelegt werden. Auch aufgrund der großen Varianz der Bedingungen und Implementationen seit Beginn der Verbreitung der Projektidee vor etwa fünfzehn Jahren, bleibt die Idee nicht ohne kritische Befragung und verschiedene Initiativen bemühen sich, durch wissenschaftliche Kriterien geleitet, Erkenntnisse über Umsetzung und Wirkung von Herausforderungen zu gewinnen.

In diesem Beitrag werden nun Daten aus der wissenschaftlichen Begleitforschung durch den Forschungsverbund HeRiS analysiert, um verschiedene Dimensionen des Erfolgs von Herausforderungen in den Blick zu nehmen.

2 HeRiS – ein Forschungsverbund als Service für Schulen mit Herausforderungen

Die obigen Kapitel konnten verdeutlichen, dass die Projektidee von Herausforderungen und ihre Verbreitung unter deutschen Schulen der Sekundarstufe I als weitgehend eigenständige Reformaktivität innovativer Schulen anzusehen ist, die jedoch wiederholt kritischer Befragung – sowohl durch die Durchführenden selbst als auch Außenstehende – ausgesetzt ist und daher Bedarf an systematischer Evaluation hat.

Im Jahr 2017 schlossen sich daher mehrere Bildungsforscher:innen verschiedener deutscher Universitäten und dem Namen „Herausforderungen als eigenständige Reformaktivität innovativer Schulen" – verkürzt zu: HeRiS – zusammen, um Schulen mit Herausforderungen eine systematische Evaluation ihrer Projekt-idee anzubieten. Konzipiert als Abrufangebot, haben Schulen mit Herausforderungen hier die Möglichkeit, auf Basis einer Online-Schüler:innen-Befragung eine systematische Ergebnisevaluation ihrer eigenen Projektidee zu erhalten. Die Basis der Befragung stellt ein standardisierter Online-Fragebogen dar, der die Beschreibungen und Einschätzungen der Schüler:innen zu ihren individuellen Herausforderungen sowie möglichen Veränderungswünschen etwa drei bis sechs Wochen nach ihrer Herausforderung erhebt. Die Schule erhält dann eine Rückmeldung der Schüler:innen-Einschätzungen zum Herausforderungsprojekt mit Vergleichsmöglichkeiten zwischen verschiedenen Herausforderungen bzw. Schüler:innen-gruppen (z. B. männlich/weiblich).

Zur Prüfung der Kompetenzentwicklung der Schüler:innen kann – wenn die Schulen dies wollen – die Befragung auch längsschnittlich angelegt und die Basis-Befragung nach der Herausforderung durch ein oder auch zwei Befragungen vor der Durchführung der Herausforderungen oder auch eine weitere Nachbefragung (z. B. ein halbes Jahr später) ergänzt werden. So wird auch eine Rückmeldung über Kompetenzentwicklungen und Einstellungsveränderungen möglich. Darüber hinaus ermöglicht der Einsatz eines standardisierten Fragebogens nicht nur einzelschulische Rückmeldungen, sondern auch weiterführende Vergleiche zwischen Schulen mit verschiedener Projektumsetzung. So wird den Schulen neben dem evaluativen Feedback auch eine Horizonterweiterung offeriert: Was gelingt woanders womöglich besser? Mittlerweile kooperiert der Forschungsverbund HeRiS mit circa 60 Schulen mehr oder weniger intensiv.

Neben der Rückmeldung der Ergebnisse an die einzelnen Schulen arbeitet der Forschungsverbund HeRiS an übergreifenden wissenschaftlichen Veröffentlichungen, um aus den Erkenntnissen einen Beitrag zur nationalen und internationalen Diskussion der Wirkungen bzw. der Effekte der Teilnahme an Herausforderungen zu leisten (z. B. Helker/Rürup 2022) und richtet Workshops zur Vernetzung der Schulen mit Herausforderungen aus.

3 Effekte der Teilnahme an Herausforderungen

Wie in obigen Kapiteln bereits beschrieben, ist die Idee der „Herausforderungen" im Kontext von (erlebnispädagogischen) Überlegungen zur Optimierung schulischen Lernens zu sehen, wird doch angenommen, dass die Jugendlichen in den ihnen gewährten Freiräumen auf Herausforderungen stoßen, die ihren altersgemäßen Entwicklungsaufgaben entsprächen (vgl. Havighurst 1974; von Hentig 2007; Milton/Cleveland/Bennet-Gates 1995; Sliwka 2018; Trautmann 2004). Dabei sind Herausforderungen an den durchführenden Schulen fester Bestandteil des Schulprogramms, werden gleichzeitig aber als „von Schule befreites Lernen" stilisiert. Schule schafft also einen Freiraum von sich selbst und dem Druck, gruppenübergreifende Lernziele zu verfolgen, Entwicklungsschritte möglichst gleichzeitig und gleichartig zu vollbringen. Gleichzeitig sind mit Herausforderungen eine Vielzahl von Lernzielen für die Schüler:innen verknüpft, die man mit „verschultem Lernen" zwar nicht erreichen, im Rahmen von Schule aber doch ermöglichen möchte, schließlich liegt neben der Ausbildung fachlicher Kompetenzen ein Schwerpunkt schulischen Arbeitens auf der Entwicklung personaler Kompetenzen, wie Verantwortungsbereitschaft, Selbstvertrauen, Selbstständigkeit. Insbesondere hier wird als Potenzial von „Herausforderungen" gesehen, Lernprozesse abseits bekannter Lern- und Aufgabenstrukturen durch Freiheiten eines Herausforderungsprojektes zu fördern. Andererseits suchen Schulen durch verschiedenartige Vorgaben zum Projekt und seiner Durchführung, diese Lernprozesse zu optimieren.

Eine Vielzahl verschiedener Studien hat sich auf sehr unterschiedliche Weise mit den Effekten der Teilnahme an Herausforderungen auseinandergesetzt. Beames, Mackie und Scrutton (2020) untersuchten beispielsweise die bleibenden Effekte bei Schüler:innen der von Kurt Hahn 1934 gegründeten Gordonstoun School. Dabei zeigte sich, dass die Teilnehmer:innen diese Herausforderungen als ihr einflussreichstes Schulerlebnis und dessen Effekte auf ihre persönliche Entwicklung als sehr hoch beschrieben. Dieses Ergebnis überrascht wenig, schildern doch Programmleiter:innen, Lehrer:innen, Eltern und die Schüler:innen selbst üblicherweise Effekte auf das Selbstvertrauen, Unabhängigkeit, Resilienz, Kollaboration und Engagement in der Schule, wobei sich diese Erkenntnisse allerdings lediglich auf anekdotische Berichte stützen. Williams und Kolleg:innen führten entsprechend 2018 eine quasi-experimentelle Vergleichsstudie mit australischen 9.-Klässler:innen durch. In dieser Studie konnten sie keine universellen Effekte in den Daten feststellen, obschon die Berichte der Schüler:innen den Nutzen des Programms für die Teilnehmenden bestätigten.

Im deutschen Kontext finden sich ebenfalls vorrangig Studien, die anekdotische Berichte von Schüler:innen als Beweis der Nützlichkeit von Expeditionen oder anderen Programmen anführen, die Lernen außerhalb des Klassenzimmers fördern sollen (vgl. z.B. Butt 2014; Hausner/Stockmeier 2014; Junker/Menge 2014). Mit Blick auf Herausforderungs-ähnliche Programme, die in Schulen umgesetzt werden, zeigten Boeger, Dörfler und Schut-Ansteeg (2006) eine Verbesserung von Selbstbewusstsein und Wohlbefinden, und Pfingstner (2005) stellte positive Effekte in sozialen Beziehungen und schulischem Lernen nach der Teilnahme an einer Expedition fest. Mutz und Müller (2016) untersuchten Effekte einer Alpenüberquerung auf die psychische Gesundheit von Schüler:innen, und berichteten Veränderungen in Lebenszufriedenheit, Achtsamkeit und wahrgenommenem Stress. Markus, Eberle und Fengler (2019) fanden zudem signifikante Verbesserungen der Selbstwirksamkeit von Schüler:innen in einem vier- bis fünftägigen Lager mit verschiedenen Herausforderungen. In einer Studie zu den Erfahrungen und berichteten Effekten von Schüler:innen und den

Einflüssen verschiedener Gestaltungsweisen von Herausforderungen fanden Helker und Rürup (2021) überaus positive Wahrnehmung der Herausforderung, und hohe wahrgenommene Kompetenz, Autonomie und soziale Eingebundenheit der Schüler:innen. Die Einschätzung hing dabei deutlich von Charakteristika der Umsetzung von Herausforderungen ab, wie Freiwilligkeit der Teilnahme, Ursprung der Projektidee und Ort der Durchführung (zu Hause oder in einer fremden Umgebung).

4 Fragestellungen dieses Beitrags

Verschiedene Bezüge und Umsetzungen der Projektidee von Herausforderungen an verschiedenen Schulen erfolgen alle vor dem Hintergrund von Überzeugungen über Gelingensbedingungen von schulischer Zusammenarbeit und Lernen. In diesem Beitrag werden nun Daten aus der wissenschaftlichen Begleitung von Herausforderungen analysiert, um verschiedene Dimensionen des Erfolgs von Herausforderungen in den Blick zu nehmen.

Während nur die wenigsten Herausforderungen abgebrochen, und in diesem Sinne nicht zu einem erfolgreichen Ende gebracht werden, lassen sich auch weitere Dimensionen des Erfolgs erkennen, verstanden etwa als (1) eine gute Erfahrung, (2) eine als nützlich oder ergiebig wahrgenommene Erfahrung und schließlich (3) als persönlichkeitsverändernde Erfahrung. Dieser Beitrag untersucht diese drei Dimensionen des Erfolgs von Herausforderungen und setzt sie in einen Zusammenhang mit verschiedenen schulischen Ansätzen zur Umsetzung und Durchführung von Herausforderungen.

5 Methode

5.1 Durchführung und Fragebögen

Die Datenerhebung fand im Rahmen der Begleitforschung des Forschungsverbunds HeRiS („Herausforderungen als eigenständige Reformaktivität innovativer Schulen") statt, dessen Ziel – wie schon an anderer Stelle dargestellt – es ist, jeweils in Kooperation mit bestimmten Schulen umgesetzte Begleitforschung der Idee der Herausforderungen schul- (und hochschul-)übergreifend zu koordinieren und so nicht nur einzelnen Schulen Rückmeldungen zu ihrem jeweiligen Angebot zu bieten, sondern auch Vergleiche unterschiedlicher Ansätze und Varianten zu ermöglichen (vgl. z. B. Dudda et al. 2019; Helker/Rürup 2022).

Schüler:innen von 16 weiterführenden Schulen in Deutschland, die Herausforderungen durchführen, wurden gebeten, nach ihrer Rückkehr von einer Herausforderung an einer Fragebogenerhebung teilzunehmen, um die Durchführung ihrer Herausforderung, ihre Erfahrungen und wahrgenommene Effekte zu berichten. Einige Schüler:innen füllten bereits vor Projektbeginn einen Fragebogen aus, in dem sie zu Planungen und motivationalen Aspekten befragt wurden. Die beteiligten Schulen wurden zudem gebeten, in Schulfragebögen ihre Konzeption und Umsetzung von Herausforderungen darzulegen, um den Rahmen der von den Schüler:innen berichteten Wahrnehmungen und Erlebnisse erfassen zu können. Schüler:innen, die während der Zeit der Herausforderung ein Praktikum absolvierten, wurden von den weiteren Analysen ausgeschlossen.

Die Fragebögen nach der Durchführung der Herausforderung, die von allen Schüler:innen ausgefüllt wurden, umfassten neben Fragen nach den Rahmenbedingungen ihrer Herausforderung (erste oder wiederholte Teilnahme, Einzel- oder Gruppenaktivität, freiwillige oder verpflichtende Teilnahme, Modus der Ideenfindung, Organisation der Begleitung und Dokumentation des Erlebten) verschiedene Abfragen, um die drei Erfolgsdimensionen zu erfassen. Dimension 1 (Herausforderung als gute Erfahrung) wurde durch ein Einzelitem („Meine Herausforderung war ein voller Erfolg." Antwortskala von 1=„trifft gar nicht zu" bis 4 = „trifft völlig zu") sowie drei Skalen zur Erfassung der Gesamtbewertung der Herausforderung (7 Items, z. B. „Meine Herausforderung war genau das, was ich mir gewünscht hatte.", α .86, Skala von 1-4), der Prozessqualität (6 Items, z. B. „Es hat viel Spaß gemacht.", α .78, Skala von 1-4) und der Projektbewertung (2 Items, z. B. „Alles in allem bin ich ein Fan des Projekts.", α .66, Skala von 1-4) repräsentiert. Hinzu kamen sieben zu bewertende Adjektive, um das Empfinden der Schüler:innen während der Teilnahme (als „schwierig", „anstrengend", „belastend", „beanspruchend", „beeindruckend", „aufwühlend" und „aufregend") zu erfassen.

Die zweite Erfolgsdimension, die Herausforderung als eine als nützlich oder ergiebig wahrgenommene Erfahrung, wurde durch eine Skala zur wahrgenommenen Nützlichkeit (6 Items, z. B. „Die Herausforderung hat dazu beigetragen, mich auf das Erwachsenenleben vorzubereiten.", α .75, Skala von 1-4) und Einstellungswandel (4 Items, z. B. „Seit der Herausforderung… „empfinde ich Schule insgesamt spannender.", α .85, Skala von 1-4).

Um die dritte Erfolgsdimension, also Herausforderungen als persönlichkeitsverändernde Erfahrung zu erfassen, enthielten die Fragebögen vor und nach der Teilnahme Skalen zur Erfassung der Ungewissheitstoleranz (8 Items, z. B. „Ich probiere gerne Dinge aus, auch wenn nicht immer etwas dabei herauskommt.", $α_{pre}$ .57, $α_{post}$ .53, Skala von 1-4), Selbstständigkeit (3 Items, z. B. „Ich fühle mich wohl, wenn ich selbständig arbeite.", $α_{pre}$ .71, $α_{post}$ .69, Skala von 1-4), Verantwortung (3 Items, z. B. „Ich übernehme gerne für eine Aufgabe Verantwortung.", $α_{pre}$ .83, $α_{post}$ .82, Skala von 1-4) und Zusammenarbeit (3 Items, z. B. „Ich arbeite gerne mit anderen zusammen.", $α_{pre}$ .82, $α_{post}$ .83, Skala von 1-4).

5.2 Teilnehmer:innen

Insgesamt wurden so Fragebögen von 1560 Schüler:innen zu ihren Eindrücken und Erlebnissen nach einer Herausforderung erfasst; von 300 von ihnen liegen zusätzlich Fragebögen von vor der Durchführung vor. Im Mittel waren diese Schüler:innen 14,62 Jahre alt (SD = 1,21), 51,9 % waren männlich.

Von den teilnehmenden Schüler:innen gaben 1134 (73,2 %) an, dass sie das erste Mal auf eine Herausforderung gingen, 305 absolvierten ihre zweite Herausforderung, bei 111 waren es sogar drei oder mehr. Der Großteil der Schüler:innen (86,7 %) absolvierten die Herausforderung als Gruppenaktivität und für die meisten (85,1 %) war die Teilnahme an der Herausforderung verpflichtend. 71,5 % der Schüler:innen berichteten, dass sie die Idee für ihre Herausforderung selbst entwickelt hatten (bei 14,1 % entwickelten die Lehrkräfte die Idee und die Schüler:innen konnten sich bewerben, bei 14,3 % gab es Mischformen zur gemeinsamen Entwicklung der Projektidee). Begleitet wurden 44,8 % der Schüler:innen durch Schulexterne und 42,6 % durch Lehrkräfte. Beim Gros der Schüler:innen war eine Dokumentation der Erlebnisse durch eine Präsentation (62,7 %) vorgesehen, nur wenige berichteten von Workshops zur Nachbereitung (12,7 %). Ein geringer Anteil gibt an, dass es keine Dokumentationspflicht gäbe (3,5 %).

6 Ergebnisse und Diskussion

Im Folgenden werden nun zunächst die Dimensionen des Erfolgs von Herausforderungen als (1) eine gute Erfahrung, (2) eine als nützlich oder ergiebig wahrgenommene Erfahrung und schließlich (3) als persönlichkeitsverändernde Erfahrung dargestellt, bevor im Weiteren Zusammenhänge mit verschiedenen Aspekten der Umsetzung und Durchführung von Herausforderungen dargestellt werden. Zu Beginn jedes Ergebnisteils findet sich eine Auflistung der zentralen Ergebnisse.

6.1 Herausforderung als gute Erfahrung

→ Mehrheit der Schüler:innen beschreiben ihre Herausforderung als „vollen Erfolg".
→ Positive Gesamtbewertung des Erlebnisses und positive Einschätzung der Projektidee an sich.
→ Schüler:innen können durch positive Rückmeldung zur Verbreitung und Akzeptanz der Projektidee beitragen.

Insgesamt schilderte die Mehrheit der Schüler:innen (81,6 %) ihre Herausforderung als „voller Erfolg". Auch die Skala zur Gesamtbewertung des Erlebens, also die Erfassung, ob die Herausforderung die Wünsche und Erwartungen der Schüler:innen erfüllen konnte oder ob sie enttäuscht sind und froh, wieder in der Schule zu sein, zeigt eine positive Gesamtbewertung (M = 2,96 SD = 0,75). Noch etwas höher lag die erlebte Prozessqualität (M = 3,46 SD = 0,63), also die Bewertung der Herausforderung als „eine gute Zeit" mit viel zu Lachen, Freizeit, neuen Freunden und wenig Langeweile. Dennoch äußerten auf beiden Skalen Schüler:innen sowohl volle Ablehnung (= 1) bis volle Zustimmung (= 4), was zeigt, dass die Erlebnisse zwischen den Schüler:innen und ggfs. zwischen Gruppen stark variieren.

Sollten sie ihre Herausforderung beschreiben, bezeichneten sie die Mehrheit der Schüler:innen als „beeindruckend" (73,9 %), „aufregend" (72,1 %), „anstrengend" (70,3 %) und „beanspruchend" (70,6 %), jedoch weniger als „schwierig" (43,9 %), „belastend" (42,9 %) oder „aufwühlend" (37,8 %). Diese gemeinhin negativ konnotierten Adjektive müssen im Zusammenhang mit einer Herausforderung, die Schüler:innen eben auffordert, ihre Komfortzone zu verlassen, nicht unbedingt Schlechtes bedeuten. Daher können auch als „anstrengend" und „beanspruchend" beschriebene Herausforderungen eine positive Erfahrung darstellen, wie sich auch in der Gesamtbewertung zeigt.

Die positive Sicht auf die Erfahrung der Herausforderung wird auch in der Bewertung des Projektes als solches sichtbar, welches die Schüler:innen überaus positiv (M = 3,07 SD = 0,89) einschätzen und weiterempfehlen würden. Dieser Befund ist besonders positiv zu bewerten, da oftmals ältere, projekterfahrene Schüler:innen als werbende Fürsprecher:innen für das Projekt gegenüber nachfolgenden Kohorten eingesetzt werden.

6.2 Herausforderung als nützliche und ergiebige Erfahrung

→ Die Herausforderung wird besonders als persönlich nützliche Erfahrung wahrgenommen.
→ Eine Nützlichkeit für oder Einstellungswandel hinsichtlich der Schule wurde weniger wahrgenommen.

Insgesamt sahen die Schüler:innen die Herausforderung tendenziell als nützliche und ergiebige Erfahrung an (M = 2,69 SD = 0,65). Mit Blick auf die Frage danach, ob die Herausforderung einen Einstellungswandel hinsichtlich der Schule herbeiführen konnte (also dass Schüler:innen die Schule spannender finden, weniger kritisch wahrnehmen, sich fitter und besser wahrgenommen fühlen und eine größere Lernfreude verspüren), zeigte sich ein weniger positives Bild (M = 2,08 SD = 0,72).

Der konkreten Aussage, dass sie in der Herausforderung Dinge gelernt haben, die ihnen in der Schule helfen, stimmten weniger als die Hälfte der Schüler:innen (41,5 %) zu. Eine Nützlichkeit der Herausforderung für ihren späteren Beruf sahen 53,9 % der Teilnehmer:innen der Befragung. Dass sie etwas persönlich Wichtiges aus der Erfahrung mitgenommen hätten, gaben 68.7 % an. Dieser wahrgenommene persönliche Nutzen der Herausforderung entspricht auch den Ergebnissen bisheriger Forschung, in der Teilnehmer:innen Herausforderungen als ihr einflussreichstes Schulerlebnis und dessen Effekte auf ihre persönliche Entwicklung als sehr hoch beschrieben (Beames/Mackie/Scrutton 2020).

6.3 Herausforderung als persönlichkeitsverändernde Erfahrung

→ Es zeigten sich keine Effekte der Teilnahme an einer Herausforderung auf Bereitschaft zu selbstständigem Arbeiten, Verantwortungsübernahme und Kooperation.
→ Die Ungewissheitstoleranz der Schüler:innen sank über die Herausforderung.

Hinsichtlich der dritten Dimension des Erfolgs, nämlich inwiefern Herausforderungen geeignet sind, Aspekte der Persönlichkeit zu verändern, wurden die Daten zu Ungewissheitstoleranz, Selbstständigkeit, Verantwortung und Kooperationsbereitschaft, die von 300 teilnehmenden Schüler:innen sowohl vor als auch nach der Teilnahme an der Herausforderung erhoben wurden, herangezogen. Weder für die von den Schüler:innen berichtete Bereitschaft zur Selbstständigkeit (pre: M = 3,00 SD = 0,63, post: M = 3,03 SD = 0,59), Verantwortung (pre: M = 2,92 SD = 0,66, post: M = 2,92 SD = 0,65) noch Kooperationsbereitschaft (pre: M = 3,25 SD = 0,62, post: M = 3,19 SD = 0,63) zeigte sich ein signifikanter Effekt der Teilnahme an der Herausforderung. Lediglich hinsichtlich der Ungewissheitstoleranz zeigte sich eine signifikante Abnahme (pre: M = 2,46 SD = 0,40, post: M = 2,41 SD = 0,39, t(298) = 2,55 p = ,011).

Diese Abnahme scheint zunächst überraschend, schließlich haben vielfältige Studien die positiven Effekte von Herausforderungen und ähnlichen Projekten auf das Selbstbewusstsein und Erleben von Selbstwirksamkeit von Schüler:innen untersucht (Boeger/Dörfler/Schut-Ansteeg 2006; Markus/Eberle/Fengler 2019). Solche Effekte werden von den Durchführenden oft als primäre Effekte der Teilnahme an Herausforderungen benannt und beworben und müssten, so die Annahme, Schüler:innen zu einem verbesserten Umgang mit ungewissen Situationen befähigen. Hinsichtlich der hier vorliegenden Ergebnisse, insbesondere der oben geschilderten hohen Zustimmung zu Beschreibungen des Erlebnisses als „aufregend", „anstrengend" und „beanspruchend", kann angenommen werden, dass die Schüler:innen zum Zeitpunkt der Teilnahme an der Befragung noch zu sehr unter dem Eindruck des Erlebten standen und entsprechend weniger eine Präferenz für unklare und ungewisse Situationen äußerten.

Insgesamt entspricht der Befund, dass die Herausforderung keine generell persönlichkeitsverändernde Erfahrung darstellt, einer neueren, quasi-experimentellen Vergleichsstudie im australischen Kontext (Williams et al. 2018), in der trotz positiver Berichte der Schüler:innen über den Nutzen des Programms keine universell positiven Effekte festgestellt werden konnten. Entsprechend liegt es nahe, Effekte der Umsetzung und Durchführung von Herausforderungen in den Blick zu nehmen, wie es das folgende Kapitel für die drei Erfolgsdimensionen vornimmt.

6.4 Effekte der Umsetzung und Durchführung von Herausforderungen auf die drei Dimensionen des Erfolgs

→ Effekte hängen von spezifischen Gestaltungskriterien von Herausforderungen ab.
→ Schüler:innen nehmen Gruppenherausforderungen positiver wahr als Einzelherausforderungen.
→ Herausforderungen werden am positivsten wahrgenommen, wenn Schüler:innen Ideen für die Herausforderung in Kollaboration mit Lehrkräften entwickelten.
→ …und wenn Lehrer:innen die Schüler:innen auf ihren Herausforderungen begleiteten.
→ Die erlebte Nützlichkeit der Erfahrung war bei Einzelherausforderungen höher als bei Gruppenherausforderungen
→ …und wenn die Teilnahme an der Herausforderung freiwillig war
→ …und wenn die Idee für die spezifische Herausforderung in Kollaboration mit den Lehrer:innen entwickelt wurde.
→ Es zeigten sich keine Effekte der Charakteristika der Umsetzung der Herausforderung auf Ungewissheitstoleranz und Bereitschaft zu selbstständigem Arbeiten, außer die Art der Ideenfindung.
→ Die Bereitschaft zu selbstständigem Arbeiten nahm signifikant bei Schüler:innen zu, deren Projektidee von Lehrer:innen entwickelt worden war, ebenso die Bereitschaft zur Verantwortungsübernahme.
→ Die Bereitschaft zur Verantwortungsübernahme verändert sich positiver mit wiederholter Teilnahme an der Herausforderung.
→ Die Bereitschaft zur Zusammenarbeit mit anderen verbesserte sich deutlicher bei verpflichtender Teilnahme an der Herausforderung und wenn die Ideen für die Herausforderungen von Lehrkräften entwickelt wurden.

Mit Blick auf die Effekte der Umsetzung und Durchführung der Herausforderung, also die Organisation als freiwillige oder verpflichtende Einzel- oder

Gruppenaktivität mit verschiedenen Modi der Ideenfindung, Begleitung und Dokumentation auf die drei Dimensionen des Erfolgs von Herausforderungen als eine (1) gute Erfahrung, (2) ein als nützlich oder ergiebig wahrgenommene Erfahrung und schließlich (3) als persönlichkeitsverändernde Erfahrung, zeigten sich verschiedene Ergebnisse.

(1) Mit Blick auf die Wahrnehmung der Herausforderung als gute Erfahrung fanden sich keine Unterschiede hinsichtlich der Häufigkeit der Teilnahme, also ob Schüler:innen zum ersten oder wiederholten Male eine Herausforderung absolvierten. Schüler:innen, die die Herausforderung in einer Gruppe bewältigten, beschrieben eine positivere Prozessqualität (M = 3,18 SD = 0,62) und bewerteten die Projektidee generell positiver (M = 3,12 SD = 0,87) als Schüler:innen, die eine Einzelherausforderung absolvierten (Prozessqualität: M = 3,04 SD = 0,70 t(251,89) = -2,68 p = ,008; Projektbewertung: M = 2,79 SD = 0,93 t(1478) = -4,94 p < ,001). Hier könnte die gemeinsame Verarbeitung und Besprechung der Erfahrungen eine positive Evaluation gefördert haben.

Auch die Freiwilligkeit der Teilnahme, die Ideenfindung für die Herausforderung und die Regelung hinsichtlich der Begleitung wirkte sich auf die Wahrnehmung der Herausforderung als gute Erfahrung aus. Schüler:innen, für die die Teilnahme an einer Herausforderung freiwillig war, nahmen diese eher als „schwierig" (M = 2,57 SD = 0,85), „aufwühlend" (M = 2,50 SD = 0,87) und „aufregend" (M = 3,08 SD = 0,83) wahr als Schüler:innen, die zur Teilnahme verpflichtet wurden (schwierig: M = 2,33 SD = ,85 t(627) = 2,90 p = 0,004; aufwühlend: M = 2,14 SD = 0,93 t(626) = 4,01 p < ,001; aufregend: M = 2,88 SD = 0,97 t(236,44) = 2,37 p = ,019). Möglicherweise erfolgt hier die Interpretation der Erlebnisse vor dem Hintergrund des Vergleichs mit den Erfahrungen anderer Schüler:innen des eigenen Jahrgangs von denen bei einer verpflichtenden Projektteilnahme alle anderen ähnliche Erfahrungen machen und die Varianz der Erlebnisse während der Projektzeit nicht so groß ist wie bei einer freiwilligen Teilnahme.

Hinsichtlich der Ideenfindung zeigte sich, dass Schüler:innen ihre Herausforderung am ehesten als erfolgreich wahrnehmen, wenn sie Ideen für die Herausforderung von den Lehrkräften erhielten, die sie dann weiterentwickeln konnten (F(2) = 3,54 p = ,029). In diesen Fällen waren auch Prozessqualität (F(2) = 3,03 p = ,049) und Projektbewertung (F(2) = 18,16 p < ,001) signifikant höher, als wenn die Schüler:innen die Idee alleine entwickelten oder Lehrer:innen Ideen vorgaben, auf die die Schüler:innen sich bewerben konnten. Hier kann gemutmaßt werden, dass die Mischform der Ideenentwicklung für die Herausforderung den Schüler:innen zwar Freiheiten für eigene Ideen lässt, jedoch auch sicherstellt, dass sich ihre Projektidee noch in einem gewissen, akzeptablen Rahmen bewegt.

Begleiteten Lehrer:innen die Schüler:innen auf ihren Herausforderungen (im Gegensatz zu Schulexternen oder Mischvarianten von Begleitungen), zeigten sich die im Vergleich höchsten Einschätzungen des Erfolgs der spezifischen Herausforderung (F(3) = 3,06 p = ,027), der Prozessqualität (F(3) = 5,22 p = ,001), und der Projektbewertung (F(3) = 11,31 p < ,001). Dies widerspricht der Idee von Herausforderungen als Entschulungserfahrung, in der Heranwachsende ihre Schüler:innenrolle verlassen sollen. In den vorliegenden Daten wurde die Rolle der Begleiter:innen nicht genauer untersucht, so dass sich schwerlich feststellen lässt, inwieweit es begleitenden Lehrer:innen gelingt, ihre Rolle hinter sich zu lassen.

(2) Wie oben dargestellt, wurde die Herausforderung vom Gros der Schüler:innen als nützliche und ergiebige Erfahrung wahrgenommen. Auch hier zeigten sich jedoch Unterschiede in Abhängigkeit von Formen der Umsetzung und Durchführung. Schüler:innen, die die Herausforderung als Einzelaktivität absolvierten, nahmen sie als signifikant nützlicher wahr (M = 2,79 SD = 0,68) als Schüler:innen, die die Herausforderung in der Gruppe absolvierten (M = 2,68 SD = 0,64 t(1512) = 2,22 p = ,027). Dies kann mit der gesteigerten Intensität des Erlebnisses durch die alleinige Betroffenheit und Verantwortlichkeit bei der Lösung von auftretenden Problemen bedingt sein.

Eine freiwillige Teilnahme an der Herausforderung ging mit höherer wahrgenommener Nützlichkeit (M = 2,76 SD = 0,56) und Einstellungswandel (M = 2,20 SD = 0,75) einher als eine verpflichtende Herausforderung (Nützlichkeit: M = 2,67 SD = 0,66, t(307,89) = 2,19 p = ,029; Einstellungswandel: M = 2,04 SD = 0,71, t(1332) = 2,93 p = ,004). Zu vermuten ist, dass Schüler:innen, die sich freiwillig für eine Teilnahme entscheiden, diese bereits vor der Durchführung der Herausforderung gut überdacht und sich die Nützlichkeit einer Teilnahme vor Augen geführt haben.

Wie bereits bei der Wahrnehmung der Herausforderung als gute Erfahrung zeigte sich hinsichtlich der Ideenfindung, dass Schüler:innen die Nützlichkeit der Herausforderung und einen Einstellungswandel am stärksten wahrnahmen, wenn sie Ideen für die Herausforderung von den Lehrkräften erhielten, die sie dann weiterentwickeln konnten (Nützlichkeit: F(2) = 2,96 p = ,050, Einstellungswandel: F(2) = 4,75 p = ,009). Hier ist wie oben anzunehmen, dass die Mischform der Ideenentwicklung den Teilnehmer:innen eine gewisse Sicherheit gibt, in der Beanspruchung ein Mittelmaß zu treffen.

Die Häufigkeit der Teilnahme an einer Herausforderung, ebenso wie die Organisation der Begleitung, bewirkten keinen Unterschied in der wahrgenommenen Nützlichkeit.

(3) Da sich keine deutlichen direkten Effekte der Teilnahme an einer Herausforderung auf die vier Persönlichkeitsaspekte Ungewissheitstoleranz, Bereitschaft zu selbstständigem Arbeiten, Übernahme von Verantwortung und Kollaboration gezeigt hatten, wurden auch hier die Effekte der verschiedenen Arten der Umsetzung und Durchführung von Herausforderungen untersucht.

Es konnten keine Effekte der sechs Moderatoren auf eine Veränderung der Ungewissheitstoleranz durch die Herausforderung identifiziert werden.

Auch die Bereitschaft zu selbstständigem Arbeiten veränderte sich nicht in Abhängigkeit von der Anzahl der Teilnahmen an Herausforderungen, ob diese als Einzel- oder Gruppenaktivität, freiwillig oder verpflichtend absolviert wurden und wie Begleitung und Dokumentation organisiert wurden. Jedoch zeigte sich ein signifikanter positiver Effekt der Art der Ideenfindung ($F(1, 3) = 3,66$ $p = ,028$ partielles $\eta^2 = ,043$) auf die Veränderung der Bereitschaft zu selbstständigem Arbeiten über die Herausforderung hinweg, wobei sich Schüler:innen bei Herausforderungen, deren Idee von den Lehrkräften entwickelt werden und auf die die Schüler:innen sich dann bewerben, signifikant höhere Bereitschaft zu selbstständigem Arbeiten berichten, als wenn sie die Ideen für die Herausforderung selbst entwickeln ($p = ,025$ $M_{Diff} = ,270$). Dieses Ergebnis verwundert auf den ersten Blick, könnte aber dadurch zu Stande kommen, dass die Schüler:innen auf Lehrer:innen-entwickelten Herausforderungen eher zu der Erkenntnis kommen, dass ihre persönlichen Kompetenzen noch über das Geforderte hinausgehen und in Zukunft höhere Selbstständigkeit möglich und wünschenswert wäre.

Hinsichtlich der Verantwortungsübernahme zeigten sich keine Effekte der Teilnahme an einer Einzel- oder Gruppenaktivität, freiwilliger oder verpflichtender Teilnahme, der Art der Begleitung oder des Typs der Dokumentation. Ein signifikanter positiver Effekt konnte hinsichtlich der Häufigkeit der Teilnahme an Herausforderungen festgestellt werden ($F(1, 4) = 3,23$ $p = ,023$ partielles $\eta^2 = ,032$). Der Zuwachs an Bereitschaft zur Verantwortungsübernahme war bei der zweiten Teilnahme an einer Herausforderung höher als bei der ersten Teilnahme ($p = ,043$ $M_{Diff} = ,222$). Dies kann auf die weniger überwältigende Erfahrung bei der zweiten Projektteilnahme zurückzuführen sein.

Des Weiteren zeigte sich ein Effekt der Art der Ideenfindung ($F(1, 3) = 3,95$ $p = ,021$ partielles $\eta^2 = ,046$). Auch hier zeigte sich, dass Schüler:innen bei Herausforderungen, deren Idee allein von den Lehrkräften entwickelt werden, signifikant stärkere Zunahme der Bereitschaft zur Verantwortungsübernahme empfinden, als wenn sie die Ideen für die Herausforderung selbst entwickeln ($p = ,025$ $M_{Diff} = ,270$). Erklären könnte man diesen Befund dadurch, dass, wenn eine Lehrkraft zentral an der Entwicklung der Idee für die Herausforderung beteiligt ist, Schüler:innen gefragt sind, aktiv Verantwortung zu übernehmen.

Auch mit Blick auf die Bereitschaft zur Zusammenarbeit zeigten sich keine Effekte der Häufigkeit der Teilnahme an Herausforderungen, Teilnahme an einer Einzel- oder Gruppenaktivität, Art der Begleitung und der Dokumentation. Hier konnte jedoch ein signifikanter Effekt der Freiwilligkeit der Teilnahme festgestellt werden ($F(1, 2) = 5,40$ $p = ,021$ partielles $\eta^2 = ,027$). Die Veränderung der selbst eingeschätzten Kompetenz der Zusammenarbeit mit anderen war bei verpflichtenden Herausforderungen höher als bei freiwilliger Teilnahme ($p = ,021$ $M_{Diff} = ,163$), vermutlich, weil bei verpflichtender Teilnahme auch die

Gruppenzusammensetzung nicht in Gänze durch die Schüler:innen bestimmt und beeinflusst werden kann.

Ebenso zeigte sich wieder ein signifikanter Effekt der Ideenfindung ($F(1, 3) = 3,50$ $p = ,041$ partielles $\eta^2 = ,046$). Wenn die Idee für die Herausforderung von den Lehrkräften entwicklt wurden und die Schüler:innen sich bewerben konnten, fand sich eine positivere Entwicklung der Fähigkeit zur Zusammenarbeit ($p = ,036$ $M_{Diff} = ,256$). Wie auch oben könnte man hier einen strukturierenden Einfluss annehmen, die Herausforderungen als Lerngelegenheiten stärker gestalten und begleiten.

7 Ausblick

Insgesamt bieten die Ergebnisse der Begleitforschung eine Vielzahl an interessanten Einsichten in die verschiedenen Dimensionen des Erfolgs von Herausforderungen als (1) eine gute Erfahrung, (2) eine als nützlich oder ergiebig wahrgenommene Erfahrung und schließlich (3) als persönlichkeitsverändernde Erfahrung und erlaubt erste Rückschlüsse auf Zusammenhänge mit verschiedenen schulischen Ansätzen zur Umsetzung und Durchführung von Herausforderungen. Generell zeichnet sich in den Daten ab, dass Herausforderungen zwar als erfolgreiche, im Sinne einer positiven, Erfahrung eingestuft werden können, unklar bleibt jedoch der eindeutige Nutzen und Auswirkungen auf Dimensionen persönlicher Kompetenzen, die von den Organisator:innen von Herausforderungen ja vielfach als Argument für die Umsetzung der Projektidee angeführt werden. Hier reichen auch die aktuell vorliegenden Daten, insbesondere aufgrund der erheblich geringeren Teilnehmer:innenzahl im Längsschnitt, noch nicht aus, um finale Schlüsse und Interpretationen zu ziehen.

Es liegt in der Natur der Sache, dass die Begleitforschung zu Herausforderungen im Projekt HeRiS seit Beginn und auch in Zukunft die Begleitung einer Entwicklung ist. Zwar werden in der Befragung die verschiedenen zentralen Charakteristika der Gestaltung und Umsetzung von Herausforderungen abgebildet, deren Kombination bildet jedoch an den Einzelschulen spezifische Settings, die als Gesamtes Auswirkungen auf den Erfolg von Herausforderungen haben. Stark gebundene Strukturen von Herausforderungen nivellieren Effekte unter Umständen mehr, als offenere Strukturen dies tun, in denen Schüler:innen mehr Freiheit gewährt wird, die dann jedoch auch in den Ergebnissen ein diffuseres Bild zeichnet.

So wird der Forschungsverbund HeRiS auch die vorliegenden Ergebnisse in Zukunft wiederholt einer kritischen Befragung unterziehen und durch weitere Daten neue Erkenntnisse gewinnen können, die Schulen mit Herausforderungen Hinweise für die gelungene Umsetzung von Herausforderungen geben können.

Literatur

Beames, Simon/Mackie, Chris/Scrutton, Roger (2020): Alumni perspectives on a boarding school outdoor education programme. In: Journal of Adventure Education and Outdoor Learning 20, H. 2, S. 123-137.

Boeger, Annette/Dörfler, Tobias/Schut-Ansteeg, Thomas (2006): Erlebnispädagogik mit Jugendlichen: Einflüsse auf Symptombelastung und Selbstwert. In: Praxis der Kinderpsychologie und Kinderpsychiatrie 55, H. 3, S. 181-197.

Butt, Holger (2014): Vom exotischen Highlight zum Normalfall. Erfahrungen mit dem Schulkonzept ,Herausforderungen'. In: Pädagogik, H. 7/8, S. 8-11.

Dudda, Fabian/Hecht, Michael/Helker, Kerstin/Herrmann, Carolin/Nienaber, Franziska/Rürup, Matthias (2019): „Herausforderungen" als Schulprojekt. Evaluationsbericht zum Projektdurchlauf 2018 (Forschungsverbund HeRiS). Bergische Universität Wuppertal & RWTH Aachen. https://www.pedocs.de/volltexte/2019/17998/pdf/HeRiS_2019_Herausforderungen_als_Schulprojekt_2018.pdf (Abfrage: 2.11.2022)

Hausner, Christian/Stockmeier, Barbara (2014): In der Mittelstufe: Herausforderungen – in der Oberstufe: Alle ins Ausland. Projekte zur Selbsterfahrung und interkulturellen Kompetenz. In: Pädagogik, H. 7/8, S. 30-33.

Havighurst, Robert J. (1974): Developmental tasks and education (3. Auflage.). New York: McKay.

Helker, Kerstin/Rürup, Matthias (2022): 'What a bad idea to camp next to a train station' – student-reported outcomes and evaluations of the outdoor adventure project 'challenges'. In: Journal of Adventure Education and Outdoor Learning 22, H.2, S. 101-116.

von Hentig, Hartmut (2007): Bewährung. Von der nützlichen Erfahrung nützlich zu sein. Weinheim: Beltz.

Junker, Daniel/Menge, Lorenz (2014): Mit dem Mountainbike über die Alpen. Schülerinnen und Schüler planen und realisieren eine Alpenüberquerung. In: Sportpädagogik 38, H. 6, S. 36-40.

Markus, Stefan/Eberle, Thomas/Fengler, Janne (2019): Einflussfaktoren auf die Entwicklung allgemeiner und spezifischer Selbstwirksamkeitserwartungen in mehrtägigen erlebnispädagogischen Interventionen In: Empirische Pädagogik 33, H: 1, S. 71-100.

Milton, Barbara/Cleveland, Eliza/Bennett-Gates, Dianne (1995): Changing perceptions of nature, self, and others: a report on a park/school program. In: The Journal of Environmental Education 26, H. 3, S. 32-39.

Mutz, Michael/Müller, Johannes (2016): Mental health benefits of outdoor adventures: Results from two pilot studies. In: Journal of Adolescence 49, H. 6, S. 105-114.

Pfingstner, Reinhold (2005): Lernen lernen durch Outdoortrainings – Handlungsorientierte outdoorbezogene Interventionen zur Verbesserung des personalen Lernens in sozialen Systemen am Beispiel von Schulklassen. (PhD). Universität Wien, Wien.

Sliwka, Anne (2018): Pädagogik der Jugendphase. Wie Jugendliche engagiert lernen. Weinheim: Beltz.

Trautmann, Matthias (2004): Entwicklungsaufgaben im Bildungsgang. Wiesbaden: VS Verl. für Sozialwissenschaften.

Dr. Kerstin Helker ist wissenschaftliche Mitarbeiterin am innovation Space der Technischen Universität Eindhoven, Niederlande. Ihr Forschungsinteresse liegt auf Herausforderungen beim Lernen und dem Lernen an Herausforderungen. 2017 hat sie mit Matthias Rürup den Forschungsverbund HeRiS gegründet. An der Universität Eindhoven untersucht Kerstin Helker die Effektivität von Challenge-Based Learning, einem Lehr-Lern-Ansatz, der das autonome, kollaborative und interdisziplinäre Lernen an authentischen Herausforderungen in den Mittelpunkt stellt. Kontakt: k.helker@tue.nl

Dr. Matthias Rürup ist wissenschaftlicher Mitarbeiter im Arbeitsbereich Empirische Schulforschung an der School of Education der Bergischen Universität Wuppertal. Er begleitet die Idee der Herausforderung seit über zehn Jahren mit großem Interesse, als eine Innovationsidee, die sich nicht top-down, sondern nur at-the-bottom, zwischen interessierten Schulen und Lehrkräften, im Schulsystem verbreiten kann. Er ist Mitglied im Forschungsverbund HeRiS. Kontakt: ruerup@uni-wuppertal.de

23 Veränderung der Kompetenzeinschätzung während der Vorbereitung auf die Herausforderung – Evaluation des Herausforderungsprojektes

Sarah Poersch

1 Einleitung

Die Reproduktion von Ungleichheit im deutschen Bildungswesen und die dadurch entstehende Ungleichheit in der Bildungsbiografie von jungen Menschen, ist vor allem seit den schlechten Ergebnissen in Schulleistungsstudien ein viel beforschtes Thema (vgl. Brockmann et al. 2021; Reiss et al. 2019; Uhlig/Solga/ Schupp 2009; Wendet/Stubbe/Schwippert 2012). Neben den fachlichen Kompetenzen werden auch die überfachlichen Kompetenzen von Schülerinnen und Schülern durch ihre kulturelle, ökonomische und soziale Herkunft tangiert (vgl. Szczesny/Watermann 2011). Der Bildungserfolg ist also an die Ressourcenausstattung der Schülerhaushalte gekoppelt. Leistungen in Mathematik und die Verbesserung der Leseleistung werden im klassischen Schulunterricht gefördert. Der Auf- bzw. Ausbau überfachlicher Kompetenzen wie Verantwortungsübernahme oder Reflexionsfähigkeit stehen hingegen in den Lehrplänen eher hinten an (vgl. Grob/Maag Merki 2001). Dabei scheinen sich die Kompetenzen zur Alltagsbewältigung und zum Erreichen beruflicher Ziele verändert zu haben, da die Anforderungen an unsere Fähigkeiten komplexer geworden sind (vgl. Handel 2012). Erfahrungsorientierte Lernformen wie die Erlebnispädagogik zielen auf die Verbesserung von sozialen und personalen Kompetenzen und sollen der Persönlichkeitsentwicklung dienen (vgl. Michl 2015). Die Verbesserung dieser Kompetenzen kann zum Ausgleich von Chancenungleichheiten und Erhöhung der Teilhabe beitragen und somit den Einfluss der sozialen Herkunft abschwächen (vgl. Borgna et al. 2019; Noftle/Robins 2007; Raad/Schouwenburg 1996).

Entsprechend geht dieser Beitrag der Frage nach, wie sich überfachliche Kompetenzen durch die Vorbereitung auf eine erlebnispädagogische Intervention verändern und inwieweit Faktoren des familiären Hintergrunds der Schüler:innen, wie etwa die sozioökonomische und kulturelle Ressourcenausstattung, einen Erklärungsbeitrag bei der Selbsteinschätzung und Veränderung dieser Kompetenzen leisten.

Um dies zu untersuchen, wurden Daten aus dem Schulprojekt „Herausforderung" ausgewertet, welches seit etwa fünfzehn Jahren an weiterführenden Schulen in Deutschland durchgeführt und seit vier Jahren von dem Forschungsverbund HeRiS wissenschaftlich begleitet wird. Die Idee dieses Projektes ist es, Schüler:innen der Sekundarstufe I und II über mehrere Wochen auf eine selbst gewählte und selbst organisierte Unternehmung zu schicken. Die Schüler:innen bereiten sich dort auf ein- bis zweiwöchige Reisen zu Fuß, mit dem Rad oder Longboard vor, besuchen Klöster oder Erinnerungsstätten und sind sowohl für die Verpflegung als auch für Übernachtungsmöglichkeiten in dieser Zeit verantwortlich. Ebenfalls müssen Überlegungen zum Umgang mit Übernachtungen in freier Natur, ohne Strom und fließend Wasser unter Einbezug nachhaltiger Ideen eingebracht, Planänderungen mitbedacht und Alternativen gefunden werden. Für diese Arbeit der Vorbereitung auf die jeweilige Herausforderung, wird den Schüler:innen ein Zeitraum von zirka sechs Monaten eingeräumt.

Durch diese gezielt herbeigeführte Autonomie in der Planungsphase der Projekte, ist die Möglichkeit der Förderung überfachlicher Kompetenzen wie Selbstständigkeit, Teamwork oder Ungewissheitstoleranz gegeben. Laut der Selbstbestimmungstheorie von Deci und Ryan (1993), hat die Möglichkeit der Selbstbestimmung im Lernprozess eine positive Auswirkung auf die intrinsische Motivation und somit auf die Qualität des Lernprozesses. Die Schüler:innen werden bemüht sein, ihre Herausforderung so zu planen, dass ihre Bedürfnisse, wie nicht frieren oder hungern müssen, erfüllt werden, was zu einer intentionalen und somit intrinsisch motivierten Handlung beitragen kann.

Ob eine Kompetenzförderung stattfindet, und wie sich diese in Abhängigkeit der sozialen Herkunft der Schüler:innen während der Vorbereitungszeit auf die Herausforderungen gestaltet, soll im Folgenden untersucht werden. Zunächst erfolgt jedoch eine theoretische Einbettung der betrachteten Konstrukte.

2 Die Erlebnispädagogik im Herausforderungsprojekt

Mit der Gründung von Schloss Salem durch Kurt Hahn im Jahre 1920 wurde erstmals die Idee des exemplarischen Lernens in die Räumlichkeiten einer Schule gebracht (vgl. Scheuerl/Hans 1997). Die später in England gegründeten Outward Bound Kurzschulen sollten durch körperliche Aktivitäten und gemeinschaftliche Projekte unter anderem dem „Verfall der körperlichen Tätigkeit", der „Verkümmerung der Initiative und Spontaneität" und dem „Mangel an Sorgsamkeit und menschlicher Anteilnahme" entgegenwirken (Baig-Schneider 2014, S. 73).

Der modernen Erlebnispädagogik wurde zum Ziel gesetzt, „durch exemplarische Lernprozesse, in denen junge Menschen vor physische, psychische und soziale Herausforderungen gestellt werden, diese in ihrer Persönlichkeitsentwicklung fördern und sie dazu befähigen, ihre Lebenswelt verantwortlich zu gestalten" (Heckmair/Michl 2012, S. 90). Zu einer erlebnispädagogischen Einheit gehört zudem ein gewisser Ernstcharakter (vgl. Galuske 2013; Reiners 1995).

Erlebnispädagogische Programme zielen auf die Verbesserung der Autonomie, des sozialen Verhaltens, des Naturschutzes, im Umgang mit Drogen, der Selbstwirksamkeit etc. (vgl. Mutz/Müller 2016), und zwar meist durch in Kleingruppen durchgeführte, autonome Aktivitäten im Freien über einen Zeitraum von ein bis vier Wochen (vgl. Hattie et al. 1997; Markus et al. 2016; Rehm 1999).

Die Projektidee der Herausforderung hat diese bisher eher als Freizeitangebote gestaltete Idee in die Schule gebracht, um die Förderung fachlicher Kompetenzen durch die Förderung überfachlicher zu erweitern. Die Verbesserung personaler und sozialer Kompetenzen soll hier mit dem Aufbrechen klassischer schulischer Strukturen geboten und durch die externe Evaluation durch den Forschungsverbund HeRiS dokumentiert werden, um womöglich kausale Zusammenhänge aufzudecken und Prozesse zu optimieren (vgl. Dudda et al. 2019; Rürup/Hermann 2020; Helker/Rürup 2022).

3   Überfachliche Kompetenzen und die Wirkung erlebnispädagogischer Intervention

Unter überfachlichen Kompetenzen werden jene Fähigkeiten verstanden, die nicht nur in konkreten Situationen, sondern in vielen verschiedenen Lebenslagen hilfreich sein können und deren Zusammenspiel dabei helfen kann, den bildungsbiografischen Werdegang positiv zu unterstützen. Unterschieden wird meist zwischen sozialen und personalen Kompetenzen, die sich wiederum in verschiedene Eigenschaften oder Fähigkeiten unterteilen. Das Potenzial, diese Fähigkeiten in der jeweiligen Lebenssituation auch anzuwenden, hängt einerseits mit der Kompetenzausprägung und andererseits mit dem Kontext zusammen, in dem sich das Individuum befindet (vgl. Maag Merki 2009; Weinert 2001).

Soziale Kompetenzen stellen je nach Definition „ein Konglomerat aus Merkmalskompetenzen der sozialen, emotionalen und teilweise auch der praktischen Intelligenz" (Süß et al. 2005, S. 354) dar. Sie werden als Eigenschaften und Fähigkeiten oder Merkmale bezeichnet und reichen von Zusammenarbeit, über Einfühlungsvermögen bis zu Toleranz (vgl. Richter 1995; Staatsinstitut für Schulqualität und Bildungsforschung 2006).

Als personale Kompetenzen (auch Selbst- oder Persönlichkeitskompetenz) werden Eigenschaften bezeichnet, die dabei helfen, mit den eigenen Gefühlen umzugehen bzw. zum Umgang mit Gefühlen anderer Personen befähigen (vgl. Czerwanski 2004). Dazu zählen unter anderem Kompetenzen wie Selbstständigkeit, Selbstwirksamkeit und Verantwortungsübernahme (vgl. Maag Merki 2004).

Ebenfalls als überfachliche Kompetenzen lassen sich Grit und Ungewissheitstoleranz zählen. Der englische Begriff Grit ist ein Konstrukt aus der Psychologie, welches sich in beständiges Interesse (Wenn ich mir ein Ziel setzen, erreiche ich es auch) und Beharrlichkeit (von Rückschlägen lasse ich mich nicht entmutigen) unterteilt. Ein hohes Maß an Grit, wird mit positiven Bildungsverläufen in Verbindung gebracht (vgl. Fleckenstein et al. 2014). Die Ungewissheitstoleranz beschreibt die Fähigkeit eines Individuums mit unerwarteten Zukunftsereignissen umzugehen (Ich lasse gerne Dinge auf mich zukommen). Diese Fähigkeit wird maßgeblich durch die familiale Sozialisation geprägt und kann moderierend mit anderen sozialen oder personalen Kompetenzen die psychische Gesundheit beeinflussen (vgl. König 2003).

National wie international wurde bisher mehrfach der Wirkzusammenhang von erlebnispädagogischen Maßnahmen und überfachlichen Kompetenzen untersucht. Studien zeigen, dass Programme mit erlebnispädagogischem Charakter sich positiv auf soziale wie personale Kompetenzen auswirken können (vgl. Fengler 2017; Hattie et al. 1997; Lakemann 2005; Rehm 1999). So konnte gezeigt werden, dass durch die Teilnahme an mehrwöchigen Programmen Teamfähigkeit und Zusammengehörigkeitsgefühl, Selbstsicherheit und soziales Handeln gefördert wurden und Konfliktverhalten, Durchhaltevermögen und Belastungsfähigkeit sich verbesserten. Inwieweit sich das Projekt Herausforderung auf die Kompetenzeinschätzung auswirken kann und welche Rolle die soziale Herkunft möglicherweise spielt, soll in diesem Beitrag untersucht werden.

4 Zusammenhang von familiärer Herkunft und Kompetenzeinschätzung

Um zu prüfen, ob sich Herkunftsfaktoren von Schülerinnen und Schülern auf den Kompetenzerwerb auswirken, können Indikatoren nach Bourdieu (2012) definiert werden. Die kulturelle, soziale und ökonomische Ressourcenausstattung eines Haushaltes ist demnach mit ausschlaggebend für die Bildungsbiografie. Die kulturelle Herkunft bemisst sich einerseits nach dem inkorporierten, kulturellen Kapital (Bildungsabschlüsse) und andererseits am objektivierten kulturellen Kapital (Kulturgütern die in einem Haushalt zur Verfügung stehen wie Bücher, Musikinstrumente und Kunst), die soziale Herkunft an der Möglichkeit der Teilhabe in verschiedenen Bereichen, durch die Zugehörigkeit zu bestimmten Gruppen. Ökonomisches Kapital definiert sich nach Besitztümern finanzieller und materieller Art.

Groß angelegte Schulleistungsstudien wie PISA, IGLU und ICILS (vgl. Bos et al. 2012; Eickelmann et al. 2019; Prenzel et al. 2013) untersuchen in regelmäßigen Abständen die Auswirkungen der sozialen Herkunft der Schülerschaft auf deren Kompetenzen oder Kompetenzentwicklungen. Obwohl seit Jahren die schlechte Stellung Deutschlands im internationalen Vergleich bekannt ist, besteht nach wie vor ein negativer Zusammenhang zwischen der Ressourcenausstattung der Schülerhaushalte und der fachlichen wie überfachlichen Kompetenzen der Schüler:innen (vgl. Müller/Ehmke 2013). Die Verringerung sozialer Disparitäten im Bildungsverlauf, also die Entkopplung der Bildungserfolge von der sozioökonomischen Herkunft der Schüler:innen, steht seit einigen Jahren auf der bildungspolitischen Agenda (vgl. Niemann 2010).

5 Fragestellungen

Gemäß dem bisher Beschriebenen kann also angenommen werden, dass erlebnis- pädagogische Interventionen wie das Projekt Herausforderung, insgesamt geeignet sind, überfachliche Kompetenzen von Schüler:innen wie etwa Selbstständigkeit, Verantwortungsübernahme und Zusammenarbeit zu fördern. Ebenfalls besteht die Annahme, dass es einen Zusammenhang zwischen Kompetenzeinschätzung bzw. -veränderung und der sozialen Herkunft der Schüler:innen gibt. Entsprechend wer- den in diesem Beitrag Ergebnisse einer Untersuchung davon präsentiert, wie die an Herausforderungen teilnehmenden Schüler:innen vor Beginn der Vorbereitungs- zeit ihre überfachlichen Kompetenzen einschätzen (1), ob es einen Zusammenhang zwischen den Ressourcen der Schülerhaushalte und der Kompetenzeinschätzung vor und nach der Vorbereitungszeit gibt (2), wie sich diese Kompetenzeinschät- zung über die Vorbereitungszeit hinweg entwickelt (3) und ob die Ressourcenaus- stattung der Schülerhaushalte einen Einfluss auf diese Veränderung nimmt (4).

6 Methode

Zur Beantwortung der Forschungsfragen, wurden Schülerinnen und Schüler aus 16 weiterführenden Schulen befragt, die am oben beschriebenen Schulprojekt Herausforderung teilnahmen. Die Schüler:innen wurden gebeten, einen Frage- bogen vor Beginn der Vorbereitungszeit (T0, ca. 6 Monate vor Projektbeginn) aufzufüllen. Ein zweiter Fragebogen sollte unmittelbar vor Beginn der Heraus- forderung (T1) und ein dritter kurz nach (ca. drei Wochen) der Rückkehr (T2) ausgefüllt werden. Die Fragebögen wurden online zur Verfügung gestellt und die Durchführung der Befragung von den Schulen organisiert. Durch einen indivi- duellen Code, welcher von den Schüler:innen selbst nach Anleitung auf dem Fra- gebogen generiert wurde, können die pseudonymisierten Daten der Schüler:in- nen über die drei Erhebungszeitpunkte verknüpft werden.

6.1 Stichprobe und Studiendesign

Der ausgewertete Datensatz enthält Daten zu den Kompetenzeinschätzungen von 136 Schülerinnen und Schülern vor Antritt der Herausforderung ($MW_{Alter\ T0} = 13,6$, $SD_{Alter\ T0} = 0,83$; 56 % männlich), von 565 vor Projektbeginn ($MW_{Alter\ T1} = 14,3$, $SD_{Alter\ T1} = 1,34$; 53,2 % männlich;) und 1640 machten nach der Herausforderung

Angaben zu den Haushaltsressourcen ($MW_{\text{Alter T2}}$ = 14,63, $SD_{\text{Alte T2}}$ = 1,19; 52,1 % männlich). Da nicht alle Schulen zu allen Erhebungszeitpunkten an der Befragung teilnahmen (das Befragungsdesign des Forschungsverbundes HeRiS sieht die Befragung unmittelbar nach der Herausforderung (T2) als zentralen Erhebungszeitpunkt an, der durch die weiteren Befragungen (T0, T1 und ggfs. T3 ergänzt werden kann, aber nicht muss)), variierte die Teilnahmequote über die Erhebungszeitpunkte relativ stark und somit die Zahl der Schüler:innen zur Beantwortung der einzelnen Forschungsfragen. Ein weiteres Erschwernis stellte die Verknüpfung der Schüler:innen-Daten über die individuellen Codes dar.

6.2 Instrumente

Die Items der verwendeten Skalen wurden mit 4- bis 6-stufigen Likert-Skalen erhoben. Der Fragebogen zu T0 enthält Fragen zu Schulbesuch und Leistungen, zur Ungewissheitstoleranz, den überfachlichen Kompetenzen, Sicht auf die Zukunft und Relevanzeinschätzungen des Projekts. Kurz vor Projektbeginn (T1) wurden neben den Skalen aus T0 auch Fragen zum Herausforderungstyp, der Bewertung des Projekts und zur Projektgruppe gestellt. Der Fragebogen der nach der Projektteilnahme (T2) ausgefüllt wurde, fragte zusätzlich nach den Ressourcen des Haushalts, dem Schulabschluss und der Berufsausbildung jedes Elternteils und der Wohnsituation der Schüler:innen. Genaueres zu den verwendeten Fragebögen ist in dem Beitrag von Helker und Rürup (2022) nachzulesen.

6.3 Datenaufbereitung

Um zu untersuchen, wie sich die soziale Herkunft der Schüler:innen auf die Kompetenzeinschätzungen und die Veränderung dieser über die Zeit hinweg entwickelt, wurden verschiedene Frageitems zu den Haushaltsressourcen in Anlehnung an Einteilungen in der PISA Studie (Prenzel et al. 2013) zusammengeführt und in drei Gruppen nach sozioökonomischem bzw. kulturellem Status unterteilt. In Gruppe 1 (N_1 = 81) befinden sich Schüler:innen, die angeben eine bestimmte Grundausstattung im Haushalt zu haben (Internetanschluss, Geschirrspülmaschine, Fernseher etc.) und mindestens ein Elternteil keine Berufsausbildung abgeschlossen hat. In Gruppe 2 wurden (N_2 = 406) Schüler:innen eingeteilt, die unter anderem angaben, ein Zimmer für sich und einen ruhigen Platz zum Lernen zu haben. Mindestens Mutter oder Vater dieser Kinder haben eine abgeschlossene Berufsausbildung (inkl. Meister/Techniker). Schüler:innen wurden in Gruppe 3 (N_3 = 164) eingeteilt, wenn sie beispielsweise angaben, klassische Literatur und Bücher mit Gedichten oder Musikinstrumente zu Hause zu haben und wenn mindestens eines der Elternteile einen Hochschulabschluss hat.

Zur Messung der überfachlichen Kompetenzen wurden mehrere Konstrukte verwendet. Wenn von den überfachlichen Kompetenzen gesprochen wird, handelt es sich um die Zusammenlegung der Subskalen Selbstständigkeit, Verantwortung und Zusammenarbeit (vgl. Maag Merki 2009). Deren Einfluss wird immer zusammen und einzeln betrachtet. Wird von überfachlichen Kompetenzen gesprochen, wurden die drei Subskalen zusammen betrachtet. Ähnlich verhält es sich beim Grit. Dieser setzt sich aus den Subskalen beständiges Interesse und Beharrlichkeit zusammen. Bei der Ungewissheitstoleranz handelt es sich um ein Konstrukt, dessen Einfluss anhand einer einzelnen Skala überprüft wird. Grit und Ungewissheitstoleranz werden nicht unter „überfachliche Kompetenzen gesamt" gefasst. Sie lassen sich zwar auch unter das Dach der überfachlichen Kompetenzen stellen, werden aber aufgrund ihrer unterschiedlichen Ursprünge hier getrennt behandelt.

6.4 Durchführung

Alle statistischen Analysen wurde mit dem Statistikprogramm SPSS (Version 25) durchgeführt. Es wurde zunächst die Skalenkonsistenz über Cronbachs Alpha geprüft. Um Zusammenhänge von Ressourcenausstattungen der Haushalte und den Einschätzungen über die Kompetenzeinschätzungen zu analysieren, wurden für T0 und T1 Produkt-Moment-Korrelationen bzw. Kontingenzkoeffizienten berechnet. Veränderungen der Kompetenzeinschätzungen von T0 zu T1 wurden mittels t-Test für abhängige Stichproben ermittelt. Zur Beantwortung der Frage, ob die Haushaltsressourcen einen Erklärungsbeitrag bei der Veränderung der Kompetenzeinschätzungen liefern, wurde der Datensatz aufgeteilt und Varianzanalysen gerechnet.

Als abhängige Variablen wurden verschiedene Skalen (siehe Tabelle 1) der überfachlichen Kompetenzen gewählt; Prädiktorvariablen stellen die kulturelle, ökonomische und soziale Ressourcenausstattung der Haushalte dar.

7   Ergebnisse

Um zu untersuchen, (1) wie die Schüler:innen ihre überfachlichen Kompetenzen einschätzen und (2) in welchem Zusammenhang diese mit der kulturellen und sozioökonomischen Ressourcenausstattung des Haushaltes steht, (3) ob sich die Einschätzung der Kompetenzen im Laufe der Vorbereitungszeit auf das Projekt ändert und (4) wodurch diese Veränderung beeinflusst wird, werden Daten der Messzeitpunkte T0 und T1 ausgewertet. Aus T2 werden nur Daten zu der Ressourcenausstattung der Haushalte verwendet.

7.1 Einschätzung der eigenen Kompetenzen

Tab. 1: Deskriptive Skalenwerte der Kompetenzeinschätzung

Variable	MZP	N	MW	SD	Items	Skala	Reliabilität
überfachliche Kompetenzen	T0	136	3.01	.38	9	1-4	α = .6
	T1	565	3.01	.43	9	1-4	α = .73
Selbständigkeit	T0	136	2.93	.59	3	1-4	α = .77
	T1	565	2.98	.64	3	1-4	α = .76
Verantwortungsübernahme	T0	136	2.84	.62	3	1-4	α = .81
	T1	565	2.89	.66	3	1-4	α = .8
Zusammenarbeit	T0	136	3.28	.58	3	1-4	α = .77
	T1	565	3.27	.61	3	1-4	α = .82
Grit (gesamt)	T0	134	2.6	.32	12	1-5	α = .51
	T1	560	2.61	.34	12	1-5	α = .6
Beständiges Interesse	T0	134	2.49	.54	6	1-5	α = .67
	T1	560	2.43	.52	6	1-5	α = .7
Beharrlichkeit	T0	134	2.72	.51	6	1-5	α = .7
	T1	560	2.78	.48	6	1-5	α = .69
Ungewissheitstoleranz	T0	136	2.65	.47	8	1-4	α = .53
	T1	565	2.66	.53	8	1-4	α = .63

Wie in Tabelle 1 zu sehen ist, schätzen die Schüler:innen ihre überfachlichen Kompetenzen vor der Vorbereitungszeit insgesamt gut ein (MW = 3,01; SD = 0,38), ihren Grit (MW = 2,6; SD = 0,32) hingegen nicht ganz so hoch. Ebenfalls als relativ hoch schätzten die Teilnehmenden schon vor der Planungszeit ihre Ungewissheitstoleranz, also die Fähigkeit mit unbekannten Situationen umzugehen (MW = 2,65; SD = 0,47) ein. Wie die Änderungen zu T1 zu bewerten sind, wird im weiteren Verlauf geprüft.

7.2 Zusammenhang der Haushaltsressourcen und Kompetenzeinschätzung

Die zweite Forschungsfrage fokussiert den Zusammenhang zwischen den sozioökonomischen Ressourcen der Schülerhaushalte und deren Kompetenzeinschätzung. Zu Beginn der Vorbereitungszeit (T0) auf die Herausforderungen lassen sich vereinzelt schwache Zusammenhänge zwischen den Haushaltsressourcen und der Selbsteinschätzung der Kompetenzen feststellen (siehe Tabelle 2). Die kulturellen Ressourcen korrelieren am häufigsten mit den Kompetenzen, ökonomische und soziale Ressourcen hängen seltener mit der Kompetenzeinschätzung zusammen. Nach der Vorbereitungsphase (T1) und somit kurz vor Beginn der Projekte zeigen sich Änderungen in den Zusammenhängen der Selbsteinschätzung der Kompetenzen und der Haushaltsressourcen im Vergleich zum frühesten Befragungszeitpunkt.

Tab. 2: Korrelationen zwischen den Kompetenzeinschätzungen und der Haushaltsressourcen

HH-Ressourcen	Erhebungszeit	ÜK's		Selbst		Verant.		Zusammen		Grit		Best. Int.		Beharrlichkeit		UGT	
		r	p	r	p	r	p	r	p	r	p	r	p	r	p	r	p
Ökonomische Ressourcen																	
Computer für Schularbeiten	t0																
	t1					-.1*	.036									-1.2*	.19
Lernsoftware	t0															-.23*	.016
	t1																
Internet-Anschluss	t0																
	t1																
Geschirrspülmaschine	t0			.19*	.42												
	t1	-.109*	.027	.12*	.02												
DVD-Player	t0					-.1*	.04							.2*	.033		
	t1																
Spielekonsole	t0																
	t1											.14**	.007				
Fernseher im Zimmer	t0	.21*	.025			.12*	.019										
	t1	.2***	0			.15**	.004	.19*	.039								
Kulturelle Ressourcen																	
eigener Schreibtisch	t0	-.19*	.037			-.1*	.026			.2*	.029	-.2*	.028			.19*	.034
	t1	-.13*	.015														
ruhigen Platz zum Lernen	t0	-.15**	.004			-.13*	.01					-.22*	.02				
	t1			-.13*	.01	-.13**	.01										
Klassische Literatur	t0																
	t1					-.14**	.009									-.14**	.007
Bücher mit Gedichten	t0															.2*	.042
	t1	-.15**	.006			-.2**	0									-.164**	.002
Kunstwerke	t0																
	t1					-.12*	.03										

HH-Ressourcen	Erhebungszeit	ÜK's		Selbst		Verant.		Zusammen		Grit		Best. Int.		Beharrlichkeit		UGT	
		r	p	r	p	r	p	r	p	r	p	r	p	r	p	r	p
Bücher für die Schularbeiten	t0															-.19*	.042
	t1																
Nachschlagewerke	t0																
	t1	-.16**	.003			-.17**	.001	-.13*	.014					-.16**	.002		
Wörterbuch	t0											.19*	.038	.32**	.001		
	t1																
Musikinstrument	t0																
	t1			-.11*	.03	-.11*	.029										
Schulabschluss Mutter (1-4)	t0					.12*	.022									-.22*	.026
	t1			.12*	.022												
Schulabschluss Vater	t0			.12*	.02	.12*	.022										
	t1	.13*	.02			.14**	.009										
Berufsausbildung Mutter	t0																
	t1	.15**	.007			.14**	.01	.1*	.04			-.11*	.032			.18**	.002
Berufsausbildung Vater	t0					.14*	.012									.13*	.019
	t1	.17**	.002	.14*	.02	.1*	.04	.12*	.025							.14*	.011
Soziale Ressourcen																	
Sprache (1-3)	t0	.19*	.033	-.24*	.012												
	t1																
Nationalität (1-3)	t0			-.24*	.013							-.27**	.006	.15**	.004	.23**	0
	t1																
Wohnsituation (1-4)	t0															.22*	.024
	t1																

Es wurden einfaktorielle ANOVAs für T0 und T1 berechnet, um zu untersuchen, ob es einen Unterschied bei der Selbsteinschätzung der überfachlichen Kompetenzen, dem Grit und der Ungewissheitstoleranz in Abhängigkeit der Haushaltsressourcen gibt. Die Schüler:innen wurden in Abhängigkeit ihrer ökonomischen, sozialen und kulturellen Ressourcen in drei Gruppen eingeteilt (siehe Kap. 6.3 Datenaufbereitung). Die Daten waren für jede Gruppe normalverteilt (Shapiro-Wilk-Test, $p > .05$) und Varianzhomogenität war gemäß dem Levene-Test gegeben ($p > .05$). Zu T1 unterschieden sich die Einschätzungen der *überfachlichen Kompetenzen* signifikant zwischen den Gruppen hinsichtlich der Ausstattung der Haushaltsressourcen der Schüler:innen, ($F(2, 317) = 6{,}19$, $p < .002$, $\eta^2 = .04$). Bei Betrachtung der Subskalen bleibt nur noch der Zusammenhang bei der Selbstständigkeit ($F(2, 317) = 3{,}05, p < .049, \eta^2 = .02$). und der Verantwortungsübernahme ($F(2, 317) = 3{,}38, p < .035, \eta^2 = .02$.) zwischen den Gruppen signifikant.

Die Tukey Post-hoc-Tests zeigen nach der Vorbereitungszeit (T1) bei den *überfachlichen Kompetenzen* signifikante Unterschiede zwischen den Gruppen mit geringer und hoher Ressourcenausstattung (-0,2, 95%-CI[-0,34;0,06]) und zwischen den Gruppen mittlerer und hoher Ressourcenausstattung (-0,14 95%-CI[-0,27;0,01]). Bei den Subskalen Selbstständigkeit (-0,21, 95%-CI[-0,42;0,01]) und Verantwortungsübernahme (-0,24, 95%-CI[-0,46;0,03]), gab es nur signifikante Unterscheide zwischen den Gruppen mit geringer und hoher Ressourcenausstattung im Haushalt der Schüler:innen.

7.3 Entwicklung der Kompetenzeinschätzung

Um die Entwicklung der Kompetenzeinschätzung der teilnehmenden Schüler:innen im Laufe der Vorbereitung der Herausforderungen zu untersuchen, wurden Analysen auf Mittelwertsunterschiede zwischen den beiden Messzeitpunkten durchgeführt. Dabei zeigten sich wenige signifikante Veränderungen.

Nur bei der Skala *Verantwortungsübernahme* (siehe Tabelle 2) nehmen die Mittelwerte von T0 zu T1 mit t(60) = 2.18, p = 0,034, signifikant ab und zeigen einen kleinen Effekt (d = 0,28)

Tab. 3: T-Tests mit abhängiger Stichprobe zum Vergleich der Mittelwerte (MW) zu den Messzeitpunkten T0 und T1

Variable	N	MWT1-MWT0	t	p	Cohens d
überfachliche Kompetenzen (gesamt)	60	-.11	1.942		
Selbständigkeit	60	-.08	0.986	0.33	
Verantwortungsübernahme	60	-.16	2.176	0.034	0.28
Zusammenarbeit	60	-.11	1.166	0.25	
Grit (gesamt)	60	-.029	0.708	0.48	
Beständiges Interesse	60	-.032	0.383	0.7	
Beharrlichkeit	60	-.024	0.406	0.69	
Ungewissheitstoleranz	60	-.14	1.84	0.7	

7.4 Einfluss der Haushaltsressourcen auf die Veränderung Kompetenzeinschätzung

Um zu überprüfen, ob die Ressourcenausstattung der Schülerhaushalte Einfluss auf die Veränderungen in den Kompetenzeinschätzungen während der Vorbereitungszeit auf die Herausforderung hatten, wurde die Datendatei aufgeteilt und gruppenweise ausgewertet. Es ergaben sich jedoch nur signifikante Veränderungen bei Schüler:innen mit mittlerer Ressourcenausstattung (Gruppe 2) von T0 zu T1 bei der Einschätzung ihrer *Verantwortungsübernahme* (t(24) = 2,07; p = 0,049). Es kam hier zu einer Abnahme der mittleren Einschätzung zwischen den beiden Erhebungszeitpunkten (MW_0 = 2,71; MW_1 = 2,67).

8 Diskussion

Dieser Beitrag ging der Frage nach, wie Teilnehmer:innen einer Herausforderung ihre überfachlichen Kompetenzen vor und nach der Vorbereitungszeit einschätzen, ob sich diese verändern und ob es einen Zusammenhang hinsichtlich Einschätzung und Veränderung zu ihrer sozialen Herkunft gibt.

Insgesamt wurden die überfachlichen Kompetenzen (einschließlich Grit und Ungewissheitstoleranz) von den befragten Schüler:innen vor der Vorbereitungszeit (T0) auf das Herausforderungsprojekt relativ hoch eingeschätzt und es sind positive wie negative Zusammenhänge zwischen den Kompetenzeinschätzungen und den einzelnen Haushaltsressourcen erkennbar. Von T0 zu T1 lassen sich manche Zusammenhänge nicht mehr feststellen, andere kommen neu hinzu, insgesamt sind jedoch mehr negative als positive Zusammenhänge nach der Vorbereitungszeit auf die Herausforderung zu erkennen.

Die Mittelwertsveränderungen der Kompetenzeinschätzungen (T0 bis T1) bestätigen nicht die Vermutung, dass sich diese während der Vorbereitungszeit auf die Herausforderungsprojekte verbessern. Sie deuten eher darauf hin, dass diese abnehmen. Allerdings sind kaum Mittelwertsdifferenzen signifikant. Nur bei der Skala Verantwortungsübernahme nehmen die Mittelwerte von T0 zu T1 mit $t(60) = 2.18$, $p = 0,034$ signifikant ab und zeigen einen kleinen Effekt ($d = 0,28$). Die Abnahme dieser Kompetenzeinschätzung deutet auf eine sophistiziertere Einschätzung der Kompetenzen hin, welche durch das sich Stellen neuer Aufgaben in der Vorbereitungszeit von den Schüler:innen durch eine Theorie-Praxis-Reflexion bedingt sein könnte. Die Reflexion von theoretischen Modellen und selbst gemachten Erfahrungen kann dazu beitragen, eigene Denk- und Handlungsmuster zu hinterfragen und Situationen neu bzw. besser einschätzen zu können (vgl. Reinders 2016). So ist es möglich, dass die Schüler:innen ihre überfachlichen Kompetenzen, welche in der Vorbereitungszeit auf die Herausforderung zum Einsatz kamen, realistischer und teilweise schlechter einschätzten als zu T0. Außerdem ist zu überlegen, ob die Items zur Abfrage der ökonomischen Ressourcen noch zeitgemäß sind, da die meisten deutschen Haushalte mit Geschirrspülmaschine oder Internetanschluss ausgestattet sind, bzw. Geräte wie der DVD Player durch neue Unterhaltungselektronik abgelöst wurde (vgl. Statistisches Bundesamt 2021).

Nur nach der Vorbereitungszeit unterscheiden sich die Gruppen signifikant bei der Einschätzung ihrer überfachlichen Kompetenzen. Statt einer Entkopplung des Kompetenzerwerbs und der sozialen Herkunft, scheint dieser Zusammenhang erst entstanden zu sein bzw. sich verfestigt zu haben.

Eine Veränderung der Kompetenzeinschätzung in Abhängigkeit des Sozialstatus des Haushaltes aus dem die Schüler:innen kommen, konnte nur bei der Verantwortungsübernahme in Gruppe 2 festgestellt werden. Das bedeutet, dass Schüler:innen aus Haushalten mit mittlerer Ressourcenausstattung ihre Kompetenz Verantwortung übernehmen zu können, nach der Vorbereitungszeit schlechter einschätzten.

Die Ergebnisse deuten darauf hin, dass die Vorbereitungszeit nicht geeignet war überfachliche Kompetenzen zu fördern. Hinzu kommt, dass die Projektgenerierung an den verschiedenen Schulen unterschiedlich abläuft, was den Vergleich der Schüler:innen untereinander weiter erschwert. Aus diesem Grund wäre es sinnvoll, in einem nächsten Schritt die Fragestellungen mit anderen Daten zu wiederholen, und zwar unter Einbezug der Befragung nach Abschluss der Herausforderung. Es ist davon auszugehen, dass während der Herausforderung überfachliche Kompetenzen gefördert und gefordert werden (vgl. Fengler 2017; Hattie et al. 1997; Rehm 1999), und zwar in einem anderen Maß als in der Vorbereitungszeit, die im geschützten Rahmen des Schulalltags stattfindet. Die Herausforderung an sich nimmt zwar weniger Zeit in Anspruch, beansprucht die Schüler:innen aber intensiver.

Literatur

Baig-Schneider, Rainald (2014): Die moderne Erlebnispädagogik: Geschichte, Merkmale und Methodik eines pädagogischen Gegenkonzepts. Praktische Erlebnispädagogik. Augsburg: ZIEL.

Borgna, Camilla/Brzinsky-Fay, Christian/Dieckhoff, Martina/Holtmann, Anne Christine/Solga, Heike (2019): Beyond schools: the social embeddedness of educational inequality. In: Becker, Rolf (Hrsg.): Research handbooks in sociology. Research handbook on the sociology of education. Cheltenham: Edward Elgar Publishing, S. 575-590.

Bos, Wilfried/Tarelli, Irmela/Bremerich-Vos, Albert/Schwippert, Knut (Hrsg.) (2012): IGLU 2011: Lesekompetenzen von Grundschulkindern in Deutschland im internationalen Vergleich. New York, München, Berlin: Waxmann.

Bourdieu, Pierre (2012): Ökonomisches Kapital, kulturelles Kapital, soziales Kapital. In: U. Bauer, Ullrich/Bittlingmayer, Uwe H./Scherr, Albert (Hrsg.), Handbuch Bildungs- und Erziehungssoziologie. Wiesbaden: Springer VS, S. 229-242.

Brockmann, Lilo/Hack, Carmen/Pomykaj, Anna/Böttcher, Wolfgang (2021): Soziale Ungleichheit im Sozial- und Bildungswesen: Reproduktion und Legitimierung. Inklusive Bildung. Weinheim und Basel: Beltz Juventa.

Czerwanski, Annette (2004): Erziehender Unterricht: Begriffliche Klärung und Perspektiven der Umsetzung. In: Pädagogik, H. 9, S. 6-9.

Deci, Edward L./Ryan, Richard M. (1993): Die Selbstbestimmungstheorie der Motivation und ihre Bedeutung für die Pädagogik. In: Zeitschrift für Pädagogik 39, H. 2, S. 223-238.

Dudda, Fabian/Hecht, Michael/Helker, Kerstin/Herrmann, Carolin/Nienaber, Franziska/Rürup, Matthias (2019): „Herausforderungen" als Schulprojekt. Evaluationsbericht zum Projektdurchlauf 2018 (Forschungsverbund HeRiS). Bergische Universität Wuppertal & RWTH Aachen. https://www.pedocs.de/volltexte/2019/17998/pdf/HeRiS_2019_Herausforderungen_als_Schulprojekt_2018.pdf (Abfrage: 2.11.2022)

Eickelmann, Birgit/Bos, Wilfried/Gerick, Julia/Goldhammer, Frank/Schaumburg, Heike/Schwippert, Knut/Senkbeil, Martin/Vahrenhold, Jan (2019): ICILS 2018 #Deutschland: Computer- und informationsbezogene Kompetenzen von Schülerinnen und Schülern im zweiten internationalen Vergleich und Kompetenzen im Bereich Computational Thinking. Münster: Waxmann.

Fengler, Janne (2017): Zur Frage des Forschungsstandes in der Erlebnispädagogik. In: Bildung und Erziehung 70, H. 3, S. 319-334.

Fleckenstein, Johanna/Schmidt, Fabian T. C./Möller, Jens (2014): Wer hat Biss? Beharrlichkeit und beständiges Interesse von Lehramtsstudierenden. Eine deutsche Adaptation der 12-Item Grit Scale. In: Psychologie in Erziehung und Unterricht 61, H. 4, S. 281.

Galuske, Michael (2013): Methoden der sozialen Arbeit: Eine Einführung. Grundlagentexte Sozialpädagogik/Sozialarbeit. 10. Auflage. Weinheim und Basel: Beltz Juventa.

Grob, Urs/Maag Merki, Katharina (2001): Überfachliche Kompetenzen: Theoretische Grundlegung und empirische Erprobung eines Indikatorensystems. Zugl.: Zürich, Univ., Diss., 2000. Explorationen: Bd. 31. Lang.

Handel, M. (2012): OECD Social, Employment and Migration Working Papers. OECD.

Hattie, John/Marsh, H. W./Neill, James T./Richards, Garry E. (1997): Adventure Education and Outward Bound: Out-of-Class Experiences That Make a Lasting Difference. In: Review of Educational Research 67, H. 1, S. 43-87.

Heckmair, Bernd/Michl, Werner (2012): Erleben und Lernen: Einführung in die Erlebnispädagogik. 7. Auflage. München: Reinhardt.

Helker, Kerstin/Rürup, Matthias (2022): 'What a bad idea to camp next to a train station' – student-reported outcomes and evaluations of the outdoor adventure project 'challenges'. In: Journal of Adventure Education and Outdoor Learning 22, H.2, S. 101-116.

König, Silvio (2003): Der Einfluss von Ungewissheitstoleranz auf den Umgang von Lehrenden mit schulischen Belastungen – eine quantitative Analyse an Berufsschulen [Dissertation]. Martin-Luther-Universität, Halle-Wittenberg.

Lakemann, Ulrich (2005): Gelbe Reihe. Wirkungsimpulse von Erlebnispädagogik und Outdoor-Training: Empirische Ergebnisse aus Fallstudien. 1. Auflage. Hergensweiler: ZIEL.

Maag Merki, Katharina (2004): Überfachliche Kompetenzen als Ziele beruflicher Bildung im betrieblichen Alltag. In: Zeitschrift für Pädagogik 50, H. 2, S. 202-222.

Maag Merki, Katharina (2009): Die Beurteilung von überfachlichen Kompetenzen – Chancen und Grenzen. In Hietzge, Maud Corinna/Neuber, Nils (Hrsg.): Bewegungspädagogik: Bd. 5. Schulinterne Evaluation: Impulse zur Selbstvergewisserung aus sportpädagogischer Perspektive. Baltmannsweiler: Schneider-Verl. Hohengehren, S. 128-138.

Markus, Stefan/Eberle, Thomas/Fengler, Janne (2016): Kopf, Herz und Hand: Ein empirischer Blick auf zentrale Dimensionen erlebnispädagogischer Lernprozesse. In: Schettgen, Peter/Fengler, Janne/Ferstl, Alex (Hrsg.): Erfolgreiche Erlebnispädagogik gestalten: Nachspüren – Querdenken – Mitmachen. Hergensweiler: ZIEL, S. 72-85

Michl, Werner (2015): Erlebnispädagogik (3. Aufl.). UTB Profile: Bd. 3049. München: Ernst Reinhardt Verlag; UTB.

Müller, Katharina/Ehmke, Timo (2013): Soziale Herkunft als Bedingung der Kompetenzentwicklung. In: Prenzel, Manfred/Sälzer, Christine/Klieme, Eckhard/Köller, Olaf (Hrsg.): PISA 2012.: Fortschritte und Herausforderungen in Deutschland. Münster: Waxmann, S. 245-275

Mutz, Michael/Müller, Johannes (2016): Mental health benefits of outdoor adventures: Results from two pilot studies. In: Journal of Adolescence 49, S. 105-114.

Niemann, Dennis (2010): Deutschland – Im Zentrum des PISA-Sturms. In: Knodel, Philipp (Hrsg.): Staatlichkeit im Wandel: Bd. 16. Das PISA-Echo: Internationale Reaktionen auf die Bildungsstudie. Frankfurt am Main: Campus, S. 59-90.

Noftle, Erik E./Robins, Richard W. (2007): Personality predictors of academic outcomes: big five correlates of GPA and SAT scores. In: Journal of personality and social psychology 93, H. 1, S. 116-130.

Prenzel, Manfred/Sälzer, Christine/Klieme, Eckhard/Köller, Olaf (Hrsg.) (2013): PISA 2012.: Fortschritte und Herausforderungen in Deutschland. Waxmann.

Raad, Boele de/Schouwenburg, Henri C. (1996): Personality in learning and education: a review. In: European Journal of Personality 10, S. 303-336.

Rehm, Michael (1999): Evaluationen erlebnispädagogischer Programme im englischsprachigen Raum.: Eine Übersicht über 65 Studien. In: Paffrath, Fritz Hartmut/Salzmann, Alexandra/Scholz, Martin (Hrsg.): Hochschulschriften. Wissenschaftliche Forschung in der Erlebnispädagogik: Erleben, Forschen, Evaluieren. Hergensweiler: ZIEL, S. 153-172

Reinders, Heinz (2016): Service Learning – theoretische Überlegungen und empirische Studien zu Lernen durch Engagement. 1. Auflage. Weinheim und Basel: Beltz Juventa.

Reiners, Annette (1995): Erlebnis und Pädagogik: Praktische Erlebnispädagogik (1. Aufl.). Themenhefte praktische Erlebnispädagogik. Verlag Dr. Jürgen Sandmann.

Reiss, Kristina/Weis, Mirjam/Klieme, Eckhard/Köller, Olaf (2019): PISA 2018. Grundbildung im internationalen Vergleich. Münster: Waxmann.

Richter, Christoph (1995): Schlüsselqualifikationen. Basistexte, Computergrafiken, Checklisten für Studium & Beruf. München: Sandmann.

Rürup, Matthias/Herrmann, Carolin (2020); Herausforderungen begleiten – Empirische Bildungsforschung als Dienstleistung. Journal für Schulentwicklung 24, H. 3, S. 45-50.

Scheuerl, Hans (1997): Reformpädagogik. In: Zeitschrift für Pädagogik 36, S. 185-235.

Staatsinstitut für Schulqualität und Bildungsforschung. (2006): Glossar: Begriffe im Kontext von Lehrplänen und Bildungsstandards.

Statistisches Bundesamt (2021): Ausstattung privater Haushalte mit ausgewählten Gebrauchsgütern – Fachserie 15 Reihe 2 – 2021, S. 5-77.

Süß, Heinz-Martin/Weis, Susanne/Seidel, K. (2005): Soziale Kompetenzen. In: Weber, Hannelore/Rammsayer, Thomas (Hrsg.): Handbuch der Persönlichkeitspsychologie und Differentiellen Psychologie. 2. Auflage. Göttingen: Hogrefe, S. 350-361

Szczesny, Markus/Watermann, Rainer (2011): Differenzielle Einflüsse von Familie und Schulform auf Leseleistung und soziale Kompetenzen. In: Journal for educational research online 3. H. 1, S. 168-193.

Uhlig, Johannes/Solga, Heike/Schupp, Jürgen (2009): Ungleiche Bildungschancen: Welche Rolle spielen underachievment und Persönlichkeitsstruktur. Berlin: Deutsches Institut für Wirtschaftsforschung.

Weinert, Franz E. (2001): Concept of competence: a conceptual clarification. In: Rychen, Dominique Simone/Salganik, Lara Hersh (Hrsg.): Defining and selecting key competencies. Göttingen: Hogrefe & Huber, S. 45-65

Wendet, Heike/Stubbe, Tobias/Schwippert, Knut (2012): Soziale Herkunft und Lesekompetenz von Schülerinnen und Schülern. In: Bos, Wilfried/Tarelli, Irmela/Bremerich-Vos, Albert/Schwippert, Knut (Hrsg.): IGLU 2011: Lesekompetenzen von Grundschulkindern in Deutschland im internationalen Vergleich. Münster: Waxmann, S. 175-189

Sarah Poersch ist wissenschaftliche Mitarbeiterin im Zentrum für Empirische Pädagogische Forschung (zepf) der Rheinland-Pfälzischen Technischen Universität Kaiserslautern-Landau Ihr Forschungsschwerpunkt liegt momentan auf handlungs- und erfahrungsorientierten Lernformen und deren Wirkung auf überfachliche Kompetenzen. Sie ist seit 2020 Teil des Forschungsverbundes HeRiS. Kontakt: sarah.poersch@rptu.de

24 Herausforderungen der Entschulung: Zum Zusammenhang jugendlicher Selbstwirksamkeitserfahrungen und der Rolle der erwachsenen Begleitpersonen

Desirée Rosenberger & Barbara Asbrand

1 Einleitung

1.1 Zu diesem Beitrag

In diesem Beitrag stellen wir Ergebnisse aus einem größeren qualitativ-rekonstruktiven Forschungsprojekt zum Kompetenzerwerb Jugendlicher in schulischen, aber außerunterrichtlichen Angeboten vor, die unterschiedlich organisierte Angebote der *Herausforderung/Herausforderungen* betreffen. Während sich die Schüler:innen an einer der Schulen, an der wir Daten erhoben haben, auf eines von mehreren seitens der Schule angebotenen Herausforderungsprojekte beworben haben, entwickelten die Schüler:innen einer anderen Schule ein eigenes Herausforderungsprojekt in einer Kleingruppe. Die verschiedenen Angebote der *Herausforderung/Herausforderungen* haben wir darauf hin untersucht, was die Jugendlichen in den Angeboten als Herausforderung erleben, welche (Lern-)Erfahrungen sie machen und welche Kompetenzen sie erwerben.

Die Schulen beabsichtigen mit den Angeboten der *Herausforderung/Herausforderungen* Schüler:innen im Jugendalter Gelegenheiten zur Verantwortungsübernahme und Selbstwirksamkeitserfahrung zu eröffnen. Damit werden Lernerfahrungen als Ziel formuliert, wie sie für außerschulische Lern- und Bildungsräume typisch sind. Vor dem Hintergrund, dass *außerschulischen* Lernsettings etwa in der Jugendverbandsarbeit oder im freiwilligen Engagement großes Potenzial für die Persönlichkeitsentwicklung und den Kompetenzerwerb der Jugendlichen zugesprochen wird, fragt der Beitrag, inwiefern Verantwortungsübernahme und Autonomieerleben in *schulischen* Angeboten der *Herausforderung/Herausforderungen* ermöglicht werden können. Unsere Analysen fokussieren die Erfahrung von Selbstwirksamkeit und Verantwortungsübernahme der Jugendlichen im Verhältnis zu der Rolle der erwachsenen Begleitperson in den jeweiligen Projekten. Die Befunde diskutieren wir vor dem Hintergrund schultheoretischer Überlegungen.

1.2 Forschungsstand

Während zu den schulischen Angeboten der *Herausforderung/Herausforderungen* bis auf vereinzelte Evaluationsberichte (vgl. z. B. Dudda et al. 2019; Butt 2014; Jürgens/Greiling 2014; Hageresch et al. 2013) kaum wissenschaftliche Forschungsarbeiten vorliegen (vgl. Hecht 2020), lässt sich das große Potenzial, das außerschulischen Lern- und Bildungsorten für die Entwicklung und den Kompetenzerwerb Jugendlicher zugesprochen wird, auch empirisch aufzeigen (vgl. BMFSFJ 2017; im Überblick Düx/Rauschenbach 2016; Grunert 2016). Laut Düx et al. (2009) fördert freiwilliges Engagement neben der Entwicklung personaler und sozialer Kompetenzen auch spezifische Kompetenzen aus dem kulturellen und sozialen Bereich, insb. Management- und Leitungskompetenzen. Daran anschließend ergibt eine Studie von Hansen (2008) zum Kompetenzerwerb in Vereinen, dass ein freiwilliges Engagement für den Verein neben der aktiven Teilnahme an dessen Angeboten zu Gesellschaftswissen, Organisationsfähigkeiten sowie weitergehendem allgemeinen Fachwissen führt (vgl. hierzu auch Neuber et al. 2010; Fauser/Fischer/Münchmeier 2006). Ferner ließ sich feststellen, dass die Ausübung eines ehrenamtlichen Engagements Jugendliche in ihrem Selbstbewusstsein und ihrem Selbstbild bestärkt, da sie ihre Tätigkeit als nützlich und sinnvoll erfahren und für diese Anerkennung erhalten, und nicht zuletzt auch, dass freiwilliges soziales Engagement das soziale Kapital erweitert (Hübner 2010; vgl. auch Düx et al. 2009). Düx et al. (2009) zeigen allerdings, dass diese Lernprozesse im freiwilligen Engagement Freiwilligkeit, das Vorhandensein von Gestaltungsspielräumen sowie die Möglichkeit der Verantwortungsübernahme voraussetzen. Auch die besonderen strukturellen Merkmale der Organisationen, innerhalb derer das Engagement stattfindet, werden als förderlich für die Lernprozesse Jugendlicher rekonstruiert (ebd.), da „die Offenheit der Freiwilligenorganisation bei gleichzeitiger Strukturiertheit in Kombination mit der Freiwilligkeit der Verantwortungsübernahme den subjektiven Bedürfnissen Heranwachsender besonders" (ebd., S. 108) entspricht.

Umfangreiche empirische Befunde zum Service Learning belegen einen ähnlich positiven Einfluss auf die Entwicklung und Kompetenzförderung von Heranwachsenden wie er sich für die Ausübung eines freiwilliges Engagement konstatieren lässt (Celio/Durlak/Dynmnicki 2011; Conway/Amel/Gerwien 2009; Yorio/Ye 2012; im Überblick Reinders 2016). Im Unterschied zu diesem lässt sich ein positiver Zusammenhang zwischen Service Learning und Selbstwirksamkeit allerdings nur bedingt auf Basis der vorliegenden Studien bestätigen (Reinders 2016, S. 89 f., mit Verweis auf Astin et al. 2000; Vogelgesang/Astin 2000).

1.3 Forschungsdesign und methodisches Vorgehen

Im Rahmen unserer Studie haben wir an verschiedenen weiterführenden Schulen knapp 30 Gruppendiskussionen mit Schüler:innen zu verschiedenen außerunterrichtlichen Angeboten geführt. Neben Angeboten der *Herausforderung/Herausforderungen* untersuchten wir u.a. Sozialpraktika, Service Learning Angebote, Austauschprogramme, Film- und Theaterprojekte sowie AG-Angebote am Nachmittag. Die Gruppendiskussionen wurden mit der Dokumentarischen Methode (Bohnsack 2014) ausgewertet. Neben den Gruppendiskussionen mit Schüler:innen, die in ihren Schulen an außerunterrichtlichen Angeboten teilnehmen, wurden Daten von Jugendlichen erhoben, die sich außerschulisch engagieren. Diese dienen als kontrastierender Vergleichshorizont, um in der komparativen Analyse die spezifischen Bedingungen und Strukturen der schulisch gerahmten, außerunterrichtlichen Angebote herausarbeiten zu können. Auch in diesem Beitrag beziehen wir uns auf den Fallvergleich von schulischen und außerschulischen Erfahrungen Jugendlicher und illustrieren die präsentierten Befunde exemplarisch anhand von zwei maximal kontrastierenden Fällen. Zunächst stellen wir in Ausschnitten die Analyse einer Gruppendiskussion mit Schüler:innen vor, die an einem schulischen Angebot der *Herausforderung/Herausforderungen* teilgenommen haben (Gruppe *Wiese*). Die Mitglieder dieser Gruppe entwickelten das konkrete Unterfangen für das schulische Angebot der *Herausforderung/Herausforderungen*, eine Fahrradwanderung, eigenständig, die Schule legte den Zeitraum und das Budget hierfür fest. Während der Umsetzung wurden sie von einer Lehrperson begleitet. Die rekonstruierten Erfahrungen der schulischen Gruppe *Wiese* kontrastieren wir mit den Ergebnissen der dokumentarischen Interpretation einer Gruppendiskussion mit Jugendlichen, die sich im außerschulischen Bereich engagieren (Gruppe *Zug*). Die Mitglieder der Gruppe *Zug* hatten sich im Sommer 2015 mit dem Thema Flucht und Migration beschäftigt und in der Folge eine selbstorganisierte Reise auf die griechische Insel Lesbos unternommen, um während der Ferien für zwei Wochen als Freiwillige in einem Aufnahmelager für Geflüchtete zu arbeiten.

2 Ergebnisse

Im Folgenden stellen wir ausgewählte Ergebnisse dar, die zeigen, wie Selbstwirksamkeits- und Autonomieerfahrungen der Jugendlichen mit unterschiedlichen Modi der Ausgestaltung der Rolle der erwachsenen Begleitpersonen zusammenhängen.

2.1 Dominante Begleitperson verhindert Selbstwirksamkeit

Den ersten Typ repräsentiert die Gruppe *Wiese*. Aus unseren Interpretationen geht hervor, dass die Schüler:innen ihre Begleitperson als bestimmend und dominant erlebt haben. So berichten die Schüler:innen, dass sie die einzelnen Etappen der Fahrradtour im Vorhinein eigenständig geplant hatten und sich während der Tour mit der Wegfindung abwechseln wollten. Nach ihrer Schilderung kam es dazu jedoch nicht, da die Lehrperson ihnen die Aufgabe der Wegführung letztendlich abgenommen habe.[1] Ihr Eingreifen habe die Lehrperson damit begründet, dass die Schüler:innen den Weg nicht kennen würden, d.h. die Tour nicht ausreichend vorbereitet hätten. Indem die Schüler:innen äußern, keine Karte dabeigehabt zu haben, lassen sie erkennen, dass sie den Vorwurf gewissermaßen als berechtigt ansehen, sie grenzen sich jedoch deutlich vom Führungsanspruch der sie begleitenden Lehrperson ab. Im Abarbeiten an der erwachsenen Begleitperson zeigt sich eine Orientierung der Schüler:innen an Autonomie. Sie streben danach, Selbstverantwortung für ihr Projekt zu übernehmen und unabhängig von der Lehrperson tätig zu werden, können diese Orientierung in den Ernstsituationen der Fahrradwanderung jedoch nicht ausleben, in dem Sinne, dass sie die sich aus der angedeuteten unzureichenden Tourenplanung ergebenden Konsequenzen hätten tragen müssen. Entgegen der Programmatik des Angebots der *Herausforderung/Herausforderungen* sieht die Lehrperson davon ab, sich zurückzuhalten und die Schüler:innen in der Situation ausschließlich zu begleiten, sondern leitet sie aktiv an und übernimmt in schwierigen, ergo herausfordernden Situationen – z.B. wenn unklar ist, wo der Weg weitergeht – die Verantwortung. Diese Art der Rollenausführung wie auch das Wissen der Schüler:innen um diese, d.h. letztlich unter Aufsicht zu stehen und im Ernstfall Schwierigkeiten nicht selbst bewältigen zu müssen, hat zur Folge, dass die Schüler:innen in dem Angebot der *Herausforderung/Herausforderungen* keine echten Selbstwirksamkeitserfahrungen sammeln, wie der folgende Transkriptausschnitt exemplarisch zeigt. In gemeinsamer Interaktion erinnern die Schüler:innen hier ihre Fahrradpannen:

Am: Oah diese eine Strecke wo mein Rad (halt) noch abgefallen @is@. @(|.)@

Af: ˪Ja:| @(.)@

Bm: ˪Ja: des

war so saucool man.

Am: Junge. f-des war aber saugefährlich, weil des war so äh- an ner Grenze von Frankreich

nach Deutschland; und da war äh so richtig LKW-Weg so, | (.) da sind <u>saukrasse</u>

Em: ˪|Mhm ja:

Cm: ˪Oh ja

---

1   Eine ausführliche Darstellung des Fallbeispiels findet sich in Rosenberger und Asbrand (2020).

Am: gefahrn und sau schnell und| so. und <u>richtig</u> eng der Weg. | also da gab's da gab's

Bm: └So richtig breit aber   └Ah ja (2)

Am: eigentl|ich gar kein Bürgersteig,|

Bm: └da- |

Em: └Des war| auch gar kein Fahrrad|@weg@.

Bm: └Des is- |

Am: └@(.)@ @s war

   kein-@|

Bm: └des war doch- ja des des war des war war | doch des war war doch erst-

Cm: └Wir sind auf der Straße| gefahrn

Em: └Wir sind

   auf der <u>Bundes</u>straße glaub ich war das.|

Bm: └Erst war doch erst war des dieses <u>breite</u>

   Industriegelände und dann wurd's zu so nem schmalen Weg|.

Af: └Ja.

In der Darstellung lässt sich eine zunehmende Dramatisierung feststellen. Die Schüler:innen steigern die von der Situation ausgehende Gefahr immer weiter und stellen diese als ein Abenteuer dar, worin sich die Wahrnehmung der Fahrradpanne als aufregendes und beindruckendes Erlebnis offenbart. Nachdem die Schüler:innen erörtert haben, wo bzw. unter welchen Bedingungen sich die Panne ereignete, konkretisiert Arthur*, was genau bei dieser passiert ist:

Am: Und des war auf der Brücke noch.| (.) und äh ich fahr so- auf einmal fä-fällt mir

Bm: └Ja ja.

Am: so- (.) wackelt so mein Fahrrad ne; | (.) guck nach hinten @Kette@| so

Me: └@(.)@ |

Em: └Das is ne

   Schraube| rausgefallen.

Am: └also Schraube rausgefallen ne, |ich so mein ganzer äh Wagen so halber

Me: └@(.)@

Am: ab ne, un un ich hatt noch hinten des <u>Gepäck</u>trägern dran;| also nicht den

Af: └<u>**Ja**</u>

Am: Gepäckträger sondern dieses-|

Em: └Die Sa|tteltaschen.

Dm: └Zwei Satteltaschen.

Am: Nenene dieses-|

Em: └Den Wagen.|

Am: └Den Wa|gen hat ich noch.

Af: └Diesen Wagen.|

Cm: └Ja.|

Dm: └Oh den Wagen.|

Bm:	⌐@(.)@
Am:	@Bin ich halber so mit einem Rad gefahrn. |@ @(.)@ un dann mussten wir
Bm:	⌐@(.)@
Am:	anhalten un des reparieren un ja.|
Dm:	⌐Der der den Wagen hatte war eh ja der größte Opfer.
Me:	@(.)@|
Bm:	⌐Ja: @(.)@

Die kooperative Darstellung der Panne verweist darauf, dass diese von allen Schüler:innen als bedeutsam erfahren wurde. Da die Schüler:innen die Situation nur sehr fragmentarisch schildern, ist jedoch kaum rekonstruierbar, wie genau sich die Panne ereignet hat. Auch die Reparatur des Fahrrads wird lediglich erwähnt, jedoch nicht weiter ausgeführt. Daraus ist zwar abzuleiten, dass die Fahrradtour nicht reibungslos verlief und sich die Schüler:innen auch mit Schwierigkeiten konfrontiert sahen. Der von Heiterkeit geprägte Erzählmodus lässt jedoch erkennen, dass sie die Panne (zumindest im Nachhinein) nicht als eine Beschwerlichkeit erlebten, sondern vielmehr als belustigend empfanden. Schilderungen weiterer Unfälle zeigen, dass Schwierigkeiten zwar zum Alltag zählten und es somit in dem Angebot der *Herausforderung/Herausforderungen* der Gruppe *Wiese* zu Situationen kommt, die für die Schüler:innen eine zu bewältigende Herausforderung darstellen könnten. Die Analyse der Ausführungen der Gruppe *Wiese* ergibt allerdings – ebenso wie die vergleichbarer Gruppendiskussionen zu anderen Angeboten der *Herausforderung/Herausforderungen* –, dass es in den schulischen Projekten nicht dazu kommt, dass die Schüler:innen durch eine eigenständige Problembewältigung Selbstwirksamkeitserfahrungen sammeln. Vielmehr erlebten die Schüler:innen die Fahrradtour mehr als ein aufregendes wie auch unterhaltsames Abenteuer denn als eine Herausforderung im Sinne einer Krise oder Grenzerfahrung, die es zu bewältigen galt.

2.2 Zurückhaltende und unterstützende Begleitperson ermöglicht Selbstwirksamkeit

Während sich die Schüler:innen der Gruppe *Wiese* an der Lehrperson abarbeiten, bleiben in anderen Gruppendiskussionen die erwachsenen Begleitpersonen in der Darstellung sehr unspezifisch und treten in den Erzählungen der Jugendlichen kaum als Personen auf. Exemplarisch hierfür ist die Diskussion der Gruppe *Zug*. Die einzige Stelle der gesamten Gruppendiskussion, in der die Jugendlichen von sich aus auf die erwachsene Begleitperson zu sprechen kommen, findet sich im folgenden Transkriptausschnitt ganz zu Beginn des Gesprächs:

Bf: @Ja genau@ (.) (@damit ich) anfang,@ ähm ich weiß gar nich wie das alles
        angefangen hat; Manfred* hat auf jeden Fall davon erzä:hlt, von dem Pla:n und so und
        alles, und wer halt mitkommen möchte, und dann hab ich gesagt ja ich möchte
        mitkommen, […]

Berna* thematisiert hier, wie es zu dem Projekt kam. Während sie einerseits an-
gibt, nichts darüber zu wissen, ist sie sich andererseits gewiss, dass Manfred* den
Jugendlichen vom Projekt erzählt habe und deutet damit an, dass der Kontakt
der Jugendlichen zum Projekt über diesen entstanden ist. Dies deutet darauf
hin, dass Manfred* eine Schlüsselrolle in dem Projekt innehatte. Dass es sich
bei Manfred* um die erwachsene Begleitperson handelt, ist jedoch ausschließlich aus Kontextwissen bekannt, von sich aus gehen die Jugendlichen nicht weiter
auf seine Person und seine Rolle in dem Projekt ein. Erst am Ende der Gruppendiskussion, auf die Bitte der Diskussionsleitung hin, ausführlicher auf die
Organisation des Projekts einzugehen, kommen die Jugendlichen noch einmal kurz auf
Manfred* zu sprechen:

Af: […] sonst, (.) war eigentlich nichts @organisiert@; @(.)@ also
        es hätte auch, wir ham auch vorher gesagt des kann sein, dass wir die eine Woche da
        (.) Urlaub machen, weil wir nich (.) nirgendswo reinkönnen, und nichts machen
        können, und, total ausgebremst werden, und ähm (.) wir dann ja, uns da ins Hotel
        setzen können und nichts tun können, weil wir nichts tun können, (.) und äh oder dass
        wir halt irgendwo wirklich reinkommen; in n Camp; und da ham wir halt am ersten
        Tag sofort (.) ähm eigentlich das Richtige gefunden, ne=mit diesem Camp dort, (.) und
        durften halt sofort helfen, und äh der hat einfach nur gesagt hier; Handschuhe,
        Mülltüte, fangt an; helft wo ihr helfen könnt; wenn ihr Fragen habt fragt; und sonst
        macht einfach, (.) […] |°da hatten wir Glück°
Bf: Ⴈ(°   °)°Ja° und vor- also vorab man kann nur
        sagen, also, die sch- Möglichkeit oder Chance hatten wir halt, (.) weil (.) Manfred* ist
        halt so; (.) und wir halt das alles so angedacht hatten, und halt irgendwo hin wollten,
        und von unserer Gruppe* ab sechszehn, und mit keine Ahnung (.) basische
        Grundkenntnisse in Englisch, @dass du wenigstens irgendwas sagen kannst;@ aber
        auch das war nicht unbedingt notwendig, weil die meisten sprechen ja Arabisch, (.)
        und ansonsten hätte ja halt jeder dann mitfahren können der bei der Gruppe* dabei is;
        weil also von den Älteren is auch ähm glaub ich jeder reif genug dafür; (.) °also°

Im Gegensatz zu den Schüler:innen der Gruppe *Wiese*, die auf ihre Tätigkeiten
im Rahmen der Projektplanung verweisen, deutet Annette* mit ihrer Schilderung
an, dass aus Sicht der Jugendlichen, ihrem Vorhaben in einem Aufnahmelager für
Geflüchtete zu helfen, keine umfangreichere Organisation vorausausging. Dadurch blieb es für die Jugendlichen stets ungewiss, ob sich ihr Vorhaben in die Tat

umsetzen lässt. Wer die Verantwortung für diesen Umstand trägt, bleibt offen und ist demnach für die Jugendlichen nicht bedeutsam. Es lässt sich rekonstruieren, dass die erwachsene Begleitperson die Ungewissheit des Projektausgangs mitgetragen und damit die Verantwortung für das Projekt gänzlich den Jugendlichen überlassen hat. Diese Offenheit seitens der erwachsenen Begleitperson bestätigt Berna* anschließend einerseits mit ihrer Äußerung, dass sich die Gelegenheit für ein solches Projekt daraus ergab, da Manfred* „halt so ist", andererseits stellt sie seine Haltung als Voraussetzung dafür dar, das Projekt überhaupt angehen zu können. Entsprechend lässt sich rekonstruieren, dass die erwachsene Begleitperson der Gruppe *Zug* die Rolle eines Ermöglichers einnimmt, d. h. diese den Jugendlichen erst den Zugang zu einem solch ergebnisoffenen Projekt gewährt hat. Dass Manfred* über Bernas* Erwähnung hinaus nicht weiter von den Jugendlichen in ihrer ausführlichen Schilderung der Erlebnisse auf der griechischen Insel thematisiert wird, lässt des Weiteren darauf schließen, dass sich sein Verhalten gegenüber den Jugendlichen durch Zurückhaltung auszeichnet wie auch, dass die Beziehung zu ihm im Projekterleben der Jugendlichen wenig Raum einnimmt. Vielmehr gehen die Jugendlichen auf ihr persönliches Tun ein. Annette* schildert, dass sie gleich am ersten Tag ihres Aufenthalts auf der Insel Lesbos ein Camp ausfindig gemacht haben, in dem sie unmittelbar helfen konnten und zudem die Gestaltung ihrer Hilfe selbst verantworten durften. Darin zeigt sich eine Orientierung der Jugendlichen an Aktivität und eigenständigem Handeln, die sich auch aus der Abgrenzung von der ebenfalls bestehenden, zuvor angesprochenen Option, nicht vor Ort tätig werden zu können, rekonstruieren lässt. Auch an anderen Stellen der Diskussion scheint eine Orientierung an Autonomie und Engagement auf. Die Jugendlichen berichten z.B., dass sie sich neben den ihnen erteilen Aufgaben wie Müllsammeln eigeninitiativ weitere Tätigkeiten gesucht haben, von denen sie annahmen, dass sie den Menschen im Camp nützen, bspw. die Betreuung der im Camp lebenden Kinder. Bei all ihren Unternehmungen stellen sich die Jugendlichen als die zentralen Akteur:innen des Unterfangens dar und berichten von diesem als Erfolgserlebnis. Daraus lässt sich rekonstruieren, dass sie im Unterschied zur Gruppe *Wiese* ihre Orientierung an Autonomie und Verantwortungsübernahme ausleben und dadurch echte Selbstwirksamkeitserfahrungen sammeln konnten.

3 Diskussion

Wie der Fallvergleich der beiden Gruppen *Wiese* und *Zug* exemplarisch zeigt, gestaltet es sich als schwierig, in schulischen Angeboten der *Herausforderung/ Herausforderungen* echte Freiräume zu organisieren und Verantwortungsübernahme und Autonomieerleben zu realisieren. Während sich bei der Gruppe *Zug* rekonstruieren lässt, dass die sich außerschulisch engagierenden Jugendlichen

Selbstwirksamkeitserfahrungen sammeln, da die erwachsene Begleitperson ihnen durch ihr zurückhaltendes Verhalten den dafür notwendigen Freiraum lässt, offenbaren die Analysen der Gruppe *Wiese*, dass die das Angebot der *Herausforderung/Herausforderungen* begleitende Lehrperson diesen Freiraum und damit die Möglichkeit der Schüler:innen Selbstverantwortung zu übernehmen stark einschränkt, wodurch die Schüler:innen keine echten Herausforderungen und Selbstwirksamkeit erleben. In den schulischen Angeboten der *Herausforderung/Herausforderungen* vollzieht sich demnach die für den schulischen, unterrichtlichen Kontext typische asymmetrische Rollenstruktur (vgl. Luhmann 2002, S. 108). Dies lässt sich in unserem Datenmaterial im Übrigen auch für solche Angebote der *Herausforderung/Herausforderungen* rekonstruieren, bei denen die Schüler:innen nicht von Lehrpersonen, sondern von schulfremden Erwachsenen wie z. B. Studierenden begleitet werden.

Die Diskrepanz zwischen der programmatisch geforderten Übernahme von Verantwortung durch die Schüler:innen und deren Einschränkung in der praktischen Umsetzung der Projekte führt dazu, dass die Schüler:innen die Angebote der *Herausforderung/Herausforderungen* als ambivalent erleben. Daraus, dass einerseits die Begleitperson im Sinne der schulrechtlichen Aufsicht dazu verpflichtet ist, die Schüler:innen vor Schäden zu bewahren und entsprechend dafür verantwortlich ist, Situationen, in denen sich die Schüler:innen eines Risikos oder gar einer Gefahr aussetzen würden, zu verhindern, andererseits die Bewältigung von Herausforderungen aber gerade voraussetzt, dass die Schüler:innen die eigene Komfortzone verlassen und sich in gewagte Situationen begeben, ergibt sich ein konzeptionelles Dilemma in Bezug auf die schulischen Angebote der *Herausforderung/Herausforderungen*. Dieses begründet sich in der für die Institution Schule typischen antinomischen Spannung von Interaktion und Organisation, d. h. in dem Spannungsverhältnis zwischen der Eigenlogik der pädagogischen Interaktion – hier in der Durchführung der schulischen Angebote der *Herausforderung/Herausforderungen* – und den formalen Regeln der Organisation – hier die Aufsichtspflicht für minderjährige Schüler:innen (vgl. Helsper 1996). Danach ist es in den Angeboten der *Herausforderung/Herausforderungen* bedingt durch deren schulische Rahmung nicht möglich, minderjährigen Schüler:innen die vollständige, d. h. uneingeschränkte Selbstverantwortung für das eigen Tun zu überlassen. Stattdessen müssen diese stets von einer erwachsenen Begleitperson beaufsichtigt werden, die sich selbst ebenfalls in einem Spannungsfeld befindet, nämlich dem zwischen schulrechtlich festgelegter Aufsichtspflicht und konzeptionell geforderter Zurückhaltung. Auch im Rahmen außerschulisch organisierter Angebote ist die Aufsichtspflicht gegenüber Minderjährigen grundsätzlich einzuhalten. Im Unterschied zur Schule bestehen allerdings keine gesonderten Regelungen wie z. B. in Form von Verwaltungsvorschriften, wodurch der Ermessensspielraum von pädagogischen Fachkräften in der Jugendhilfe in der Praxis weniger stark eingeschränkt sein kann, als der von

Lehrpersonen bzw. Personen, die in schulischen Projekten an deren Stelle treten (vgl. von Oppen 2018, S. 3 ff.).

Insgesamt zeigen unsere Forschungsergebnisse, dass sich die Intention der schulischen Angebote der *Herausforderung/Herausforderungen*, Selbstwirksamkeitserfahrungen durch die Bewältigung von persönlichen Herausforderungen zu ermöglichen, nur schwer realisieren lässt, da es für schulische Akteur:innen angesichts der impliziten Strukturen des Schulischen eine große Herausforderung darstellt, die dafür notwendigen Freiräume zu gewährleisten. Damit schließen unsere Analysen an die von Budde und Hummrich an, wonach die Angebote zwar der Idee einer „Sozialpädagogisierung der Schule" (Budde und Hummrich 2016, S. 44) entsprechen, da in ihnen einzelne im Schulischen gängige Prinzipien und Funktionen durch welche ersetzt werden, die für nonformale Bildungsangebote typisch sind. Die Umsetzung dieser Idee erweist sich in der Praxis jedoch als limitiert, da „die Logik des Schulischen nicht ausgesetzt werden kann, sondern immer wieder in den Angeboten durchschlägt" (ebd., S. 45).

Literatur

BMFSFJ (Bundesministerium für Familie, Senioren, Frauen und Jugend) (2017): 15. Kinder- und Jugendbericht. Bericht über die Lebenssituation junger Menschen und die Leistungen der Kinder- und Jugendhilfe in Deutschland.

Bohnsack, Ralf (2014): Rekonstruktive Sozialforschung. Einführung in qualitative Methoden. Opladen, Toronto: Barbara Budrich.

Budde, Jürgen/Hummrich, Merle (2016): Die Bedeutung außerschulischer Lernorte im Kontext der Schule. In: Erhorn, Jan/Schwier, Jürgen (Hrsg.): Pädagogik außerschulischer Lernorte. Eine interdisziplinäre Annäherung. Bielefeld: transcript, S. 29-52.

Butt, Holger (2014): Vom exotischen Highlight zum Normalfall. Erfahrungen mit dem Schulkonzept „Herausforderungen". In: Pädagogik, H. 7/8, S. 8-11.

Celio, Christine I./Durlak, Joseph/Dymnicki, Allison (2011): A Meta-Analysis of the Impact of Service-Learning on Students. In: Journal of Experiential Education, 34, H. 2, S. 164-181.

Conway, James M./Amel, Elise L./Gerwien, Daniel P. (2009): Teaching and Learning in the Social Context: A Meta-Analysis of Service Learning's Effects on Academic, Personal, Social, and Citizenship Outcomes. In: Teaching of Psychology, 36, H. 4., S. 233-245.

Dudda, Fabian/Hecht, Michael/Helker, Kerstin/Herrmann, Carolin/Nienaber, Franziska/Rürup, Matthias (2019): „Herausforderungen" als Schulprojekt. Evaluationsbericht zum Projektdurchlauf 2018 (Forschungsverbund HeRiS). Bergische Universität Wuppertal & RWTH Aachen. https://www.pedocs.de/volltexte/2019/17998/pdf/HeRiS_2019_Herausforderungen_als_Schulprojekt_2018.pdf (Abfrage: 2.11.2022)

Düx, Wiebken/Prein, Gerald/Sass, Erich/Tully, Claus J. (2009): Kompetenzerwerb im freiwilligen Engagement: Eine empirische Studie zum informellen Lernen im Jugendalter (2. Aufl.). Schriften des Deutschen Jugendinstituts: Jugend. Wiesbaden: VS Verl. für Sozialwiss.

Düx, Wiebken/Rauschenbach, Thomas (2016): Informelles Lernen im Jugendalter. In: Rohs, Matthias (Hrsg.): Handbuch informelles Lernen. Wiesbaden: Springer VS, S. 261-283.

Fauser, Katrin/Fischer, Arthur/Münchmeier, Richard (2006): Jugendliche als Akteure im Verband: Ergebnisse einer empirischen Untersuchung der Evangelischen Jugend. Leverkusen: Barbara Budrich.

Grunert, Cathleen (2016): Informelles Lernen im Jugendalter. In: Harring, Marius/Witte, Matthias D./Burger, Timo (Hrsg.): Handbuch informelles Lernen. Interdisziplinäre und internationale Perspektiven. Weinheim und Basel: Beltz Juventa, S. 331-343.

Hageresch, Annina/Hartmann, Ulrich/Hecht, Michael/Wachendorf, Annelie (2013): Entschulung im Jahrgang 8 der Laborschule. Evaluation der Entschulungsprojekte 2011 und 2012. Weiterführung in zwei folgenden Jahrgängen. Diskussion einer möglichen Implementation mit allen Beteiligten. In: Freke, Nicole/Koch, Barbara/Kullmann, Harry/Textor, Annette/Young, Verena/Zenke, Christian T. (Hrsg.): Laborschulforschung 2013: Anträge zum Forschungs- und Entwicklungsplan (Werkstattheft Nr. 48). Bielefeld.

Hansen, Stefan (2008): Lernen durch freiwilliges Engagement. Eine empirische Studie zu Lernprozessen in Vereinen. Wiesbaden: VS Verl. für Sozialwiss.

Hecht, Michael (2020): Entschulung. In: Bollweg, Petra/Buchna, Jennifer/Coelen, Thomas/Otto, Hans-Uwe (Hrsg.): Handbuch Ganztagsbildung (2. Aufl.). Wiesbaden: Springer VS, S. 1177-1189.

Helsper, Werner (1996): Antinomien des Lehrerhandelns in modernisierten pädagogischen Kulturen. Paradoxe Verwendungsweisen von Autonomie und Selbstverantwortlichkeit. In: Combe, Arno/Helsper, Werner (Hrsg.): Pädagogische Professionalität. Frankfurt am Main: Suhrkamp, S. 521-569.

Hübner, Astrid (2010): Freiwilliges Engagement als Lern- und Entwicklungsraum. Wiesbaden: VS Verl. für Sozialwiss.

Jürgens, Eiko/Greiling, Antje (2014): Ein reformpädagogisches Schulentwicklungsprojekt zum veränderten schulischen Lernen in der Pubertät. In: Schulpädagogik Heute, 5, H. 10, S. 1-17.

Luhmann, Niklas (2002): Das Erziehungssystem der Gesellschaft. Frankfurt am Main: Suhrkamp.

Neuber, Nils/Breuer, Meike/Derecik, Ahmet/Golenia, Marion/Wienkamp, Florian (2010): Kompetenzerwerb im Sportverein: Empirische Studie zum informellen Lernen im Jugendalter. Wiesbaden: VS Verl. für Sozialwiss.

von Oppen, Julian (2018): Freiräume im Ganztag – Gefahr für Sicherheit und Ordnung? In: Fachbeiträge zur Kooperation, Landeskooperationsstelle Schule – Jugendhilfe, Potsdam, 2018, H. Nr. 2.

Reinders, Heinz (2016): Service Learning – theoretische Überlegungen und empirische Studien zu Lernen durch Engagement. Weinheim und Basel: Beltz Juventa.

Rosenberger, Desirée/Asbrand, Barbara (2020): Herausforderungsprojekte: Kompetenzerwerb zwischen schulischer Rahmung und jugendlichem Aktionismus. In: Zeitschrift für Soziologie der Erziehung und Sozialisation, 40, H. 3, S. 296-312.

Yorio, Patrick L./Ye, Feifei (2012): A Meta-Analysis on the Effects of Service-Learning on the Social, Personal and Cognitive Outcomes of Learning. In: Academy of Management Learning & Education, 11, H. 1, S. 9-27.

Desirée Rosenberger ist wissenschaftliche Mitarbeiterin am Institut für Pädagogik der Sekundarstufen des Fachbereichs Erziehungswissenschaften der Goethe-Universität Frankfurt und forscht zu außerunterrichtlichen Angeboten für das Jugendalter. Kontakt: d.rosenberger@em.uni-frankfurt.de

Barbara Asbrand ist Professorin für Allgemeine Didaktik und Schulentwicklung und qualitativ-rekonstruktive Schul- und Unterrichtsforschung an der Goethe-Universität Frankfurt am Main. Kontakt: b.asbrand@em.uni-frankfurt.de

25 „Die Erfahrungen prägen mich seitdem."

Das Projekt *Herausforderung* an der Laborschule – eine Evaluation

Sabine Geist & Thomas Makowski
(unter Mitarbeit von Rainer Devantié & Uli Hartmann)

1 Einleitung

Erfahrungs- und Projektorientierung stellen einen Kernbestandteil des pädagogischen Profils der Laborschule dar, um kognitive Lernprozesse zu ergänzen und
den Schüler:innen Angebote zu machen, ihre Lernbiografien selbstbestimmt zu
gestalten. Neben alltäglichen Unterrichtsprojekten sind in diesem Kontext u. a.
vielfältige Praktika sowie Gruppenfahrten mit unterschiedlichen Schwerpunkten
zu nennen (vgl. von der Groeben/Geist/Thurn 2011, S. 266). Seit dem Schuljahr
2011/2012 erprobt die Laborschule darüber hinaus ein spezifisches Bildungspro-
jekt im 8. Schuljahr, das zunächst „Entschulung" hieß, nun aber „Herausforderung" heißt (vgl. Beitrag 1 von Michael Hecht und Annelie Wachendorff). Alle
Jugendlichen erhalten etwa ein halbes Jahr vor dem Projektzeitraum folgende
Anregung:

„Ihr könnt im nächsten Schuljahr über zwei bis drei Wochen hinweg ein Projekt
durchführen,
- das ihr allein oder als Gruppe durchführt,
- bei dem ihr möglichst viele Schritte selbst plant, probt und umsetzt,
- von dem außer euch auch die Gesellschaft/Umwelt profitiert,
- das individuelle Herausforderungsmöglichkeiten und altersangemessene
  Entwicklungsaufgaben bietet;
- bei dem ihr aktiv werdet, um Menschen außerhalb der Schule und den euch
  gewohnten Lebenskreisen zu begegnen,
- das Erwachsene außerhalb der Schule als Spezialisten einbezieht,
- das euch an einen Ort außerhalb der Schule führt."

Die meisten Herausforderungsprojekte finden in selbst gewählten Kleingruppen
statt. Entweder formieren sich die Gruppen aufgrund ihrer inhaltlichen Ausrichtung oder eine feste Gruppe entscheidet sich für ein gemeinsames Projekt.

2 Was sollen die Herausforderungsprojekte für die Schüler:innen leisten?

Das Herausforderungskonzept der Laborschule intendiert unterschiedliche Ziele auf mehreren Begründungsebenen:

(a) *Bewältigung von Entwicklungsaufgaben unterstützen:* Die Schule will damit der Lebensphase Jugend – Pubertät – Adoleszenz begegnen, die sich durch besondere und für diese Altersstufe spezifische Entwicklungsaufgaben auszeichnet. Dazu zählt beispielsweise, von Eltern unabhängiger zu werden, zu Altersgenossen beiderlei Geschlechts neue und tiefere Beziehungen herzustellen, die eigene körperliche Erscheinung zu akzeptieren, die eigenen körperlichen Möglichkeiten effektiv zu nutzen, eine Zukunftsperspektive zu entwickeln, autonome Werte- und Normenorientierungen aufzubauen u. v. m. (vgl. Beitrag 2 von Matthias Huber in diesem Band sowie Oerter/Dreher 2002, S. 258 ff.; Hurrelmann/Quenzel 2016, S. 24 ff.).

Die Jugend als Lebensphase ist also eine Zeit des Nebeneinanders von unselbständigen (d. h. kindlichen) und selbständigen Handlungsanforderungen und Rollenmustern. Die Schule übernimmt dabei eine bedeutende Rolle bei Bewältigung o. g. Entwicklungsaufgaben. Jedoch kann man immer wieder beobachten, dass ihr das mit den curricular verankerten Lerninhalten nicht gut gelingt, Jugendliche ihnen keine Bedeutsamkeit beimessen, sich eher fremdbestimmt und wenig selbstwirksam erleben. Und so stellt sich die Frage, welche Bedingungen förderlich sind, damit sie sich subjektiv bedeutsame Lerngelegenheiten selbst erschließen können, um diese Lebensphase erfolgreich zu bewältigen. „Aber in den mittleren Jahren und vor allem in der Pubertät wird die Schule zur Qual. In diesem Alter richtet das schulische Lernen so gut wie nichts aus – und die Schule ignoriert dies hartnäckig [...] Der formalisierte Unterricht kann in diesen zwei Jahren auf zwei Stunden am Tag beschränkt werden, damit man das Gelernte nicht gänzlich vergisst. Wichtiger ist jetzt etwas Anderes: Selbsterprobung, die Beziehung zu anderen Personen, die Emanzipation von denen, die einen bisher bestimmt, erzogen, bevormundet haben. Jetzt brauchen die jungen Menschen Erlebnis, Abenteuer, Aufgaben [...]", mit diesen Worten fordert von Hentig (1993, S. 232) eine Entschulung der Schule insbesondere für die Zeit der Pubertät.

(b) *Dienst am Gemeinwesen:* Von Hentig begründet seine Vorstellung von „Entschulung" durch die notwendige Anpassung des Lernens an die Entwicklungsaufgaben von Jugendlichen in der Pubertät. Ausführlich entwickelt er aber auch den Gedanken der Notwendigkeit, Dienst am Gemeinwesen zu tun. „Die vollzogene individuelle Emanzipation verdrängt das Bewusstsein von der fortbestehenden Abhängigkeit aller von den Ordnungen und Leistungen des Gemeinwesens" (von Hentig 2006, S. 15 f.). Und nicht zuletzt im Sinne einer demokratisch funktionierenden Gesellschaft wünscht er, dass „junge Menschen erfahren, was eine Gemeinschaft ist, was sie gibt und fordert […]; sie sollten eine Gelegenheit haben, als ganze Person die verfasste Gemeinschaft, in und von der sie leben, wahrzunehmen; dieses Erlebnis sollte so sein, dass sie vieles von dem, was sie lernen, für die Aufrechterhaltung dieser Gemeinschaft einzusetzen bereit sind, […]" (von Hentig 2006, S. 17). Er fordert sogar ein einjähriges allgemeines Dienstjahr und geht davon aus, dass dieser Dienst am Gemeinwesen vor allem den Dienstleistenden selbst gut tut, indem sie sich als gestaltenden Teil der Gemeinschaft erleben, in der sie Verantwortung für das Leben in der Gemeinschaft übernehmen. In vielen Herausforderungsprojekten in der Laborschule steht daher das Leben in der Gemeinschaft und das selbständige Leben während des Projektzeitraums ebenso im Mittelpunkt wie die mit dem Projekt verbundene Notwendigkeit, für die Gesellschaft/Umwelt einen nützlichen Beitrag zu leisten.

(c) *Die eigene Bildungsbiografie bereichern:* In den Herausforderungsprojekten geht es darum, Anderes und anders zu lernen als in der Schule sonst üblich ist. Das Ziel besteht darin, „klassisches", häufig stark fachlich und einseitig kognitiv orientiertes Schullernen um vielfältige Aspekte des sozialen und sinnlichen Lernens in einer möglichst selbstgewählten und sich selbst versorgenden Gemeinschaft zu ergänzen. Es geht um das Erlernen von Selbstständigkeit und um möglichst vielfältige praktische Lernerfolge mit Expert:innen in echten Projekt- und Lernumgebungen außerhalb des Schulgebäudes. Die Jugendlichen sollen weitergehende Aufgaben bewältigen als jene, die sie aus ihren bisherigen Projektunterrichtserfahrungen gewohnt sind.

(d) *Partizipation ermöglichen und Selbstwirksamkeit erfahren:* Die vierte Begründungsebene zielt ab auf Partizipation und Selbstbestimmung. In den Herausforderungsprojekten sollen die Jugendlichen lernen, Verantwortung zu übernehmen und damit umzugehen. Sie entwickeln eigene (Projekt-)Ideen, telefonieren mit Projektpartner:innen, suchen Reiserouten, Anreise- und Übernachtungsmöglichkeiten, berechnen Projektbudgets und sind verantwortlich, diese einzuhalten. Diese Anlage der Projekte zielt darauf, die Jugendlichen Selbstwirksamkeit erfahren zu lassen. Nicht zu unterschätzen ist die Anforderung, sich selbst als Projektgemeinschaft zu organisieren, was einschließt, sich als Individuum auch zurücknehmen zu können und zu lernen, Kompromisse einzugehen. Die Projekte sollen darüber hinaus kein „Happening" sein, sondern einen gesellschaftlichen Nutzen oder eine positive Folge für Klima und Umwelt mit sich bringen. So lernen die Jugendlichen, sich für Sachen und Themen einzusetzen und erwerben politische Handlungsfähigkeiten.

Aus diesen Begründungszusammenhängen wird unser wichtiges pädagogisches Anliegen deutlich, dem Autonomiestreben der Jugendlichen mehr Raum zu geben, als dies üblicherweise im (Fach-)Unterricht möglich ist. Daher lautet der Auftrag an die Jugendlichen im 8. Schuljahr, sich zunächst selbst Klarheit darüber zu verschaffen, welche Art von Projekt sie angehen wollen. Angesichts unserer sehr heterogenen Schüler:innenschaft bieten wir den Jugendlichen zwei grundsätzlich verschiedene Möglichkeiten an, sich selbst herauszufordern: Die Schüler:innen haben erstens die Möglichkeit, eigene Projektideen zu entwickeln, zu planen und durchzuführen, oder zweitens sich für Projektangebote zu bewerben, die mit Hilfe von außerschulischen Kooperationspartner:innen durchgeführt werden und die bereits etwas vorstrukturiert sind.

3 Herausforderung – ein Lehrer-Forscher-Projekt der Laborschule

Mit dem Anlaufen der „Herausforderung" im Jahr 2011 beantragte eine Gruppe von Lehrenden der Schule, diesen Schulentwicklungsprozess im Rahmen des Lehrer:innen-Forscher-Modells wissenschaftlich zu begleiten. Bei dem Forschungsprojekt handelt es sich um eine qualitativ angelegte Studie, in der die individuelle Perspektive der Laborschüler:innen, also ihre persönliche Wahrnehmung auf die von ihnen durchgeführte Herausforderung erhoben und ausgewertet wird. Im engeren Sinne ist das Forschungsprojekt damit eine Evaluationsstudie für einen neu eingeführten Curriculumbaustein. Die Daten wurden erhoben mit …

- Fragebogenerhebungen, direkt im Anschluss an ihre Herausforderungsphase,
- selbstreflexiven Texten direkt im Anschluss an die Herausforderungsphase,
- leitfadengestützten Interviews direkt im Anschluss an die Herausforderungsphase und
- mit leitfadengestützten Interviews und selbstreflexiven Texten etwa zwei Jahre nach dem Projektabschluss.

In der nachfolgenden Darstellung beschränken wir uns auf das Datenmaterial, das uns Aussagen über den von den Schüler:innen eingeschätzten längerfristigen Effekt ihrer Herausforderung ermöglicht. Es werden also lediglich die Daten einbezogen, die etwa zwei Jahren nach Abschluss des Projektes erhoben wurden. Dabei beziehen wir uns vor allem auf diese drei der o. g. Ziele:

- die Bewältigung von Entwicklungsaufgaben,
- die Partizipationsmöglichkeiten und Selbstwirksamkeitserfahrungen und
- die Bereicherung der eigenen Bildungsbiografie.

4 Bisherige Ergebnisse der Studie

Im Interview- und Textmaterial finden sich Aussagen zu allen betrachteten Ziel-aspekten, wobei eine Trennung zwischen den einzelnen Aspekten häufig nur schwer zu vollziehen ist, da die drei Aspekte in enger Wechselbeziehung mit-einander stehen.

4.1 Bewältigung von Entwicklungsaufgaben

Alle Schüler:innen – die Namen sind anonymisiert – betonen in ihren Inter-views oder Texten die große Bedeutung des Projekts für ihre persönliche Ent-wicklung:

> *„Dass ich mich von morgens bis abends auf Englisch mit fremden Menschen verstän-digte, worauf ich mich vorher bereits gefreut und eingestellt hatte, verschaffte mir viel Selbstbewusstsein und Offenheit. Nach der Entschulung ist es mir viel leichter gefallen, auf Menschen zuzugehen, meine Meinung zu sagen [...]. So stellt die Entschulung für mich nicht nur eine schulische, sondern auch eine menschliche Entwicklung dar" (Luisa, Ende Jahrgang 10, Reflexionstext).*

Ähnliches beschreibt Katrin in ihrem Reflexionstext:

> *„Durch die Entschulung bin ich im Umgang mit anderen Menschen viel offener gewor-den, habe gelernt ein Team zu koordinieren und es zusammenzuhalten." (Katrin, Ende Jahrgang 10, Reflexionstext)*

Und auch Lola, die in ihrem Projekt versucht hat, Menschen für Organspende-ausweise zu gewinnen, schildert in ihrem Interview, dass sie Lernschritte vollzo-gen hat, die sie unmittelbar auf die Herausforderung zurückführt:

> *„Ja, also die Infostände, wo es dann also darum ging, andere Menschen anzusprechen, die waren definitiv etwas, wo ich aus meiner Komfortzone 'raus musste. Und da habe ich mich gefühlt schon weiterentwickelt."*

Und sie ergänzt an anderer Stelle:

> *„Also mir hat das total was gebracht. Also das habe ich auch gemerkt, das vor allem dieses ganze Organisatorische. Das habe ich schon mal öfter so gesagt. Aber das war für mich so ein richtig großer Teil dieser Herausforderung. Das hat mich weitergebracht, persönlich." (Lola, Interview, Ende Jahrgang 9)*

Peter schildert die Versorgungssituation in seiner Gruppe:

„Dann wurd' halt gekocht so, von einer Kochgruppe sozusagen. [...] Ja, das war ganz gut. Ja und man musste da dann z. B. auch putzen. Und dann gab es da immer 'ne Putzgruppe. Jeden Abend, glaube ich. [...] Ja genau, war dann halt auch so mit Müll rausbringen und fegen und nochmal sowas. Aber ich find' auch, das Gemeinschaftsgefühl ist da ziemlich gut rausgekommen so." (Peter, Interview, Ende Jahrgang 10)

Den Umgang mit dem zur Verfügung stehenden Geld beschreibt Lola so:

„Also mit dem Geld, da waren wir von Anfang an sehr bedacht drauf. Also ich hab' dann das Geld verwaltet. Und ein ganz zentraler Punkt, dass wir die Essen, die wir in der Woche gekocht haben, vorher genau geplant haben. Dann sind wir am Anfang der Woche so einkaufen gegangen. Also das war schon eine Herausforderung, aber etwas, was uns letztlich nicht so besonders schwer gefallen ist, weil wir das von Anfang an so ganz gut koordiniert bekommen haben. Und am Ende hatten wir dann sogar noch so viel Geld übrig, dass wir Essen gehen konnten davon zusammen." (Lola, Interview, Ende Jahrgang 9)

Manchmal sind auch die Anreisen zu Projektstandorten schon ein Ereignis, auf das man mit Stolz zurückblicken kann:

„Aber das war auch ziemlich aufregend. So alleine Zug fahren, so nur mit Freunden. [...] Also wir fahren alleine Zug, wir sitzen so hier alleine und niemand kann so sagen – also hier müsst ihr jetzt aussteigen. So das mussten wir alles selbst machen. Das war schon so ein krasses Gefühl, ja, da muss ich Lena recht geben". (Erich, Interview, Ende Jahrgang 9)

Dass alltägliche Situationen nicht immer konfliktfrei waren, schildert Lena:

„Also von mir aus war das mit dem Essen auch manchmal so ein kleiner Streitpunkt. Also ich muss essen, wenn ich Hunger habe und dann bin ich auch manchmal nicht mehr so freundlich, wenn ich Hunger habe. Und da habe ich auch so ziemlich viel für mich so gelernt." (Lena, Interview, Ende Jahrgang 9)

Selbst schwierige Situationen, die es für die Jugendlichen zu bewältigen galt, deuten sie für sich so, dass sie ihnen Entwicklungsprozesse ermöglicht haben, an die sie auch nach zwei Jahren noch denken:

„Wir dachten anfangs ja, wir schaffen das einfach alleine und haben die Angebote der Erwachsenen ausgeschlagen. Das war ein Fehler. Wir waren zu selbstsicher. Da würde ich nächstes Mal ganz anders rangehen." (Timo, Interview, Ende Jahrgang 9)

Alle Textquellen und Interviews verdeutlichen, dass die Schüler:innen das Projekt als einen bedeutsamen Schritt in ihrer persönlichen Weiterentwicklung einschätzen. Selbständiger werden, Verantwortung tragen, auf sich selbst gestellt sein, (sich) organisieren – diese Begriffe ziehen sich durch alle Interviews und Reflexionstexte. Sie beschreiben sich als offener im Umgang mit ihren Mitmenschen, meinungsstärker und mutiger, die eigene Meinung zu vertreten. Zugleich blicken sie selbstkritisch auf ihr eigenes Verhalten, ihre eigenen Stärken und Schwächen im Projektkontext zurück und ziehen für sich daraus Lehren. Sie sind stolz darauf, Alltagssituationen wie z. B. Bahnfahren, Kochen oder Putzen bewältigt zu haben, sich ihr eigenes Geld sinnvoll eingeteilt zu haben. Sie waren in der Lage, Konflikte allein zu lösen und durften in dieser Zeit Entscheidungen treffen, die sonst häufig Erwachsene für sie treffen. So konnten sie eine gewisse Unabhängigkeit und Autonomie erfahren. Das aus all dem erwachsene neue Selbstbewusstsein führen sie unmittelbar auf ihre Erfahrungen im Projekt zurück.

4.2 Partizipationsmöglichkeiten und Selbstwirksamkeitserfahrungen

Wie dezidiert die Schüler:innen über ihre Entscheidung nachgedacht haben, schildert Lola so:

„Also wir mussten ja begründen, warum wir dieses Projekt machen wollten und warum wir denken, dass das etwas ist, was uns voranbringt und da hab ich, meine ich gesagt, dass das zwei Komponenten hat. Das erste war halt diese Organisation, weil wir uns da mit verschiedenen Menschen auseinandersetzen mussten, damit die uns helfen Informationen zu sammeln und so etwas alles. Also das war ein Punkt, die Organisation. Das andere war, zum einen direkt mit Menschen reden, weil wir ja auch Stände gemacht haben, was für mich manchmal so ein bisschen schwierig ist, so auf die Menschen zuzugehen und die anzusprechen. Und etwas, womit ich jetzt nicht so ein großes Problem habe, aber was auch Teil der ganzen Herausforderung war, war vor vielen Menschen so einen Vortrag zu halten. Und das waren so drei Punkte, die für mich so als Herausforderung in diesem Projekt drin waren." (Lola, Interview, Ende Jahrgang 9)

Jakob und Peter haben sich ebenso bewusst für ihr Projekt in Frankreich entschieden, wie dies Markus für ein Projekt in Bielefeld getan hat:

„Ich hab' halt das Projekt gewählt, weil ich im Vorfeld dachte, dass ich meine Französischkenntnisse verbessern kann. Weil man da halt generell mehr französisch spricht, weil du dich dann so einfacher verständigen kannst." (Jakob, Interview Ende Jahrgang 10)

Und Peter ergänzt mit den Worten:

> „Also bei mir lag es auch so mit daran, dass ich halt meine Französischkenntnisse aus-
> bauen wollte, aber halt auch einfach, weil ich das mal interessant fand sowas mit der
> Gartenarbeit zu machen und weil ich mal so die Gegend da mal kennenlernen wollte."
> (Peter, Interview Ende Jahrgang 10)

Markus, der insgesamt noch eher unsicher wirkt und eher ein negatives (Leis-
tungs-)Selbstbild hat, begründet seine Entscheidung so:

> „Also es ging auch vor allem darum auch ein Haus wieder auf die Beine zu stellen, also
> vor allem drinnen etwas zu reparieren, Wände neu zu bemalen, die Fenster auszuwech-
> seln und alles drum und dran und es war halt die Kombination aus: man ist der Natur
> nah, im Wald waren wir da eigentlich und etwas mit Bauen, Konstruieren und kreativ
> am Haus mitwirken. [...] Also ich fand es für mich genau richtig, dass wir in Bielefeld
> geblieben sind, also ich bin kein Typ, der jetzt gerne irgendwo anders irgendwelche Aben-
> teuer erlebt." (Markus, Interview Ende Jahrgang 10)

Und später formuliert er noch:

> „Ja, also ich finde schon, dass die Schüler eine Wahl haben sollten. Also wenn sie wirklich
> wollen mit einem Budget selber einplanen so die Wochen. Aber das kann bestimmt auch
> nicht jeder Schüler. Und darum finde ich es wichtig, dass es auch Veranstaltungen gibt,
> die die Erwachsenen sozusagen leiten." (Markus, Interview Ende Jahrgang 10)

Das Bewerbungsverfahren und auch die Forderung, dass die Schüler:innen selbst
einen finanziellen Beitrag für die Durchführung des Projektes leisten müssen, indem sie durch „Arbeit" Geld erwirtschaften, empfindet Pauline schon im Vorfeld
als herausfordernd.

> „Das Verfahren bis die Herausforderung anfing (selber einen Geldbetrag erarbeiten, sich
> schriftlich auf ein Projekt bewerben etc.) wirkt anfangs etwas als wäre es zu viel und zu
> schwierig. Doch dadurch schätzt man das Projekt, das man sich selber erarbeitet hat,
> nochmal mehr Wert." (Pauline, Selbstreflexion Ende Jahrgang 10)

Fast alle interviewten Schüler:innen beschreiben, dass sie ihren Entscheidungsprozess bewusst gestaltet haben. Die Möglichkeit, das Projekt als individuell ge-
staltetes Kleingruppenprojekt durchzuführen oder aber sich für mehr oder weniger vorstrukturierte Projekte zu bewerben, gibt ihnen die Gelegenheit, ihren
eigenen Interessen- und Entwicklungsschwerpunkten nachzugehen, aber auch
ihren individuellen Möglichkeiten entsprechend an Projekten zu partizipieren.

Partizipation auf unterschiedlichem Niveau scheint durch die differenzierte Angebotsstruktur gegeben zu sein, so dass sich alle Schüler:innen auf ihrem Niveau und in der für sie stimmigen Form herausfordern können. Insgesamt aber legen die Interviewaussagen nahe, dass sie sich als respektierte und selbstwirksame Persönlichkeiten erleben können (s. u.).

Sich als selbstwirksam zu erleben, stolz auf das Geleistete zu sein, zieht sich wie ein roter Faden durch alle Interviews. An selbst gestellten Aufgaben zu arbeiten, sich den immer wieder neuen, selbst gewählten Anforderungen stellen zu müssen, sie dann meistens auch bewältigen zu können – in der Regel durch kooperative Arbeit in der Gruppe – sorgt für Zutrauen in die eigenen Leistungsmöglichkeiten.

Lola ist z. B. stolz darauf, dass die Expert:innen, mit denen ihre Gruppe zusammengearbeitet hat, sie erst genommen und ihr Herausforderungsprojekt sogar für eigene Zwecke genutzt haben:

„Und das war sehr beeindruckend für mich, das war so total positiv. […] Also die haben das dann auch so ein bisschen als Werbung genutzt. Die haben dazu einen Artikel geschrieben und sowas alles, mit Fotos und so." (Lola, Interview, Ende Jahrgang 9)

Und Lena, die gemeinsam mit Lola das Projekt durchgeführt hat, spricht davon:

„Aber so zurückblickend war das immer so ein total gutes Gefühl, weil so im Hinterkopf zu haben: du hast jetzt dafür gesorgt, dass jetzt einige Leute jetzt wirklich einen Organspendeausweis haben, du hast dafür gesorgt, dass Leute darüber aufgeklärt worden sind." (Lena, Interview, Ende Jahrgang 9)

Ralph, der nach ausführlicher Vorbereitung einen Vortrag über Klimaveränderung in einer fremden Schule hält, beschreibt seine Wahrnehmung rückblickend so:

„Ich hatte schon Bedenken. Ich weiß ja, dass nicht alle Schüler daran Interesse haben."

Und er ist beeindruckt und überrascht von der Reaktion der Schüler:innen:

„Sie waren super begeistert und haben viele Fragen gestellt. Ich habe mich gewundert, dass ich alle beantworten konnte – einfach so, weil ich voll im Thema war." (Ralph, Interview Jahrgang 9)

Auch Markus ist „ziemlich zufrieden" mit dem, was er während der Herausforderung geleistet hat und sagt:

„Ich bin auch mit dem Endprodukt ziemlich zufrieden. Also wir haben wirklich relativ viel am Haus auch schon renovieren können. […] Ja, also es ist immer schön, eine Bestätigung zu haben von der Zeit, was man so geschafft hat über diesen Zeitraum.“ (Markus, Interview Ende Jahrgang 10)

Die Anforderung, die eigenen Projekte selbst zu planen, dafür viel Zeit und Mühe zu investieren, mit Rückschlägen umzugehen oder auch in Projekten zu arbeiten, die hohe körperliche Anforderungen stellen und ein erhebliches Maß an Sozialkompetenz erfordern, heißt auch, mit Widerständen umgehen zu lernen und – wie eine Schülerin es formulierte – „aus der Komfortzone herauszukommen".

Allerdings haben sich die Schüler:innen diese Aufgaben selbst gesetzt, übernehmen im Sinne des Projektlernens auch selbst Verantwortung für das Gelingen, zeigen Durchhaltevermögen und Frustrationstoleranz. Das partizipativ angelegte Herausforderungsprojekt, bei dem sie – wie die Schüler:innen selbst sagen – „viele Möglichkeiten haben, für sie passende Projekte zu wählen", ermöglicht aus unserer Sicht eine Vielfalt von positiven Erfahrungen und Erfolgen, aufgrund derer sie sich als selbstwirksam erleben können. Sie können diese Erfolge sich selbst zuschreiben – oder, wie Schwarzer/Jerusalem formulieren: „Sich selbst zu beweisen, etwas erreichen zu können, und affektrelevante Kompetenzzuwächse zu erleben, ist intrinsisch motiviertes Handeln, das rückwirkend auch wieder die Selbstwirksamkeitserwartungen verstärkt" (2002, S. 47).

4.3 Die Bereicherung der Bildungsbiografie

Auch im günstigsten Fall ist es im alltäglichen Unterricht kaum möglich, dass Schüler:innen über eine längere Zeit aus (Alltags-)Situationen und von Menschen lernen, die wirklich Expert:innen ihres „Faches" sind. Leona erwähnt in ihrer Selbstreflexion ihr Lernen auf einem Bauernhof.

„Und dann natürlich das Füttern der ganzen Bauernhoftiere und das Melken. Ich habe noch nie zuvor Kühe gemolken oder diese zur Wiese getrieben. Die Herausforderung hat mir einfach viele neue Einblicke gegeben und ein ganz neues Bewusstsein, auch z. B. für das Leiten eines solchen Betriebes, verschafft.“ (Leona, Selbstreflexion am Ende des Jahrgangs 10)

Jakob, der nach seinem Projekt in Frankreich eigentlich vor allem besser Französisch sprechen wollte, sieht seinen „größeren Lerneffekt" letztlich in einem anderen Bereich.

„Aber bei mir war der größere Lerneffekt eher da so Gartenarbeit. Ich war also nicht so erfahren in Gartenarbeit. Und ich hab da schon ziemlich viel mitgenommen. So wie man ordentlich 'ne Blume einpflanzt oder ordentlich Busch oder einen Baum beschneidet, oder wie man das halt halbwegs schön macht. Und da habe ich schon relativ viel mitgenommen. Oder auch für 'ne große Menge zu kochen."

Und Peter ergänzt hier:

„Auch in Sachen körperliche Entwicklung hat mir die Gartenarbeit sehr gut getan."

Luisa stellt verschiedene Lerneffekte heraus.

„Neben der anstrengenden Arbeit auf dem Hof und dem Kennenlernen einer anderen Kultur war der Lerneffekt bei mit besonders in der englischen Sprache sehr hoch. Dass ich mich von morgens bis abends auf Englisch mit fremden Menschen verständigte, worauf ich mich vorher bereits gefreut habe […].

Markus spricht explizit die Bedeutsamkeit des Lernens von Expert:innen an.

„Das, was man vor allem gelernt hat von den beiden Persönlichkeiten, die wir dort hatten – und zwar Thorsten und Fabian, die Techniker. Die haben uns beigebracht, wie man Fenster kittet, wie man die wieder in die Rahmen platziert und alles drum und dran und das war auch die Herausforderung. Wir haben das dann alles gut lernen können und hinterher konnten wir das auch alleine machen."

Pia, die auf einem inklusiv arbeitenden Bauernhof in den Niederlanden drei Wochen verbrachte, hebt noch einen weiteren Aspekt heraus:

„Natürlich hat mir die Arbeit mit den Tieren besonders gefallen. Vor allem aber wie in den Niederlanden Menschen auch mit schweren Beeinträchtigungen begegnet wird, das habe ich mitgenommen." (Pia, Selbstreflexion nach Jahrgang 10)

Und auch Lola sieht:

„Da waren auch total coole Leute. Da war eine ganz Erfahrene – ich weiß nicht mehr ob das 'ne Ärztin oder 'ne Pflegerin war – aber die hat da ganz viel dazu erzählt und auch wie das so ist bei so einer Herztransplantation dabei zu sein; so wenn das so aufgeht und dieses kostbare Herz da liegt. Und die haben da sehr leidenschaftlich drüber geredet. Und das war einfach sehr bewegend auf verschiedensten Ebenen."

Dass die im Projekt gemachten Erfahrungen auch Perspektiven eröffnen können, erkennt Erich, der in seinem Projekt umfangreichen Kontakt mit Ärzt:innen und medizinischem Personal hatte. Er sagt mit großer Begeisterung und leuchtenden Augen:

> *„Also ich hatte so das Gefühl, da gehöre ich hin. Also ich bin da rein gegangen und hatte so das Gefühl, ej, das ist voll cool hier. Ich fänd das cool, hier zu arbeiten, das würde mich interessieren, das würde mir Spaß machen hier zu arbeiten. Ich glaube, ich würde hier drin voll aufgehen. Das war dann so der erste Gedanke so, dass ich gedacht habe, ja: ich möchte das.“* (Erich, Interview Ende Jahrgang 9)

Und auch Markus erinnert sich an einen Jungen aus seinem Projekt im Schulgarten.

> *„Also ein Schüler, der dort auch war, der wollte danach Landschaftsgärtner werden.“* (Markus, Interview Ende Jahrgang 10)

Alle Schüler:innen sehen in diesem Projekt neue, besondere und sehr bereichernde Erfahrungen. Sie haben die Gelegenheit, ihre Stärken unmittelbar zu erleben, sich mit ihren Möglichkeiten über eine längere Zeit zu erproben, über Gespräche mit Expert:innen Einblicke in Tätigkeitsfelder zu erhalten, die ihnen ansonsten häufig versperrt geblieben wären. Und so scheint es uns sehr nachvollziehbar, dass Pauline in ihrer Selbstreflexion am Ende des Jahrgangs 10 schreibt: „Die Herausforderung hat mir definitiv bei meiner Profilbildung weitergeholfen.“

5 Fazit

Nach fast 10 Jahren „Herausforderungsprojekt" mit vielen Veränderungen und Anpassungen weisen die Daten nach, dass die Schüler:innen die wesentlichen Ziele und Erwartungen, die mit dem Projekt verbunden sind, erreichen.

Das Bedürfnis der Jugendlichen nach Anerkennung und Unabhängigkeit, nach sozialer Eingebundenheit und individueller, selbstbestimmter Anforderung kann über die Durchführung eines solchen Projektes erfüllt werden. Das Konzept der Herausforderung mit einem hohen Anteil an partizipativer Gestaltung und verantwortungsvoller Vorbereitung ist mehr als ein besonderes „Highlight" oder gar „Happening", es ist vielmehr ein Beitrag zu spannenden, oft auch gemeinschaftlichen, manchmal auch höchst individuellen, immer aber alltagsrelevanten Lernerfahrungen mit „Ernstcharakter", d.h. die Schüler:innen nehmen die Herausforderung als ernsthafte, lebensechte, bedeutsame Aufgabe wahr, zu deren Bewältigung sie einen wichtigen Beitrag leisten – natürlich mit dem Bewusstsein, immer noch so etwas wie eine Sicherung zu haben, ein Netz, in das sie im allergrößten Notfall fallen können. Sie machen so Erfahrungen, an denen sie wachsen, sich entwickeln und besser kennenlernen können. Sie sind auch, wie Anna (Jahrgang 10) schreibt, ein „Einstieg in die Verselbstständigung".

Nicht erstaunlich ist es daher, wenn Pia ihre Selbstreflexion beendet mit den Worten: *„Die Erfahrungen, die ich dort gesammelt habe, und das, was ich durch die fast alleinige Organisation des Projektes gelernt habe, prägen mich seitdem. Und diese wunderschönen vier Wochen werden mich immer begleiten. Ich danke der Laborschule für dieses großartige Projekt!"*

Literatur

von der Groeben, Annemarie/Geist, Sabine/Thurn, Susanne (2011): Die Laborschule – ein Grund-kurs. In: Thurn, Susanne/Tillmann, Klaus Jürgen (Hrsg.): Laborschule – Schule der Zukunft. Bad Heilbrunn: Klinkhardt, S. 260-278.
von Hentig, Hartmut (1993): Die Schule neu denken. München, Wien: Carl Hanser.
von Hentig, Hartmut (2006): Bewährung. Von der nützlichen Erfahrung nützlich zu sein. München, Wien: Carl Hanser.
Hurrelmann, Klaus/Quenzel, Gudrun (2016): Lebensphase Jugend. Weinheim und Basel. 13. Auflage. Weinheim und Basel: Beltz Juventa.
Oerter, Rolf/Dreher, Eva (2002): Jugendalter. In: Oerter, Rolf/Montada, Leo (Hrsg.): Entwicklungs-psychologie. 5. Auflage. Weinheim: Beltz, S. 258-318.
Schwarzer, Ralf/Jerusalem, Matthias (2002): Das Konzept der Selbstwirksamkeit. In: Jerusalem, Mat-thias/Hopf, Diether (Hrsg.): Selbstwirksamkeit und Motivationsprozesse in Bildungsinstitutio-nen. Zeitschrift für Pädagogik 44, S. 28-53.

Sabine Geist ist Lehrerin für Deutsch/Soziale Studien, Biologie und Sport. Sie ist seit 2001 Lehrerin an der Laborschule. Von 2002 bis 2019 war sie Stellvertreten-de Schulleiterin, jetzt ist sie Didaktische Leiterin der Laborschule; Arbeitsschwer-punkte sind u. a. „Lernen in Heterogenen Gruppen/Inklusion", projektorientiertes Lernen. Kontakt: sabine.geist@uni-bielefeld.de

Thomas Makowski ist Lehrer für Deutsch und Soziale Studien an der Laborschule Bielefeld, er arbeitet sowohl in der Wissenschaftlichen Einrichtung Laborschule als auch in der Aus- und Weiterbildung von Lehrkräften. Er ist Mitglied im Forschungs-projekt „Herausforderung". Kontakt: thomas.makowski@uni-bielefeld.de

Rainer Devantié leitet seit 2014 die Laborschule in Bielefeld. Er ist aufgewachsen in Duisburg und hat dort auch studiert und Referendariat abgelegt. Seit 1993 ist er Lehrer für Deutsch, Geschichte und Theaterpädagogik in Buenos Aires, Köln und Helsinki. Kontakt: rainer.devantie@uni-bielefeld.de

Uli Hartmann: Studium der Fächer Sozialwissenschaften und Sport für das Lehramt der Sekundarstufe II an der Universität Bielefeld, Referendariat am Gymnasium in

Rheda-Wiedenbrück, Lehrer an der Laborschule seit 2004, von 2009 – 2019 Abteilungsleiter der Sekundarstufe I, vor allem mit dem Schwerpunkt des Übergangs der Schüler:innen in die abnehmenden Systeme (Schule und duales Ausbildungssystem), seit 2019 Stellvertretender Schulleiter der Laborschule.

26 Herausforderung als Forschungsthema und Forschungsperspektive

Kerstin Helker, Matthias Rürup, Jörg Siewert &
Michael Zimmer-Müller

1 Einleitung

So unterschiedlich die Ursprünge und Bezüge der Idee von Herausforderungen und ihre Umsetzungen in den einzelnen Schulen sind, so unterschiedlich sind auch, wie die vorhergehenden Beiträge zeigen, die Forschungsprojekte zu ihren Gelingensbedingungen und Effekten. Im deutschsprachigen Kontext ist dies der Tatsache geschuldet, dass sich die Idee von Herausforderungen zwar seit ca. 15 Jahren unter Schulen der Sekundarstufe I verbreitet, jedoch erst seit viel kürzerer Zeit in den Fokus von Bildungsforscher:innen gerückt ist.

Auf der Basis einer Zusammenschau der existierenden nationalen und internationalen Literatur sowie den vorangehenden Beiträgen zu wissenschaftlichen (Begleit-)Forschungsprojekten in Deutschland sollen im vorliegenden Kapitel Perspektiven für weitere Forschung in diesem Feld aufgezeigt werden.

2 Wissenschaftliche Erkenntnisse zum Lernen an Herausforderungen

Wie in Beitrag 4 von Peter Wastl dargestellt, stellt sicherlich *Outward Bound* eine zentrale Grundlage der Projektidee von Herausforderungen dar, ein Programm, das 1941 von Kurt Hahn entwickelt wurde, um negative Effekte der Industrialisierung, wie abnehmende körperliche Fitness, Verlust handwerklicher Fähigkeiten, Selbstdisziplin und allgemein weniger draußen verbrachte Zeit (vgl. Deane/ Harré 2013; Priest/Gass 2005) abzumildern. Forschungsprojekte zu Herausforderungen an Schulen nehmen heute weiterhin Bezug auf solche außerschulischen Outdoor-Abenteuerprogramme (outdoor adventure education) aufgrund der bisher unzureichenden wissenschaftlichen Erkenntnisse zu Herausforderungen an Schulen.

Insgesamt gibt es eine Vielzahl von Studien, die die Ergebnisse der vielen verschiedenen Arten von Outdoor-Abenteuerprogrammen für die Teilnehmer:innen untersuchen und im Allgemeinen von einer positiven Bewertung dieser Projekte und ihrer Auswirkungen auf die Persönlichkeit, das Selbstwertgefühl, die Wirksamkeit, die zwischenmenschlichen und gruppenbezogenen Fähigkeiten sowie die Resilienz der Teilnehmer:innen berichten. Relevante Übersichtsarbeiten über diese Vielfalt liegen bereits seit den neunziger Jahren etwa von Cason und Gillis (1994) sowie Hattie, Marsh, Neill und Richards (1997) vor und konnten etwa die Relevanz der Dauer des Projektes für die Effekte aufzeigen. Zu beachten ist hierbei allerdings, dass es sich um eine große Vielfalt an Programmen handelt, die zum Teil für eine bestimmte Zielgruppe (z. B. Straffällige) konzipiert wurden, für die das Programm möglicherweise einen stärkeren Effekt hat als für andere. Gleiches gilt für die Meta-Analysen von Hans (2000) sowie Wilson und Lipsey (2000) zu therapeutischen Abenteuerprogrammen. In einer neueren Arbeit überprüften Holland, Powell, Thomsen und Monz (2018) 235 Artikel, die zwischen 2000 und 2016 veröffentlicht wurden und die psychologischen, sozialen und pädagogischen Effekte einer Teilnahme an Wildnis-Projekten evaluierten. Sie konnten Effekte für die persönliche Entwicklung, prosoziales Verhalten, mentale Erholung, Umweltverantwortung, Perspektivwechsel, Interessen und Fähigkeiten, akademisches Interesse und Leistung, körperliche Gesundheit und Wohlbefinden, Spiritualität, Ortsverbundenheit und Lebensstiländerung zeigen. Caizzi und Kolleg:innen (2018) präsentierten einen Überblick über 39 Arbeiten, die sich mit den Auswirkungen von Abenteuer Lern- und Führungs-Programmen auf das Wohlbefinden der Teilnehmer:innen befassen, wobei Selbstwertgefühl, Selbstvertrauen und Resilienz die zentralen Aspekte darstellten: Für alle drei konnte ein Effekt von Abenteuerprogrammen aufgezeigt werden, die Ergebnisse variierten jedoch abhängig von Alter und Geschlecht der Teilnehmer:innen.

Insgesamt legen die erwähnten Meta-Analysen aber auch die Erkenntnisse aus dem vorherigen Teil dieses Sammelbandes nahe, dass Abenteuerprogramme zwar starke und dauerhafte Effekte haben können (Hattie et al. 1997), diese jedoch abhängig von den verschiedenen Zielen und Adressat:innen unterschiedlicher Programme gegebenenfalls unterschiedlich ausfallen. Entsprechend sind Erkenntnisse, die aus Programmen für straffällige Jugendliche gewonnen wurden, nur zu Teilen auf Herausforderungsprojekte übertragbar, die in Schulen stattfinden und als regelmäßige Aktivität für alle Schüler curricular verankert sind.

Es gibt eine große Anzahl von Studien und Berichten mit unterschiedlicher Stichprobengröße und Qualität, die die positiven Ergebnisse von schulischen Outdoor-Abenteuerprogrammen untermauern. So liegen bereits einige Studien und Meta-Analysen vor (s. o. etwa Cason/Gillis 1994; Hattie et al. 1997), die über die Auswirkungen von Outdoor-Abenteuerprogrammen auf die schulischen Leistungen von Jugendlichen und darüber hinaus berichten. Um zu untersuchen, ob Herausforderungen einen nachhaltigen Eindruck und Einfluss auf Teilnehmer:innen haben, führten Beames, Mackie und Scrutton (2020) eine Online-Befragung und Interviews mit ehemaligen Schüler:innen der Gordonstoun School (gegründet von Kurt Hahn im Jahr 1934, s. o.) durch. Sie fanden heraus, dass ehemalige Schüler:innen tendenziell das Lernen außerhalb des Unterrichts und die Möglichkeit, sich in herausfordernden Situationen zu engagieren, als ihre auf Dauer einflussreichste Schulerfahrung wahrnehmen. Diese Befragung zeigte auch eine besonders positive Bewertung der Auswirkungen auf die persönliche Entwicklung.

Ein Problem des Großteils der existierenden Forschung wurde in der Studie von Beames und Kollegen deutlich: Die wahrgenommenen Vorteile von Outdoor-Abenteuerprogrammen wie den Herausforderungen stützen sich vielfach auf anekdotische Evidenz, also auf Berichte über positive Effekte und Vorteile von Programmen. Um diese methodischen Unzulänglichkeiten zu beheben, führten Williams et al. (2018) eine quasi-experimentelle Crossover-Studie eines Outdoor-Abenteuerprogramms für Schüler:innen der 9. Klasse in Australien durch. Mit den quantitativen Daten konnten die Forscher keine positiven, universellen Effekte des Programms nachweisen. Jedoch bestätigten die ebenfalls erhobenen qualitativen Daten wieder die Nützlichkeit des Programms für einen Teil der teilnehmenden Schüler:innen. Zu einem ähnlichen Ergebnis kommen Markus, Fengler und Eberle (2019).

Im deutschen Kontext finden sich ebenfalls viele Publikationen, die anekdotisch die Nützlichkeit von Lernen außerhalb des Klassenzimmers und schulbasierten Outdoor-Abenteuerprogrammen stützen. Prominente Beispiele für solche Studien, die auch vielfach zitiert werden, sind etwa Butt (2014), Hausner und Stockmeier (2014) sowie Junker und Menge (2014). Zu den ebenfalls oft zitierten, jedoch methodisch etwas strengeren Studien gehört die Arbeit von Jürgens und Greiling (2012; 2014) über die „Jugendschule Schlänitzsee", die sich der Idee der Entschulung von Jugendlichen nähert, indem sie den Unterricht in eine andere Umgebung verlegt und außerschulische Lernziele fördert (vgl. Beitrag 8 von Cäcilie Klappenbach und Martin Pfeiffer). Sand (2015) führte eine Pilotstudie zum Projekt „Klassenzimmer unter Segeln" durch und konnte Effekte auf die soziale Angst der teilnehmenden Schüler:innen, die Bewältigung und die Verringerung des Leistungsdrucks in der Schule feststellen. Im Gegensatz zu Studien über Herausforderungsprojekte nehmen die beiden letztgenannten allerdings auch langfristige Projekte zum Lernen außerhalb des Klassenzimmers in den Blick, bei denen das Lernen in einem anderen Kontext (z. B. Segelboot) stattfindet.

Kürzere Outdoor- oder Abenteuer-Projekte, die etwa an die Stelle des Sportunterrichts treten, wurden von Boeger, Dörfler und Schut-Ansteeg (2006) untersucht, die in einer Längsschnittstudie eine Verbesserung des Selbstwertgefühls und des Wohlbefindens zeigen konnten. Pfingstner (2005) stellte eine Verbesserung der sozialen Beziehungen und des Lernens im Klassenzimmer nach der Teilnahme an einem schulischen Interventionsprogramm fest.

Den in den vorhergehenden Kapiteln untersuchten Herausforderungen sind wohl die Projekte in den Studien von Mutz und Müller (2016), Kümmel, Hampel und Meier (2008) sowie Markus, Eberle und Fengler (2019) am ähnlichsten. Mutz und Müller (2016) stellten den Nutzen des deutschen Sekundarschulprojekts

„Crossing the Alpes" für die psychische Gesundheit der teilnehmenden Schüler:innen (d. h. Stressbewältigung, Lebenszufriedenheit, Selbstwirksamkeit, Achtsamkeit und Wohlbefinden) in den Mittelpunkt ihrer Studien und stellten eine signifikante Steigerung der Lebenszufriedenheit und Achtsamkeit fest und weniger wahrgenommenen Stress. Auch Kümmel, Hampel und Meier (2008) fanden positive Auswirkungen der Teilnahme von Schüler:innen an einem fünftägigen erlebnisorientierten Lerncamp: Während das Camp die Erholung der Schüler:innen förderte, profitierten im Vergleich zur Kontrollgruppe vor allem Mädchen in Bezug auf ihre Selbstwirksamkeit und ihr emotionales Wohlbefinden. Markus, Eberle und Fengler (2019) fanden ebenfalls signifikante Steigerungen der Selbstwirksamkeitserwartungen von Schüler:innen, die an einem vier- bis fünftägigen Camp teilnahmen, in dem die Schüler:innen mit verschiedenen Herausforderungen konfrontiert wurden. Dabei spielte die Natur der Herausforderung selbst kaum eine Rolle für die Entwicklung der Selbstwirksamkeitserwartung – lediglich die subjektiv wahrgenommenen emotionalen Herausforderungen während der Zeit wirkten sich negativ aus.

3 Erkenntnisse aus den anderen Forschungsbeiträgen in diesem Sammelband

Sowohl die im vorherigen Abschnitt zusammengefassten Studien als auch die vorherigen Beiträge in diesem Buchteil zeigen, dass Herausforderungen von den teilnehmenden Schüler:innen positiv und nützlich wahrgenommen werden. Während Helker und Rürup (vgl. Beitrag 22) zwar keine generell positiven Effekte der Teilnahme an einer Herausforderung auf Bereitschaft zu selbstständigem Arbeiten, Verantwortungsübernahme und Kooperation identifizieren konnten, zeigen sich doch Auswirkungen je nach Gestaltungscharakteristika bzw. Umsetzungen der Projektidee auf eben diese Kompetenzen. Sarah Poersch (vgl. Beitrag 23) untersuchte, wie Teilnehmer:innen einer Herausforderung ihre überfachlichen Kompetenzen vor und nach der Vorbereitungszeit einschätzen, ob sich diese verändern und ob es einen Zusammenhang hinsichtlich Einschätzung und Veränderung zu ihrer sozialen Herkunft gibt. Hier zeigte sich, dass sich die Kompetenzeinschätzungen während der Vorbereitungszeit auf die Herausforderungsprojekte nicht verbessern, sondern eher abnehmen. Dabei bleibt zu mutmaßen, ob Vorbereitungen auf eine Herausforderung zum Hinterfragen von eigenen Denk- und Handlungsmustern und entsprechend zu schlechteren, möglicherweise aber realistischeren Einschätzungen eigener Kompetenzen führt.

Auch Rosenberger und Asbrand (vgl. Beitrag 24) untersuchen den Kompetenzerwerb von Jugendlichen in Herausforderungen und fangen in ihrem qualitativ-rekonstruktiven Forschungsprojekt zentrale Lernerfahrungen der Teilnehmer:innen ein. Hier zeigt sich im Vergleich zweier Gruppendiskussionen mit Schüler:innen, dass die ambivalente Rolle der Begleiter:innen – zwischen Aufsichts- und Fürsorgepflicht und Gewährung von Autonomie (vgl. Beitrag 18 von Britta Tillmann) – unterschiedlich gelebt und somit auch unterschiedliche Effekte auf die wahrgenommene Autonomie und Eigenverantwortung der teilnehmenden Schüler:innen hat.

Sabine Geist und Thomas Makowski stellen in Beitrag 25 Ergebnisse einer qualitativen Studie im Rahmen des Lehrer:innen-Forscher-Modells an der Laborschule Bielefeld vor. Daten aus Fragebögen, selbstreflexiven Texten und Interviews zeigen auch hier, dass die Schüler:innen die wesentlichen mit dem Projekt verbundenen Ziele und Erwartungen erreichen, wie etwa die Bewältigung von Entwicklungsaufgaben oder Erfahrungen von Kompetenz und Selbstwirksamkeit.

4 Perspektiven für die zukünftige Forschung an Herausforderungen

Während – wie nicht zuletzt in den vorherigen Abschnitten sichtbar wurde – in der bisherigen Begleitforschung zu den Herausforderungen vor allem die Wahrnehmungen bzw. Kompetenzentwicklungen der teilnehmenden Schüler:innen im Mittelpunkt stehen, lassen sich natürlich auch zahlreiche andere gehaltvolle Fragestellungen und Forschungsperspektiven bestimmen, denen ebenfalls Aufmerksamkeit gewidmet werden könnte.

Zu den eigentlich naheliegenden, aber nach unserer Einschätzung bisher kaum oder nicht bearbeiteten Forschungsperspektiven gehören vor allem Fragen nach der Anschluss- bzw. Skalierfähigkeit der Idee der Herausforderungen in der Breite des Schulwesens. Implizit wird ja nicht zuletzt mit der Vorlage dieses Buches, aber auch mit den durchaus zahlreichen medialen Berichten über Schulen bzw. Schüler:innen, die erfolgreich eine Herausforderung absolviert haben, unterstellt, dass es sich bei dieser Idee um ein (reformpädagogisches) Good-practice-Beispiel handelt, dem andere Schulen gerne nacheifern könnten oder sogar sollten. Diese Vorannahmen ließen sich nicht nur bezüglich des behaupteten Nutzens für Schüler:innen, Eltern, die Schule oder die Gesellschaft/Zukunft als Ganzes kritisch befragen, sondern auch dahingehend, ob wirklich jeder Schule empfohlen werden kann, diese Idee aufzugreifen oder ob es wünschenswert wäre, dass sie sich irgendwann an nahezu allen weiterführenden Schulen umgesetzt findet. Eine solche Forschung könnte beispielsweise an die Perspektive der Innovationsdiffusion anschließen, wie sie v. a. von Everett M. Rogers (2003) konzeptuell entfaltet wurde (s. auch Rürup 2007; Rürup/Bormann 2012 oder auch schon mit Bezug auf die Idee der Herausforderung, Rürup 2012a; 2012b). Die Idee der Herausforderung könnte dabei als eine soziale Innovation eingeordnet werden (vgl. Gillwald 2000) und ihre Verbreitung auf immer weitere Schulen aufgearbeitet und hinsichtlich der wesentlichen Informationskanäle der gegenseitigen Anregung und Informationsweitergabe untersucht werden. Dabei wäre zwischen Merkmalen der Innovationsidee selbst (ihre Attraktivität, Komplexität, Passfähigkeit, Versuchbarkeit und Sichtbarkeit), Merkmalen der an der Innovationsdiffusion beteiligten Einrichtungen (v. a. ihre Risiko- und Innovationsbereitschaft) und den verfügbaren bzw. fehlenden Netzwerk-Verbindungen (gate keepern, change-agents) zu unterscheiden (vgl. Rürup et al. 2015). Eine solche Forschungsperspektive wäre dann auch anschlussfähig an die aktuellen Arbeitsschwerpunkte der Schulentwicklungs- und Schulsystemforschung, bei der Fragen des change managements v. a. mit den Schulleitungen als transformational leader oder des Einflusses sogenannter intermediärer Akteure (Schulaufsicht, Schulberatung, Unterstützungssysteme) bei der Weiterentwicklung des deutschen Schulwesens zum Thema werden (vgl. Berkemeyer et al. 2019; Klein/ Bremm 2020; Manitius 2021; Moldenhauer et al. 2021).

Insbesondere im Hinblick darauf, vermehrten Anschluss an internationale und aktuell drängende gesellschaftliche Diskussionen zu finden, wäre auch eine verstärkte Orientierung der Forschung zur Idee der Herausforderung an Fragen der Zukunftsfähigkeit von Schule und Unterricht vorzuschlagen. Mit Beitrag 7 von Lydia Kater-Wettstädt oder auch dem Grußwort von Margret Rasfeld zu Beginn dieses Sammelbandes ist eine solche Perspektive einer Bildung für nachhaltige Entwicklung schon argumentativ entfaltet worden.

Offensichtlich sind die heutigen globalen sozialen, wirtschaftlichen, ökologischen und medizinischen Herausforderungen derart komplex, offen und unklar definiert (vgl. Gómez-Puente/van Eijck/Jochems 2013), dass es wenig zukunftsfähig scheint, Schüler:innen weiterhin Lehr- und Lernkontexten auszusetzen, in denen verschiedene Wissens- und Kompetenzdomänen isoliert voneinander vermittelt werden (vgl. Vermunt/Verloop 1999). Damit verbunden ist die Notwendigkeit der Vermittlung von „anwendungsfähigem Wissen und ganzheitlichem Können" (vgl. Klieme/Hartig 2007, S. 13), das in konkreten Lebenssituationen abrufbar ist und nutzbar gemacht werden kann.

Weiterführend möchten wir hierbei auch auf das Konzept des Challenge-based learning (CBL) verweisen, welches seit ca. 20 Jahren zunehmenden Einsatz in der Hochschul(aus)bildung findet und nicht nur dem Namen nach den Fokus der schulischen Projektidee teilt. Eine verbreitete Definition wurde von Malmqvist, Radberg und Lundqvist (2015) vorgelegt, die CBL als eine Lernerfahrung beschreiben, bei der das Lernen durch die Identifizierung, Analyse und Gestaltung einer Lösung für ein soziotechnisches Problem stattfindet. Diese Lernerfahrung sei typischerweise multidisziplinär, fände in einem internationalen Kontext statt und ziele darauf ab, eine gemeinschaftlich entwickelte Lösung zu finden, die ökologisch, sozial und wirtschaftlich nachhaltig ist. Die Herausforderungen als Projektidee an Schulen können hier so verstanden werden, dass sie die entsprechenden Vorläuferkompetenzen bei Schüler:innen entwickeln helfen. Das gelänge vermutlich vor allem dann, wenn die Herausforderungen der Schüler:innen nicht als isolierte extra-curriculare Projekte parallel zum Unterricht verstanden werden, wie es in den meisten Schulen noch implementiert wird, sondern integraler Bestandteil des schulischen Unterrichtens würden. Dann können Herausforderungen ebenfalls als Antwort auf die Forderung nach modernen und zukunftsfähigen Lernumgebungen verstanden werden (vgl. de Corte 1990).

Aber natürlich sind auch die Themen der bisherigen – gegenstandsnah begleitenden – Forschung zur Idee der Herausforderung keineswegs ausgereizt. Insbesondere zu folgenden (nun nur listenartig aufgeführten und sicher weiter ergänzbaren) Aspekten fehlen noch weitere, vertiefende Untersuchungen:

- Zur Frage der notwendigen Offenheit oder Strukturiertheit des Angebots der Herausforderungen: Auch wenn sich die meisten Schulen für möglichst wenige, aber dann feststehende Vorgaben und eine eher tutoriell-unterstützende Kontrolle der Schüler:innen bei der Planung ihrer Herausforderung entscheiden (vgl. Beitrag 16 von Matthias Rürup zu weiteren Varianten von Herausforderungen), so ist damit das Thema nach dem bestmöglichen und tragfähigsten Verhältnis von Fremd- und Selbstbestimmung bzw. Heteronomie und Autonomie eher für eine weitere empirische Befragung aufgeworfen anstatt beantwortet. Wir sehen hier zudem eine gute konzeptuelle Anschlussfähigkeit an den strukturtheoretischen Ansatz pädagogischer Professionalisierung v. a. im Hinblick auf die Antinomie von Freiheit und Zwang (vgl. Helsper 2010; 2021).

- Aber auch zu Antinomie von Nähe und Distanz im pädagogischen Handeln bzw. zum Charakter und zur Intensität pädagogischer Beziehungen bietet der Untersuchungsgegenstand der *Herausforderung/Herausforderungen* sicherlich ergiebige Forschungsgelegenheiten: Inwieweit führt bei gebundenen bzw. Lehrer:innen-begleiteten Herausforderungen die Erfahrung von gemeinsam bewältigten Krisen zu einer nachhaltigen persönlichen Bindung, die sich auch auf den Schulalltag überträgt und dort zu einem konstruktiveren Arbeitsbündnis führt? Die Wahrscheinlichkeit eines solchen Transfers wäre nicht nur empirisch zu erforschen, sondern auch konzeptuell auszudiskutieren: Ist eine intensivere persönliche Bindung von Lehrkräften und Schüler:innen überhaupt wünschenswert – gerade im Hinblick auf typische Entwicklungsaufgaben des Jugendalters (vgl. Beitrag 2 von Matthias Huber), die eher eine Abgrenzung bzw. eigenständige Positionierung gegenüber der Elterngeneration (zu der eben auch Lehrkräfte gehören) nahe legen. Dies gilt auch im Hinblick auf eine normale rollenförmig strukturierte Distanz im schulischen Umgang von Lehrer:innen und Schüler:innen miteinander, die insbesondere auch Schüler:innen davor beschützt, dass schulischen Erfahrungen potenziell ihre gesamte Person, ihre Identität betreffen und befragen. Soll Schule überhaupt tiefgreifende Persönlichkeitsentwicklungen anstreben und wenn ja, welche Schutzkonzepte sind dabei notwendigerweise vorzusehen?

- Zur notwendigen oder förderlichen Verbindung der Idee der Herausforderungen mit anderen Reformideen von Schule und Unterricht: Insbesondere an den Schulen, die als Erfinder oder frühe Adaptoren der Idee einzuordnen sind, finden sich mit jahrgangsübergreifenden Lerngruppen oder Lernbüros auch andere tiefgreifende Umgestaltungen des Schulalltags, durch die die Schüler:innen zu Selbstorganisation, Eigeninitiative und Eigenverantwortung aufgefordert werden. Dieses somit auch generell in der Kultur dieser Schulen (vgl. hierzu auch Beitrag 20 von Jörg Siewert zur Schulentwicklung) verankerte Training persönlicher und sozialer Kompetenzen könnte eine wesentliche Voraussetzung dafür sein, dass die Schüler:innen sowohl fähig als auch bereit sind, sich selbstbestimmt ernsthaft herauszufordern.

- Weitere und vertiefte vergleichende empirische Forschung verdienen sicherlich auch noch die verschiedenen – von uns im zweiten Teil dieses Buches vorgestellten – Varianten der Herausforderungen: Insbesondere für die These, dass mit der Werbung externer (jüngerer, nicht schon als Lehrkräfte, insbesondere an derselben Schule tätigen) Begleitpersonen das Problem einer Übertragung einer hinderlichen Sozialstruktur vermieden werden kann, ist zwar plausibel, aber letztlich unbewiesen. Vor allem bezogen auf drängende Entscheidungs- bzw. Konfliktsituationen wäre zu fragen, ob die (unterstellterweise) größere Unerfahrenheit externer Begleitungen sie sich nicht eher unerwünschter, etwa autoritärer oder bestimmender verhalten lässt, als erfahrene Lehrkräfte, die schon häufiger im Umgang mit Schüler:innen an ihre Grenzen gekommen sind und deswegen die Notwendigkeit anderer Reaktionsweisen erkennen, reflektieren und persönlich einüben konnten. Andererseits könnte gerade die sowohl dem Alter als auch ihrer persönlichen Erfahrung mit Herausforderungen nach größere Nähe der Jugendlichen zu ihren externen Begleitpersonen dazu führen, dass eben in drängenden Entscheidungs- und Konfliktsituationen gefühlt gerade keine kompetent-souveräne Aufsicht zur Verfügung steht und somit alle Beteiligten gleichermaßen aufgefordert sind, sich konstruktiv in die Situationsbewältigung einzubringen. Unabhängig von notwendig zu beachtenden schul- und aufsichtsrechtlichen Vorgaben wären die Herausforderungen letztlich eine wertvolle Gelegenheit, der Frage empirisch nachzugehen, inwieweit eine pädagogisch kompetent begleitet-abgesicherte (und damit eben auch eben nur begrenzt echte und eher simulierte) Erfahrung eventuell gerade deshalb weniger wirksam ist, weil sie – zu sehr, zu sichtbar – kompetent begleitet-abgesichert ist.

Insbesondere zu den längerfristigen Wirkungen oder auch nur Wahrnehmungen der Herausforderungen halten wir weitergehende Forschungen für sinnvoll. Zwar sollte man eine solche – letztlich doch zeitlich begrenzte – Erfahrung nicht mit vielen langfristigen Wirksamkeitserwartungen aufladen und dürfte eine eindeutige Zurechnung langfristiger Effekte allein auf die Herausforderungen ausgesprochen schwierig sein. Dennoch halten wir auch allein Befunde, inwieweit und auf welche Weise die teilnehmenden Schüler:innen ihre Herausforderungen noch Jahre später erinnern, für wichtige, momentan noch weitgehend fehlende, Informationen.

Literatur

Beames, Simon/Mackie, Chris/Scrutton, Roger (2020): Alumni perspectives on a boarding school outdoor education programme. In: Journal of Adventure Education and Outdoor Learning 20, H. 2, S. 123-137.

Berkemeyer, Nils/Bos, Winfried/Hermstein, Björn (2019): Schulreform. Zugänge, Gegenstände, Trends. Weinheim: Beltz.

Boeger, Annette/Dörfler, Tobias/Schut-Ansteeg, Thomas (2006): Erlebnispädagogik mit Jugendlichen: Einflüsse auf Symptombelastung und Selbstwert. In: Praxis der Kinderpsychologie und Kinderpsychiatrie 55, H. 3, S. 181-197.

Butt, Holger (2014): Vom exotischen Highlight zum Normalfall. Erfahrungen mit dem Schulkonzept ,Herausforderungen'. In: Pädagogik, H. 7/8, S. 8-11.

Caizzi, Eugenia/Parish, Matthew/Mackley, Samuel/Arun, Nidhi/West, Dylan/Otunuga, Opeyemi (2018): Evidence Review: An evaluation of the impact of adventure learning and leadership programmes on young people's self-esteem, self-confidence and resilience.

Cason, Dana/Gillis, H. Lee (1994): A meta-analysis of outdoor adventure programming with adolescents. In: The Journal of Experiential Education 17, H. 1, S. 40-47.

De Corte, E. (1990): Toward powerful learning environments for the acquisition of problem-solving skills. In: European Journal of Psychology of Education 5, H. 1, S. 5-19.

Deane, Kelsey L./Harré, Niki (2013): The Youth Adventure Programming Model. In: Research on Adolescence 24, H. 2, S. 293-308.

Gillwald, Katrin (2000): Konzepte sozialer Innovation. WZB-discussion-papers P00-519. https://www.econstor.eu/bitstream/10419/50299/1/319103064.pdf (Abfrage: 31.10.2022).

Gómez Puente, Sonia M./van Eijck, Michiel/Jochems, Wim (2013): A sampled literature review of design-based learning approaches: a search for key characteristics. In: International Journal of Technology and Design Education 23, H. 3, S. 717-732.

Hans, Tracy A. (2000): A Meta-Analysis of the Effects of Adventure Programming on Locus of Control. In: Journal of Contemporary Psychotherapy 30, H. 1, S. 33-60.

Hattie, John/Marsh, Herbert W./Neill, James T./Richards, Garry E. (1997): Adventure Education and Outward Bound: Out-of-Class Experiences That Make a Lasting Difference. In: Review of Educational Research 67, S. 43-87.

Hausner, Christian/Stockmeier, Barbara (2014): In der Mittelstufe: Herausforderungen – in der Oberstufe: Alle ins Ausland. Projekte zur Selbsterfahrung und interkulturellen Kompetenz. In: Pädagogik, H. 7/8, S. 30-33.

Helsper, Werner (2010): Pädagogisches Handeln in den Antinomien der Moderne. Krüger, Heinz-Hermann/Helsper, Werner (Hrsg.): Einführung in Grundbegriffe und Grundfragen der Erziehungswissenschaft. 9. Auflage. Stuttgart: UTB, S. 15-34.

Helsper, Werner (2021): Professionalität und Professionalisierung pädagogischen Handelns: eine Einführung. Opladen: Verlag Barbara Budrich.

Holland, W. Hunter/Powell, Robert B./Thomsen, Jennifer M./Monz, Christopher A. (2018): A Systematic Review of the Psychological, Social, and Educational Outcomes Associated with Participation in Wildland Recreational Activities. In: Journal of Outdoor Recreation, Education, and Leadership, 10, H. 3, S. 197-225.

Junker, Daniel/Menge, Lorenz (2014): Mit dem Mountainbike über die Alpen. Schülerinnen und Schüler planen und realisieren eine Alpenüberquerung. In: Sportpädagogik 38, H. 6, S. 36-40.

Jürgens, Eiko/Greiling, Antje (2012): Projekt „Jugendschule Schlänitzsee" der Montessori-Gesamtschule Potsdam Laufzeit 01.01.2010-31.12.2011 Bericht zur wissenschaftlichen Begleitung. Universität Bielefeld – AG 5: Schulpädagogik und Allgemeine Didaktik

Klein, Esther Dominique/Bremm, Nina (Hrsg.) (2020): Unterstützung – Kooperation – Kontrolle. Zum Verhältnis von Schulaufsicht und Schulleitung in der Schulentwicklung. Wiesbaden: Springer VS.

Klieme Eckhart/Hartig Johannes(2007): Kompetenzkonzepte in den Sozialwissenschaften und im erziehungswissenschaftlichen Diskurs. In: Prenzel Manfred/Gogolin, Ingrid/Krüger, Heinz-Hermann(Hrsg.): Kompetenzdiagnostik – Zeitschrift für Erziehungswissenschaft. Sonderheft 8, Wiesbaden, S. 13.

Kümmel, Ursula/Hampel, Petra/Meier, Manuela (2008): Einfluss einer erlebnispädagogischen Maßnahme auf die Selbstwirksamkeit, die Stressverarbeitung und den Erholungs-Beanspruchungs-Zustand bei Jugendlichen. In: Zeitschrift für Pädagogik 54, H. 4, S. 555-571.

Malmqvist, Johan/Rådberg, Kamilla Kohn/Lundqvist, Ulrika(2015): Comparative Analysis of Challenge-Based Learning Experiences. Paper presented at the 11th International CDIO Conference, Chengdu University of Information Technology.

Manitius, Veronica (2021): Transfer gelingend steuern. Hinweise zur Planung und Steuerung von Schulentwicklungsprojekten. Bielefeld: wbv Media.

Markus, Stefan/Eberle, Thomas/Fengler, Janne (2019): Einflussfaktoren auf die Entwicklung allgemeiner und spezifischer Selbstwirksamkeitserwartungen in mehrtägigen erlebnispädagogischen Interventionen In: Empirische Pädagogik 33, H. 1, S. 71-100.

Moldenhauer, Anna/Asbrand, Barbara/Hummrich, Merle/Idel, Till-Sebastian (2021): Schulentwicklung als Theorieprojekt. Forschungsperspektiven auf Veränderungsprozesse von Schule. Wiesbaden: Springer.

Mutz, Michael/Müller, Johannes (2016): Mental health benefits of outdoor adventures: Results from two pilot studies. In: Journal of Adolescence 49, H. 6, S. 105-114.

Pfingstner, Reinhold (2005): Lernen lernen durch Outdoortrainings – Handlungsorientierte outdoorbezogene Interventionen zur Verbesserung des personalen Lernens in sozialen Systemen am Beispiel von Schulklassen. (PhD). Universität Wien, Wien.

Priest, Simon/Gass, Michael A. (2005): Effective leadership in adventure programming (2. Auflage). Champaign, IL: Human Kinetics Publishers.

Rogers, Everett M. (2003): Diffusion of Innovations. 5. Auflage New York: Free Press.

Rürup, Matthias/Bormann, Inka (2012): Innovation als Thema und Theoriebaustein der Educational Governance Forschung – Zur Einführung in den Herausgeberband. In: Rürup, Matthias/Bormann, Inka (Hrsg.), Innovationen im Bildungswesen. Analytische Zugänge und empirische Befunde. Wiesbaden: Springer VS. S. 11-41

Rürup, Matthias (2007): Innovationswege im deutschen Bildungssystem. Die Verbreitung der Idee „Schulautonomie" im Ländervergleich. Wiesbaden: Springer VS.

Rürup, Matthias (2012a): Graswurzelbewegungen der Innovation – Zur Innovativität von Schulen und Lehrkräften „At-the-Bottom" der Schullandschaft. In: Rürup, Matthias/Bormann, Inka (Hrsg.): Innovationen im Bildungswesen. Analytische Zugänge und empirische Befunde. Wiesbaden: Springer VS, S. 269-301.

Rürup, Matthias (2012b): Graswurzelbewegungen. At-the-Bottom-Innovationsdiffusionen zwischen Schulen und Lehrkräften in Nordrhein-Westfalen, Hamburg, Niedersachsen und Berlin. Wuppertal: Bergische Universität Wuppertal. Online: http://elpub.bib.uni-wuppertal.de/servlets/DocumentServlet?id=7670 (Abfrage: 31.10.2022)

Rürup, Matthias/Röbken, Heinke/Emmerich, Marcus/Dunkake, Imke (2015): Netzwerke im Bildungswesen. Eine Einführung in ihre Analyse und Gestaltung. Wiesbaden: Springer VS.

Sand, Manuel (2015): Die Auswirkungen des sechsmonatigen Segel-Schulprojektes Klassenzimmer unter Segeln auf die Persönlichkeitsentwicklung Jugendlicher. Feldhaus: Hamburg.

Vermunt, Jan D./Verloop, Nico (1999): Congruence and friction between learning and teaching. In: Learning and Instruction 9, S. 257-280.

Williams, Ian R./Rose, Lauren M./Raniti, Monika B./Waloszek, Joanna/Dudgeon, Paul/Olsson, Craig A./Patton, George C./Allen, Nicholas B. (2018): The Impact of an Outdoor Adventure Program on Positive Adolescent Development: A Controlled Crossover Trial. Journal of Outdoor and Environmental Education, 21, H. 2, S. 207-236.

Wilson, Sandra Jo/Lipsey, Mark W. (2000): Wilderness challenge programs for delinquent youth: a meta-analysis of outcome evaluations. In: Evaluation and Program Planning 23, S. 1-12.

Dr. Kerstin Helker ist wissenschaftliche Mitarbeiterin am innovation Space der Technischen Universität Eindhoven, Niederlande. Ihr Forschungsinteresse liegt auf Herausforderungen beim Lernen und dem Lernen an Herausforderungen. 2017 hat sie mit Matthias Rürup den Forschungsverbund HeRiS gegründet. An der Universität Eindhoven untersucht Kerstin Helker die Effektivität von Challenge-Based Learning, einem Lehr-Lern-Ansatz, der das autonome, kollaborative und interdisziplinäre Lernen an authentischen Herausforderungen in den Mittelpunkt stellt. Kontakt: k.helker@tue.nl

Dr. Matthias Rürup ist wissenschaftlicher Mitarbeiter im Arbeitsbereich Empirische Schulforschung an der School of Education der Bergischen Universität Wuppertal. Er begleitet die Idee der Herausforderung seit über zehn Jahren mit großem Interesse, als eine Innovationsidee, die sich nicht top-down, sondern nur at-the-bottom, zwischen interessierten Schulen und Lehrkräften, im Schulsystem verbreiten kann. Er ist Mitglied im Forschungsverbund HeRiS. Kontakt: ruerup@uni-wuppertal.de

Dr. Jörg Siewert ist Akademischer Oberrat für Schulpädagogik im Sekundarbereich an der Universität Siegen, Redaktionsmitglied der Zeitschrift PÄDAGOGIK und Mitglied im Forschungsverbund HeRiS. An der Universität Siegen leitet er die Arbeitsstelle „Siegener Netzwerk Schule (SiNet)", das derzeit drei Schulen bei der Umsetzung ihrer Projektidee „Herausforderung" unterstützt und begleitet. Kontakt: siewert@paedagogik.uni-siegen.de

Dr. Michael Zimmer-Müller ist Geschäftsführer und wissenschaftlicher Mitarbeiter am Zentrum für Empirische Pädagogische Forschung (zepf) der Rheinland-Pfälzischen technischen Universität Kaiserslautern-Landau. Nach Landau kam er im Jahr 2007 über das Projekt VERA – Vergleichsarbeiten in Grund- und Sekundarschulen. Zum Forschungsverbund HeRis ist er 2020 gestoßen, da seine aktuellen Hauptinteressen in Lehre und Forschung bei der Erlebnispädagogik und der Bildung für nachhaltige Entwicklung liegen. Kontakt: zimmer-mueller@zepf.uni-landau.de

Verzeichnis der Autor:innen

Asbrand, Barbara: Goethe-Universität Frankfurt am Main.
b.asbrand@em.uni-frankfurt.de

Devantié, Rainer: Laborschule Bielefeld.
rainer.devantie@uni-bielefeld.de

Geist, Sabine: Laborschule Bielefeld.
sabine.geist@uni-bielefeld.de

Grade, Stefan: Fritz-Reuter-Schule Hagen.
grade@fritz-reuter-schule-hagen.de

Grossert, Steffi: Aktivschule Erfurt.
Steffi.Grossert@aktivschule-erfurt.de

Grzesikowski, Stefan: Heinz-Brandt-Schule, Berlin.
s.grzesikowski@heinz-brandt-schule.de

Hartmann, Uli: Laborschule Bielefeld.
ulrich.hartmann@uni-bielefeld.de

Hecht, Michael: Kulturwerkschule, Dresden.
michael.hecht@kulturwerkschule.de

Helker, Kerstin: innovationSpace, Eindhoven University of Technology, Niederlande.
k.helker@tue.nl

Hoffmann, Elias: Evangelisches Gymnasium Nordhorn.
elias.hoffmann@egn-noh.de

Huber, Matthias: Pädagogische Hochschule Kärnten, Österreich.
matthias.huber@ph-kaernten.ac.at

Kater-Wettstädt, Lydia: Leuphana Universität Lüneburg.
katerwet@leuphana.de

Klappenbach, Cäcilie: Akademie Biberkor, Potsdamer Montessorischulen.
caecilie.klappenbach@lk.brandenburg.de

Makowski, Thomas: Laborschule Bielefeld.
thomas.makowski@uni-bielefeld.de

Meisterjahn-Knebel, Gudula-(i. R.): Montessori-Schule Schloss Hagerhof, Bad Honnef, und Montessori Europe.
gudulameisterjahnknebel@gmail.com

Pfeiffer, Martin: Montessori Oberschule Potsdam.
martinpfeiffer@t-online.de

Pochte, Antje: Jeetzeschule, Salzwedel.
pochtea@web.de

Poersch, Sarah: Rheinland-Pfälzische Technische Universität Kaiserslautern-Landau.
sarah.poersch@rptu.de

Rasfeld, Margret: Gründerin von „Schule im Aufbruch gGmbH".
margret.rasfeld@posteo.de

Roos, Uli: Integrierte Gesamtschule Landau.
U.Roos@igs-landau.de

Rosenberger, Desirée: Goethe-Universität Frankfurt am Main.
d.rosenberger@em.uni-frankfurt.de

Rürup, Matthias: School of Education, Bergische Universität Wuppertal.
ruerup@uni-wuppertal.de

Scharnowski, Jelena: ehem. Matthias-Claudius-Gesamtschule Bochum.
jscharnowski@tearfund.de

Scherrer, Sascha: Integrierte Gesamtschule Landau.
s.scherrer@igs-landau.de

Schmidt, Maria: Integrierte Gesamtschule Oyten.
herausforderung@igs-oyten.eu

Siewert, Jörg: Universität Siegen.
siewert@paedagogik.uni-siegen.de

Sorgenfrei, Arne: Stadtteilschule Winterhude – Winterhuder Reformschule, Hamburg.
Arne.Sorgenfrei@wir.hamburg.de

Sponholz, Dirk: Universität Koblenz-Landau.
sponholz@uni-landau.de

Teibrich, Markus: Herausforderung einfach machen.
markus.teibrich@herausforderung.eu

Tellisch, Christin: Hochschule für Soziale Arbeit und Pädagogik, Berlin.
c.tellisch@hsap.de

Tillmann, Britta: Zentrum für Lehrerbildung & Bildungsforschung Universität Siegen.
tillmann@zlb.uni-siegen.de

Wachendorff, Annelie: ehem. Laborschule Bielefeld.
a.wachendorff@t-online.de

Wastl, Peter: Bergische Universität Wuppertal.
wastl@uni-wuppertal.de

Zimmer-Müller, Michael: Rheinland-Pfälzische Technische Universität Kaiserslautern-Landau.
michael.zimmermueller@rptu.de

Verzeichnis der Schulen mit Herausforderungen (nach PLZ sortiert)

Im Folgenden sind jene Schulen aufgelistet, die auf Nachfrage des HeRiS-Forschungsverbunds ihre Kontaktdaten zur Veröffentlichung übermittelten. Diese Schulen stehen gerne für Rückfragen und für einen kollegialen Austausch zur Verfügung. Es gibt noch viele weitere Schulen, die die Idee der *Herausforderung/ Herausforderungen* umsetzen; in einer vorsichtigen Schätzung weit über 100. Da sie bisher nicht intensiver mit dem Forschungsverbund HeRiS in Kontakt stehen, bleiben sie in dieser Liste unerwähnt. In einer späteren Auflage oder in einer separaten Website werden wir – der Forschungsverbund HeRiS – auch sie gerne aufführen; bitte kontaktieren Sie uns unter der E-Mail-Adresse heris@uni-wuppertal.de.

Evangelische Schule Berlin Zentrum (Gemeinschaftsschule)
Anschrift: Wallstraße 32 10179 Berlin
Schülerzahl: ca. 660
Bezeichnung der Projektidee: Herausforderung
Durchführung seit: ungefähr 10 Jahren
Durchführung in den Jahrgangsstufen: 7-10
Kontakt: u.marienfeld@ev-schule-zentrum.de

Heinz-Brandt-Schule Berlin (Integrierte Sekundarschule)
Anschrift: Langhansstraße 120, 13086 Berlin
Schülerzahl: ca. 450
Bezeichnung der Projektidee: Herausforderung
Durchführung seit: 2012/13
Durchführung in den Jahrgangsstufen: 7-10
Kontakt: kontakt@heinz-brandt-schule.de

Stadtteilschule Winterhude – Winterhuder Reformschule
Meerweinstraße 26-28, 22303 Hamburg
Schüler:innenzahl: ca. 1.300
Bezeichnung der Projektidee: Herausforderungen
Durchführung seit: 2006
Durchführung in den Jahrgangsstufen: 8-10
Kontakt: Arne.Sorgenfrei@wirnet.de

Integrierte Gesamtschule Oyten
Anschrift: IGS Oyten, Pestalozzistraße 10, 28876 Oyten
Schülerzahl: ca. 770
Bezeichnung der Projektidee: Projekt „Herausforderung"
Durchführung seit: 2016
Durchführung in den Jahrgangsstufen: 5-13
Kontakt: herausforderung@igs-oyten.eu

Jeetzeschule in Salzwedel (Gesamtschule)
Anschrift: Karl-Marx-Str. 2-4, 29410 Salzwedel
Schülerzahl: ca. 300
Bezeichnung der Projektidee: Herausforderung
Durchführung seit: 2012
Durchführung in den Jahrgangsstufen: Anfang Jg. 10, Ende Jg. 11, Ende Jg. 12
Kontakt: pochtea@web.de

Ernst Reuter Schule Pattensen (Kooperative Gesamtschule)
Anschrift: Platz Saint Aubin 1, 30982 Pattensen
Schülerzahl: ca. 1.100
Bezeichnung der Projektidee: Herausforderungen und ErlebnisExpeditionen
Durchführung seit: 2020
Durchführung in den Jahrgangsstufen: Vorbereitung in JG 8, Umsetzung in JG 9
Kontakt: herausforderung@kgs-pattensen.de

Otto-Hahn-Gymnasium
Anschrift: Carl-Zeiss-Str. 6, 37081 Göttingen
Schülerzahl: ca. 1.300
Bezeichnung der Projektidee: Herausforderungsprojekt
Durchführung seit: 2014
Durchführung in den Jahrgangsstufen: 8
Kontakt: kratzch@ohg-goe.net; ohg@goettingen.de

Carl-Fuhlrott-Gymnasium Wuppertal
Anschrift: Jung-Stilling-Weg 45, 42349 Wuppertal
Schülerzahl: ca. 1.600
Bezeichnung der Projektidee: GoBeyond
Durchführung seit: 2022
Durchführung in den Jahrgangsstufen: EF (Klasse 10)
Kontakt: mathias.pfeiffer@gy-cfg.de

Evangelisches Gymnasium Nordhorn
Anschrift: Bernhard-Niehues-Straße 51, 48529 Nordhorn
Schülerzahl: ca. 750
Bezeichnung der Projektidee: Projekt „Herausforderung"
Durchführung seit: (1) 2021, (2) 2017
Durchführung in den Jahrgangsstufen: (1) gebundenes Modell in den Jahrgangsstufen 5 bis 8, (2) offenes Modell im Jahrgang 10
Kontakt: sekretariat@egn-noh.de

4. Aachener Gesamtschule
Anschrift: Sandkaulstraße 75, 52062 Aachen
Schülerzahl: ca. 835
Bezeichnung der Projektidee: Herausforderung
Durchführung seit: 2016
Durchführung in den Jahrgangsstufen: 8 (Vorbereitung) und 9 (Durchführung)
Kontakt: spaetling@gesamtschule-aachen.de

Evangelisches Gymnasium Siegen Weidenau
Anschrift: Im Tiergarten 5-7, 57076 Siegen
Schülerzahl: 780
Bezeichnung der Projektidee: Projekt Herausforderung
Durchführung seit: 2014
Durchführung in den Jahrgangsstufen: 8 (Vorbereitung) und 9 (Durchführung)
Kontakt: torsten.heupel@web.de

Integrierte Gesamtschule Landau in der Pfalz
Anschrift: Schneiderstr. 69, 76829 Landau in der Pfalz
Schülerzahl: 980
Bezeichnung der Projektidee: „Herausforderung" in Stufe 8 und 10, „Herausforderung – Ab ins Leben!" in Stufe 12
Durchführung seit: 2013
Durchführung in den Jahrgangsstufen: 8,10 und 12
Kontakt: igs@landau.de, u.roos@igs-landau.de

Private Realschule Gut Warnberg
Anschrift: Warnbergstraße 1, 81479 München
Schülerzahl: 120 (gesamt), davon jährlich auf Herausforderung: 44
Bezeichnung der Projektidee: Die Herausforderung
Durchführung seit: 2017
Durchführung in den Jahrgangsstufen: 8 und 9
Kontakt: info@rs-gutwarnberg.de

Dima Zito | Ernest Martin
**Selbstfürsorge und Schutz
vor eigenen Belastungen
für Soziale Berufe**
2020, 126 Seiten, broschiert
ISBN: 978-3-7799-3169-0
Auch als E-BOOK erhältlich

Die Arbeit mit belasteten Menschen in prekären Lebenssituationen ist meist intensiv, manchmal existentiell anstrengend und zuweilen tief befriedigend. Dies kann Fachkräfte vor große professionelle und persönliche Herausforderungen stellen. Die Lebensgeschichten und Notlagen unserer Klient*innen rühren uns und die Balance zwischen Gewahrsein des Außen- und des Innenlebens gerät in eine Schieflage. Wann droht Mitgefühlserschöpfung, wann Sekundärtraumatisierung?

In diesem Praxisbuch beleuchten Dima Zito und Ernest Martin die psychoemotionalen Dynamiken, die die Alltagsbelastungen der Fachkräfte erzeugen, und sie zeigen konkrete Wege auf, wie in einfachen Schritten die Belastung reduziert und mehr Präsenz wie Erfüllung erreicht werden kann.

www.beltz.de
Beltz Juventa · Werderstraße 10 · 69469 Weinheim

Nkechi Madubuko
Praxishandbuch Empowerment
Rassismuserfahrungen von Kindern
und Jugendlichen begegnen
2021, 228 Seiten, broschiert
ISBN: 978-3-7799-6478-0
Auch als E-BOOK erhältlich

Rassismuserfahrungen von Kindern und Jugendlichen verlangen nach einer Antwort der pädagogischen Professionen und der Sozialen Arbeit. Aus der Betroffenenperspektive heraus analysiert die Autorin, welche Haltung, Reflexion und welches Wissen als Fachkraft unabdingbar ist, um Rassismus zu erkennen und Empowerment mitzudenken. Empowerment-orientierte Handlungskompetenz, Umgang mit Unterschieden, Wirkungen von Rassismuserfahrungen und wie Diskriminierung zu begegnen ist, wird praxisnah vorgestellt und mit Beispielen zur Umsetzung verknüpft. Das Besondere: Erstmals stellen Empowerment-Trainer_innen im Buch ihre Methoden in geschützten Räumen (Safer Spaces) vor.